Jahrbuch Schulleitung 2013

Stephan Gerhard Huber (Hrsg.)

Jahrbuch Schulleitung 2013

Befunde und Impulse zu den Handlungsfeldern des Schulmanagements

Carl Link

Bibliografische Informationen der Deutschen Nationalbibliothek

Die Deutsche Nationalbibliothek verzeichnet diese Publikation in der Deutschen Nationalbibliografie; detaillierte bibliografische Daten sind im Internet über http://dnb.d-nb.de abrufbar.

ISBN 978-3-556-06366-8

www.wolterskluwer.de
www.schulverwaltung.de

Satz: Satz-Offizin Hümmer GmbH, Waldbüttelbrunn
Umschlagkonzeption: Martina Busch, Grafikdesign, Fürstenfeldbruck
Druck: Appel & Klinger, Schneckenlohe

Gedruckt auf säurefreiem, alterungsbeständigem und chlorfreiem Papier

Inhalt

V. Personal

VI. Qualitätsmanagement

VII. Inklusion

VIII. Gesunde Schule

Liebe Leserin, lieber Leser,

vor Ihnen liegt das zweite »Jahrbuch Schulleitung«. Das erste ist 2012 erschienen, in einem jährlichen Rhythmus werden weitere folgen. Auch diesmal haben wir uns bei der Konzeption und Auswahl von für Sie hilfreichen Materialien an den zentralen Handlungsfeldern des Schulmanagements orientiert. Expertinnen und Experten aus Wissenschaft und Praxis, Politik, Verwaltung und Aufsicht, dem Unterstützungssystem sowie aus der Schul(leitungs)praxis stellen Ihre Erfahrungen in komprimierter und gut aufbereiteter Form vor.

Neu in diesem aktuell vorliegenden Jahrbuch ist der Schwerpunkt »gesunde Schule«, den wir aufgrund aktueller Diskussionen und Studien zu diesem hoch präsenten Thema zusätzlich aufgenommen haben. Die Schulleiterinnen und Schulleiter sind hier aus einer dreifachen Perspektive betroffen: indem sie für sich selbst und ihre Gesundheit Sorge tragen, als Führungskraft Verantwortung übernehmen für die Kolleginnen und Kollegen bzw. die Mitarbeitenden und schließlich auch für ihre Schülerinnen und Schüler.

Die Perspektive dieser Textsammlung ist zugleich ein Blick auf die Highlights des letzten Kalenderjahres wie auch ein Blick auf die aktuellen Themen des laufenden Jahres.

Das diesjährige Jahrbuch Schulleitung wird wiederum mit dem Kapitel **Führung und Management von Schule** eröffnet. Den 12 Thesen zu guter Schulleitung folgt ein Diskussionsbeitrag zu den Glaubenssätzen, die unsere Handlungsmuster prägen. Nur wer selbstbewusst damit umgehen kann, kann sich weiterentwickeln und sich fragen: Was prägt mich? Welche für mein Führungshandeln wichtigen Aspekte werden dadurch eventuell aber eingeschränkt? Der letzte Beitrag in diesem Kapitel lenkt den Blick von der einzelnen Führungskraft zur Leitungsgruppe und gibt wertvolle Tipps, wie der Neustart dieser Gruppe gelingen kann.

Das zweite Kapitel widmet sich Fragen der **schulischen Erziehung.** Im Mittelpunkt steht zunächst die Entwicklung schulischer Lerngemeinschaften, die – begriffen als Aufgabe der Schulentwicklung – eine überaus lohnende Investition darstellt. Der zweite Beitrag dieses Kapitels greift die international geführte Debatte um die Benachteiligung von Jungen im Bildungssystem auf und diskutiert die geringeren Erfolge von Jungen vor dem Hintergrund einer vermeintlichen »Feminisierung« des Bildungssystems.

Dem **Lernen** und dem **Unterricht** ist das dritte Kapitel des Jahrbuchs Schulleitung gewidmet, das eröffnet wird mit einem Beitrag, der zur aktuellen Diskussion über Merkmale eines Unterrichts, der Lernen bewirkt bzw. intensiviert, beitragen möchte, indem er einige wichtige Ergebnisse der »Meta-Meta-Studie« von John Hattie (»Visible Learning« 2009) knapp zusammenfasst. Die sich anschließenden Texte widmen sich diagnostischen Fragestellungen: Vor dem Hintergrund einer veränderten Unterrichtskultur wird gefordert, schulische Beurteilung solle im Dienst des Lernens eines jeden einzelnen Kindes stehen, diagnostisch-förderorientiert und dialogisch-partizipativ angelegt sein. Darüber hinaus wird der kompetenzorientierte Unterricht diskutiert.

Fragen der **Organisation** werden im vierten Kapitel fokussiert, das das Thema Wissensmanagement in den Blick nimmt. Wenn wir uns die Bedingungen genauer ansehen, unter denen Schulentwicklung wirklich etwas in Bewegung setzen kann, muss auch die Frage gestellt werden, wie Erreichtes erfolgreich gesichert werden und welchen Beitrag Wissensmanagement für Teamarbeit in Schulen leisten kann.

Im Kapitel **Personal** kommen zunächst Autorinnen und Autoren zu Wort, die den Aspekt schulischer Teamarbeit aufgreifen und vorstellen, wie Teamarbeit nicht nur euphemistische Beschreibung dafür ist, dass Menschen in welcher Form auch immer punktuell zusammenarbeiten, sondern so, dass Teamarbeit ihre spezifische Wirkung entfaltet. Der zweite Text in diesem Abschnitt diskutiert das im Schulleitungsalltag heikle Thema »schwieriger« Kollegen und beschreibt die Verantwortung und Professionalität schulischer Führungskräfte im Umgang mit unterschiedlichsten Lehrerpersönlichkeiten. Schließlich wird die Lernqualität von Lehrkräften fokussiert und das Lernformat der »Kooperativen Entwicklungsarbeit zur Stärkung der Selbststeuerung« (KESS) vorgestellt.

Im Kapitel schulisches **Qualitätsmanagement** wird der Aspekt der Lerngemeinschaft erneut aufgegriffen und – neurobiologisch reflektiert – ein Vorschlag für die Veränderung von Geist und Haltung in Schulen »von unten« ausgebreitet: die Verwandlung von Schulklassen in Lerngemeinschaften. Innovationen an Schulen sind Thema des zweiten Textes. Sie erfordern, dass Lehrerinnen/Lehrer und Schulleitung ihre mentalen Professionsbilder in Frage stellen und verändern. Das geht nur, wenn sie Innovationen selbst gestalten und nicht nur nachvollziehen, was andere ihnen vorgeschrieben haben. Der Schlusstext dieses Kapitels widmet sich dem Feedback. Geklärt wird dessen Grundverständnis und es wird aufgezeigt, wie Feedback die Verständigung und das Verstehen im Schulentwicklungsprozess unterstützen vermag.

Inklusive Pädagogik professionalisiert den Umgang mit Heterogenität und ist damit ein Schlüssel zur Bewältigung zentraler Herausforderungen des Bildungswesens. In einem eigenen Kapitel zur **Inklusion** wird zunächst beschrieben, wie Schulen sich darauf vorbereiten können, bevor eine Integrierte Gesamtschule ihren Weg zur inklusiven Schule beschreibt und Umsetzungsstrategien vorgestellt werden, die durch einen Katalog von konkret prüfbaren Kriterien, dem »Index für Inklusion«, konstruktiv begleitet werden.

Im Kapitel **Gesunde Schule** werden zunächst die Handlungsfelder eines schulischen Gesundheitsmanagements ausgebreitet, bevor in den nachfolgenden Texten Ergebnisse und Befunde aus umfangreichen – auch internationalen – Forschungsprojekten zur Arbeitssituation und zur Belastung und Beanspruchung von Schulleiterinnen und Schulleitern vorgestellt werden. In diesem Zusammenhang wird auch dargelegt, wie konkretes Leitungshandeln sich auf das Belastungsempfinden des Kollegiums auswirkt. Zwei weitere Beiträge widmen sich der professionellen Selbstsorge und dem Selbstmanagement, die mehr und mehr für alle professionell in Schule Tätigen wichtig werden. Wenn Enthusiasmus, Ideale und Engagement umkippen in Verdrossenheit und Pessimismus, Resignation und Hilflosigkeit, sprechen wir vom Phänomen des »Burnout«. Wie das Ausgebranntsein erkannt und ihm gegengesteuert werden kann und wie man dem Stress-Dreieck »mehr – schnell – perfekt« entgehen kann, beschreiben zwei weitere Texte.

Ein separates Kapitel greift die vorgestellten Inhalte nochmals auf und bietet ausgewählte **Praxishilfen** an, mit denen individuell an den Themen weiter gearbeitet und darüber reflektiert werden kann.

In dem abschließenden Kapitel werden ausgewählte zentrale **Befunde aus den Bildungsberichten** Deutschlands und Österreichs beschrieben.

Wir hoffen, es ist uns Autorinnen und Autoren auch diesmal gelungen, Ihre anspruchsvolle schulische Führungstätigkeit mit einigen Befunden und Impulsen zu bereichern.

Eine gute Lektüre wünscht

Ihr
Prof. Dr. Stephan Gerhard Huber

I. Führung und Management von Schule

1. Zwölf Thesen zur guten Schulleitung

Die Schulleitung ist von zentraler Bedeutung für die Qualität von Schule und Unterricht. Dies haben Ergebnisse der quantitativen Schulwirksamkeitsforschung sowie zahlreiche Studien zur Schulentwicklung überzeugend untermauert. Was zeichnet einen guten Schulleiter und eine wirksame Schulleiterin aus?

STEPHAN GERHARD HUBER

1.1 Gute Schulleiter erfüllen ihre Funktion und wissen mit Belastungen umzugehen

Gute Schulleiter erfüllen ihre Funktion, wenn sie aus den vielfältigen Anforderungen jene auswählen, welche für ihre Schule relevant sind. Im Hinblick auf die Vielfalt der Aufgaben sind dazu Kompetenzen, Fähigkeiten, Fertigkeiten und Wissen notwendig. Hierbei sind nicht zuletzt Belastbarkeit und gute Bewältigungsstrategien gefragt.

Schulleiterinnen und Schulleiter müssen nicht alle Aufgaben selbst erledigen. Ein gutes Arbeitsklima, das durch Kollegialität und Kooperation gekennzeichnet ist, wirkt sich förderlich aus. Dabei ist zu beobachten, dass Entscheidungskompetenzen in den deutschen Bundesländern zunehmend auf die Einzelschulen verlagert werden, damit relevante Entscheidungen an Ort und Stelle getroffen werden können.

1.2 Gute Schulleiter organisieren Führung

Gute Schulen zeichnen sich durch Führungspersonen aus, die andere dazu einladen, Schule mitzugestalten und mitzuentwickeln, die Schulleitung in erweiterter Form als kooperative Führung praktizieren (vgl. Huber 2009). Kooperative Führung verlangt allen Beteiligten ein hohes Maß an Sozialkompetenz ab, nicht nur der Leiterin oder dem Leiter. Sie ist besonders erfolgreich, wenn wechselseitiges Vertrauen, Unterstützung, Solidarität und Partnerschaft zwischen dem Vorgesetzten und den Mitarbeitern geschaffen werden. Wichtig dabei sind die Bereitschaft und das Engagement aller Beteiligten, ihre Einstellungen und Verhaltensweisen zu reflektieren und gegebenenfalls zu modifizieren.

Nachhaltigkeit und Glaubwürdigkeit erreicht kooperative Führung allerdings erst dann, wenn sie nicht nur die Absicht Einzelner bleibt, sondern entsprechend organisiert wird. In der Gestaltung einer kooperativen Führungsorganisation werden wichtige Impulse für kooperative Haltungen und die gesamte Schulkultur gegeben. Leithwood und Riehl (2003) wie auch Mulford et al. (2004) favorisieren den schrittweisen Übergang von einer individuellen zu einer kollektiven

Führungsverantwortung in Schulen. Unterschiedliche Führungskonzepte, sowohl formale als auch informelle, können der Entwicklung gemeinsamer Visionen und Ziele sowie kooperativer Strukturen zugrunde liegen. Wichtig und entscheidend ist, dass Lehrerinnen und Lehrer aktiv an Entscheidungen mitwirken können und dass deren Beiträge Würdigung finden. Ebenso fordern Leithwood und Riehl (2003), die Zukunftsfähigkeit partnerschaftlicher Führungsverantwortung kontinuierlich und kritisch zu reflektieren. Visionen und Ziele sollen regelmäßig evaluiert und gegebenenfalls modifiziert werden, um neue Wege zur Bewältigung schulinterner Aufgaben aufzuzeigen. Der Führungsprozess in dieser Form ist zyklisch und dynamisch; Veränderungen aufgrund andauernden individuellen und kollektiven Lernens sind zugleich Mittel und Ziel erfolgreicher Führung.

1.3 Gute Schulleiter sind Komplexitätsbewältiger

Komplexität begegnet pädagogischen Führungskräften überall. Gute Schulleiter können Ungewissheit, Ambiguität oder Unbestimmtheit gut bewältigen und unklare Situationen strukturieren – für sich selbst und für andere, seien es Kollegen, Eltern oder schulexterne Kooperationspartner.

1.4 Gute Schulleiter sind Kooperationsprofis und Kooperationsförderer

Kooperation war und ist Maxime pädagogischen Handelns. In der erziehungs- und bildungstheoretischen Tradition ist zwar nicht immer explizit von »Kooperation«, dafür aber von Partnerschaft, Gemeinschaft, pädagogischem Bezug oder von sozialintegrativem und demokratischem Erziehungsstil gesprochen worden. Kooperation in Schulen muss unter einer pädagogischen Perspektive gesehen werden. Anders als in der Wirtschaft ist sie sowohl Mittel als auch Ziel an sich. Kooperation ist aber nicht nur die intendierte Arbeitsform für Schüler und Lehrkräfte, sondern betrifft ganz maßgeblich auch die Schulleitung: Diese schafft die erforderlichen Rahmenbedingungen, unterstützt die Umsetzung an der Schule und ist Vorbild für kooperatives Handeln.

Ein guter Schulleiter weiß um die Gelingensbedingungen von Zusammenarbeit, achtet auf Ressourcen, ist durchaus nicht immer selbst involviert, sondern involviert andere, fördert Kooperation nicht nur innerhalb der Schule, sondern auch mit anderen Schulen und außerschulischen Partnern. Er ist bemüht, solche Allianzen zum Wohl der Schülerinnen und Schüler an der eigenen Schule zu fördern (damit betreibt er »System Leadership«; vgl. Huber, 2010; Huber & Rolff, 2010).

1.5 Was ein guter Schulleiter ist, variiert von Organisation zu Organisation

Schulen sind unterschiedlich, deswegen braucht es unterschiedliche Leitungspersonen. In der empirischen Führungsforschung konnte kein überzeugender Verhaltens- oder Persönlichkeitskatalog vorgelegt werden, der unabhängig von den jeweiligen Anforderungen der Einzelschulen als Organisations- und Handlungseinheiten allgemeingültig ist. Das erschwert die Personalauswahl und -beurteilung, vielleicht auch die Personalentwicklung. Ausschreibungen sollten schulscharf sein, Schulleitungsbesetzungen auf die jeweilige Schule spezifisch erfolgen. Passung (siehe nächste These) ist wichtig.

Auch in der »Geschichte« einer Organisation einerseits und des Berufslebens einer Führungsperson andererseits gibt es Veränderungen. Man kann von einem dynamischen Lebenszyklus von Kompetenzen ausgehen: Die These von Boam und Sparrow (1992) lautet, dass während der Entwicklung einer Organisation immer neue Kompetenzen erforderlich werden, die Relevanz anderer abnimmt und die Bedeutung wieder anderer relativ konstant bleibt. Damit Schulleiterinnen und Schulleiter den Anforderungen einer sich entwickelnden Schule gerecht werden können, benötigen sie zu verschiedenen Zeiten jeweils andere Kompetenzen. Das stellt Anforderungen an die eigene Personalentwicklung und Professionalisierung wie auch an die Unterstützungsformen.

1.6 Gute Schulleiter stellen Passungen her und beziehen ihr Handeln auf die jeweilige Situation

Die Kompetenzen, Fähigkeiten und Fertigkeiten, aber auch die Persönlichkeit der pädagogischen Führungskraft, ihre Motivation, ihre Neigungen, Haltungen und Einstellungen einerseits und der Schulkontext andererseits müssen eine hohe Passung aufweisen, wie aus der Organisations- und Führungsforschung bekannt ist. Man spricht von »person-job fit« einerseits und »person-organisation fit« andererseits (Holland 1997; Caldwell & O'Reilly 1990; O'Reilly et al. 1991; Hackman & Oldham 1980; Lauver & Kristof-Brown 2001; Kristof-Brown et al. 2005; Jansen & Kristof-Brown 2006; Edwards 2008; Sekiguchi 2004). Es braucht eine doppelte Passung, eine Person-Funktion-Kontext-Passung. Eine Schulleiterin mag in Organisation A keinen Erfolg haben und unzufrieden sein, wäre aber gut geeignet für Organisation B. Das unterstreicht die bereits erwähnte Herausforderung bei der Personalauswahl, jemanden zu finden, der nicht nur die Anforderungen im Allgemeinen bewältigen kann, sondern auch die einer bestimmten Organisation. Gute Schulleiter gehen vom Kontext aus und versuchen auf den Kontext zu wirken, indem sie das Optimierungspotenzial ausschöpfen.

Noch anspruchsvoller ist es, situationsangemessen zu handeln. Gutes Führungshandeln bezeichnet nicht nur ein authentisches, sondern vor allem ein auf die jeweilige Situation abgestimmtes Verhalten. So verhalten sich gute Schulleiterinnen und Schulleiter gegenüber ihren Mitarbeitern unterschiedlich, was freilich nicht zu unfairem Verhalten und damit zu widersprüchlichen Wahrnehmungen und Neid führen darf. Das Verhalten guter Schulleiter wird sowohl vom Einzelnen als auch vom Kollegium als stimmig wahrgenommen.

1.7 Gute Schulleiter sind Entwickler

Die Schulleitung ist für die Entwicklung der Einzelschule von zentraler Bedeutung, sowohl bei staatlichen Reformen als auch bei schuleigenen Innovationen. Schulleiterinnen und Schulleiter gelten als »Change Agents« und tragen die Verantwortung für den Veränderungsprozess der Schule. Sie nehmen sich Zeit, verstehen die Didaktik der Führung und des Managements, gehen von Zielen aus und setzen Inhalte, Methoden, Materialien und Rahmenbedingungen passend dazu ein. Die Zielsetzungen einer Schule können sich deutlich von denen der Nachbarschule unterscheiden – selbst wenn es sich um die gleiche Schulform handelt.

Gute Schulleiterinnen und Schulleiter schaffen gemeinsam mit dem Kollegium die Voraussetzungen, um die gesetzten Ziele erreichen zu können, auch in unterschiedlichen Kulturen. Sie neigen nicht zu blindem Aktionismus und laufen nicht Gefahr, durch Veränderung Bewährtes zu opfern. Sie können differenzieren zwischen dem, was bewahrenswert ist und weitergepflegt werden muss, und Defiziten, an denen gearbeitet werden sollte.

1.8 Gute Schulleiter sind gute Pädagogen

Gute Schulleitungen sind pädagogischen Werten verpflichtet, die den Umgang mit den Schülerinnen und Schülern ebenso bestimmen wie die Kooperation mit dem Kollegium. Organisationspädagogisches Management (vgl. Rosenbusch 2005) begreift die Schulverwaltung als Instrument, um genuin pädagogische Zielvorstellungen zu erreichen. Das Führungshandeln soll auch Modell dafür sein, wozu die Schule erziehen will, das heißt, es soll einen anschaulichen und modellhaften Erfahrungsraum für alle Beteiligten gestalten, in dem pädagogische Zielvorstellungen verwirklicht werden können zum Nutzen der Organisation und des Einzelnen. Dabei sehen sich Schulleiterinnen und Schulleiter sowohl kinderpädagogischen als auch erwachsenenpädagogischen Zielen gegenüber (vgl. Rosenbusch 2005).

Erziehungsziele werden zu übergeordneten Prämissen. Das bedeutet, dass im Umgang mit Schülern, Lehrkräften und Eltern Mündigkeit unterstellt oder entwickelt werden muss, dass Anerkennung, und zwar Anerkennung von sich selbst und von anderen, praktiziert wird, dass Selbsttätigkeit möglich und erwünscht ist und dass Kooperation ein Handlungs- und Zielprinzip ist. Eine solche pädagogische Perspektivenjustierung wirkt sich auf die Schulkultur, auf Lehrkräfte und auf den Unterricht aus, letztendlich auch auf die einzelnen Schülerinnen und Schüler. Administrative und strukturelle Bedingungen müssen entsprechend verändert und pädagogischen Prinzipien untergeordnet werden.

Bereits Hallinger und Heck (1998) fanden in ihrer Metaanalyse einen Zusammenhang zwischen wirksamem Führungshandeln und wirksamer Schule, die das Lernen der Schüler fördert – wenn auch nur indirekt. Es geht darum, das Lernen von Kindern und Jugendlichen zu fördern, indem man das Lernen der Erwachsenen fördert und durch Personalentwicklung einen Beitrag zur Professionalisierung der Lehrkräfte leistet. Robinsons (2007) Metastudie über den Zusammenhang zwischen Führung und Schülerleistung hebt ebenfalls hervor, dass der Einfluss des Leitungshandels umso größer ist, je enger es mit dem Unterricht selbst, mit Lehren und Lernen zu tun hat, was für einen »Instructional Leadership«-Ansatz spricht. Auch die Metaanalyse von Hattie (2009) lässt sich so interpretieren.

1.9 Gute Schulleiter sind gute Manager

Der Begriff Management bezeichnet sowohl die Leitung einer Organisation wie auch die Personen, die diese Funktion ausüben. Typischen Funktionen des Managements sind Planung, Organisation, Führung und (Erfolgs-)Kontrolle (vgl. Robbins et al. 2011). Management soll Menschen dazu bringen, gemäß den Zielen der Organisation zu handeln, und zwar effektiv und effizient. Laut West (2009) planen, organisieren und beaufsichtigen Manager; sie wählen Personal aus, kümmern sich um Weiterbildungen, motivieren und regen Innovationen an (vgl. Drucker 1956). Hier wird der Begriff weit gefasst und beinhaltet Aspekte, die von anderen Autoren als Führung bezeichnet werden. Führung wird also als Teil von Management verstanden.

Für den schulischen Bereich unterscheidet die Literatur häufig zwischen verschiedenen Konzepten: Im Sinne eines »Transactional Leadership« (vgl. Southworth 1998) ist der Schulleiter der Manager der »transactions«, der Arbeits- und Austauschprozesse, die grundlegend für effektive und effiziente Arbeitsabläufe sind, vom täglichen büroorganisatorischen Prozedere über die Verwaltung von Gebäuden, von finanziellen und personellen Ressourcen, von Zeitressourcen aller in der Schule Arbeitenden bis hin zur Kommunikation inner- und außerhalb der Schule.

Sobald rasche Veränderungen es erfordern, »Change and Improvement« als einen ständigen Prozess zu begreifen und zu vollziehen, sind andere Führungskonzeptionen gefragt. Hier gilt das »Transformational Leadership« als richtungsweisend (vgl. bereits Burns 1978; Leithwood 1992; Caldwell & Spinks 1992). »Transformational Leaders« verwalten nicht nur Strukturen und Aufgaben, sondern konzentrieren sich auf die arbeitenden Menschen und ihre Beziehungen. Sie bemühen sich, deren Kooperation und Engagement zu gewinnen. Sie versuchen, die Kultur der jeweiligen Schule zu beeinflussen, damit sie eine Basis für mehr Zusammenarbeit, mehr Zusammenhalt und mehr selbstverantwortliches Lernen und Arbeiten wird. Hier wird Führung sehr stark von Management unterschieden. Für Dubs (2008) umfasst Schulmanagement »die kompetente Führung der Schule in organisatorischer und administrativer Hinsicht. Im Vordergrund steht die effiziente Aufgabenerfüllung«. Zu diesem Management kommt Führung, wenn es um Schulentwicklung geht (Transformational Leadership). Leadership wiederum versteht er als modernes Führungsverständnis, das beides verbindet und durch das sich gute Führungskräfte auszeichnen.

1.10 Gute Schulleiter beachten das Verhältnis von Aufwand und Nutzen

Unsere Studien zeigen ganz klar: Ein guter Schulleiter ist jemand, der Nutzen herstellt, der versucht, sinnstiftend mit und für Kollegen zu agieren, aber dabei immer den Aufwand im Blick behält. Die Wertschätzung des Personals, Mitarbeiter zu fördern, aber auch zu fordern, die Kompetenzen im Kollegium effektiv und effizient einzubringen – all dies verlangt, das Verhältnis von Aufwand und Nutzen stets im Blick zu behalten.

Dabei ist es hilfreich, das Zusammenspiel von zentralen Aspekten der Machbarkeit zu beachten (vgl. Huber 2011b). Zu ihnen gehören zum einen Fragen des »Könnens«, der Kompetenzen, also das Wissen sowie die Fähigkeiten und Fertigkeiten (fachliche, methodische, kommunikative etc.). Ein zweiter Aspekt ist das »Wollen«, also die Motivation, wozu auch Haltungen und Einstellungen gehören. Einen dritten Aspekt könnte man mit »müssen und dürfen« bezeichnen. Damit sind Entscheidungsbefugnisse gemeint, aber auch die (formale) Legitimation für das Handeln und Entscheiden und die (soziale) Akzeptanz bei den anderen an Schule Beteiligten. Ein vierter Aspekt beinhaltet die (zeitlichen, räumlichen, sächlichen, personellen) Ressourcen, die für die Arbeit nötig sind.

Neben der Rolle der anderen Faktoren für die Motivation der Beteiligten (z. B. das eigene Kompetenzerleben im Sinne der Wahrnehmung der Effektivität des eigenen Handelns) sind weitere Aspekte als Gelingensbedingungen zu differenzieren (vgl. Huber 2011a), die sich auf die Motivation und das Gelingen insgesamt auswirken: Es muss Klarheit über den angestrebten Nutzen und in Verbindung damit über den Sinn der Aktivitäten herrschen; es bedarf einer Klärung der eigenen und der gemeinsamen Verantwortlichkeit, einer klaren Rollenaufteilung sowie einer gerechten Arbeitsaufteilung; und nicht zuletzt müssen positive Ergebnisse erlebt werden, damit sich Zufriedenheit angesichts von Effizienz (eben ein positives Aufwand-Nutzen-Verhältnis) einstellt.

1.11 Gute Schulleiter verhalten sich integer und fair

Empirisch ist mehrfach belegt: Ein guter Schulleiter ist jemand, der als Führungskraft anerkannt ist, der auch entsprechende Legitimation erfährt, der sich integer und fair verhält (vgl. Huber & Muijs 2010). Fairness ist bei Führung hoch anspruchsvoll, weil Entscheidungen auch manchmal gegen Kolleginnen und Kollegen getroffen werden müssen, Interessen der Schule als Organisationseinheit mit denen Einzelner kollidieren können, Interessen einer Gruppe (Schüler, Eltern, Schulaufsicht) mit denen anderer Gruppen (Kollegium, Fachschaften) in Widerspruch stehen.

1.12 Gute Schulleiter zeigen Vertrauen und Zutrauen

Das Vertrauen der Schulleitung zeigt sich laut Rosenbusch (1997, 2005) an bestimmten Handlungsmaximen, die an einem pädagogischen Grundverständnis orientiert sind. Dazu gehören:

- das Prinzip der Schatzsuche statt Defizit- bzw. Fehlerfahndung: Geboten ist eine radikale Neuorientierung, denn bislang konzentriert sich die bürokratisch geprägte Schulverwaltung in erster Linie auf Fehlervermeidung, Kontrolle, Aufspüren und Beseitigen von Fehlern, anstatt – wie pädagogisch geboten – auf das Positive. Gefragt ist die Entdeckung von Ressourcen, von neuartigen Kooperationsformen etc.
- die Logik des Vertrauens zu sich selbst und zu anderen: Notwendig ist Vertrauen in die eigenen Fähigkeiten und Verantwortlichkeiten sowie in die der anderen, so dass eigenverantwortetes Handeln möglich wird und Fehlentwicklungen offen angesprochen werden.
- das Prinzip der Kollegialität trotz Hierarchie: Gegenseitige Verantwortlichkeiten werden respektiert und anerkannt, im Mittelpunkt steht jedoch die kollegiale Verpflichtung im Hinblick auf die gemeinsam getragenen Ziele.

Organisationales Lernen ist die entscheidende Einflussvariable zwischen Leitungshandeln, Arbeit der Lehrkräfte und Lernen der Schüler. Tschannen-Moran (2004) zeigt auf, dass Vertrauen (»trust«) eine Grundbedingung für Lernen und erfolgreiche Schulführung ist.

1.13 Fazit: Erfolg im Bildungssystem hängt besonders von der Schulleitung ab

Ein guter Schulleiter oder eine gute Schulleiterin etablieren eine gute Schulleitung und betreiben kooperative Führung und gutes Schulmanagement. Schulmanagement geht von allgemeinen Zielen aus und spezifiziert diese gemäß Schulart, Schulgröße, Schulumfeld, Schülerschaft und Kollegium. Dabei ist Schulmanagement stets kontext- und situationsabhängig. Passungen sind immer wieder herzustellen. Das Ziel aller Maßnahmen ist es aber, die Schülerinnen und Schüler bei der Entwicklung ihrer Kompetenzen zu fördern und zu unterstützen. Folglich ist es die zentrale Aufgabe der Schulleitung, das Lernen zu fördern. Damit dies gelingt, rücken Unterrichts- und Personalentwicklung als Beitrag zur Professionalisierung von Lehrkräften in den Mittelpunkt. Das setzt wiederum ein erfolgreiches Gesundheitsmanagement voraus, eine gute Balance für die Schulleitung und das Kollegium.

1.14 Literatur

Boam, R. & Sparrow, P. (1992). Designing and achieving competency. Maidenhead: McGraw Hill.

Burns, J. M. (1978). Leadership. New York: Harper and Row.

Caldwell, B. J. & Spinks, J. M. (1992). Leading the Self-Managing School. London & Washington, DC: The Falmer Press.

Caldwell, DF & O'Reilly, CA. (1990). Measuring person-job fit using a profile comparison process. Journal of Applied Psychology, 75, 648–657.

Drucker, P. (1956). Die Praxis des Managements. Düsseldorf: Econ, 1956, 1970 & 1998 (deutsche Ausgabe von The Practice of Management. Harper & Row, New York 1954)

Dubs, R. (2008). Leadership–Schule kompetent führen. In: A. Bartz, J. Fabian, S. G. Huber, C. Kloft, H. Rosenbusch, H. Sassenscheidt (Hrsg.), PraxisWissen SchulLeitung (10.10). München: Wolters Kluwer.

Edwards, J. R. (2008). Person Environment Fit in Organizations: An Assessment of Theoretical Progress. The Academy of Management Annals, 2 (1), 167–230.

Hackman, J. R., Oldham, G. R. (1980). Work redesign. Reading, MA: Addison-Wesley.

Hallinger, P. & Heck, R. H. (1998). Exploring the principals' contribution to school effectiveness: 1989–1995. School Effectiveness and School Improvement, 9(2), 157–191.

Hattie, J. A. C. (2009). Visible Learning. London: Routlege.

Holland, J. L. (1997). Making vocational choices: A theory of vocational personalities and work environments, 3rd Edition. Odessa, FL: Psychological Assessment Resources, Inc.

Huber, S. G. (2009). Kooperative Führung: vom multifunktionalen Wunderwesen zum Führungsteam. In: Huber, S. G. (2009/2011). Handbuch für Steuergruppen. Grundlagen für die Arbeit in zentralen Handlungsfeldern des Schulmanagements. (S. 45–56). Köln: Link-Luchterhand.

Huber, S. G. (2010). System Leadership – systemische Schulentwicklung durch Kooperation. Journal für Schulentwicklung 2/10, 8–21.

Huber, S. G. & Muijs, D. (2010). School Leadership Effectiveness. The Growing Insight in the Importance of School Leadership for the Quality and Development of Schools and their Pupils. In: S.G Huber (Hrsg.) School Leadership – International Perspectives. (S. 57–77). Springer.

Huber, S. G. & Rolff, H. G. (2010). Delegation und System Leadership. In H.-G. Rolff (Hrsg.), Führung, Steuerung, Management. Reihe: Schule weiterentwickeln – Unterricht verbessern. (S. 43–58). Seelze: Klett Kallmeyer.

Huber, S. G. (2011a). Schulleitungshandeln – Belastung und Beanspruchung: Alltag, Vorlieben, Belastung. Ausgewählte erste Ergebnisse aus der Schulleitungsstudie. Vortrag am 20.10.2011 in Sindelfingen.)

Huber, S. G. (2011b). Kooperative Bildungslandschaften – Führung im und mit System. Vortrag beim Schulleitungssymposium 2011, veranstaltet vom IBB der PHZ Zug am 08.09.2011 in Zug.

Jansen, K. J., Kristof-Brown, A. L. (2006). Toward a Multidimensional Theory of Person-Environment Fit. Journal of Managerial Issues, 18 (2), 193–212.

Kristof-Brown, A. L., Zimmerman, R. D., Johnson, E. C. (2005). Consequences of inidividuals fit at work: a meta-analysis of person-job, person-organization, person-group, and person-supervisor fit. Personnel Psychology, 58, 281–342.

Lauver, K. L. & Kristof-Brown, A. (2001). Distinguishing between Employees' Perceptions of Person-Job and Person-Organization Fit. Journal of Vocational Behavior, 59 (3), 454–470.

Leithwood, K. (1992). The move toward transformational leadership. Educational Leadership, 49(5), 8–12.

Leithwood, K. & Riehl, C. (2003). What we know about successful school leadership. Nottingham: NCSL.

Mulford, B., Silins, H. & Leithwood, K. A. (2004). Educational Leadership for Organisational Learning and Improved Student Outcomes. Series: Studies in Educational Leadership, Vol. 3.

O'Reilly, C. A., Chatman, J. & Caldwell, D. F. (1991). People and Organizational Culture: A Pro-file Comparison Approach to Assessing Person-Organization Fit. Academy of Managerial Journal, 34 (3), 487–516.

Robbins, S. P., DeCenzo, D. A. & Coulter, M. (2011). Fundamentals of Management. Essential Concepts and Applications. 7. Aufl. Pearson Education, Boston, Mass., S. 34 und 468.

Robinson, V. M. J. (2007). The impact of leadership on student outcomes: Making sense of the evidence. The Leadership Challenge: Improving Learning in Schools.

Rosenbusch, H. S. (1997). Organisationspädagogische Perspektiven einer Reform der Schulorganisation. SchulVerwaltung, 10, 329–334.

Rosenbusch, H. S. (2005). Organisationspädagogik der Schule. Grundlagen pädagogischen Führungshandelns. München, Neuwied: Luchterhand.
Sekiguchi, T. (2004). Person-Organization Fit and Person-Job Fit in Employee Selection: A Re-view of the Literature. Osaka Keida Ronshu, 54 (6), 179–196.
Southworth, G. (1998). Leading improving primary schools: The work of head teachers and deputy heads. London: The Falmer Press.
Tschannen-Moran, M. (2004). Trust Matters. Leadership for Successful Schools. San Francisco, CA: Jossey-Bass.
West, M. (2009) Conceptualizing the school principal's role. Vortrag beim Schulleitungssymposium 2009, veranstaltet vom IBB der PHZ Zug am 03.09.2009 in Zug.

2. Glaubenssätze klären – Handlungsfähigkeit sichern und erweitern

Adolf Bartz

Glaubenssätze prägen die Muster, die unserem Handeln zugrunde liegen. In der frühen Kindheit erworben und durch die berufliche Sozialisation geprägt stellen sie Grundüberzeugungen dar, mit denen wir dem Leben und anderen Menschen begegnen. Sie beeinflussen unser pädagogisches und unser Führungshandeln.

2.1 Was sind Glaubenssätze?

Glaubenssätze sind tief in unserer Persönlichkeit verankerte, in der Regel unbewusste Überzeugungen und Maximen, die unser Handeln und die Deutungen unseres Handelns und der Handlungsgründe bestimmen. Sie können zu einer eher pessimistischen oder einer eher optimistischen Lebenshaltung führen und die Handlungsfähigkeit sowie Handlungsoptionen einschränken oder erweitern. Sie wirken sich auch darauf aus, ob wir uns selbst und anderen Menschen gegenüber eher von einer Grundhaltung des Vertrauens oder des Misstrauens geprägt sind.

Glaubenssätze steuern unsere Wahrnehmung durch Generalisierung, Tilgung und Verzerrung (Bandler/Grinder, 1992, S. 25 ff., 83 ff.):

- Die Generalisierung ist der Prozess, aus Einzelerfahrungen generelle Regeln und Bilder abzuleiten. Sie ermöglicht, aus Erfahrungen zu lernen; sie kann aber auch zu der Gefahr führen, dass die Wahlmöglichkeiten für unser Handeln eingeschränkt werden. Denn sie überträgt die Regeln, die für einen Kontext passen, auf andere Kontexte, in denen sie dysfunktional sind.
- Die Tilgung ist der Prozess, durch den selektiv aus der Wahrnehmung ausgeschlossen wird, was nicht zu unseren Generalisierungen und damit auch zu unseren Glaubenssätzen passt. Auch hier gilt: Was in dem einen Kontext als Selektion der Aufmerksamkeit sinnvoll ist, kann in einem anderen Handlungsoptionen einschränken und uns daran hindern, die Fülle des Lebens und der Beziehungen zu anderen Menschen auszuschöpfen.
- Die Verzerrung dient dazu, Wahrnehmungen, die unseren Generalisierungen widersprechen und nicht durch Tilgung unterdrückt werden konnten, so umzudeuten, dass sie dennoch zur Generalisierung passen. Hat etwa ein Schulleiter den Eindruck gewonnen, dass ein Lehrer nicht bereit sei, sich für die Schulentwicklung zu engagieren, dann könnte er sein Engagement für die schulinterne Lehrplanentwicklung durch folgende Aussage umdeuten: »Das macht er nur, weil er die nächste Beförderungsstelle haben will.«

Auf diese Weise gelingt es uns, unser Selbst-, Menschen- und Weltbild zu bestätigen – und das schenkt Sicherheit und stiftet Identität. Deshalb neigen wir dazu, die eigenen Glaubenssätze um jeden Preis aufrechtzuerhalten, auch dann, wenn sie sich als nicht realitätstauglich erweisen. Für die Schulleitung hat das zur Konsequenz: Handlungsfähig zu sein setzt eine Reflexion und Klärung voraus, welche Glaubenssätze dem eigenen Führungshandeln zugrunde liegen.

2.2 Handlungseinschränkende Glaubenssätze: 6 Beispiele

Dabei geht es vorrangig um eine Klärung, welche unserer Glaubenssätze unsere Handlungsfähigkeit einschränken. Beispiele dafür:

»Ich bekomme Anerkennung, weil ich etwas leiste, und nicht, weil ich bin.«

Dieser Glaubenssatz wirkt als Antreiber und verhindert zugleich, mit den eigenen Leistungen zufrieden zu sein. Denn bei all dem, was ich tue, steht die bange Frage im Hintergrund, ob meine Leistungen in der Wahrnehmung anderer den Ansprüchen genügen. Und wenn ich dessen sicher sein will, bleibt nur das Rezept: »Mehr vom Gleichen«: noch mehr leisten, weil das, was ich leiste, ja vielleicht nicht genügt. Die Folge: Wir versinken in unserem Schulleitungsalltag in den Mühen des operativen Geschäfts und nehmen nicht wahr, dass es in der Schule und im Kollegium viele Menschen gibt, die uns einen Teil unserer Arbeit gern abnehmen würden, weil sie anspruchsvolle Aufgaben als Möglichkeit wahrnehmen wollen, ihr Potenzial entfalten und ihre (Berufs-)Persönlichkeit weiterentwickeln zu können.

»Ich muss alles perfekt machen und darf mir keine Fehler erlauben.«

Dieser Glaubenssatz hat zur Folge, den Maßstab, welche Qualität und welche Genauigkeit bei der Bearbeitung der Aufgaben im Hinblick auf die Ziele und Wirkungen sinnvoll sind, aus dem Blick zu verlieren. Statt z. B. das fertige Kollegiums-Info zu versenden, feile ich lieber noch am Layout. Und die Angst davor, dass andere mein Tun und die Ergebnisse meines Handelns für suboptimal halten könnten oder dass ich gar einen Fehler machen könnte, führt dazu, dass ich mich auch über Gelingenserfahrungen nicht mehr freuen kann.

»Anderen etwas abschlagen und nein zu sagen, könnte sie verletzen.«

Mit diesem Glaubenssatz lade ich die Lehrerinnen und Lehrer ein, mir Aufträge zu erteilen. Die Folge: Das Kollegium nutzt das aus und trägt Probleme mit der Erwartung vor, dass ich ihnen die Probleme abnehme. Und dies hat weitere Folgen: Ich fördere eine Kultur der Abwertung, denn ich vermittle den Lehrkräften den Eindruck, ihnen nicht zuzutrauen, dass sie ihre Probleme – ggf. mit Unterstützung – selbst lösen können, und die Lehrkräfte gehen in die Selbstabwertung, indem sie sich als Opfer darstellen, die nichts können und denen deshalb alles abgenommen werden muss. In der Regel ist dieser Glaubenssatz mit einer umgekehrten Erwartung verbunden: Stelle ich anderen Aufträge, riskiere ich ein »Nein«, und um dieses Risiko zu vermeiden, erledige ich den Auftrag lieber selbst, statt ihn zu delegieren.

»Ich mache lieber alles selbst, denn was ich nicht mache, wird nichts.«

Diesem Glaubenssatz liegt das grandiose Selbstbild zugrunde, dass keine andere Person in der Schule über das Betriebswissen verfügt, das mir zur Verfügung steht, und dass keine andere Person Aufgaben und Aufträge so kompetent wie ich erledigen kann (denn sonst wäre ich ja nicht Schulleiterin/Schulleiter). Die Folge: Das Kollegium wird demotiviert, weil die Schulleitung ihm keine Aufgaben überträgt, die eigenen Gestaltungsmöglichkeiten gering sind und zudem das Gefühl entsteht, dass die Schulleitung den Lehrkräften nichts zutraut und sie für inkompetent hält.

»Wer sich auf andere verlässt, der ist verlassen.«

Die Folge dieses Glaubenssatzes ist eine Kultur des Misstrauens. Die Grundlage dafür ist ein Menschenbild, wonach Menschen von Natur aus kein eigenes Interesse daran haben, sich selbst Ziele zu setzen und dazu beizutragen, dass die Organisation ihre Ziele erreicht. Die Konsequenz: Entweder ich übernehme die Arbeit gleich selbst oder ich kontrolliere die Erledigung so eng, dass die beauftragten Personen demotiviert werden, weil ihnen keine Eigenständigkeit und Eigenverantwortung zugetraut werden.

»Ich darf als Führungskraft keine Schwäche zeigen – Eine Führungskraft muss stark und durchsetzungsmächtig sein.«

Dieser Glaubenssatz veranlasst die Schulleitungspersonen, sich für die Personalführung mental aufzurüsten. Das heißt z. B., bei einem Kritikgespräch statt Wertschätzung Verachtung zu kommunizieren und bei Kritik sogleich in den Gegenangriff überzugehen, statt zuzuhören und zu prüfen, was wir von der Kritik für uns übernehmen können. Hat dann keiner der Akteure mehr den Mut, uns gegenüber seine Kritik zu äußern, dürfen wir uns nicht wundern, wenn die Kritik umso stärker in der kollegialen Gerüchteküche umläuft und für uns nur in der unklaren Form schlechter Stimmung im Kollegium spürbar wird, deren Ursachen wir nicht verstehen und deuten können.

2.3 Wirkungen der handlungseinschränkenden Glaubenssätze

Die Glaubenssätze, die das Führungshandeln der Schulleitung beeinflussen und prägen, wirken sich auf das Führungskonzept, den Umgang mit dem Personal und den Umgang mit Wissen aus.

Auswirkungen auf das Führungskonzept

Wie führen wir unsere Schule? Dafür ist nicht entscheidend, was wir sagen, sondern was wir tun und wie unser Führungshandeln erlebt und gedeutet wird. Dieses aber ist weitaus stärker als das geäußerte Führungskonzept von den Glaubenssätzen bestimmt, die unserem Führungshandeln zugrunde liegen, und nicht davon, was aus der Sicht der Führungs- und Schulforschung sinnvoll und effektiv ist. Wenn unsere Glaubenssätze uns z. B. daran hindern, ein Grundvertrauen in die Zuverlässigkeit und Kompetenz der Lehrkräfte unseres Kollegiums zu entwickeln, werden wir dazu neigen, delegierte Aufgaben wieder an uns zu ziehen, weil wir Zweifel haben, dass sie angemessen bearbeitet werden. Und wir werden in die Falle der Rückdelegation laufen, wenn Lehrkräfte mit Aufgaben nicht klar kommen und uns bitten, ihnen die Aufgaben wieder abzunehmen.

Auswirkungen auf den Umgang mit dem Personal

Für die Lehrkräfte hat ein solches Führungshandeln auf der Grundlage handlungseinschränkender Glaubenssätze die Folge, dass sie sich nicht ernst genommen fühlen und anstelle von Wertschätzung Abwertung erfahren. Denn – so zeigt ihre Erfahrung –: Auch wenn die Schulleitung den Lehrkräften Aufgaben zumutet und sie nicht schon durch Schonung abwertet, zeigt sie in ihrem konkreten Handeln, dass sie sie ihnen nicht wirklich zutraut. Die Folge: Das Kollegium wird demotiviert, weil die eigenen Gestaltungsmöglichkeiten gering sind und zudem das Gefühl entsteht, dass die Schulleitung die Lehrkräfte für inkompetent hält. Auf diese Weise entsteht eine Kultur des Misstrauens: Die enge Kontrolle durch die Schulleitung macht deutlich, dass diese den Lehrkräften keine Eigenmotivation, Eigenständigkeit und Eigenverantwortung zutraut. Sie erweckt zudem den Eindruck, die Schulleitung unterstelle den Lehrkräften, sie hätten kein Interesse daran, sich selbst Ziele zu setzen und dazu beizutragen, dass die Schule ihre Ziele erreicht. Für die Schule hat das zur Folge, dass die Ressourcen und Energien, die für die Schulentwicklung zur Verfügung stehen könnten, blockiert werden und die Lehrkräfte genau das negative Bild bestätigen, das die Schulleitung ihnen vermittelt. Trauen wir ihnen keine Motivationen und Interessen, Kompetenzen und Verantwortung zu, so werden sie diese auch nicht entwickeln. Und weil sie sie nicht zeigen, fühlen wir uns in unserem negativen Menschenbild bestätigt (McGregor 1973 nach Schreyögg 1999, S. 221 ff.).

Auswirkungen auf den Umgang mit Wissen

Die Glaubenssätze führen zu einer selektiven Rezeption der Ergebnisse wissenschaftlicher Schul-, Lern- und Führungsforschung. Statt deren Ergebnisse auch dann ernst zu nehmen, wenn sie unsere Professionsbilder in Frage stellen, ignorieren wir sie oder deuten sie so um, dass sie zu unserem Glaubenssystem passen. Die in einer Schule wirksamen Glaubenssätze prägen deshalb auch, was als Wissensbasis für die Gestaltung von Unterricht und Lernen und für die Beziehungsgestaltung in der Schule zur Verfügung steht. Sie wirken als Filter für das, was in der Schule als Wissen ankommt, und sind deshalb für die Wirksamkeit des Transfers wissenschaftlicher Forschung in die Schule von entscheidender Bedeutung. Erst dann, wenn wir bereit sind, unsere grundlegenden Überzeugungen irritieren und verunsichern zu lassen, haben wissenschaftliche Erkenntnisse, die unseren Glaubenssätzen widersprechen, eine Chance, in die Schule einzudringen. Das aber ist Voraussetzung für Professionalität, denn Eltern, Schülerinnen/Schüler und Öffentlichkeit dürfen erwarten, dass das pädagogische Handeln dem aktuellen Stand wissenschaftlicher Forschung entspricht.

2.4 Den negativen Folgen handlungseinschränkender Glaubenssätze entgegenwirken

Voraussetzung dafür, der Handlungseinschränkung entgegenzuwirken, ist eine starke Motivation. Diese kann sich daraus speisen, dass die Glaubenssätze das Gegenteil dessen bewirken, was wir anstreben: Wir möchten Erfolg und Anerkennung finden, unsere Arbeit perfekt erledigen und unsere Aufgaben richtig und fehlerfrei bearbeiten. Stattdessen haben sie zur Folge, dass wir nicht in der Lage sind, wesentliche Führungsaufgaben angemessen und wirksam wahrzunehmen.

Es ist diese Zirkularität, die die Befreiung von den handlungseinschränkenden Glaubenssätzen zwingend erfordert. Und diese Befreiung setzt voraus, die Dynamik dieser Zirkularität zu verstehen (Abb. 1).

Beispiel für einen handlungseinschränkenden Glaubenssatz	**Beispiel für einen handlungserweiternden Glaubenssatz**
„Andere mit Aufgaben zu beauftragen, könnte sie überfordern."	„Stelle ich Aufträge, hat die betroffene Person das Recht, ‚Nein' zu sagen. Lehnt sie den Auftrag ab, ist das für mich kein Gesichtsverlust, sondern Anlass für Klärung und Vereinbarung."

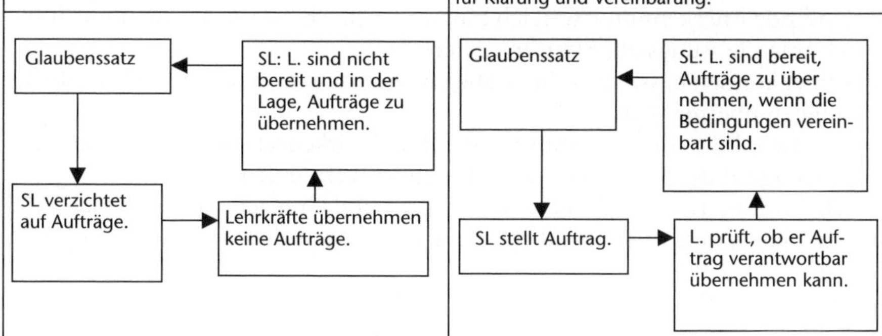

Abb. 1: Die zirkulare Selbstbestätigung der Glaubenssätze

Nur dann, wenn uns klar ist, dass das Rezept »Mehr vom Gleichen« nicht zur Wirksamkeit der Schulführung beiträgt, sondern gerade umgekehrt ihren Erfolg verhindert, werden wir bereit sein zu akzeptieren, dass wir nicht so weiterarbeiten können wie bisher, sondern anders arbeiten müssen. Und nur dann werden wir als Schulleitung unsere Handlungsfähigkeit wiederherstellen und sichern können.

Das setzt die Einsicht voraus, dass und wie unsere Glaubenssätze unsere Handlungsfähigkeit einschränken. Für diese Selbstreflexion können folgende Fragen hilfreich sein:

- Freue ich mich, wenn eine Aufgabe gelungen oder ein Projekt erfolgreich abgeschlossen ist?
- Verteile ich meine Zeit und meine Aufmerksamkeit in einer Weise, die ich für sinnvoll und zufriedenstellend halte?
- Habe ich das Gefühl, dass meine Arbeit sinnvoll und wirksam ist?
- Bleibe ich auch in Phasen von Hektik und Unübersichtlichkeit gelassen?
- Kann ich mir selbst erlauben, dass mir mal ein Fehler passiert, und anderen gegenüber zugestehen, dass mir ein Fehler passiert ist?
- Bekomme ich von den anderen Akteuren in der Schule – den Lehrkräften, den Eltern und den Schülerinnen und Schülern – ein Feedback, das auch kritische Rückmeldungen mit einbezieht?

Wenn ich diese Fragen verneinen muss, sind die Selbstaufklärung, das Bewusstmachen und das Verflüssigen der starren und rigiden Glaubenssätze, die meinem Handeln und meiner Selbstwahrnehmung zugrunde liegen, die Voraussetzung dafür, die eigene Handlungsfähigkeit sichern und erweitern zu können. Dabei ist hilfreich, einen Perspektivwechsel zu versuchen und zu erproben, wie es mir mit Glaubenssätzen gehen würde, die das Gefühl der Selbstwirksamkeit stärken (Abb. 2).

- Ich finde Anerkennung, weil ich bin, und weil ich Anerkennung finde, fühle ich mich leistungsfähig und motiviert.
- Fehler können passieren und es ist kein Drama, dann auch für sie Verantwortung zu übernehmen.
- Für mein Bild vom Kollegium gilt: auf die Stärken schauen, die Ressourcen nutzen und die Schwächen soweit möglich vermeiden.
- Ich darf und muss auch mal »Nein« sagen und Grenzen setzen und ich gehe davon aus, dass die davon betroffene Person mit diesem »Nein« umgehen kann.
- Stelle ich Aufträge, hat die betroffene Person das Recht, »Nein« zu sagen. Lehnt sie den Auftrag ab, ist das für mich kein Gesichtsverlust, sondern Anlass für Klärung und Vereinbarung.

- Ich stelle Aufträge im Vertrauen, dass sie wie vereinbart bearbeitet werden. Gibt es Schwierigkeiten, wird mich die betroffene Person schon von sich aus informieren.
- Andere Menschen können manches besser als ich. Darüber freue ich mich und ich lade sie ein, ihr Können für die Schule zur Verfügung zu stellen.
- Schwächen zeigen ist ein Zeichen von Stärke.
- »Die Welt ist groß und Rettung lauert überall« (Trojanow).

Abb. 2: Beispiele für handlungserweiternde Glaubenssätze

Die handlungserweiternden Glaubenssätze können befreiend wirken; sie können aber auch mit Gefahren verbunden sein, wenn z. B.

- die Befreiung von starren Regeln zu Beliebigkeit führt und Verbindlichkeit außer Kraft setzt,
- Risiken zu wenig gesehen und vorausschauend berücksichtigt werden und
- die Fehlertoleranz als Gleichgültigkeit gegenüber Fehlern missdeutet wird.

Worum es geht, ist also nicht, das eine Set von Glaubenssätzen durch das gegenteilige Set zu ersetzen, sondern eine gute Balance zu finden: Ich verbinde die Erweiterung von Handlungsoptionen mit der Vorsicht bei Risiken und Gefahren, sodass die erstarrten Maximen und Überzeugungen verflüssigt, aber nicht über Bord geworfen werden. Und indem wir über diese Balance selbst und bewusst entscheiden, haben wir uns von der Wirkmacht der Glaubenssätze befreit. Denn diese können unser Handeln nur dann unreflektiert und unkontrolliert prägen, wenn sie uns nicht bewusst sind.

Mit den eigenen Glaubenssätzen selbstbewusst umzugehen, gelingt nur, wenn wir akzeptieren, dass sie ein Teil unserer eigenen Identität und Persönlichkeit sind und wir uns deshalb nicht einfach von ihnen trennen können. Die zu akzeptieren muss dann aber mit einer Klärung, in welcher Richtung wir uns (berufs-)persönlich weiter entwickeln sollten und wollen, verbunden sein: Was prägt mich? Welche für mein Führungshandeln wichtigen Aspekte werden dadurch eingeschränkt? In welche Richtung sollte oder muss ich mich deshalb weiter entwickeln? Dazu ist das Modell des Wertequadrats (Schulz von Thun 1989, S. 38–55) hilfreich (Abb. 3).

Prämisse: Jeder Wert kann nur dann konstruktiv wirken, wenn er sich in einer Balance mit einem positiven Gegenwert befindet. Fehlt diese Balance, verkommt er zu seiner entwertenden Übertreibung.

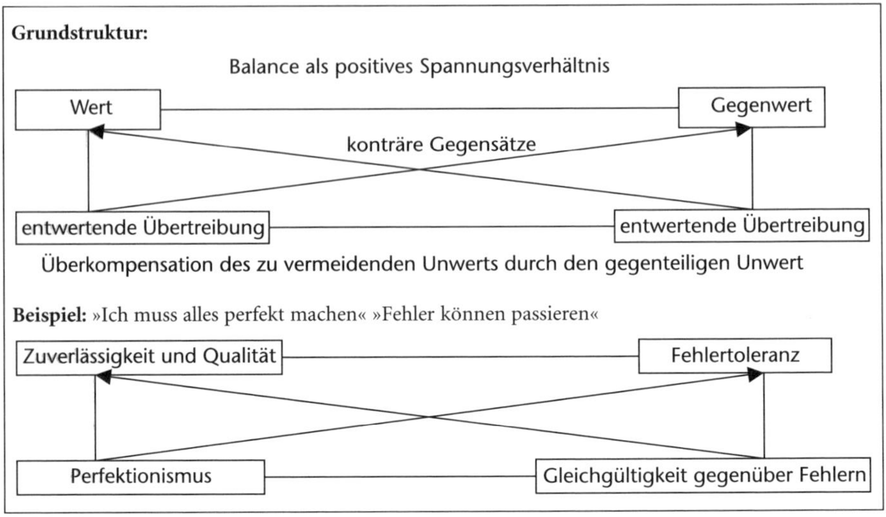

Abb. 3: Das Wertequadrat

Dass es uns allein durch Selbstreflexion gelingt, uns der eigenen Glaubenssätze bewusst zu werden und zu klären, welche persönliche Entwicklungsrichtung erforderlich ist, ist fraglich. Deshalb sollten wir prüfen, ob wir uns für die Klärung und Bearbeitung der eigenen Glaubenssätze einer kollegialen Fallberatungsgruppe mit den Schulleitungskolleginnen und -kollegen anderer Schulen anschließen oder Supervision in Anspruch nehmen. Dabei gilt für die Schulleitung wie für alle Menschen der Grundsatz: Menschen können sich nur selbst entwickeln, sie können nicht entwickelt werden und die Selbstentwicklung setzt das Vertrauen in ihr Potenzial, ihre Kompetenzen und ihre Selbstwirksamkeit voraus.

2.5 Literatur

Bandler, R ./ Grinder, J. (1992). Metasprache und Psychotherapie. Die Struktur der Magie 1, 7. Aufl., Paderborn: Junfermann.

Schreyögg, G. (1999). Organisation. Grundlagen moderner Organisationsgestaltung. Mit Fallstudien. 3. überarb. u. erw. Aufl., Wiesbaden: Gabler.

Schulz von Thun, F. (1989). Miteinander reden. Bd. 2: Stile, Werte und Persönlichkeitsentwicklung, Reinbek bei Hamburg: Rowohlt.

Anmerkung:

Der Beitrag beruht auf Bartz, A. (2012). Die eigenen Glaubenssätze klären – Handlungsfähigkeit sichern und erweitern. In: Bartz, A. u. a. (Hrsg.). PraxisWissen SchulLeitung, Köln: Carl Link Wolters Kluwer Deutschland, Beitrag 53.32 und Bartz, A. (2011). Die eigenen Glaubenssätze klären, SchulVerwaltung spezial 2/2011, S. 4–6.

3. Die Leitungsgruppe ist neu zusammengesetzt

MAJA DAMMANN

Neu zusammengesetzte Leitungsgruppen arbeiten nicht auf Knopfdruck konstruktiv zusammen. Schließlich schwingen bei Veränderungen immer Fragen mit, die weniger die Sache und stärker die Gefühle der Akteure betreffen: Geht es um feindliche Übernahme, soll das Neue das Alte verdrängen – oder aber will sich das Alte das Neue möglichst geräuschlos einverleiben? Eine Neubesinnung möglichst sofort bei Beginn der Arbeit in der neuen personalen Konstellation tut not. Alle Beteiligten sind äußerst aufmerksam. Verpasst man dieses Zeitfenster und lässt erst einmal jeden Neuen für sich »loswurschteln«, ist in der Folgezeit der Energie- und Zeitaufwand für Veränderungen deutlich höher – und nicht selten haben sich schon Konfliktlinien gebildet, die neue konstruktive Lösungen erschweren.

Die folgenden Ausführungen gelten für alle Veränderungen in Leitungsgruppen: Wechsel von einer oder mehreren Personen, Leitungstandems (kleine Systeme) oder Leitungsgruppen (größere Systeme).

Folgende Aspekte helfen beim Neustart einer Leitungsgruppe: die Sicht der Neuen produktiv nutzen, ein gemeinsames Rollenverständnis finden, eine neue Arbeitsverteilung einführen und erproben, das Kooperationsverständnis in der Leitungsgruppe klären – »Sind wir ein Team?« –, die Kooperation mit dem Kollegium neu denken und ein Frühwarnsystem etablieren.

3.1 Die Sicht der Neuen produktiv nutzen

Wenn Menschen neu in ein System kommen, bringen sie als unschätzbare Mitgift den »fremden Blick« mit. Sie sehen, noch aus der Außenperspektive, unverstellt Stärken und Schwächen des Systems. Deswegen sollte die Sicht der neuen Leitungsmitglieder auf ihre neue Schule an drei Stellen systematisch eingeholt und ausgewertet werden: ganz zu Beginn der Tätigkeit, nach etwa sechs Wochen und am Ende des ersten Schuljahres. Ein solches Vorgehen macht deutlich: Es geht nicht darum, die neuen Personen möglichst schnell an das bestehende System zu adaptieren, sondern es geht um Weiterentwicklung, um den Dialog von Alt und Neu, von Innen und Außen. Eine Überprüfung der jeweiligen Haltung ist dafür Voraussetzung. Die Neuen sollten jede Besserwisserei vermeiden, sondern nach dem Motto handeln: »Das ist mir aufgefallen. Lasst es uns gemeinsam besprechen und bewerten.« Die Alten sollten nicht in eine Verteidigungslinie für die bestehenden Strukturen geraten, sondern Interesse an der Rückmeldung zeigen, nach dem Motto: »Ich bin gespannt, was du berichtest, und ich lasse mich auf deine Sicht von außen ein.«

Zu Beginn der Tätigkeit

Einen noch unverstellten Eindruck von ihrer Schule gewinnen die neuen Leitungsmitglieder am besten vor dem ersten Arbeitstag. Wenn mehrere Personen neu sind, sollten sie unabhängig voneinander eine Tour durch die Schule machen. Die Arbeitsanleitung dafür könnte so lauten:

Erschnuppern Sie als »Neue/r« die Atmosphäre Ihrer neuen Schule. Wählen Sie einen Zeitpunkt, zu dem die Schule möglichst leer ist, und gehen Sie in Ruhe durch Räume und Gelände. Machen Sie sich bei Ihrer Schultour Notizen über Ihre ersten Eindrücke:

- Was ist Ihnen aufgefallen?
- Was hat Ihnen gefallen?
- Was möchten Sie verändern?

Nähern Sie sich der Schule wie ein Besucher:

- Finden Sie sich leicht zurecht?
- Wie ist Ihr erster Eindruck auf den Wegen, dem Parkplatz, dem Gelände, dem Eingangsbereich?
- Was springt Ihnen ins Auge – was registrieren Sie angenehm überrascht, was entsetzt, was verwundert Sie?
- Setzen Sie sich ins Lehrerzimmer, studieren Sie Aushänge, Mitteilungsbücher, lassen Sie das Ambiente auf sich wirken.
- Werfen Sie einen Blick in die Lehrerbücherei, in die Lernbücherei, ggf. die Lehrerarbeitsräume, die Teeküche, die Kantine.
- Wandern Sie mit offenen Augen einmal in aller Ruhe durch alle Räume der Schule. Wenn es einen Lageplan/Raumplan gibt, nehmen Sie ihn mit, damit Sie nachher Ihre Eindrücke zuordnen können.
- Wie ist Ihr Eindruck von den Klassenräumen? Würde Sie hier gerne lernen?

Nach vollzogener Schultour gehen die neuen Leitungsmitglieder ihre Notizen gemeinsam durch und sichten sie im Hinblick darauf, was ihnen für einen kurzen Bericht an die Leitungsgruppe wichtig ist. Dieser Bericht wird nach etwa sechs Wochen auf der Leitungsgruppensitzung besprochen (vgl. folgenden Abschnitt).

Nach sechs Wochen

Ungefähr sechs Wochen nach Amtsantritt ist ein guter Zeitpunkt, um in der gesamten Leitungsgruppe über die Sichtweisen und Erfahrungen der neuen Leitungskräfte zu reden. Für diesen Tagesordnungspunkt sollte sich die Leitungsgruppe mindestens 90 Minuten Zeit nehmen.

Der Neue oder die Neuen stellen dar, was ihnen aufgefallen ist, im Sinne einer Stärken-/Schwächenanalyse, und sie stellen Informationsfragen, wenn ihnen etwas nicht verständlich ist:

- zu den Räumlichkeiten (Bericht über Ergebnisse des Schulrundgangs zu Beginn der Tätigkeit),
- hinsichtlich der Informations- und Kommunikationsstrukturen an der Schule,
- hinsichtlich der Kooperationsstrukturen der Schule und
- hinsichtlich der Organisation der Schule.

Im Anschluss an diese Rückmeldung gibt es eine Diskussion mit dem Ziel einer vorsichtigen Bilanzierung:

- Wo stellt die neue Leitungsgruppe übereinstimmend Stärken der Schule fest?
- Gibt es einen Konsens über die in der Rückmeldung identifizierten Entwicklungsaufgaben/-bereiche?

Die Ergebnisse werden protokolliert und dienen der Leitungsgruppe als Material in der weiteren Arbeit.

3.2 Die Leitungsgruppe klärt gemeinsam ihr Rollenverständnis

Spätestens seit PISA gibt es eine bundesweite Tendenz, den Schulen mehr Selbstständigkeit zu geben, und bei allen Unterschieden der Modelle in den einzelnen Bundesländern gehört doch meist die veränderte Rolle von Schulleitung und Schulaufsicht zum Reformkonzept: Die Dienstvorgesetztenfunktion, nicht selten auch das gesamte Personalmanagement, wird auf die Schulleitungen übertragen. Mit diesem Übergang der Dienstvorgesetztenrolle auf das schulische Leitungspersonal sind auch alle personalrechtlichen Konflikte direkt auf die Schule verlagert. Kam früher die Schulaufsicht zur Lebenszeitverbeamtung oder bei einer Bewerbung für den Auslandsschuldienst zur Hospitation, so liegt nun die Verantwortung (samt aller Konsequenzen) bei der Leitungsgruppe. Genehmigte früher die Schulaufsicht oder eine andere Behörde Anträge auf Nebentätigkeit, Sonderurlaub etc., so ist jetzt die Leitungsgruppe verantwortlich. Diese Stärkung der hierarchischen Rolle der Schulleitung wird in vielen Kollegien (und auch von älteren Schulleitungsmitgliedern) kritisch gesehen. Das Klima ändert sich.

Die Tatsache, dass neue Leitungspersonen just in diesem strukturellen Umbruch ihr Amt neu antreten, kann zu einer Wahrnehmungsverzerrung bei den Kolleginnen und Kollegen führen. Statt zu trennen, was an der Veränderung systemisch bedingt ist und was die neuen Personen an Veränderungen bewirken, wird beides vermischt, und systemische Veränderungen in Richtung auf eine

Stärkung der Rolle der Schulleitung werden den Neuen als persönliche Eigenschaft oder Neigung zugeschrieben.

Gerade in Umbruchsituationen wie der gegenwärtigen ist das Profil der Leitungsmitglieder als Personen zentral. Nur wenn die Kolleginnen und Kollegen in die Führungskräfte als Personen Vertrauen setzen, werden sie die personalen Auswirkungen der Systemumsteuerung bewältigen können. Deswegen geht es um dreierlei:

- so viel *persönlichen Kontakt* wie möglich, wertschätzenden Umgang mit den einzelnen Kolleginnen und Kollegen,
- *Transparenz* darüber, wann die Leitungsgruppe zentrale Vorgaben umsetzen muss und wann die Leitungsgruppe selbst gestalten kann,
- *Rollenklarheit*, wann immer Leitungsmitglieder in ihrer Funktion als Dienstvorgesetzte gefragt sind.

Ein gemeinsames Rollenverständnis entwickeln

Versuchen Sie, eine gemeinsame Haltung zu der neuen Leitungsrolle zu entwickeln. Gerade wenn einige der Leitungskollegen schon länger im Amt sind, ist es wichtig festzustellen, ob sie den notwendigen Rollenwechsel mit vollziehen oder aber auf Distanz bzw. in die innere Emigration gehen oder sogar eine öffentliche Oppositionsrolle einnehmen. Wenn Sie als Leitungsteam unklare Signale senden (z. B. »Eigentlich wollen wir ja gar keine (Dienst-)Vorgesetzten werden, aber wir müssen ja!«), werden Sie die Akzeptanz der neuen Rolle im Kollegium (weiter) unterminieren. Werben Sie in Ihrem Leitungsteam und im Kollegium für die Vorteile der neuen Konstruktion: Endlich kann da entschieden werden, wo die Arbeit verrichtet wird!

Beachten Sie: Nicht wenige Lehrerkolleginnen und -kollegen haben deswegen Bedenken gegen die Übertragung der Dienstvorgesetztenfunktion auf die Schulleitung, weil sie Angst vor Willkür und Abhängigkeit haben. Vielleicht haben sie in der Vergangenheit auch entsprechende Erfahrungen gemacht. Der beste Weg, diese Bedenken zu entkräften, liegt in möglichst klarem Leitungshandeln, das transparent und so weit möglich kriteriengesteuert sowie vor allem willkürfrei ist.

3.3 Eine neue Arbeitsverteilung einführen und erproben

An jeder Schule gibt es eine tradierte Arbeitsverteilung zwischen dem Leitungspersonal. Diese wird durch das Dazukommen neuer Leitungsmitglieder in der Regel verändert. Deshalb ist es sinnvoll, die bestehende Aufgabenverteilung gleich zu Beginn der neuen Teamkonstellation kritisch zu überprüfen und neue Festlegungen zu treffen. Für die neuen Kolleginnen und Kollegen ist dies zudem eine wichtige Gelegenheit, gleich zu Anfang viel über die Leitungsarbeit an ihrer neuen Schule zu erfahren und sich mit ihren Kompetenzen und Erfahrungen einzubringen. Bearbeiten Sie auf einer der ersten Sitzungen Ihrer Leitungsgruppe oder Ihres Leitungstandems folgende Fragen gründlich gemeinsam:

- Welche Leitungsaufgaben fallen an Ihrer Schule an?
- Wer bearbeitet sie gegenwärtig?
- Sind die »alten« Leitungsmitglieder mit der Aufgabenverteilung zufrieden?
- Entspricht die Aufgabenverteilung den besonderen Interessen und Talenten der Leitungspersonen?
- Welche Aufgaben hatte das ausgeschiedene Leitungsmitglied?
- Ist es sinnvoll, dass die neue Leitungskraft alle diese Aufgaben übernimmt, oder sollen zunächst bestimmte Aufgaben an andere delegiert werden, damit das neue Leitungsmitglied langsam in seine neue Tätigkeit hineinwachsen kann?
- Gibt es bestimmte Tätigkeiten, die gegenwärtig andere Leitungsmitglieder ausfüllen, für die aber die neue Leitungskraft besonders qualifiziert ist?

Auf gerechte Arbeitsverteilung achten

Achten Sie bei mehreren Leitungsmitgliedern darauf, dass Aufgaben, die für keine Person aus Ihrem Leitungsteam attraktiv sind, gleichmäßig verteilt werden, sonst entsteht schnell Unzufriedenheit. Auch Aufgaben mit hoher Symbolbedeutung oder Außenwirkung sollten sorgfältig verteilt werden. Gerade in der Anfangszeit sollten Sie darauf achten, dass ein angemessener Teil dieser Aufgaben auch bei den neuen Leitungskräften liegt, denn die Schulöffentlichkeit will die Neuen wahrnehmen, will Erfahrungen mit ihnen machen. Gleichzeitig sollte aber nicht der Eindruck entstehen, dass mit Amtsantritt der Neuen fähige Leitungsmitglieder »entmachtet« oder aus dem Rampenlicht verdrängt werden. Bei der Arbeitsverteilung ist somit viel Fingerspitzengefühl verlangt.

Übrigens: Mit Leitungsgruppe ist auch ein Zweierteam gemeint, das nur aus Schulleiter und Stellvertreter besteht. Gerade in einer neuen Zweierkonstellation ist die explizite Aufgaben- und Arbeitsteilung zentral, um das Führungspotenzial auszuschöpfen. Gerade hier ist eine systematische Klärung manchmal mühsam durchzusetzen, weil das Alltagsverständnis vorherrscht: Wozu der ganze Aufstand, das klären wir beide doch mal irgendwann so nebenbei!

Arbeitsverteilung erproben

Wenn Sie eine Arbeitsverteilung erarbeitet haben, dann klären Sie, dass diese für eine gewisse Zeit zu erproben ist – am sinnvollsten für ein Schuljahr – und dass am Schuljahresende eine gemeinsame Überprüfung erfolgt, bei der auch Veränderungen vorgenommen werden können. Das schließt natürlich nicht aus, dass Sie auch zwischendrin Veränderungen vornehmen können, wenn ein

Leitungsmitglied mit einer übertragenen Rolle sehr unzufrieden oder offensichtlich überfordert ist. Aber berücksichtigen sollten Sie, dass die neuen Leitungskräfte Zeit brauchen, um Aufgaben wirklich gut auszufüllen. Eine zu schnelle Änderung verhindert, dass sich fruchtbare Lernprozesse und sinnvolle Routinen entwickeln.

Arbeitsverteilung veröffentlichen

Die vereinbarte Arbeitsteilung sollten Sie der Schulöffentlichkeit bekannt machen. Alle Kooperationspartner werden dankbar sein, wenn sie verlässlich Ansprechpartner benannt bekommen, weil dies Umwege und damit Arbeitszeit spart und zugleich die Entscheidungsprozesse an Ihrer Schule transparenter macht. Aber auch das Leitungsteam spart durch eine im Kollegium veröffentlichte Aufgabenverteilung viel Zeit: Wenn Kollegen ihre Anliegen gleich mehrfach bei unterschiedlichem Leitungspersonal vortragen – z. T. weil sie es so wichtig finden, dass sie es gerne bei allen Schulleitungsmitgliedern verankern möchten, z. T. weil sie mit dem Bescheid, den sie bei einer Person erhalten haben, unzufrieden sind und auf eine günstigere Entscheidung eines anderen Mitgliedes der Schulleitung hoffen –, können Sie diese zeitraubenden Spielchen durch Verweis auf Zuständigkeiten von Anfang an unterbinden.

3.4 Entscheidungsbefugnisse und Kooperationsverständnis in der Leitungsgruppe klären

Für Leitungstandems oder -teams gilt, was für alle Arbeitsgruppen wahr ist: Wenn die personelle Besetzung sich ändert, müssen die Strukturen und das Selbstverständnis in der Zusammenarbeit geklärt werden. Ich möchte Ihnen hier zwei Modelle vorstellen, die Ihnen helfen können, Ihren Stil zu finden, und an denen Sie sich in Ihrer Diskussion orientieren können:

Die hierarchisch arbeitende Gruppe

In dieser Leitungsgruppe gibt es eine klare Hierarchie: Der Schulleiter oder die Schulleiterin trifft die meisten Entscheidungen allein. Das schließt effektiven Informationsaustausch, gemeinsame Diskussion und Planung nicht aus – vielmehr sollte ein Schulleiter, der ein entsprechendes Leitungsverständnis hat, sich so oft und so intensiv wie möglich mit seinen Leitungskollegen beraten. Dennoch legt er Wert darauf, in möglichst alle Entscheidungsprozesse der Schule einbezogen und stets umfassend informiert zu sein.

Bei diesem Modell müssen folgende Fragen besonders sorgfältig geklärt sein, wenn die hierarchische Regel nicht zur Blockade führen soll:

- Der Schulleiter muss die bei ihm eingehenden Informationen sorgfältig und zügig weitergeben, d. h. er darf seine privilegierte Position nicht dazu nutzen,

mit Herrschaftswissen zu manipulieren, sonst entmachtet er seine Leitungsmitglieder faktisch.
- Der Schulleiter muss extrem gut organisiert sein, damit die Zentrierung der Entscheidungsbefugnis keine zeitliche Blockade der Arbeit der anderen bewirkt, weil er mit der Bearbeitung der bei ihm auflaufenden Vorgänge nicht nachkommt.
- Wenn der Schulleiter in dieser Konstellation Entscheidungen an andere Leitungsmitglieder delegiert, so muss er sicherstellen, dass deren »Ermächtigung« allen Beteiligten klar ist, damit die Leitungsmitglieder auch kraftvoll und unangefochten agieren können und nicht ihre Energien in der Rechtfertigung ihrer Entscheidungsbefugnis verpulvern müssen.

Das Leitungsteam

Hier gibt es zwar einen Schulleiter oder eine Schulleiterin, der/die in den unteilbar hoheitlichen Aufgaben die Verantwortung nach außen trägt. Nach innen versteht sich der Schulleiter aber als Primus inter Pares, der alle wichtigen Fragen im Leitungsteam gründlich diskutieren lassen möchte, auf einen Konsens in der Leitungsgruppe aus ist und notfalls auch Mehrheitsentscheidungen gegen seine eigene Position zu akzeptieren bereit ist. Die Arbeitsteilung in einem Leitungsteam ist in hohem Maße daran orientiert, die besonderen Stärken der Leitungsmitglieder bei der Aufgabenverteilung zu berücksichtigen.

Damit ein Leitungsteam gut funktionieren kann, sollte auf folgende Punkte besonders geachtet werden:

- Die Arbeitsverteilung sollte klar sein und Überschneidungen sowie Unklarheiten vermeiden.
- Es sollte ein Konsens darüber herbeigeführt werden, welche Themen und Entscheidungen als so prioritär beurteilt werden, dass sie in der Leitungsgruppe gemeinsam diskutiert und entschieden werden müssen, und welche Entscheidungen an die einzelnen Teammitglieder delegiert werden, um die Arbeitsfähigkeit des Teams im Sinne der Zeitökonomie zu erhalten.
- Wegen der höheren Arbeitsteiligkeit muss dem Informationsfluss innerhalb des Teams eine hohe Aufmerksamkeit gewidmet werden. Eine gleichermaßen inhaltlich umfassende wie zeitlich knappe Gestaltung regelmäßiger Informationsphasen auf den Leitungssitzungen gehört zur hohen Kunst dieser Leitungsform.

Eine neu zusammengesetzte Leitungsgruppe fängt nicht bei null an. Gerade bei der Entscheidung über die künftige Kooperationsstruktur ist ein sorgfältiges Eruieren des individuellen Teamverständnisses und der gemachten Vorerfahrungen wichtig. Versichern Sie sich beim Gespräch über die Zusammenarbeit immer wieder eines gleichen Verständnisses verwendeter Begriffe. Möglicherweise verstehen Ihre neuen Leitungsmitarbeiter etwas völlig anderes als Sie unter hierarchischer Leitung, sehen sie nicht neutral, sondern assoziieren z. B. persönliche Willkür. Und auch der Teambegriff wird häufig so unterschiedlich gefüllt, dass Vorsicht angesagt ist – von technisch perfekter Arbeitsteilung mit minimalen Berührungen bis zur konsequenten gemeinsamen Arbeit an allen Themen geht hier die Bandbreite. Nur wenn alle das Gleiche mit den Begriffen verbinden, kann Ihr Klärungsprozess erfolgreich sein.

Deshalb darf die Klärung dieser Frage nicht auf einer rein sachlichen Ebene getroffen werden, sondern muss den Individuen die Gelegenheit zur gegenseitigen Rückmeldung, zur Artikulierung von Ängsten und Bedenken geben. Aus diesem Grund sollte diese Klärung auch nicht gleich zu Anfang erfolgen, sondern frühestens nach einem halben Jahr, damit alle persönliche Erfahrungen mit Kooperationen in diesem Team gemacht haben. Noch sinnvoller ist es, dieses Thema nach einem Jahr anzupacken, wenn ohnehin die Arbeitsverteilung einer ersten kritischen Revision unterzogen werden soll. Welches Modell der Zusammenarbeit in der Leitung Sie auch immer bevorzugen: Wichtig ist, dass Sie dies nach Ihrer Entscheidung dem Kollegium kommunizieren.

3.5 Als Leitung entscheiden oder das Kollegium an Entscheidungen beteiligen

Wenn Ihre Leitungsgruppe neu zusammengesetzt ist, dann wird eine wichtige, immer wieder anstehende Klärungsfrage neu diskutiert und bewertet werden müssen: Wie wollen Sie an Ihrer Schule mit dem Spannungsfeld Leitung und Partizipation umgehen? Welche Fragen sollen ausschließlich von Ihrer Leitungsgruppe entschieden werden, möglicherweise mit einer vorherigen oder anschließenden Information des Kollegiums? Solche Themen möchte ich mit dem Attribut belegen: Hier ist Leitung pur gefragt!

Welche Themen können hingegen sinnvoll nur bearbeitet werden, indem möglichst viele Menschen an Ihrer Schule dabei beteiligt werden? Dann ist dies ein Fall für demokratische Beteiligungsprozesse.

Oder liegt der Vorgang irgendwo dazwischen? Er kann nicht ausschließlich in der Leitungsgruppe bearbeitet werden, bedarf aber auch nicht der Beteiligung des gesamten Kollegiums, sondern nur bestimmter Personen oder Personengruppen.

Sie ersparen sich viel Zeit und Ärger, wenn Sie sich in der Leitungsgruppe grundsätzlich auf bestimmte Verfahrensmodi einigen, an die sich auch alle verbindlich halten. Auch für diesen Vorschlag gilt: Er wird nicht durch eine einmalige Verabredung umgesetzt, sondern bedarf der kontinuierlichen Aufmerksamkeit in der Zusammenarbeit, denn es geht hier um Haltungen der Leitungspersönlichkeiten zu grundsätzlichen Fragen wie Beteiligung und Transparenz. Und die können höchst unterschiedlich sein. Wenn Sie sich die Zeit nehmen, sich auf eine Herangehensweise zu einigen, verhindern Sie vermutlich u. a. folgende Pleiten und Pannen:

- Sie geben Themen zur Bearbeitung ins Kollegium, bei denen gar kein Gestaltungsspielraum existiert; die Kolleginnen und Kollegen fühlen sich veralbert, wenn erst hinterher klar wird, dass ihre mühsam erarbeiteten Vorschläge nicht berücksichtigt werden können.
- Sie bearbeiten Themen in der Leitung, für die es größere Kompetenz im Kollegium als in der Leitung gibt; wenn Sie Pech haben, sind Ihre Kolleginnen und Kollegen gekränkt, und Sie selbst haben suboptimale Ergebnisse erzielt.
- Sie beteiligen die falschen Menschen an einem Vorhaben und müssen nach einiger Zeit von vorn anfangen.
- Mehrere Mitglieder Ihres Leitungsteams arbeiten unwissentlich parallel mit unterschiedlichen Kolleginnen und Kollegen am gleichen Thema etc.

Deswegen schlage ich vor, dass sich neu zusammengesetzte Leitungsgruppen vor Beginn der Bearbeitung neuer Vorhaben mit folgenden Fragen beschäftigen:

- Gibt es für den neuen Vorgang eine klare Zuständigkeit in der Leitungsgruppe (oder auch im Kollegium)?
- Ist der neue Vorgang eine behördliche Anordnung/Anweisung? Gibt es zeitliche Vorgaben?
- Gibt es Gestaltungsspielräume bei der behördlichen Vorgabe, die es sinnvoll erscheinen lassen, die Kollegen (in welcher Form auch immer) zu beteiligen – oder geht es um eine Verordnung ohne Spielräume, über deren Umsetzung Sie sich am besten in der Leitungsgruppe Gedanken machen und die Sie dann dem Kollegium nur noch vermitteln?
- Wenn es um ein Gestaltungsvorhaben geht – gibt es eine Vorgeschichte an Ihrer Schule, hat sich schon jemand mit dem Thema beschäftigt? Eruieren Sie die Ausgangslage!
- Gibt es bestimmte Gruppen an Ihrer Schule, die von dem neuen Vorhaben besonders tangiert sein könnten? Auf welche Weise können Sie dies berücksichtigen?
- Hat der Vorgang eine Brisanz für die Schulöffentlichkeit oder Teilgruppen, die es sinnvoll erscheinen lässt, die Betroffenen frühzeitig zu informieren?
- Wenn es um eine Gestaltungsfrage geht: Gibt es in der Agenda des jeweiligen Schuljahres überhaupt Platz und Kraft für ein neues Vorhaben oder muss das Thema vielleicht auf nächstes Jahr verschoben werden?

Wenn diese Fragen beantwortet sind, wird in der Leitungsgruppe festgelegt:

- wer verantwortlich ist,
- ggf. wann das Thema in der Schulleitungsgruppe bearbeitet wird,
- ggf. wer außerhalb der Leitungsgruppe informiert wird und wann und
- ggf. wann bestimmte schulische Gremien befasst werden.

3.6 Ein Frühwarnsystem etablieren

Wenn neue Menschen in neuen Arbeitsverhältnissen so eng kooperieren müssen, wie das an Schulen der Fall ist, sind Missverständnisse, Pannen, aber auch echte Konflikte fast unvermeidbar. Damit daraus keine größeren Verwerfungen entstehen, sind folgende drei Verabredungen sinnvoll.

Fehlerfreundlichkeit als Vereinbarung

Statt mit humoriger Gelassenheit zu akzeptieren, dass Fehler passieren, wenn Menschen (neu) zusammenarbeiten, statt in Fehlern Indikatoren für die Verbesserung der gemeinsamen Arbeit zu sehen, reagieren immer noch viel zu viele so, als wäre der Fehler des anderen eine persönliche Bosheit, ein willentlicher Akt, um dem Gegenüber zu schaden etc. Tauschen Sie sich einmal in Ihrer neuen Leitungsgruppe darüber aus, wie Sie selbst mit eigenen Fehlern umgehen und wie Sie normalerweise auf Fehler anderer reagieren. Die gegenseitige Kenntnis des »Fehlerprogramms« der anderen Leitungsgruppenmitglieder ist sehr hilfreich im Umgang miteinander. Versuchen Sie, folgende Verabredung miteinander zu treffen:

1. Wenn jemandem in der Leitungsgruppe am Verhalten einer anderen Leitungsperson etwas auffällt, was er für hinderlich oder fehlerhaft hält, spricht er die jeweilige Person sofort an, und zwar beschreibend-nachfragend.
2. Jedes Leitungsmitglied übernimmt für seine Fehler Verantwortung; das Kaschieren von Fehlern oder der Versuch, die eigene Verantwortung zu leugnen, wird in Ihrem gemeinsamen Verhaltenskodex als unprofessionell gewertet.

Regelmäßiges Feedback auf der wöchentlichen Leitungssitzung

Auf Ihrer Leitungssitzung gibt es als festen Punkt 0 eine kurze Reflexion der gemeinsamen Arbeit seit dem letzten Mal, unter einer der folgenden Fragestellungen: (Es ist zeitlich m. E. nicht realistisch, in jeder Sitzung alle diese Fragen zu behandeln – sie könnten das volle Programm einer Evaluationssitzung darstellen.)

- Wie klappt die gegenseitige Kommunikation? Was läuft prima, wo hat es seit letztem Mal womöglich ein Missverständnis oder eine Unklarheit gegeben?
- Wie klappt die Arbeitsverteilung? Sind alle mit ihren Verantwortungsbereichen zufrieden? Hat es »Übergriffe« gegeben, in dem Sinne, dass jemand in einem Bereich gearbeitet hat, der nicht in seiner Verantwortlichkeit liegt? Gibt es Wünsche nach Kooperation, nach veränderten Verantwortlichkeiten in einzelnen Fragen?
- Wie hat die Leitungsgruppe als Team funktioniert – auf Konferenzen, Elternversammlungen etc.? Was hat gut geklappt, wo sind Mängel in der Abstimmung offensichtlich geworden?
- Hat die Leitung, haben die Leitungsmitglieder rollenklar agiert?

Wenn Sie eine dieser Fragen jedes Mal aufrufen und dafür sorgen, dass Ihre Leitungsgruppe eine gute (evtl. wechselnde) Moderation der Sitzungen erfährt, dann sorgen Sie dafür, dass Kritikpunkte sich nicht aufstauen, und Sie verbessern und vertiefen die gemeinsame Kooperation.

Halbjahres- oder Jahresrückblick

Gerade wenn Sie sich um Rollenklarheit bemühen, eine neue Aufgabenverteilung vorgenommen haben oder wenn Sie Vorgänge stärker systematisch bearbeiten möchten, ist eine Draufsicht auf die gemeinsame Arbeit mit ein bisschen mehr Zeit sinnvoll, zum Halbjahr oder zum Schuljahresende. Hier geht es darum:

- Sind die neuen Leitungsmitglieder integriert? Gibt es Rückmeldungen von ihnen?
- Wie funktioniert die Arbeitsverteilung? Sollen zum nächsten Schuljahr Verantwortlichkeiten geändert werden? Gibt es neue Aufgaben, die verteilt werden müssen?
- Wie gut trägt das gemeinsame Leitungsverständnis? Hat es sich bewährt? Wo gibt es Veränderungsbedarf?
- Wie klappt die Arbeit der Leitungsmitglieder untereinander (getrennte Rückmeldungen, jeweils unter vier Augen)?
- Wie zufrieden sind die Mitglieder mit Vorbereitung, Ablauf und Nachbereitung der Leitungsgruppensitzung?
- Wie beurteilen die Leitungsmitglieder das Agieren der Leitung gegenüber dem Kollegium, den Schülerinnen und Schülern und den Eltern?

Die Ergebnisse dieses Rückblicks liefern Material für die Entwicklungsschritte der Zukunft. Deswegen sollte dieses Ritual auch beibehalten werden, wenn die Leitungsgruppe zusammengewachsen ist.

II. Schulische Erziehung

1. Von der Klassengemeinschaft zur Lerngemeinschaft

Wie Schülerinnen und Schüler mit- und voneinander lernen

Marie-Joan Föh

Eine Klasse zu leiten, das heißt vor allem, den Schülerinnen und Schülern vom ersten Tag an Rituale, Instrumente sowie die notwendige Haltung zu vermitteln, den schulischen Alltag gemeinsam zu gestalten und im Unterricht mit- und voneinander zu lernen. Eine funktionierende Lerngemeinschaft ist die Basis individueller Lernprozesse und die Voraussetzung für Differenzierung, Förderung und offene Lernformen. Ausgehend von einer bewusst organisierten Startphase entlastet sie langfristig die Lehrenden und schafft damit Raum für individuelle Lernbegleitung und Diagnostik.

1.1 Woran man eine funktionierende Lerngemeinschaft erkennt

»Wieso bestimmen eigentlich die Lehrkräfte, wohin eine Klasse auf Klassenfahrt fährt? Können das nicht die Schülerinnen und Schüler selbst entscheiden?« Diese aufrichtige Frage einer Schülerin war der Auslöser dafür, dass eine siebte Klasse ihre Klassenfahrt selbst in die Hand nahm – von der Auswahl des Reiseziels über die Unterbringung mit Selbstversorgung bis hin zur Gestaltung des Programms. Sämtliche Entscheidungen wurden demokratisch im Rahmen des Klassenrates abgewogen, diskutiert und beschlossen. Aufgabe der Lehrkraft war es, Entscheidungsspielräume abzustecken, gewisse »Spielregeln« festzulegen und Entscheidungsfindungen zu begleiten. Dass sämtliche Entscheidungen vertrauensvoll in die Hände der Kinder gelegt werden konnten, ist der hohen sozialen Kompetenz der Klasse geschuldet. Diese wiederum ist kein erfreulicher Zufall, sie ist das Ergebnis eines Prozesses, dessen Ziel die Herausbildung einer funktionierenden Lerngemeinschaft war und immer noch ist.

In derselben Klasse beurteilt eine Jury aus fünf Schülerinnen und Schülern die Vorlese-Leistungen ihrer Mitschüler. Auch hier kann die Lehrkraft darauf vertrauen, dass alle Schülerinnen und Schüler fair und auf Kriterien gestützt beurteilt werden (die Leistungsschwachen erfahrungsgemäß etwas wohlwollender) und dass Können und ungenutzte Potenziale offen zur Sprache kommen.

In einer achten Klasse entstehen individuelle Talentportfolios. Die Stimmung ist geprägt vom Staunen über Gelungenes, von Wertschätzung und auch von konstruktiver Kritik: »Aus deiner Reflexion wird ja gar nicht deutlich, was du gelernt hast. Das würde ich an deiner Stelle noch überarbeiten.« Was die Lehrkraft in Anbetracht der hohen Schülerzahl kaum leisten kann – die Wahrnehmung, Anerkennung und Beurteilung individueller Leistungen – übernehmen die Mitschülerinnen und Mitschüler.

Wie es gelingen kann, beginnend mit Jahrgang 5 aus einer Gruppe von Schülerinnen und Schülern mit unterschiedlichen Lernvoraussetzungen und sozialen Hintergründen eine Lerngemeinschaft entstehen zu lassen, zeigt der folgende Beitrag. Vorgestellt werden Voraussetzungen sowie Instrumente, deren Einsatz sich an der Neuen Schule Wolfsburg bewehrt hat. Bei der Neuen Schule Wolfsburg handelt es sich um eine Integrierte Gesamtschule, in der die Schülerinnen und Schüler im gebundenen Ganztag unterrichtet werden.

1.2 Vorzüge einer Lerngemeinschaft

Lernen findet am besten in sicheren, durch Wertschätzung und Ermunterung geprägten Beziehungen statt. Dabei sind die Beziehungen zwischen Lehrenden und Lernenden genauso in den Blick zu nehmen wie die Beziehungen zwischen den Lernenden selbst. Dort, wo Schülerinnen und Schüler Anerkennung, Hilfestellung, konstruktive Kritik und Begleitung bei Lernprozessen erfahren, sind sie bereit, Leistungen zu bringen, aus Fehlern zu lernen und von sich aus andere beim Lernen zu unterstützen.

Das Unterrichten in heterogenen Lerngruppen, wie sie immer häufiger und deutlicher an nahezu jeder Schule vorherrschen, macht die Entwicklung von Lerngemeinschaften erforderlich. Lerngemeinschaften sind in diesem Zusammenhang zu verstehen als Lerngruppen, in denen Schülerinnen und Schüler zum einen eigene Lernwege gehen und zum anderen mit- und voneinander lernen. Dieses Ineinandergreifen von individuellen und kooperativen Lernphasen setzt ein Lernklima voraus, das von Respekt, gegenseitiger Rücksichtnahme, Hilfsbereitschaft und Wertschätzung geprägt ist und in dem sowohl Heterogenität als auch Individualität für das gemeinsame Lernen genutzt werden.

Indem die Schülerinnen und Schüler lernen, Verantwortung für das eigene Lernen und das Lernen ihrer Mitschülerinnen und Mitschüler zu übernehmen, nutzen und entwickeln sie ihre personale und soziale Kompetenz. Gleichzeitig erwerben, vertiefen und festigen sie Lerninhalte durch das Erarbeiten, Austauschen, Abschauen und Erklären fachlicher Kenntnisse und Fähigkeiten.

Da die Schülerinnen und Schüler während des Unterrichts den Fokus auf die Mitlernenden haben, sich unterstützen, wechselseitig Ergebnisse korrigieren und gemeinsam Probleme und auch Störungen klären, gewinnt die Lehrkraft Zeit, individuelle Lernprozesse zu beobachten und zu begleiten sowie einzelne Schülerinnen und Schüler gezielt zu beraten.

1.3 Voraussetzungen

Haltung: In guten Händen sein

Eine der zentralen Grundregeln für das gemeinsame Lernen in einer heterogenen Klasse lautet, dass jedes Kind entsprechend seiner Lernvoraussetzungen lernen und arbeiten kann und alle anderen dies respektieren. Wenn Schülerinnen und Schüler von- und miteinander lernen, werden individuelle Lernleistungen für alle ersichtlich offengelegt. Folglich muss die Klasse ein geschützter Raum sein, in dem mit Schwächen, Fehlern und Kritik ebenso freundlich umgegangen wird, wie mit Talenten, Lob und Staunen über Gelungenes. Dies den Schülerinnen und Schülern zu vermitteln ist eine der ersten wichtigen Aufgaben der Klassenlehrkraft. Jedes Kind muss vom ersten Tag an das Gefühl haben, mit seinen Ergebnissen – und sind diese auch noch so unleserlich, am Thema vorbei, unverständlich oder mit Rechtschreibfehlern übersät – bei seinen Lernpartnern in guten Händen zu sein.

Eine dem gemeinsamen Lernen dienende Haltung entsteht dort, wo die Erwachsenen vorleben, was es heißt, besondere Talente, Fähigkeiten und Schwächen anderer anzuerkennen, Mitmenschen respektvoll zu behandeln und auf andere Rücksicht zu nehmen. Sie wird abgeschaut, wo Lehrkräfte mit- und voneinander lernen – indem sie in Teams arbeiten, die Räumlichkeiten der Schule zum gemeinsamen Arbeiten und Lernen nutzen und Schülerinnen und Schüler in Entscheidungsprozesse einbeziehen. Sie kann sich dort entwickeln, wo innerhalb des Schulalltags Möglichkeiten geschaffen werden, sich entsprechend der eigenen Fähigkeiten in die Gemeinschaft einzubringen – im Klassenrat und im Schülerparlament, in Gremien sowie durch die Übernahme von Ämtern.

Zeit: Eine lohnende Investition

Eine Lerngemeinschaft zu entwickeln braucht Zeit – Zeit, die gerade in den Jahrgängen 5 und 6 weniger für das fachliche als für das soziale Lernen zur Verfügung stehen sollte. Dies gilt es insbesondere bei der Gestaltung von Jahresplänen und Fachcurricula zu berücksichtigen. So sollte man gerade in den ersten Wochen und Monaten nach Neubildung einer Klasse viel Zeit darauf verwenden, Rituale und Instrumente einzuführen, die gemeinsames Lernen mit- und voneinander erfordern und ermöglichen. Wer zu Beginn in die Entwicklung einer Lerngemeinschaft investiert, gewinnt langfristig nicht nur Zeit (weil Arbeitsprozesse strukturiert und reibungslos ablaufen), er gewinnt auch an Unterrichtsqualität (weil die Schülerinnen und Schüler aktiver, kooperativer und eigenverantwortlicher lernen) sowie an Arbeitsqualität (weil weniger Kraft zehrende Störungen auftreten und Klassengeschäfte durch die Lernenden selbst organisiert werden).

Raum: In einer Tischgruppe gemeinsam lernen

Eine Klasse, die in Reihen oder in einer U-Form sitzt, hat den Blick vor allem nach vorn zur Lehrkraft – folglich ist diese der Hauptansprechpartner. Anders ist dies bei Vierertischen – im Mittelpunkt stehen die drei Mitschülerinnen und Mitschüler sowie die Sache, um die es geht, in Form von Arbeitsaufträgen oder Materialien. Das gemeinsame Lernen in einer Tischgruppe fördert den Erwerb sozialer Kompetenzen, die zum einen erforderlich sind, zum anderen entlang der Anforderungen, die aus der Situation entstehen, entwickelt werden:

- sich in Ruhe lernen zu lassen,
- sich bei Fragen zu unterstützen,
- Ergebnisse zu kontrollieren,
- Gelungenes anzuerkennen,
- Auseinandersetzungen kompetent auszutragen und
- auffällige Verhaltensweisen offen zu kritisieren.

Team: An einem Strang ziehen

Damit aus einer Klasse eine Lerngemeinschaft wird, müssen die Schülerinnen und Schüler Instrumente erwerben und eine entsprechende Haltung ausbilden. Dies geschieht umso schneller und nachhaltiger, desto mehr Fachlehrkräfte in einer Klasse mit der Klassenlehrkraft an einem Strang ziehen. Ausgehend von der Klassenlehrkraft, die in ihrer Klasse wesentliche Akzente setzt, sollten bestimmte Verfahrensweisen von den Fachlehrkräften übernommen, angewandt und vertieft werden. Dies macht es erforderlich, im Kollegium Gesprächsstrukturen zu etablieren und innerhalb des Schulalltags Räume und Zeiten zu schaffen, in denen solche Aspekte zur Sprache kommen können. Nicht umsonst setzen mittlerweile viele große Gesamtschulen auf Jahrgangsteams, die einen eigenen Teamraum zur Verfügung haben, in dem auf kurzem Wege Informationen ausgetauscht werden können.

1.4 Elemente

Klassen, die als Lerngemeinschaften funktionieren, in denen die Schülerinnen und Schüler respektvoll miteinander umgehen und in denen das gemeinsame Lernen im Vordergrund steht, haben viele Vorzüge – es wird nicht nur mehr und nachhaltiger gelernt, wenn eine Klasse das Lernen zur gemeinsamen Sache macht, es treten auch weniger Unterrichtsstörungen und belastende Auseinandersetzungen unter den Schülerinnen und Schülern auf. Darüber hinaus können die Lehrkräfte mehr Zeit auf individuelle Begleitung und Beratung verwenden, wenn die Schülerinnen und Schüler gelernt haben, Verantwortung für das eigene Lernen sowie das Lernen ihrer Mitschülerinnen und Mitschüler zu übernehmen. Folglich sollte es ein zentrales Anliegen der Schulentwicklung sein, Elemente im Schulkonzept zu verankern, die die Bildung von Lerngemeinschaften begünstigen. Dazu gehört, geeignete Klassenlehrkräfte auszuwählen und diese rechtzeitig vor der Übernahme einer Klasse auf ihre Aufgabe vorzubereiten. Weiter gilt es, Standards einer funktionierenden Lerngemeinschaft zu formulieren, zu vermitteln und nachzuhalten. Mentorenschaften, Tandems oder Jahrgangsteams aus »alten« und »neuen« Kolleginnen und Kollegen sowie Übergaberituale, bei denen die Arbeit eines Jahrgangs an den Folgejahrgang übergeben wird, können Bewährtes sichern und festigen.

Tischgruppenkonzept: Gemeinsames individuelles Lernen ermöglichen

Tischgruppen sind die Basis einer Lerngemeinschaft und eine wesentliche Voraussetzung für Binnendifferenzierung. In einer eingespielten Tischgruppe werden Fragen geklärt, Aufgaben gemeinsam bearbeitet oder kontrolliert und Verhaltensweisen untereinander so reguliert, dass gemeinsames und individuelles Lernen möglich wird. Tischgruppen setzen zum einen soziale Kompetenz voraus und erweitern diese andererseits entsprechend der Anforderungen, die sich aus dem Unterrichtsalltag heraus für die Tischgruppenmitglieder ergeben.

Die folgenden Aspekte sind für die Tischgruppenarbeit relevant:

- Tischgruppen sind bezogen auf die schulische Leistungsfähigkeit heterogen zusammengesetzt. In jeder Gruppe sitzen sowohl Mädchen als auch Jungen.
- Optimaler Weise setzt sich eine Tischgruppe aus vier Schülerinnen und Schülern zusammen. Gründe dafür sind die mit der Anzahl der Gruppenmitglieder sinkenden Gesprächsanteile und die Lautstärke – vier Schülerinnen und Schüler können an einem Tisch gut leise die Köpfe zusammenstecken. Zudem hat jedes Tischgruppenmitglied auf diese Weise einen direkten Lernpartner.
- Die Tischgruppen werden jeweils nach den Ferien neu zusammengesetzt. Dem geht vor den Ferien ein Wahlverfahren voraus, bei dem alle Schülerinnen und Schüler aufschreiben, neben welchen Klassenkameraden sie gut lernen können. Die Zusammensetzung der Tischgruppen sollte auf keinen Fall den Lernenden übertragen werden, da diese meist bei der Wahl ihrer Lernpartner andere Maßstäbe anlegen, als sie für das gemeinsame Lernen zuträglich sind.
- Tischgruppen werden bei Problemen grundsätzlich nicht aufgelöst. Wenn Probleme auftauchen, werden diese – unterstützt durch die Lehrkraft – in der Tischgruppe besprochen und es wird zielorientiert nach Lösungen gesucht.
- Tischgruppen benötigen Lerngelegenheiten – durch Arbeitsaufträge, die nur im Team bearbeitet werden können, durch Methoden des Kooperativen Lernens und auch durch Situationen außerhalb des Unterrichts (Sportfeste, Dienste, Klassenfeste ...). Erst dann, wenn Tischgruppen fächer- und unterrichtsübergreifend wirksam werden, entfalten sie ihr volles Potenzial. So haben manche Lernende Kompetenzen, die sie besser außerhalb des Unterrichts einbringen können.
- Regelmäßige Reflexion steigert das Niveau der Zusammenarbeit: Wie haben wir heute zusammengearbeitet? Wer hat welche Aufgaben in welcher Qualität übernommen? Wie könnte man die Zusammenarbeit noch optimieren? Auch können die Tischgruppen Regeln für ihre Zusammenarbeit aufstellen und über deren Einhaltung reflektieren.

Klassenrat: Mitbestimmen

Eine Lerngemeinschaft braucht Strukturen der Mitbestimmung, der Übernahme von Verantwortung und der Auseinandersetzung mit echten Themen. Im Klassenrat und im Schülerparlament lernen die Schüler, Ideen, Wünsche und Probleme offen auszusprechen. Auf der Basis vereinbarter Gesprächsabläufe und klarer Gesprächsregeln können Themen diskutiert, Empfindungen zum Ausdruck gebracht und Vereinbarungen getroffen werden. Die Lehrkraft unterstützt die Schüler in Momenten, in denen sie den selbstständigen Umgang mit einer Situation noch lernen müssen.

Kooperatives Lernen: Lerngemeinschaften weiterentwickeln

Das Kooperative Lernen mit dem Grundprinzip »Denken – Austauschen – Vorstellen« und einer Vielzahl an Methoden, die diesem Grundprinzip folgen, trägt in besonderer Weise zur Entwicklung einer Lerngemeinschaft bei. Regelmäßig angewandt verinnerlichen die Schüler eine Struktur, in der sie zunächst selbst Informationen individuell verarbeiten, bevor sie ihre Überlegungen im Austausch mit anderen überprüfen, ergänzen und korrigieren. Das abschließende Vorstellen von Ergebnissen, bei dem per Zufall entschieden wird, wer vorträgt, schafft Verbindlichkeit und fördert den Informationsaustausch sowie Verständigungsprozesse innerhalb der Lerngemeinschaft. Neben hilfreichen Publikationen – unter anderem von Brüning/Saum (2009) – werden mittlerweile bundesweit vielerorts Seminare zum Kooperativen Lernen angeboten.

1.5 Instrumente

Auf Unterrichtsebene gibt es zahlreiche Instrumente, die das gemeinsame Lernen ermöglichen und fördern. Ihre Einführung und Nutzung liegt im Ermessen der Klassen- und Fachlehrkräfte. Ziel ist es, Schülerinnen und Schülern Verantwortung für einzelne Aufgaben, Stationen oder ganze Unterrichtsstunden zu übertragen. Ein Instrument soll hier exemplarisch genannt werden:

Lernhelfer: Sich gegenseitig unterstützen

Ein wichtiges Element einer Lerngemeinschaft ist die gegenseitige Hilfestellung. Schülerinnen und Schüler, die eine Sache erledigt bzw. verstanden haben, werden zum Lernhelfer für Mitschülerinnen und Mitschüler, die beim Lösen von Aufgaben noch Probleme haben. Indem sich die Lernhelfer in die Sichtweise ihrer Mitschüler hineindenken, fremde Lösungswege nachempfinden und ihre Hilfestellung darauf abstimmen, festigen sie eigene Wissensbestände. Damit sowohl die Lernhelfer als auch diejenigen, denen geholfen wird, von der Hilfestellung profitieren können, sind gewissen Grundregeln zu beachten:

- Lob geht vor Kritik: Zuerst inhaltliche oder methodische Fragen stellen, anschließend Gelungenes loben und erst am Ende Kritik in Verbindung mit Tipps äußern.
- Freiwilligkeit beachten: Hilfestellung erfolgt freiwillig. Schülerinnen und Schüler können ermuntert, aber nicht gezwungen werden, anderen zu helfen. Wenn ein Lernhelfer intensiv an etwas arbeitet, darf er die Hilfestellung ablehnen.
- Bloßstellung vermeiden: Gerade wenn man die Schülerinnen und Schüler noch nicht gut kennt, sollte man Bloßstellungen durch verordnete Hilfestellung vermeiden. Schülerinnen und Schüler sollten immer die Möglichkeit haben, an Stelle des Lernhelfers die Lehrkraft für Hilfestellungen aufzusuchen.

- Hilfe zur Selbsthilfe: Durch Vorsagen ist niemandem geholfen – wahre Hilfe besteht darin, neue Herangehensweisen aufzuzeigen oder einen Fehler als solchen zu kennzeichnen. Da Hilfe zur Selbsthilfe gelernt werden muss, sollte sie Teil des Unterrichts und Gegenstand von Reflexionen werden.

Schülerinnen und Schüler, die sich durch ihre Leistungen einen Experten-Status erworben haben, können – sofern sie einverstanden sind – durch die Lehrkraft auf einem Schild, einem Plakat oder einer Tafel als Experten für das Thema ausgewiesen werden. Man kann es auch den Schülerinnen und Schülern übertragen, sich als Experten zu kennzeichnen: Hat jemand den Expertenstatus erworben, kann er beispielsweise ein Schild auf seinem Tisch aufstellen, an dem sich andere orientieren können.

1.6 Umgang mit Widerständen

Bei der Entwicklung einer Lerngemeinschaft kann man auf unterschiedlichen Ebenen auf Widerstände stoßen. Diese Widerstände gründen oft auf Unverständnis und Unsicherheit und können durch Erklärungen, Beispiele und Unterstützungsangebote minimiert werden.

Schülerinnen und Schüler

Nicht alle Schülerinnen und Schüler bringen soziale Kompetenzen mit, die das Lernen in einer Lerngemeinschaft, gegenseitige Hilfestellung und Rücksichtnahme begünstigen. Wenn man jedoch vom ersten Tag die Zusammenarbeit als hohes Gut einführt, regelmäßig Momente des Mit- und Voneinanderlernens initiiert, über die Zusammenarbeit reflektiert und mit Schülerinnen und Schülern, die sich noch schwer tun, ins Gespräch kommt, schwinden diese Widerstände. Auch sollte man bei der Zusammensetzung der Tischgruppen darauf achten, dass Schülerinnen und Schüler mit ausgeprägter Sozialkompetenz anderen als Vorbild dienen können.

Kolleginnen und Kollegen

Umso besser die Lehrkräfte einer Klasse zusammenarbeiten, desto schneller gehen Rituale und Instrumente in den aktiven Bestand einer Klasse über und werden selbstständig von den Schülerinnen und Schülern genutzt und auch eingefordert. Um möglichst viele Kolleginnen und Kollegen zur Umsetzung bestimmter Strukturen anzuhalten, sollten die oben genannten Elemente fest im Schulkonzept verankert werden. Aufgabe der Klassenlehrkraft ist es, Fachlehrkräfte über Rituale und Instrumente zu informieren, die in der Klasse gebräuchlich sind, und diese auf Wunsch zu erklären oder zu demonstrieren.

Eltern

Mitunter begegnet man in Gesprächen mit Eltern Vorurteilen, wonach einzelne Schülerinnen und Schüler aufgrund ihrer Leistungsfähigkeit neben dem Helfen nicht mehr zum Lernen kommen oder Lehrkräfte im Unterricht zu wenig helfen. Diesen Vorurteilen kann man begegnen, indem man Eltern über die Bedeutung von Lerngemeinschaften informiert, den Nutzen für die Entwicklung sozialer Kompetenz verdeutlicht und den Zusammenhang zwischen Hilfestellung und der Flexibilisierung der eigenen Wissensbestände erläutert.

1.7 Fazit

In die Entstehung von Lerngemeinschaften Zeit und Ressourcen zu investieren macht sich in mehrfacher Hinsicht bezahlt:

- Die Schülerinnen und Schüler lernen in einem sicheren Umfeld und unterstützt durch ihre Mitschülerinnen und Mitschüler, soziale Kompetenzen auszubilden und eigene Wissensbestände im Austausch mit anderen zu vertiefen.
- Die Lehrkräfte können ihren Klassen zunehmend Verantwortung für das gemeinsame Lernen und die Klassengeschäfte übertragen und gewinnen so Zeit für Diagnostik und Lernbegleitung.
- Die Atmosphäre der Schule gewinnt, da verantwortungsvolle und sozial kompetente Schülerinnen und Schüler zum positiven Charakter einer Schule beitragen und auch im Schulalltag Verantwortung für ihr Handeln übernehmen.

Folglich sollten die Entwicklung von Lerngemeinschaften zur Schulentwicklungsaufgabe erklärt und Strukturen geschaffen werden, alle daran Beteiligten entsprechend zu informieren, zu schulen und zu begleiten. Ausgehend von schulspezifischen Standards für gelingende Lerngemeinschaften sollten die Klassen- und Fachlehrkräfte geschult und regelmäßiger Austausch zwischen allen in einer Klasse arbeitenden Kolleginnen und Kollegen gewährleistet werden. Dabei sollte allen Beteiligten bewusst sein, dass die Investition in gelingende Lerngemeinschaften eine Investition in das Lernen ist, die sich über die Jahre hinweg in vielerlei Hinsicht bezahlt macht.

1.8 Literatur

Brüning, Ludger; Saum, Tobias (2009): Erfolgreich unterrichten durch Kooperatives Lernen. Strategien zur Schüleraktivierung. Essen.

2. Jungen als neue Benachteiligte im Bildungssystem?

HANNELORE FAULSTICH-WIELAND

Seit einigen Jahren gibt es eine international geführte Debatte um die Benachteiligung von Jungen im Bildungssystem und in ihrer Konsequenz die Forderung nach mehr Männern als Lehrkräften. Die durch die PISA-Studien deutlich gewordenen erheblich schlechteren Mittelwerte in den Lesekompetenzen von Jungen waren dafür ein wesentlicher Anstoß. Hinzu kommen weitere Ungleichheiten: Jungen werden seltener frühzeitig eingeschult, häufiger dagegen zurückgestellt. Sie durchlaufen die Schullaufbahn auch weniger gradlinig, sind überproportional an Förderschulen repräsentiert – vor allem an denen mit Schwerpunkt emotionale und soziale Entwicklung –, sie erlangen zu größeren Anteilen schlechtere Schulabschlüsse, zu geringeren Anteilen Hochschulzugangsberechtigungen als Mädchen. Im allgemeinbildenden Schulwesen sind mehr Jungen als Mädchen also nicht oder weniger erfolgreich.

In den deutschen Medien – aber ähnliche Reaktionen finden sich international – wird die Ursache dieser geringeren Erfolge von Jungen der »Feminisierung« des Bildungssystems zugeschrieben, d. h. der Tatsache, dass es mehr Lehrerinnen als Lehrer gibt und insbesondere die Grundschulen zu mehr als 80% weibliche Lehrkräfte haben. Unterstellt wird, Erzieherinnen und Lehrerinnen würden den Verhaltensweisen von Jungen nicht gerecht werden, sie würden eine »Wohlfühl-Kuschel-Pädagogik« praktizieren, die Jungen »gewaltig auf die Nerven« ginge. In Kindergärten wie Schulen dominiere z. B. nach Meinung des kürzlich verstorbenen Pädagogen Wolfgang Bergmann ein »verhuscht-weibliches Klima«. Dem müsse man männliche Vorbilder entgegensetzen – seiner Meinung nach kommt es dabei nicht auf Professionalität an, sondern allein auf gestandene Männlichkeit:

»Man müsste die Schulen und Kindergärten öffnen und Männer reinholen. Gar keine gelernten Pädagogen, die tun den Kindern meist ohnehin nicht so gut. Stattdessen Handwerker, Bildhauer, Männer mit Lebenserfahrung und einer starken Biografie, auch mit autoritären Zügen, an denen man sich orientieren kann. Jungs brauchen das. Sie lernen gegenständlicher, materialhafter. Schauen Sie doch nur, wie die am Hausmeister hängen, wenn das ein kinderlieber Mann ist. Die fahren voll auf diese praktischen Typen ab« (Interview mit Wolfgang Bergmann 2010)[1].

Nun ist in Bezug auf die Leistungen von Jungen sehr schnell widerlegbar, dass es der hohe Anteil von Frauen sei, der daran die Schuld trage. Wäre es so, dann müsste sich nachweisen lassen, dass Jungen bei männlichen Lehrkräften bessere

1 http://www.spiegel.de/schulspiegel/wissen/0,1518,545037,00.html – Zugriff 26.11.12.

Leistungen zeigen. Das ist aber empirisch nicht haltbar, wie mehrere Studien nachweisen können (vgl. den Überblick in Faulstich-Wieland, 2011).

Richtig ist allerdings, dass Mädchen in der Grundschule bessere Noten als Jungen (bei z. T. gleichen Kompetenzen) und dadurch eher Gymnasialempfehlungen erhalten (vgl. Hannover und Kessels 2011). Die Bedeutung von Noten für das Erreichen höherer Schulabschlüsse ist also zweifellos ein Argument, das als Erklärung für die geringeren Erfolgsquoten von Jungen herangezogen werden kann. In die Notengebung gehen – zumindest in Deutschland von der Kultusministerkonferenz so gewollt – neben den reinen fachlichen Leistungen auch Einschätzungen über Arbeitshaltungen und Motivation ein. Hier schreiben die Lehrkräfte den Mädchen eine deutlich größere Selbstdisziplin zu (ebd., S. 95) als den Jungen. In der »Jungenbenachteiligungsdebatte« mutieren solche Erkenntnisse jedoch zu der Behauptung, damit setze sich eine »feminine Schulkultur« durch, die den Jungen nicht gut tue. D. h. es wird nicht von den Jungen erwartet, dass sie die geforderte Arbeitshaltung erbringen, sondern es wird von den Lehrerinnen gefordert, ihre Didaktik und ihre Bewertung dem Jungenverhalten anzupassen.

Grundlegend für diese Umdefinition ist die Stoßrichtung der Debatte, die auf »natürliche« Geschlechtsunterschiede zielt und von daher unterstellt, dass Lehrerinnen nicht angemessen auf Jungen eingehen könnten bzw. Männer als Vorbilder für Jungen unabdingbar seien. Selbst wenn sich nicht biologistische Tendenzen in der Argumentation zeigen, so bedeutet der Rekurs auf die Zweigeschlechtlichkeit – die Dramatisierung von Geschlecht – doch eine Wiederbelebung hierarchischer bis hin zu sexistischen Strukturen.

2.1 Können Lehrerinnen nicht angemessen mit Jungen umgehen?

Klaus Hurrelmann behauptet »Jungen setzen nun mal gerne klare soziale und körperliche Duftnoten, verhalten sich schon mal laut und auffällig, haben mehr Aggressionen. Sie dürfen nicht immer nur die Ansage bekommen, ihr Verhalten sei falsch«[2]. Eine solche Ansage sieht er eher bei Lehrerinnen als bei Lehrern gegeben. Tatsächlich lassen sich aber keineswegs geschlechtsbezogene Interaktionsstile nachweisen, wie Barbara Read in einer englischen Studie nachweist (Read 2008): Sie unterscheidet durchaus zwei Stile: den »disciplinarian« und den »liberal discourse«. Der erste Stil ist charakterisiert durch eine laufende Bekräftigung der uneingeschränkten Autorität der Lehrkraft. Dies kann durch sprachliche Äußerungen oder durch ritualisierte pädagogische oder Managementpraktiken geschehen. Demgegenüber mangelt es an Aktivitäten der Schülerinnen und Schüler. Verhalten diese sich jedoch nicht konform, so gibt es scharfe Verwarnungen

2 http://www.spiegel.de/schulspiegel/wissen/0,1518,688659-2,00.html – (Zugriff 26.11.2012); vgl. mit ähnlicher Argumentation Guggenbühl 2008.

oder Sanktionen. Beim liberalen Stil wird das Machtverhältnis so wenig wie möglich ausgespielt, die Schülerinnen und Schüler erhalten einen hohen Anteil an Aktivitäten, die Lehrkräfte behandeln sie nahezu wie Erwachsene, d. h. auf einer egalitären Ebene (ebd., S. 613). Der erste Stil gilt als »männlich« und ist in der Regel gemeint, wenn die Forderung nach mehr männlichen Lehrkräften in der Schule angesprochen wird, um eine »jungenangemessene« Kultur zu erreichen: Eine solche Haltung sei notwendig und würde von Männern praktiziert. In der Praxis findet sich allerdings der disciplinarian-Stil wesentlich häufiger als der liberale, beide Stile werden zudem sowohl von weiblichen wie männlichen Lehrkräften praktiziert und von vielen Lehrkräften in einer Mischung verwendet.

2.2 Brauchen Jungen männliche Vorbilder?

Immer wieder taucht in den Argumentationen auf, dass vor allem die Jungen Männer als Rollenvorbilder benötigten. Dabei bleibt im Allgemeinen unklar, was das genau heißt. In einer neuseeländischen Studie hat Penni Cushman insgesamt 169 Schulleiterinnen und -leiter u. a. gefragt, ob sie einen Bedarf an männlichen Rollenvorbildern sehen und wenn ja, worin dieser besteht. Zwei Drittel waren männliche Schulleiter. Im Wesentlichen wurden drei Gründe angeführt: Zum einen seien männliche Lehrkräfte vor allem für Kinder alleinerziehender Mütter nötig – »They need a father figure as too many in todays society are fatherless« sagt ein 52-jähriger Schulleiter (Cushman 2008, S. 130). Zum zweiten wären sie besser geeignet, Jungensport zu vermitteln – »male teachers are necessary to promote boys' sports, rugby« meint eine 50-jährige Schulleiterin (ebd., S. 131). Schließlich sollten sie für »manhood qualities« stehen, »not every male is a man« glaubt eine 50-jährige Schulleiterin (ebd.). Schauen wir uns diese Argumente genauer an.

Lehrer als Vaterfigur

Die Vorstellung, wonach Kinder und insbesondere Jungen eine Vaterfigur benötigen und Grundschullehrer ihnen diese bieten sollten, ist durchaus weit verbreitet (vgl. dazu u. a. Aigner und Poscheschnik 2010). Sie korrespondiert mit der Sichtweise der Arbeit von Grundschullehrerinnen als »mütterlich« (vgl. z. B. Sargent 2005). Die Anforderung an die Lehrer, ein männliches »Rollenmodell« auszufüllen, das »Väterlichkeit« repräsentiert, bringt jedoch Widersprüche mit sich, da mit Vaterschaft eher das Ernährermodell und/oder der »disciplinarian« verbunden ist: »Because early childhood education is framed through the metaphor motherhood, men cannot fit this metaphor while simultaneously living up to expectations of hegemonic masculinity and fatherhood« (ebd., S. 155).

Aus der Widersprüchlichkeit gibt es für die Lehrer so lange keinen Ausweg, so lange die Assoziation der Tätigkeit mit Mütterlichkeit gültig bleibt. Die Widersprüchlichkeit besteht darin, unter Verdacht – z. B. des sexuellen Missbrauchs – zu geraten, wenn sie zu sehr »mütterliches« Verhalten zeigen, oder als Mann kritisch beäugt zu werden, wenn sie »maskulines« Verhalten an den Tag legen, das nicht den hegemonialen Kriterien entspricht. Die Merkmale hegemonialer Männlichkeit passen nicht zum Arbeitsfeld, Verhaltensweisen von untergeordneter Männlichkeit widersprechen aber dem üblichen Verständnis von »manhood«.

Deborah Jones hatte bereits auf diese Problematik als Ergebnis ihrer Interviews mit Grundschullehrerinnen aufmerksam gemacht (Jones 2003). Die Lehrerinnen wollten nicht »Männer an sich« als Kollegen, sondern »the right kind of men« würde benötigt. Dieser soll folgende Eigenschaften haben: »enthusiastic about young children« sein, »a listener – not arrogant«, »a team worker with a sense of humour« und schließlich auch ein »macho – not a ›wimp‹!« (ebd., S. 570 f.) Mit der »Kindorientierung« verbinden sie eher Vorstellungen von »care«, von Beziehungen und Mütterlichkeit. Zugleich stehen diese im Widerspruch zu der Ablehnung femininen Verhaltens (not a wimp) und der Forderung nach machohafter Männlichkeit. Als Ergebnis der Studie von Jones zeigte sich denn auch: Eigentlich sind die Befragten der Meinung, dass Frauen die besseren Grundschullehrerinnen seien!

Neben solchen Problemen, die mit der Füllung des Rollenbildes von Lehrern als Väter verbunden sind, ergeben sich natürlich noch jene, die Väterlichkeit in Beziehung zu den professionellen Ansprüchen an die Tätigkeit stellen.

Lehrer als Zuständige für Jungensport

Ein beliebtes Argument zielt darauf, dass Lehrer den Jungen die Gelegenheit bieten würden, sportliche Wettkämpfe auszuüben und sich überhaupt in Raufen, Ringen und Fußballspielen auszutoben. Auch bei den im Rahmen unseres Projektes »Männer und Grundschule«[3] befragten Lehrern spielte diese Forderung eine wichtige Rolle. So berichtete ein Lehrer, dass er seine Anstellung nur bekommen habe, nachdem er sich bereit erklärt hat, Sport zu unterrichten:

»*Also, ich hatte hier ein Einstellungsgespräch mit der damaligen Schulleiterin Frau B. und sie sagte, ja, das klingt alles gut, das könnte ich mir vorstellen, Sie passen, und toll, ein Mann an der Grundschule und so. Sie unterrichten dann in Klasse drei Sport. Und dann musste ich die gute Frau dann darüber aufklären, dass ich nun wirklich absolut nicht geeignet bin, Sport zu unterrichten. Ich hatte Zeit meines Lebens immer eine 4 oder 5 im Sportunterricht und habe gleich gesagt, dass das für mich nicht in Frage kommt. Daraufhin hat sie dann zu mir gesagt, das ist aber bedauerlich, dann können wir Sie hier nicht brauchen. Und das wird Ihnen an jeder*

3 Vgl. http://www.erzwiss.uni-hamburg.de/Personal/faulstich-wieland/Maenner%20und%20Grundschule.htm.

anderen Grundschule so ergehen. Männer an der Grundschule müssen Sport machen.« (Herr C.)

Das Zitat macht deutlich, dass offenbar Mannsein mit Sportinteresse und Geeignetheit für die Vermittlung von Sport gleichgesetzt wird – diesbezügliche Kompetenz also als natürliche Eigenschaft angesehen wird. Hinzu kommt, dass es keineswegs um alle Sportarten geht, sondern der Lehrer für die Jungen einen Partner oder Gegner bilden soll, »mit dem sie sich messen können im Sportunterricht. Der vielleicht auch noch mal andere Sachen macht als, ich sag mal, immer, immer mit dem Schwungtuch rumwedeln und immer zu singen und zu tanzen, sondern eben einer, der auch wirklich mal andere Spiele, ringen, raufen, toben, solche Sachen, mehr zulässt.« (Herr C.)

Auch in dieser Aussage widerspiegeln sich unhinterfragte Annahmen, nämlich, dass Jungen auf jeden Fall das Interesse hätten, sich mit einem Sportlehrer zu messen, zu raufen und auf keinen Fall singen oder tanzen möchten. Der interviewte Lehrer hat sich mit dieser Erwartungshaltung arrangiert und sie schließlich auch übernommen, einschließlich der abwertenden Übernahme vermeintlich weiblicher Sportpraxen wie Tanzen oder Gymnastik. Er ist diesbezüglich kein Einzelfall in unserer Stichprobe. Eine solche Sportpraxis aber erschwert es den Jungen, die sich nicht mit Wettkampf, Raufen und Ringen identifizieren, eine normale Entwicklung – weil sie marginalisiert, wenn nicht sogar stigmatisiert werden. Sie wird zugleich den Mädchen nicht gerecht, von denen entweder erwartet wird, sich an als »männlich« etikettiertes Sportverhalten anzupassen – somit keine originäre geschlechtliche Identifikation damit zu entwickeln – oder sich zu entziehen. Es soll hier keineswegs gegen Ringen, Raufen oder Wettkämpfe argumentiert werden, es gibt sicher viele Kinder – Jungen wie Mädchen –, die sich dafür begeistern können. Das Problem liegt in der Vergeschlechtlichung solcher Praxen als »männlich«, die ja zugleich mit einer Hierarchisierung von Sportarten verbunden ist. Professionelle Praxis – alle Kinder im Blick zu haben und die Breite und Vielfalt des Faches – hier der Sportarten – zu vermitteln – verträgt sich nicht mit dieser an die männliche Rollenvorbilddiskussion geknüpfte Praxis.

Meint männliches Rollenvorbild »Echte Kerle«?

Mehrfach tauchte in den angeführten Argumenten bereits auf, dass es nicht einfach um männliche Lehrkräfte geht, wenn die Rollenvorbildfunktion angesprochen wird, sondern dass damit »the right kind of man« (Jones 2003) gemeint ist. Gefordert sind also eine inhaltliche Füllung des Verständnisses von »Männlichkeit« und eine Neudefinition der Arbeit in der Schule auf dieser Basis. Fallstudien und Interviews sind geeignete Methoden, um herauszufinden, was mit »Männlichkeit« gemeint ist. Aus Australien, Kanada und England liegt eine Reihe von solchen Arbeiten vor. Sie zeigen zum einen, dass an Lehrer andere

Erwartungen gerichtet werden als an Lehrerinnen. Besonders eindrücklich ist m. E. der Fall des australischen jungen Grundschullehrers Brian (Lingard et al. 2009, S. 127 ff.). Er ist Mitte 20, neu an einer Grundschule, in der er eine 2. Klasse übernommen hat. Brian liebt lesen, vertritt eher einen liberalen Unterrichtsstil, nutzt die Arbeiten der Kinder zur Dekoration des Klassenzimmers und hält seine Tür stets offen für Besuch. Schüler wie Schülerinnen sind begeistert von ihm. Auch die Kolleginnen und Kollegen mögen Brian, er beteiligt sich an Gesprächen, die sich um pädagogische Fragen drehen, nicht aber an solchen über sein Privatleben oder über Fußball. Obwohl alles sehr gut zu sein scheint, wächst der Druck auf Brian: Er soll Fußballcoach werden und den »Responsible Thinking Classroom« koordinieren, einen Bereich, zu dem viele störende Jungen für eine »Auszeit« geschickt werden. Eltern, Kolleginnen und Kollegen und die Schulleitung gehen davon aus, dass Brian mehr wollen müsste, als nur ein guter Lehrer zu sein, nämlich Funktionen und Leitungen übernehmen. Da Brian das nicht möchte, überlegt er stattdessen, den Beruf aufzugeben. Lingard u. a. erklären das mit dem Funktionieren des Systems der Männlichkeiten (Connell 1999), in dem nur die hegemoniale Position wirklich zählt – und die erfordert von Männern Karriereambitionen und aggressives Konkurrenzverhalten.

Der Kontext des Systems der Männlichkeiten stellt allerdings nur einen Aspekt dar, ein weiterer betrifft das Geschlechterverhältnis: männliches Vorbild zu sein bedeutet in der Debatte um die Feminisierung des Bildungssystems eine Abgrenzung gegen Weiblichkeit. Da im System der Zweigeschlechtlichkeit die Verortung immer dichotom erfolgt – männlich kann nicht weiblich sein und umgekehrt – heißt dies, es werden Eigenschaften und Verhaltensweisen als männlich reklamiert, die zugleich den Mädchen und Frauen abgesprochen werden. Becky Francis und Christine Skelton haben zusammengetragen, wie »heterosexuelle Maskulinität im Klassenraum« – so der Titel ihres Beitrags – hergestellt wird. Eine Möglichkeit dazu bietet die *Infragestellung von Männlichkeit bei Jungen als Disziplinierungsform*. Die beiden Autorinnen beschreiben ein Beispiel aus der eigenen Forschung:

»Rick (an Afro-Caribbean boy who presents himself as ›hard‹) asks Mr Q a question, suggesting an interpretation and asking if he is on the right track. Mr Q responds:

Mr Q: Duuuuuuuhhh ... it's not about sound, [it's about]

Rick: I won't have any confidence if you go ›duuhh‹ all the time.

Mr Q: [laugh] It'd take a lot to destroy your confidence, pal.

Rick: [affronted] Thass, thass what you think ... I'm not a confident person you know.

Mr Q: [dry] You're a tender flower are you?« (Francis und Skelton 2001, S. 13).

Durch den Tonfall stellt der Lehrer Ricks Intelligenz in Frage. Als Rick dem Lehrer zu verstehen gibt, dass dies sein Selbstvertrauen unterminiere und ihn daran hindere, seine Hilfe in Anspruch zu nehmen, reagiert der Lehrer mit einer klaren Zurückweisung. Diese beinhaltet interessanterweise eine Bestätigung von Ricks Männlichkeit: Als Mann könne er doch nicht an Mangel an Selbstvertrauen leiden! Da Rick jedoch weiterhin darauf besteht, Hilfe in Anspruch nehmen zu wollen, »verweiblicht« der Lehrer ihn. Damit bringt er ihn vermutlich zum Schweigen.

Weitere Formen beinhalten den *Einsatz von Homophobie und Misogynie*, wie Folgendes aus einer Studie von Mahony zeigt, bei der ein Lehrer ankündigte,

»›Quick boys there's a naked woman running across the playground‹. When all the boys bar one rushed to the window, the teacher told them: ›All right you can sit down now, I was just checking you were normal‹. The boy who had not left his seat said, ›I think that's sexist sir‹. Mahony recounts how the teacher replied, ›Thank you S ... now we know who isn't normal‹« (ebd., S. 14).

Eine dritte Form bilden Ansätze, die zwischen Belästigung und Verführung liegen, in denen also mit *Flirt und Anmache* gespielt wird. Folgendes Beispiel zeigt dies:

»As I go in to Nathan's woodwork class to get him, a youngish male teacher is working with a big group of boys including Nathan. I say, ›Can Nathan come with me for an interview, if he's willing?‹ Teacher eyes me roguishly and then the boys and says loudly, ›Now there's an offer you can't refuse, Nathan‹. The boys in the group laugh and tut and one says, ›Oh sir‹ reprovingly. (Francis, field notes)« (ebd., 16; vgl. auch Haase 2008; für weitere Beispiele und Literaturangaben s. z. B. Lingard et al. 2009).

Männlichkeit als inhaltliche Füllung erzwingt den Bezug auf hegemoniale Strukturen. Das heißt im Klartext eine Wiederbelebung hierarchischer Geschlechterverhältnisse, die in der konkreten Auseinandersetzung zu Homophobie, Sexismus und Misogynie führen.

2.3 Brauchen Jungen Förderung bzw. brauchen wir männliche Lehrkräfte?

Unstrittig ist, dass es einen nicht zu vernachlässigenden Anteil von Jungen gibt, der Probleme im Bildungssystem hat und insofern zweifellos der Unterstützung bedarf. Diese kann aber nicht darin bestehen, schlicht die Zahl männlicher Lehrkräfte zu erhöhen. Sie kann auch kaum bedeuten, problematisches »männliches« Verhalten zu fördern. Betrachtet man ethnografische Beispiele von Interaktionen zwischen Lehrkräften und Schülern, so tragen Lehrer (und Lehrerinnen) durchaus dazu bei, problematisches Verhalten von Jungen mit herzustellen, zugleich erleben sie es aber als störend für ihren Unterricht (für Beispiele: Faulstich-Wieland 2007; Faulstich-Wieland 2009). Sie bieten Jungen dadurch keine Orientierung, sondern verstärken die Ambivalenz männlicher Stereotype. Lehrkräfte beiderlei Geschlechts benötigen folglich Gendersensibilität, um erkennen zu können, wo Verhaltensweisen vergeschlechtlicht sind, welchen Anteil sie als Lehrkräfte an deren Konstruktion haben und wie verträglich sie mit Lern- und Bildungsprozessen sind. Wenn Sorgfalt, Üben, Aufmerksamkeit u. Ä. zu dem gehören, was für erfolgreiches Lernen unabdingbar ist, dann muss dieses auch von Jungen erbracht werden, wenn sie bildungserfolgreich werden sollen.

Andreas Hadjar und Judith Lupatsch konnten zeigen, dass ein autoritativer Stil Schulentfremdung verringert und damit den Schulerfolg auch von Jungen steigert. Darunter verstehen sie: »eine Kombination aus Führung der Auszubildenden mittels klaren Standards und Regeln einerseits und echtem Interesse an ihnen und ihrer individuellen Unterstützung andererseits« (Hadjar und Lupatsch 2011, S. 91). Das Geschlecht der Lehrkraft spielt dabei keine Rolle. Pädagogische Erkenntnisse verweisen darauf, wie wichtig Individualisierung und Methodenvielfalt sind. Beides allerdings muss sich auf die einzelnen Kinder beziehen und verfehlt gerade sein Ziel, wenn versucht wird, die Geschlechter zu vereinheitlichen: Mädchen und Jungen sind keine »monolithic and undifferentiated entities in the classroom with mostly pre-defined and homogeneous interests« (Carrington und McPhee 2008, S. 118). Die Förderung aller Kinder – Jungen wie Mädchen – erfordert pädagogische Professionalität von den Lehrkräften, Geschlechtszugehörigkeit konstituiert noch keine Professionalität. Schulleitungen können jedoch viel dazu beitragen, eine Schulkultur zu fördern, die Individualisierung erlaubt ohne Geschlecht zu ignorieren.

2.4 Literatur

Aigner, Josef Christian; Poscheschnik, Gerald (2010): Jungen und Männer im pädagogischen Diskurs: zwischen Selbstbehauptung, Empirie und Geschlechterkampf. In: *Erziehung und Unterricht* 160 (5–6), S. 427–434.

Carrington, Bruce; McPhee, Alastair (2008): Boys' ›underachievement‹ and the feminization of teaching. In: *Journal of Education for Teaching: International research and pedagogy* 34 (2), S. 109–120.

Connell, Robert William (1999): Der gemachte Mann. Konstruktion und Krise von Männlichkeiten. Opladen: Leske + Budrich.

Cushman, Penni (2008): So what exactly do you want? What principals mean when they say 'male role model'. In: *Gender and Education* 20 (2), S. 123–136.

Faulstich-Wieland, Hannelore (2007): Eine Bühne für Inszenierungen. Doing Gender im Schulalltag. In: Jungen. Schüler. Seelze-Velber: Friedrich Verlag, S. 90–93.

Faulstich-Wieland, Hannelore (2009): »Jungenverhalten« als interaktive Herstellungspraxis. In: Jürgen Budde und Ingelore Mammes (Hg.): Jungenforschung empirisch. Zwischen Schule, männlichem Habitus und Peerkultur. Wiesbaden: VS Verl. für Sozialwiss., S. 91–101.

Faulstich-Wieland, Hannelore (2011): Werden tatsächlich Männer gebraucht, um Bildungsungleichheiten (von Jungen) abzubauen? In: Andreas Hadjar (Hg.): Geschlechtsspezifische Bildungsungleichheiten. Wiesbaden: VS Verl. für Sozialwiss., S. 393–415.

Francis, Becky; Skelton, Christine (2001): Men Teachers and the Construction of Heterosexual Masculinity in the Classroom. In: *Sex Education: Sexuality, Society and Learning* 1 (1), S. 9–21.

Guggenbühl, Allan (2008): Die Schule – ein weibliches Biotop? Psychologische Hintergründe der Schulprobleme von Jungen. In: Michael Matzner und Wolfgang Tischner (Hg.): Handbuch Jungen-Pädagogik. Weinheim: Beltz, S. 150–167.

Haase, Malcolm (2008): 'I don't do the mothering role that lots of female teachers do': male teachers, gender, power and social organisation. In: *British Journal of Sociology of Education* 29 (6), S. 597–608.

Hadjar, Andreas; Lupatsch, Judith (2011): Geschlechterunterschiede im Schulerfolg: Spielt die Lehrperson eine Rolle? In: *Zeitschrift für Soziologie der Erziehung und Sozialisation* 31 (1), S. 79–94.

Hannover, Bettina; Kessels, Ursula (2011): Sind Jungen die neuen Bildungsverlierer? Empirische Evidenz für Geschlechterdisparitäten zuungunsten von Jungen und Erklärungsansätze. In: *Zeitschrift für Pädagogische Psychologie* 25, 2011 (2), S. 89–103.

Jones, Deborah (2003): The ›Right Kind of Man‹: the ambiguities of regendering the early years school environment—the case of England and Wales. In: *Early Child Development and Care* 173 (6), S. 565–575.

Lingard, Bob; Martino, Wayne; Mills, Martin (2009): Boys and schooling. Beyond structural reform. Basingstoke: Palgrave Macmillan.

Maihofer, Andrea (2004): Geschlecht als soziale Konstruktion – eine Zwischenbetrachtung. In: Urte Helduser, Daniela Marx, Tanja Paulitz und Katharina Pühl (Hg.): Under construction? Konstruktivistische Perspektiven in feministischer Theorie und Forschungspraxis. Frankfurt/Main: Campus, S. 33–43.

Read, Barbara (2008): ›The world must stop when I'm talking‹: gender and power relations in primary teachers' classroom talk. In: *British Journal of Sociology of Education* 29 (6), S. 609–621.

Sargent, Paul (2005): The Gendering of Men in Early Childhood Education. In: *Sex Roles: A Journal of Research* 52 (3–4), S. 251–259.

III. Lernen und Unterricht

1. Wann lernen Schülerinnen und Schüler am besten?

Stephan Gerhard Huber

Unterrichten bzw. Lehren ist die Kerntätigkeit von Schule, das Lernen der Schülerinnen und Schüler ihr Ziel. In der internationalen Schulleitungsdiskussion spricht man von »Instructional Leadership«, also von Führung, die versucht, Unterricht zu verbessern, und zunehmend ganz direkt von »Leadership for Learning«, von Führung, um Lernprozesse zu optimieren.

Die Rolle der Schulleitung, für die Qualität von Unterricht und Lernen zu sorgen, wurzelt in der Zweistufigkeit ihres Handelns: Sie fördert das Lernen von Kindern und Jugendlichen, indem sie das Lernen von Erwachsenen fördert, wie guter Unterricht gestaltet werden kann, in dem Kinder und Jugendliche so gut wie möglich lernen (können).

Der vorliegende Beitrag möchte zur aktuellen Diskussion über Merkmale eines Unterrichts, der Lernen bewirkt bzw. intensiviert, beitragen, indem er einige wichtige Ergebnisse der »Meta-Meta-Studie« von John Hattie (»Visible Learning« 2009) knapp zusammenfasst.

1.1 Ergebnisse der deutschsprachigen Unterrichtsforschung

Um die Eruierung von Merkmalen lernwirksamen Unterrichtens bemüht sich die deutschsprachige Unterrichtsforschung seit geraumer Zeit. Meyer (2004) stellt »Zehn Merkmale guten Unterrichts« zusammen:

- Klare Strukturierung des Unterrichts
- Hoher Anteil echter Lernzeit
- Lernförderliches Klima
- Inhaltliche Klarheit
- Sinnstiftendes Kommunizieren
- Methodenvielfalt
- Individuelles Fördern
- Intelligentes Üben
- Transparente Leistungserwartungen
- Vorbereitete Umgebung.

Helmke (2004) bündelt neun Merkmale (Abb. 1, vgl. auch Helmke, 2011).

Köller (2011) vergleicht die Merkmale Meyers und Helmkes und findet als Schnittmenge folgende »Kerndimensionen der Unterrichtsbeurteilung«:

- effiziente Klassenführung (eng assoziiert mit gutem Unterricht und mit Lernen und dem, was man dann als Lernergebnis messen kann, nämlich der Lernleistung),
- lernförderliches Klima und Motivierung,
- Klarheit und Strukturiertheit,
- kognitive Aktivierung sowie
- Passung (der Unterrichtsstunde in emotionaler, motivationaler und kognitiver Hinsicht, was also Wohlfühlen, Interessantheit/Anregungsgrad und Lernertrag betrifft). Unter den Merkmalen, die bei Köller genannt werden, hat »kognitive Aktivierung«, also waches, Tiefenstrukturen erreichendes, aktiv verknüpfendes Lernen einen hohen Stellenwert.

1.2 »Visible Learning« (2009) von John Hattie

In der internationalen Fachdiskussion, aber auch der breiteren Öffentlichkeit, machte in letzter Zeit die Studie des Neuseeländers John Hattie von sich reden. In »Visible Learning«, 2009 erschienen und noch nicht ins Deutsche übersetzt, stellt der Autor Faktoren vor, die empirisch nachweisbar für den Lernerfolg von Schülerinnen und Schülern wirksam sind. Er bestimmt den Grad ihrer Wirksamkeit und bringt sie in eine Rangfolge von »schädlich« über »weder schädlich noch nützlich« bis zu »nützlich«.

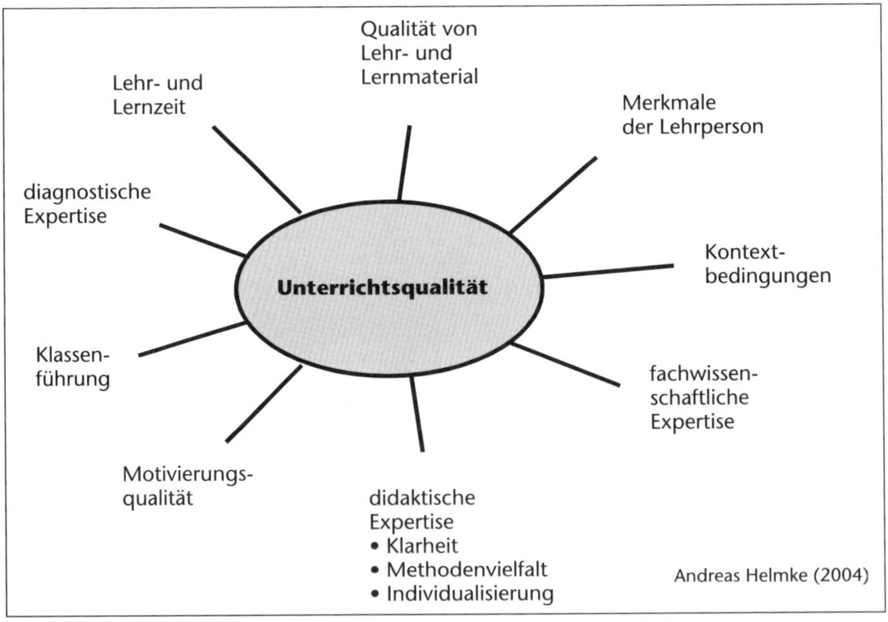

Abb. 1: Neun Merkmale lernwirksamen Unterrichts (Helmke, 2004)

Breite Datenbasis – Identifikation von Prozessfaktoren

Hatties »Visible Learning« ist eine Meta-Meta-Studie: In ihr werden die Daten von 815 Meta-Studien reanalysiert, denen wiederum 52.637 Einzelstudien zugrunde lagen, in denen insgesamt über 200 Millionen Schülerdaten verarbeitet worden waren. Aus dieser Datenfülle werden 138 Prozessfaktoren identifiziert. Sie werden folgenden Bereichen zugeordnet (s. Abb. 2):

Bereich	**Faktoren**	**Meta-Studien**
Familie	7	35
Schüler	19	139
Schule	28	101
Curriculum	25	144
Lehrperson	10	31
Unterricht	49	365
Insgesamt	138	815

Abb. 2: Zuordnung der Prozessfaktoren zu Bereichen und Zahl der Meta-Studien, die dies jeweils untersuchten

Mithilfe entsprechender statistischer Verfahren werden Effektstärken[1] berechnet (dabei werden Korrelationen oder Regressionskoeffizienten mit der Anzahl der Personen verrechnet). Das Maß für die Effektstärke ist d. »d« gibt an, wie wirksam ein bestimmter Einflussfaktor für den Lernerfolg ist. Wenn sich ein Faktor als lernschädlich erwiesen hat, ist die Effektstärke unter 0. Bei einer Effektstärke von 0 bis .20 gibt es laut Hattie keine bzw. zu vernachlässigende Effekte, bei .20 bis .40 geringe Effekte. Moderate Effekte liegen für ihn zwischen .40 bis .60, und ein großer Effekt ist dann alles, was über .60 liegt (s. Abb. 3).

1 Die Effektstärke/Effektgröße drückt die Stärke/Größe eines untersuchten Effekts mit einem bestimmten Analyseverfahren aus (z. B. standardisierter Mittelwertunterschied, standardisiertes Regressionsgewicht etc.). Die Berechnung/Angabe der Effektstärke ist notwendig, da die Signifikanz nur eine Aussage zur Irrtumswahrscheinlichkeit eines Effekts in der Grundgesamtheit (Population) und nicht über die Stärke/Größe eines Effekts gibt. Bei großen Stichproben werden auch kleine Effekte (Unterschiede/Zusammenhänge) signifikant (d. h. die Wahrscheinlichkeit ist gering, dass der Unterschied in der Stichprobe nur zufällig beobachtet wurde bzw. die Wahrscheinlichkeit ist groß, dass ein Unterschied/Zusammenhang auch in der Grundgesamtheit besteht). Anhand der Effektstärke kann jetzt gezeigt werden, ob es nur ein geringer oder ein großer Effekt (Unterschied/Zusammenhang) ist.

Effektstärken	
d < 0:	Maßnahme senkt Lernerfolg
0 < d < .20:	kein bzw. zu vernachlässigender Effekt
.20 < d < .40:	kleiner Effekt
.40 < d < .60:	moderater Effekt
d < .60:	großer Effekt

Abb. 3: Kategorisierung von Effektstärken

Was die Bedeutung unterschiedlicher Quellen für den Erfolg schulischen Lernens betrifft, so schließt Hattie aus den Studien, dass ungefähr 50 Prozent der Schülerleistung von Merkmalen, die der Schüler selbst mitbringt, abhängen, also von Begabung, Intelligenz etc., weitere fünf bis zehn Prozent vom familiären Hintergrund, wiederum fünf bis zehn Prozent von sozialen Instanzen, nämlich den »Peers« (dem Freundeskreis, den ein Schüler hat). Die Schule als Organisation (hierzu gehört auch die Schulleitung) hat denselben Effekt. Ungefähr 30 Prozent hängen von der Lehrkraft ab. Die Lehrkraft stellt also nach den Merkmalen, die der Schüler individuell mitbringt, die zweitstärkste »Erfolgsquelle« dar, besitzt den zweitstärksten Einfluss (s. Abb. 4).

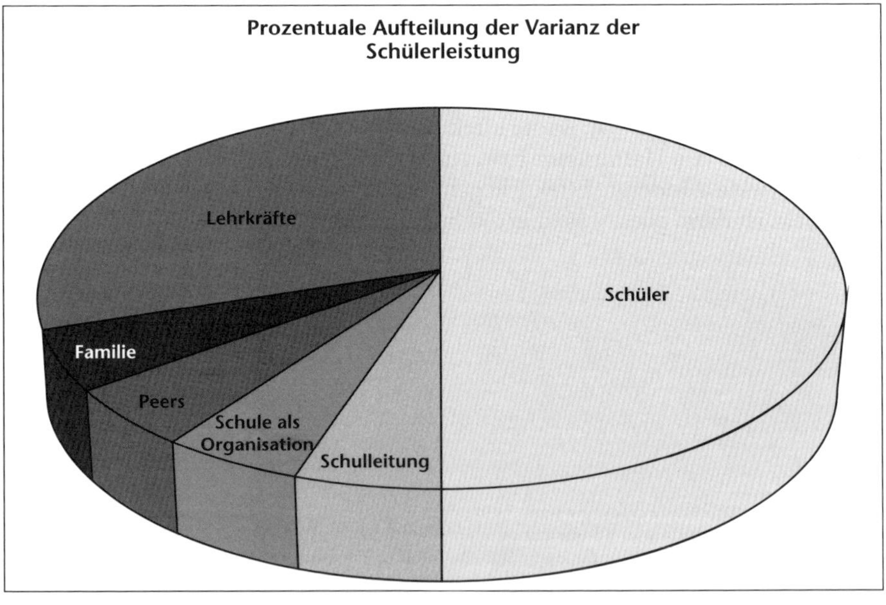

Abb. 4: Verteilung der Einflussbereiche (übersetzt aus Hattie, 2009)

Ergebnisse aus »Visible Learning«

Was sind nun Kernergebnisse der Meta-Meta-Studie Hatties? Was wirkt auf den Lernerfolg und wie stark wirkt es jeweils?

Die unten vorgestellte Liste ist eine Auswahl aus den 138 Prozessfaktoren. Sie mag einerseits wenig Überraschendes beinhalten: Dass häufige Umzüge der Familien, verbunden mit Schulwechseln der Kinder, nicht förderlich sind für deren Lernerfolg, wird Praktiker kaum verblüffen. Überraschender ist vielleicht das Ergebnis, dass Klassenwiederholungen (durch »Sitzenbleiben«) sich negativ auswirken. Dieser Befund steht im deutlichen Gegensatz zu den subjektiven Theorien vieler Lehrkräfte, dass Schülerinnen und Schüler ohne die Drohung des Sitzenbleibens keine Lern- und Anstrengungsbereitschaft entwickeln. Die Leistungsgruppierung eines differenzierten Schulsystems bleibt ebenso wie die Hausaufgaben für sich genommen in der Wirkung unter bzw. nur knapp über dem Wert, der für Hattie wenigstens auf einen kleinen Effekt schließen ließe. Am oberen Ende der Erfolgsskala rangieren mit großem Effekt das Lehrer-Schüler-Verhältnis, kontinuierliche Rückmeldungen (Feedback des Lehrers an die Schüler), reziprokes Unterrichten, die Klarheit der Instruktion und die formative Bewertung (s. Abb. 5).

Schulwechsel/Mobilität (Umzüge der Eltern)	–.34
Sitzenbleiben	–.16
Jahrgangsübergreifender Unterricht	.04
Leistungsgruppierung (differenziertes Schulsystem)	.12
Reduzierung der Klassengröße	.21
Regelmäßige Leistungskontrollen	.34
Integration/Inklusion	.29
Hausaufgaben	.29
Enrichment-Angebote für Hochbegabte	.39
Angstreduktionstraining	.40
Kooperatives Lernen	.41
Classroom Management	.52
Arbeit mit Lösungsbeispielen	.57
Direkte Instruktion	.59
Schulische Leseförderung	.67
Training von Selbstverbalisationsstrategien	.67
Metakognitive Strategien	.67
Lehrkraft-Schüler-Verhältnis	.72

Feedback	.73
Reziprokes Unterrichten	.74
Klarheit der Instruktion	.75
Formative Bewertung	.90

Abb. 5: Auswahl aus den 138 Prozessfaktoren und die jeweilige Effektstärke (d)

Interessant ist, dass mehrere Variablen auf die positive Wirkung von Rückmeldeprozessen hinweisen. Gemeint sind indes nicht die Noten, die die Schülerinnen und Schüler erhalten, sondern Hinweise, die formativer Art sind und dem Schüler Orientierung geben, um das eigene Lernen zu optimieren. Zudem hat die Klarheit der Instruktion starke positive Effekte.

Die Variablen, die große Effektstärken aufweisen, also zentrale Lehr-Lern-Komponenten darstellen, lassen sich folgendermaßen bündeln (vgl. auch Steffens & Höfer 2011):

1. evaluative Lehr- und Lernhaltungen sowie eine entsprechende Schülerorientierung (»mit den Augen der Lernenden sehen«, so Hatties Slogan dafür);
2. Strukturierung, Regelklarheit, Klassenführung (»direkte Instruktion«, classroom management);
3. kognitive Aktivierung (Tiefenstrukturen erreichen);
4. Selbststeuerung und Bewusstheit von Lernprozessen bei den Schülerinnen und Schülern;
5. humaner Umgang und lernförderliches Klima.

Neben der rückmeldeorientierten Grundhaltung der Lehrkraft und Aspekten des »Classroom Management« kann die »kognitive Aktivierung« als ein ganz zentraler Aspekt gelten. Lernprozesse müssen Tiefenstrukturen erreichen, dürfen nicht bei Oberflächenstrukturen stehenbleiben. Methoden sollen nicht der Methode wegen angewendet werden, sondern um eine kognitive Aktivierung zu erzielen. Evaluation, Feedback, Selbststeuerung und Bewusstheit von Lernprozessen bei Schülern heißt eigentlich, den Schüler selbst zum Lehrer machen, den Schüler in eine aktive Rolle bringen.

Ein weiteres zentrales Merkmal sind ein humaner Umgang und ein lernförderliches Klima. Hier belegt die Empirie, was die Pädagogik schon sehr lange weiß und die Neurowissenschaften in jüngster Zeit bestätigt haben: Emotionen spielen beim Lernen eine große Rolle.

Unter den wirksamen Einflussfaktoren befinden sich erkennbar viele Variablen, die den Unterricht und das Lehrerverhalten betreffen, und wenige Faktoren, die sich auf strukturelle und organisatorische Maßnahmen beziehen. Hattie (2009) macht dies u. a. dadurch deutlich, dass er Unterrichtsvariablen und Indikatoren für schulische Rahmenbedingungen mit ihren jeweiligen Effektstärken gegenübergestellt (s. Abb. 6).

Unterrichtsmerkmale	*d*	**Rahmenbedingungen**	*d*
Unterrichtsqualität	.77	Interne Differenzierung	.28
Reziprokes Lernen	.74	Steigerung der Finanzen	.23
Lehrkraft-Schüler-Verhältnis	.72	Reduzierung der Klassengröße	.21
Feedback	.72	Differenziertes Schulsystem (externe Differenzierung)	.12
Training von Selbstverbalisationsstrategien	.67	Jahrgangsübergreifender Unterricht	.04
Metakognitive Strategien	.67	Offener Unterricht	.01
Direkte Instruktion	.59	Sommerferien	–.09
Herausfordernde Ziele setzen	.57	Sitzenbleiben	–.16
Mittlerer Effekt	.68	**Mittlerer Effekt**	.08

Abb. 6: Unterrichtsfaktoren und Rahmenbedingungen schulischen Arbeitens in ihrer Wirksamkeit auf Lernerfolge (übersetzt von Köller, 2011, aus Hattie, 2009)

Auffallend dabei ist, dass Elemente der »direkten Instruktion« (nicht im Sinne eines lehrerzentrierten Frontalunterrichts) in einer Balance zu schülerorientierten Lernstrategien und Lernprozessen (metakognitiven Strategien, Selbstverbalisierung, »Mastery Learning«, Concept Mapping, reziprokem Lernen) stehen. »Rückmeldungen/Feedback« und »formative Evaluation« können dabei als Bindeglieder gesehen werden.

Hattie macht zudem deutlich, dass geeignete Einstellungen und Haltungen der Lehrkräfte eine wesentliche Voraussetzung sind, um Unterricht wirksam werden zu lassen. Die große Bedeutung, die der Lehrkraft zukommt, bezieht sich deshalb nicht nur auf konkrete unterrichtliche Verhaltensweisen (Unterrichtsskripte), sondern auch auf personale Merkmale. Dies klingt durchaus ein Stück weit nach der traditionellen Vorstellung der guten Lehrkraft als eines pädagogisch begabten Menschen, es wird hier aber nicht normativ formuliert, sondern empirisch belegt.

Zwei Haltungen der Lehrkräfte hält Hattie für besonders lernförderlich:

- Sie sehen die Unterrichtsgestaltung mit den Augen der Lernenden (Hattie verwendet als Symbol dafür das Auge, siehe auch den Titel des Buches: Visible Learning, Sichtbares Lernen!).
- Sie besitzen und zeigen eine evaluative Orientierung beim Lehren (und fördern sie bei den Schülern für deren Lernen), formulieren explizit klare Lernziele, legen anspruchsvolle, aber erreichbare Erfolgskriterien fest, vermitteln

ein breites Repertoire von Lernstrategien, zumal wenn sie erkennen, dass ein Schüler keine Fortschritte macht, geben häufig Rückmeldungen, sind selbst erkennbar Lernende. Auf die Schülerinnen und Schüler hat das die Auswirkung, dass sie die Lernziele erkennen, sich durch die Erfolgskriterien motiviert und herausgefordert fühlen, eine breite Palette von Lernstrategien kennenlernen und anwenden, erkennen, wenn sie keine Fortschritte machen, sich aktiv Rückmeldungen holen, deutlich erkennbar zu ihrem eigenen Lehrer werden.

Will man Handlungsperspektiven für die Bildungspolitik ableiten, so können die Ergebnisse für eine empiriegestützte Bildungsplanung und Schulentwicklung genutzt werden. Konstatiert werden kann eine hohe Übereinstimmung zentraler Hattie-Befunde mit den bildungspolitischen Empfehlungen des PISA 2009-Forschungskonsortiums (Klieme et al., 2010).

Empfohlen werden können der Bildungspolitik

- das Fokussieren von Reformen, die Unterricht (Lehrstrategien und Lernkonzepte) im Blick haben (nicht vorrangig bildungspolitische Maßnahmen fokussiert auf Strukturmaßnahmen und Arbeitsbedingungen),
- entsprechende Qualifizierungsmaßnahmen (»Professional Development« (.62) und »Mikroteaching« als spezielle Form der Lehrerbildung (.88)), wobei zu bedenken ist, dass Veränderungen in den pädagogischen Haltungen und Verhaltensweisen (Beliefs und Scripts) nicht einfach herbeizuführen sind, und ein stufenweiser Ausbau solcher entsprechender Lehrerbildungs-Maßnahmen,
- eine sorgfältige »Orchestrierung«/»Synchronisierung« der verschiedenen Handlungsebenen von Innovationen im Schulwesen (System-, Schul- und Unterrichtsebene).

1.3 Zusammenfassung zentraler Ergebnisse aus Hatties Meta-Meta-Studie

Hatties Meta-Meta-Studie stellt heraus: Es geht im Unterricht nicht um Lehren, sondern um Lernen. Dieser (nicht mehr neue) Paradigmenwechsel bringt mit sich, dass man stärker auf die Wirkungen von Unterricht schaut. Wenn Unterrichtsmethoden im Fokus sind, ist entscheidend, dass sie richtig angewendet werden, und zwar so, dass eine kognitive Aktivierung erzielt wird. Mit anderen Worten: Es geht nicht um die Anwendung von Maßnahmen an sich, sondern um eine gute, funktionale Anwendung. Allein der Einsatz einer Lernform ist nicht prädikativ für Lernerfolg. Entscheidend ist, dass die eingesetzte Maßnahme/der Unterricht kognitiv aktivierend sind. Überragende Bedeutung haben dabei solche Unterrichtsvariablen, die in erster Linie Tiefenmerkmale des Lernens betreffen und zur kognitiven Aktivierung der Schülerinnen und Schüler beitragen.

Reine Oberflächenmerkmale, die sich vor allem auf Rahmenbedingungen von Schule und Unterricht beziehen, erweisen sich als weitgehend unwirksam. Solche Rahmenbedingungen stehen aber oft im Vordergrund von bildungspolitischen Reformen (z. B. Reduzierung der Klassengröße, Änderung der Schulstrukturen).

Das heißt allerdings nicht, dass z. B. die Klassengröße oder die Struktur des Schulsystems zu vernachlässigen seien, sondern es heißt, dass eine Veränderung alleine hier (ohne Verstärkung der Tiefenstrukturen, etwa der kognitiven Aktivierung der Schüler/-innen im Unterricht) ohne Effekt auf den Lernerfolg bleibt. Damit sind wiederum systematische, langfristig ausgerichtete Programme der Lehrerprofessionalisierung verbunden.

1.4 Kritische Bemerkungen zu Hatties Meta-Meta-Studie

Hatties Meta-Meta-Studie beeindruckt durch die schiere Menge des einbezogenen Materials und sicher auch durch den Eindruck, den der Leser hat, nämlich dass hier teilweise schon länger in der Pädagogik Bekanntes (und aus der Erfahrung Angenommenes) empirisch belegt werden kann. Dennoch muss auch eine kritische Perspektive eingenommen werden. So weisen z. B. Snook et al. (2010) und Terhart (2011) auf einige Limitationen und Schwächen der Meta-Meta-Studie Hatties hin.

Ein Kritikpunkt zielt ab auf die Auswahl der Studien: Hattie selbst gibt an, dass bereits die Auswahl der Stichprobe, also der analysierten Meta-Studien dahingehend ihre Grenzen habe, dass ausschließlich quantitative Forschung und keinerlei qualitativ arbeitende Studien einbezogen worden seien. Auch gibt er keine genauen Informationen, aufgrund welcher Kriterien er die Metaanalysen ausgewählt hat. Anzunehmen ist, dass die methodologische und methodische Qualität der 815 Metaanalysen, denen wiederum 52 637 Einzelstudien zugrunde liegen, sehr unterschiedlich sein dürfte. Snook et al. (2010) befürchten, dass Studien, deren Güte geringer ist, also deren Reliabilität und Validität nicht hoch sind, hier mit anderen zusammengebracht werden. Es sei natürlich nicht unproblematisch, wenn man auf dieser Basis Effektstärken von Variablen berechnet. Solche methodologischen und methodischen Schwierigkeiten werden zwar auch bereits von Hattie erkannt, aber nicht diskutiert.

Zudem wird Hatties Kategorisierung von Effektgröße kritisiert, die ab einer gewissen Stärke (nämlich .40) als moderat und ab einer anderen (.60) als groß bezeichnet wird, während darunterliegende Effekte keine Beachtung finden. Diese Einteilung könnte auch anders festgelegt werden.

Ein weiterer Kritikpunkt betrifft die Befürchtung, dass die Komplexität des untersuchten Gebiets und der Ergebnisse dieser hohen Zahl an Untersuchungen unzulässig reduziert wird, so dass bei der Meta-Analyse der Analysen bereits analysierter Daten von den ursprünglich komplexen Informationen manches verloren geht. Diese Vereinfachung kann zu einer missbräuchlichen Nutzung der Ergebnisse der Studie durch Bildungspolitik und Öffentlichkeit geradezu einladen. Snook et al. (2010) illustrieren das am Beispiel von »Hausaufgaben«, denen bei Hattie mit .29 insgesamt ein eher kleiner Effekt zukommt. Folgerte man hieraus aber, Hausaufgaben seien nutzlos (wie es in Medien bereist geschehen sei), handelte es sich um einen Fehlschluss. Ein genauer Blick zeige, dass die Effektstärke zwischen 0.15 (im Primarschulbereich) und 0.64 im High School Bereich liege, fächerbezogen in Mathematik hoch sei und z. B. in gesellschaftswissenschaftlichen Fächern eher niedrig. Die Gefahr der Vereinfachung zulasten einer differenzierten Betrachtung besteht in der oberflächlichen Nutzung der Ergebnisse durch die Politik und die Medien. Diese selektive Nutzung der Ergebnisse der Meta-Meta-Studie für die Stützung und Anreicherung eigener politischer bzw. ökonomischer Argumentationen ist natürlich nicht Hattie anzulasten. Sie im Blick zu behalten ist allerdings wichtig.

Hattie selbst nennt als eine weitere Einschränkung des Aussagewerts, dass als Kriterium für »Erfolg« ausschließlich messbare (kognitive) Schülerleistungen angesetzt werden. Er betont, dass Schule, Unterricht und Erziehung darauf eigentlich nicht beschränkt werden dürften und dass die Ziele breiter gesteckt sind.

Als weiteres Problem identifizieren Snook et al. (2010) die in erziehungswissenschaftlicher Forschung naturgemäß nicht leichte Definition und Operationalisierung der Variablen. Begriffe wie »schülerzentrierter vs. lehrerzentrierter Unterricht« bezeichnen eigentlich ein Kontinuum und weniger einen klaren Gegensatz. Sie mögen durchaus in den zugrunde liegenden Studien auch unterschiedlich definiert gewesen sein. Dies gilt auch für quantitative Begriffe wie »klein« und »groß« (etwa der Klassenstärke) etc.

Zudem liegt es in der Natur der Sache, dass Meta-Studien ein reiner Rückblick sind, d. h. die Daten aus vergangenen Studien aufgearbeitet werden. Hatties Meta-Meta-Studie analysiert größtenteils Meta-Studien zwischen 1980 und 2000 (nur ein kleiner Teil stammt aus späterer Zeit). Terhart (2011) rechnet vor, dass die Daten dieser Meta-Studien im Durchschnitt ca. fünf Jahre alt sein dürften, so dass sich die Frage stellt, inwieweit Ergebnisse nicht bereits teilweise überholt sein könnten und andere Faktoren, die inzwischen an Relevanz gewonnen haben, noch gar nicht berücksichtigt sein können.

Einen weiteren Kritikpunkt sieht Terhart (2011) in der Theoriebildung, die Hattie – vor allem in seiner theoretischen Modellierung der Lehrerrolle – vornimmt: Es werde einseitig eine Rolle des Unterrichtenden als »Activator« abgeleitet, als aktiv Handelnder, Dominierender, der im Kern einen lehrerzentrierten Unterricht halte, auch wenn dieser Unterricht vom Bemühen getragen ist, stets vom Lernenden aus zu denken, dessen Lernen genau und kontinuierlich zu beobachten und schrittweise Lernfortschritte zurückzumelden, ausbleibende

Lernfortschritte zu bemerken und daraufhin das Lernarrangement so zu modifizieren, dass Lernfortschritte möglich sind. Dieser Unterricht habe, so Terhart, eine Tendenz zum Technokratischen und ließe zu wenig Spielraum für Kreativität und Ausprobieren, wie ihn der Lehrer als »Facilitator« bietet, also als Coach, der eher anregt und ermöglicht und immer wieder von seiner eher dominierenden Position zurücktritt.

1.5 Fazit: wichtige Aspekte für Schulleitung

Für Schulleitungen ist Hatties Studie interessant, weil sie (reflektiert und kritisch rezipiert) Hinweise zum einen für Unterrichtsentwicklung und zum anderen zu einer Perspektivenjustierung von wirksamem Schulleitungshandeln geben kann.

Die pädagogische Arbeit von Schulleiterinnen und Schulleitern ist zweistufig (vgl. Rosenbusch, 2005): Was die Schülerinnen und Schüler betrifft, hat sie einen kindpädagogischen Aspekt im Sinne von Unterricht und Erziehung, was die Lehrkräfte betrifft, einen kooperativen erwachsenenpädagogischen im Sinne von Personalentwicklung. So bieten Fortbildungen und Fachgespräche zum Beispiel eine gemeinsame Erweiterung des Wissens und der Erfahrung, Lernprozesse finden statt.

Schulleitung hat dann einen bedeutsamen Effekt, wenn sie in diesem Zusammenhang Lehrkräfte darin unterstützt, anspruchsvolle Unterrichtsformen, die bei den Schülern eine erhöhte kognitive Aktivierung erzielen, zu wählen, richtig einzusetzen und hinsichtlich der Entwicklung ihres Unterrichts in diese Richtung zu kooperieren. Nicht Lehren, sondern Lernen, nicht Unterrichtsmethoden um der Methoden willen, sondern Unterrichtswirkungen sollen dabei fokussiert werden. Es kommt auf den Erwerb von Kompetenzen an, die in entsprechendem Verhalten gezeigt werden.

Folglich gilt: Vornehmste Aufgabe der Schulleitung ist eine Personalführung, die die professionelle Weiterentwicklung des Personals unterstützt, fördert und fordert, – also konsequent das Lernen fördert.

1.6 Literatur

Hattie, J. A. C.: Visible Learning. London, Routlege, 2009.

Helmke, A.: Unterrichtsqualität: Erfassen, Bewerten, Verbessern (3. Aufl.). Seelze, Kallmeyersche Verlagsbuchhandlung, 2004.

Helmke, A.: Forschung zur Lernwirksamkeit des Lehrerhandelns. In E. Terhart, H. Bennewitz & M. Rothland (Hrsg.), Handbuch der Forschung zum Lehrerberuf (S. 630–643). Münster, Waxmann, 2011.

Klieme, E./Jude, N./Baumert, J./Prenzel, M.: PISA 2000–2009: Bilanz der Veränderungen im Schulsystem. In Klieme, E./Artelt, C./Hartig, J./Jude, N./Köller, O./Prenzel, M./Schneider, W./Stanat, P. (Hrsg.): PISA 2009 – Bilanz nach einem Jahrzehnt. Münster, Waxmann, S. 277–300, 2010.

Köller, O.: What works best in school? Hatties Befunde zu Effekten von Schul- und Unterrichtsvariablen auf Schulleistungen. Vortrag bei der Fachtagung »Lehrerbildung und Schulqualität« am 8. Juni 2011 (Tagungsbericht). Herausgeber: Landesinstitut für Schulqualität und Lehrerbildung Sachsen-Anhalt (LISA), 2011.

Meyer, H.: Was ist guter Unterricht? Berlin, Cornelsen, 2004.

Rosenbusch, H. S.: Organisationspädagogik der Schule. Grundlagen pädagogischen Führungshandelns. München, Neuwied, Luchterhand, 2005.

Snook, I./Clark, J./Harker, R./O'Neill, A.-M./O'Neill, J.: Invisible Learnings? A commentary on John Hattie's »Visible Learning: A Synthesis of over 800 Meta-Analyses Relating to Achievement«. Massey University. 2010, http://www.nzei.org.nz/site/nzeite/files/misc%20documents/Invisible_Learnings.pdf.

Steffens, U. & Höfer, D. (2011). Zentrale Befunde aus der Schul- und Unterrichtsforschung – Eine Bilanz aus über 50.000 Studien. SchulVerwaltung Hessen/Rheinland-Pfalz, 10/2011, 267–271, Carl Link Wolters Kluwer Deutschland, Köln.

Terhart, E.: Has John Hattie really found the holy grail of research on teaching? An extended review of Visible Learning. Journal of Curriculum Studies, 43(3), 425–438, 2011.

2. Unterwegs zu neuen Bewertungsverfahren

Fördernde Bewertung – eine pädagogische Verpflichtung

Sabine Geist

»Die Leistungsbewertung soll über den Stand des Lernprozesses der Schülerin oder des Schülers Aufschluss geben; sie soll auch Grundlage für die weitere Förderung der Schülerin oder des Schülers sein.«

http://www.schulministerium.nrw.de/BP/Schulrecht/Gesetze/SchulG_Info/Schulgesetz.pdf)

So oder ähnlich steht es nicht nur im Schulgesetz Nordrhein-Westfalens, sondern auch in den Schulgesetzen anderer Bundesländer.

Zwei Funktionen der Leistungsbewertung sind im o. g. Gesetzestext explizit benannt:

1. Die Leistungsbewertung soll Aufschluss darüber geben, ob – und in welchem Maße – Schülerinnen und Schüler die Lernziele erreicht haben. Der Aufschluss kann hier an dreierlei Adressaten gerichtet sein: die Lehrkräfte, die Lernenden und auch die Erziehungsberechtigten.
2. Sie soll darüber hinaus dazu dienen, adäquate Fördermaßnahmen einleiten zu können und hat damit Diagnosefunktion.

Zu diesen explizit benannten Funktionen kann sicherlich ergänzt werden, dass Leistungsbewertung, so wie sie gesetzlich festgeschrieben ist,

3. auch ein Instrument der Selektion und Allokation darstellt.

Die eher traditionelle Form der Leistungsbewertung und -beurteilung, auf die sich die zitierte Passage sicherlich bezieht, ist hinlänglich bekannt: Aufbereitetes Wissen wird zu einem gegebenen Zeitpunkt von der Lehrperson schriftlich in Form einer Klassenarbeit abgefragt. Es folgt eine Beurteilung in Form einer Note, in einigen Fällen durch einen verbalen Hinweis ergänzt. Der ersten Forderung im Gesetzestext wird dadurch Genüge getan; wird jedoch auch die Anforderung der »Förderung« damit erfüllt? Eine Folge dieses – weithin üblichen – Bewertungs- und Beurteilungsverfahrens ist allen Beteiligten bekannt und wird manchmal als »Bulimie-Lernen« bezeichnet: eine Metapher dafür, dass der Lehrstoff unzerkaut »geschluckt« und dann bei Prüfungen unverdaut wieder »ausgespuckt« wird (vgl. http://szenesprachenwiki.de/definition/bulimielernen/). Muss also diese Form der Leistungsüberprüfung und -bewertung nicht verändert, erweitert werden, damit sie fördernden Charakter annehmen kann?

Es gibt jedoch noch einen weiteren Anlass, sich über erweiterte Verfahren der Leistungsbewertung Gedanken zu machen. In den letzten Jahren hat sich in praktisch allen Schulstufen und -formen die Unterrichtskultur – sicher in unterschiedlichem Ausmaß – gewandelt; gesprochen wird von einer erweiterten Lern- und Unterrichtskultur. Schülerinnen und Schüler eignen sich Inhalte aktiv und eigenständig an, werden an Entscheidungsprozessen beteiligt, übernehmen Verantwortung für ihr Lernen. Sie sind also vom Objekt des Belehrtwerdens zum Subjekt ihres eigenen Lernprozesses geworden. Während der Unterricht sich also erheblich geöffnet hat, methodisch vielfältiger, abwechslungsreicher und schülerorientierter geworden ist, wird bei den Verfahren der Leistungsbewertung vielfach an eher geschlossen und den Traditionen verhaften Formen festgehalten. Die Zielsetzung müsste aber sein, die neue Unterrichtsvielfalt durch eine entsprechende Beurteilungsvielfalt zu ergänzen (vgl. Bohl 2009), denn die traditionellen Verfahren der Leistungsbewertung (Klassenarbeiten, Tests, Prüfungsgespräche) bilden die Vielfalt der Lernaktivitäten nicht mehr ab, laufen vor allem ihren Zielsetzungen zum Teil zuwider. Setzen nämlich die Prüfungs- und Bewertungsverfahren weiterhin auf die traditionellen, punktuellen Verfahren der Klassenarbeiten oder Tests, werden sich die Lernenden – aus ihrer Sicht nur zu verständlich – darauf ausrichten, bei diesen Bewertungen erfolgreich zu sein, alles andere aber eher vernachlässigen. Sie lassen sich gewissermaßen von einem Kosten-Nutzen-Effekt leiten. Die vielfach von Lernenden gestellte Frage: »Kommt das im Test/der Klassenarbeit vor?«, deutet genau auf diesen Effekt hin. Kommt »es« vor, wird »es« für die Arbeit gelernt, wenn nicht, dann muss man sich das auch nicht merken. Das, was geprüft wird, hat also unweigerlich einen erheblichen Einfluss auf das, was und wie gelernt wird (Backwash-Effekt).

Flitner (2010) fordert, »die Leistungsbewertung für die pädagogische Aufgabe der Schule zurückzugewinnen und in den Prozess des Lernens, des Korrigierens und Beratens einzubinden«. Und weiter: »Den Schülerinnen und Schülern – statt sie auf einer Skala oder nach einem Durchschnitt zu ›bewerten‹ – eine Meldung darüber zu geben, was sie gut gemacht haben und was nicht, vor allem aber wo sie nachholen oder intensiver weiterarbeiten sollen, ist das Hauptanliegen ›pädagogischer‹ Beurteilungsweisen. Das ist viel anspruchsvoller als die ›Note‹, es setzt voraus, dass die Bewertenden nicht nur die Qualität des Geleisteten irgendwie einschätzen, sondern dass sie darüber nachdenken, wie die Leistung verbessert werden kann« (Hervorhebung im Original, Flitner 2010, S. 244). Damit Leistungsbewertung zu pädagogischer Leistungsbewertung werden kann, muss sie also in ein umfassendes unterrichtlich-pädagogisches Handeln integriert sein, muss schulische Beurteilung im Dienst des Lernens eines jeden einzelnen Kindes stehen, diagnostisch-förderorientiert und dialogisch-partizipativ angelegt sein (vgl. Häcker, 2011, 217).

»Förderndes Bewerten« steht damit in einer engen Beziehung zu einer Diagnostik, die als Förderdiagnostik, im Gegensatz zur Ergebnisdiagnostik, zu verstehen ist. Mit in den Blick zu nehmen sind somit Zusammenhänge zwischen den Aspekten von Förderung, Förderdiagnostik und förderndem Bewerten im Unterrichtskontext und der Schule als System.

2.1 Eine veränderte Lern- und Unterrichtskultur erfordert eine veränderte Leistungsbewertung

Spätestens seit Ende der 90er Jahre hat sich der Lern- und Leistungsbegriff in der deutschsprachigen Bildungslandschaft verändert. Er ist seither an Kompetenzmodellen orientiert und umfasst sowohl fachliche als auch überfachliche Kompetenzen. Sozial-kommunikative, methodisch-strategische und personale Kompetenzen stehen nun gleichberechtigt neben fachlich-inhaltlichen Kompetenzen.

Damit einher geht auch ein erweitertes Leistungsverständnis, das Leistungen in allen vier Kompetenzbereichen berücksichtigt und nicht mehr nur produkt-, sondern auch prozessorientiert ist.

In enger Beziehung zu diesem erweiterten Lern- und Leistungsbegriff steht auch die bereits angesprochene Wandlung der Unterrichts- und Aufgabenkultur. Diese Unterrichtsarrangements verlangen von Schülerinnen und Schülern mehr und andere Kompetenzen als traditionelle Unterrichtsformen; sie werfen die Frage nach Grundsätzen einer förderorientierten Leistungsbewertung und praktikablen Instrumentarien zur Feststellung von Lern- und Kompetenzzuwächsen in schüleraktivierenden Lehr- und Lernarrangements auf.

Fördernde Bewertung muss auch lernprozessbegleitend angelegt sein

Im Lyrik-Unterricht einer 6. Klasse bespricht die Lehrerin mit den Kindern verschiedene Haikus (eine besonders kurze Gedichtform, aus dem Japanischen kommend). Es wird der formale Aufbau besprochen, es werden Schreibregeln thematisiert und thematische Zusammenhänge erläutert. Die Kinder erhalten die Aufgabe, eigene Haikus zu verfassen. Sie arbeiten intensiv an ihrer Aufgabe. Am Ende der ersten Arbeitsstunde lesen einige Kinder ihre Gedichte vor. »An deinem Gedicht hat mir besonders gefallen, dass ...« So sollen die Kinder ihre ersten spontane Rückmeldungen einleiten. In der darauf folgenden Stunde werden die für alle Gedichte geltenden Beurteilungskriterien gemeinsam erarbeitet. Sie beziehen sich u. a. auf den gewählten Inhalt, die Berücksichtigung des formalen Aufbaus, die Sprache, die Originalität der Idee, usw. Jedes Kind gibt nun einem anderen sein Gedicht, um es nach den gemeinsam festgelegten Kriterien bewerten zu lassen. Die von den Mitschülern erhaltenen Bewertungen sollen genutzt werden, um das Gedicht noch einmal zu überarbeiten, um es dann wiederum der Gruppe vorzustellen. Schließlich wird es in der endgültigen Fassung noch gestalterisch umgesetzt.

Die knapp geschilderte Unterrichtssequenz verdeutlicht, dass die Bewertung der Schülerleistungen im Verlauf des Lernprozesses zum Ziel hat, sowohl den Lernprozess als auch die Leistung selbst zu verbessern. Prozessorientierte Bewertungsverfahren sind damit auch Diagnoseinstrumente, die der Planung des weiteren Unterrichtsverlaufs und individueller Fördermaßnahmen dienen. Die Diagnose der Lernprozesse und Lernfortschritte bietet eine wichtige Rückmeldung über die Effektivität des eigenen Unterrichts, der aufgetretenen Lernschwierigkeiten bei einzelnen Schülern und dem daraus abzuleitenden notwendigen Unterstützungsbedarf.

Als individuelle Rückmeldung für die Lernenden dient die Bewertung der Selbsteinschätzung des Wissens- und Könnensstandes, der Information über Lernzuwächse, der Motivation, dem eigenen Kompetenzerleben und der Anregung für später folgende Lernprozesse.

So angelegte Bewertung hat Förderung explizit zum Ziel, doch zeigt sie auch Wirkung?

Black/William (1998) kommen aufgrund einer Metastudie zu dem Schluss, dass ein kontinuierliches Feedback während des Lernprozesses deutlich stärker als alle anderen Interventionen (z. B. verbesserte Lernmaterialien, alternative Unterrichtsmethoden) zu einer verbesserten Lernleistung führt. Sie wirkt sich bei leistungsstarken und -schwachen Schülerinnen und Schülern positiv auf den Lernerfolg aus. Darüber hinaus stellen sie fest, dass verschiedene Formen der Partner- und Selbsteinschätzung die Lernbereitschaft und -effektivität besonders fördern. Sie fordern für den Dialog zwischen Lehrperson und Lernenden u. a., dass er reflektierend sein soll, sich darauf konzentrieren soll, dass Verständnis »wachgerufen« wird und die Lernenden Gelegenheit erhalten, »ihre Vorstellungen zu durchdenken und darzulegen« (Black/William 1998, S. 7).

Bewertung wird so zu einer förder- und nicht selektionsorientierten Diagnostik. Damit diese prozessbegleitende förderorientierte Rückmeldung greifen kann, muss sie so angelegt sein, dass die Lernenden Informationen zu den Qualitäten ihrer eigenen Arbeit erhalten, und sie muss zugleich mit Hinweisen versehen sein, was zur Verbesserung der Leistung führen könnte.

Förderorientierte Bewertung muss breit angelegt sein

Wenn es im Unterricht um mehr geht als darum, fachspezifisches Wissen und fachliche Arbeitsmethoden zu vermitteln, wenn es also auch wichtig ist, methodisch-strategische Kompetenzen sowie Selbst- und Persönlichkeitskompetenzen zu vermitteln, dann muss sich auch die Bewertung darauf beziehen. Erst wenn die in der Breite erbrachten Leistungen ihren Niederschlag in der Bewertung finden, werden sie in der Wahrnehmung der Lernenden Bedeutung gewinnen. Für die Lehrperson ergibt sich dabei die Frage, auf welche Weise diese Kompetenzen bewertet werden sollen, inwieweit die Lernenden in den Bewertungsprozess einbezogen werden sollen und wie die Kompetenzentwicklung in den genannten Bereichen durch die Bewertung gefördert werden kann.

Der Reflexion von Lernprozessen und -leistungen durch die Lernenden selbst kommt hier eine besondere Bedeutung zu, weil sie dazu beitragen kann, ihr Lernen bewusster zu steuern. Eine Möglichkeit, die Aufmerksamkeit der Lernenden in besonderer Weise auf ihren eigenen Lernprozess zu lenken, stellt das Arbeiten mit Portfolios dar. Neben der prozessbezogenen Bewertung des eigenen Lernprozesses bieten sich hier auch vielfältige Gelegenheiten, dass Schülerinnen und Schülern ihre Arbeitsergebnisse wechselseitig bewerten.

Das Portfoliokonzept kann daher, angelegt als offenes Lernkonzept mit vielfältigen eigenen Möglichkeiten, verbunden mit einer Feedbackkultur zwischen den Lernenden, einerseits zum Weiterlernen genutzt werden; andererseits können daraus auch wichtige diagnostische Erkenntnisse für die Lehrenden gewonnen werden. Dass und wie die Lernenden in die Auswahl der Inhalte und die Festlegung von Bewertungskriterien einbezogen werden und wie die (Selbst-)Reflexion über Lernergebnisse und methodische Zugänge integriert werden kann, dazu gibt es in praxisorientierten Beiträgen unterschiedlicher Zeitschriften vielfältige Hinweise. Fördernde Bewertung ist damit zugleich prozess- und produktorientiert, denn das Portfolio als Leistungsdokumentation enthält sowohl Bestandteile des Prozesses (z. B. Entwürfe mit Kommentaren, Selbst- und Fremdreflexionen, Arbeitsproben) als auch »fertige« Produkte.

Fördernde Bewertung muss individualisiert erfolgen

Mit dem Anspruch, dass Lernende individuell gefördert werden sollen, steht die Schule oder besser die einzelne Lehrkraft vor einer herausfordernden Aufgabe. »Es hat [...] keinen Sinn, an die gesamte Klasse Anforderungen zu stellen, bei denen von vorneherein klar ist, dass ein erheblicher Teil von Kindern ›versagen‹ wird. Und es ist schädlich, wenn nicht gar schändlich, wenn die Schule diesen Kindern hernach auch noch quittiert – egal, ob in Noten oder in Worten –, dass sie zu der Erfüllung der an sie gestellten Anforderungen nicht getaugt haben«, schreibt Bambach bereits 1994 und fordert, dass das »System der Bewertung von Lernleistungen so angelegt sein [muss], dass auch diese Kinder mit dem Gefühl leben dürfen, etwas wert zu sein« (Bambach 1994, 69). Das komplexe Wechselspiel zwischen Unterrichtsgestaltung, Aufgabenkultur, Leistungsverständnis und dem dazu gehörigen Bewertungsprozess erbrachter Leistungen wird hier deutlich.

Bezogen auf die fördernde Bewertung heißt dies, dem Einzelnen Rückmeldung darüber zu geben, wo er in seinem Lernprozess steht, ihn in seinem Lernprozess zu ermutigen, ihm Vorschläge und Angebote zu machen, wie er seine Schwächen beheben kann, ihm zu zeigen, wo seine besonderen Fähigkeiten liegen und ihn aufzufordern, sie auszubauen. Wenn es gelingt, Lernenden zu spiegeln, was sie geleistet haben und zu welchen Leistungen sie in der Lage sind, können sie Leistungswillen und -zuversicht aufbauen. Fördernde Leistungsbewertung kann dann nicht nur dazu beitragen, kognitive, soziale und methodische Kompetenzen zu entwickeln, sondern sie kann ebenso das Selbstwertgefühl steigern und die Lust am Lernen und Leisten wecken. Dies gilt keinesfalls nur für die Schülerinnen und Schüler der Primarstufe oder Sekundarstufe I. Individualisierte Unterrichtsangebote und ein förderorientierter Umgang mit Leistung und Leistungsbewertung haben auch in der gymnasialen Oberstufe ihren Platz und führen zu guten Lernergebnissen.

Für die einzelne Lehrkraft ist damit die Anforderung verbunden, Kenntnis über den Lernstand jeder Schülerin und jedes Schülers zu erlangen und sie in ihrer ganzen Person wahrzunehmen, um darauf hin individuell an ihre Lernleistungen und mit Blick auf die kurz-, mittel- und langfristig angelegten Ziele entsprechend zu beraten und anzuleiten: Was braucht der Einzelne? Welche Kompetenz soll bei welchem Kind aktuell gefördert werden? Wo soll es längerfristig hingehen?

Fördernde Bewertung muss in das pädagogische Konzept der gesamten Schule integriert sein

Wenn ein veränderter Umgang mit schulischer Leistungsbewertung pädagogisch notwendig und sinnvoll ist, wenn Leistungsbewertung im Sinne einer pädagogischen Aufgabe vor allem nutzbringend für die Unterstützung von Schülerinnen und Schülern sein soll, dann ist es nur konsequent, wenn sich die ganze Schule auf den Weg macht, eine »neue Bewertungskultur« zu etablieren, die diagnostisch-förderorientiert und dialogisch-reflexiv ist. Eine solche Bewertungskultur zum festen Bestandteil des Unterrichtens werden zu lassen, kann keine einsame individuelle Entscheidung einzelner Lehrkräfte sein, sondern muss das Ergebnis eines gesamtschulischen Aushandlungsprozesses sein. Alle an der Schule Beteiligten (Lehrkräfte, Eltern und Schülerinnen und Schüler) sollten Konsens darüber erzielen, was als Leistung in der Schule angesehen und anerkannt wird und welche Verfahren der Lernprozessbegleitung und -rückmeldung gewählt werden sollen. Bereits dieser Aushandlungsprozess, die Beteiligung aller Personengruppen an der Auswahl von Zielen und Formen der Leistungsbewertung, wird vermutlich ein wesentlicher Aspekt eines gelingenden Veränderungsprozesses hin zu einer fördernden Bewertungskultur sein. In unterschiedlichen Gruppierungen (Fachteams, Gesamtkonferenzen, Schulkonferenzen) muss daher versucht werden, eine möglichst »stimmige« und transparente Form der Leistungsbewertung im Sinne einer fördernden Bewertung zu entwickeln. Es ist Mut und Engagement erforderlich, um eine solche gesamtschulische Entwicklung voran zu treiben.

2.2 Fazit

In fünf kurzen Aussagen soll zusammengefasst werden, was »fördernde Bewertung« möchte und wie dies erreicht werden kann:

- Auf fördernde Bewertung haben Schülerinnen und Schüler einen Anspruch, der nicht nur pädagogisch, sondern auch gesetzlich verankert ist.
- Fördernde Bewertung beurteilt und berücksichtigt alle Leistungen von Schülerinnen und Schülern, nicht nur finale Leistungen. Sie ist prozess- und produktorientiert.
- Fördernde Bewertung aller Leistungen ist (auch) eine notwendige Konsequenz der sich verändernden Unterrichtskultur und eröffnet gerade in diesem Zusammenhang eine Vielfalt an Möglichkeiten.
- Fördernde Bewertung ist Aufgabe der Schule, nicht nur der dort Lehrenden, und schließt Schüler und Eltern aktiv mit ein.

2.3 Literatur

Bambach, Heide: Ermutigungen. Nicht Zensuren. Konstanz 1994.

Black, Paul/Wiliam, Dylan (1998): Innerhalb der »Black Box«: Verbesserung der Bildungsstandards durch die Bewertung des gesamten Unterrichtsgeschehens..

http://blog.discoveryeducation.com/assessment/files/2009/02/blackbox_article.pdf.

http://www.uni-kiel.de/piko/downloads/InsideTheBlackBox_deutsch.pdf.

Bohl, Thorsten (2009): Prüfen und Bewerten im Offenen Unterricht. Weinheim, 4. neu ausgestattete Auflage.

Flitner, Andreas (2010): Reform der Erziehung. Weinheim, 4. Auflage.

Häcker, Thomas (2011): Portfolioarbeit – ein Konzept zur Wiedergewinnung der Leistungsbeurteilung für die pädagogische Aufgabe der Schule. In: Sacher, Werner/Winter, Felix (Hrsg.): Diagnose und Beurteilung von Schülerleistungen. Baltmannsweiler, S. 217–230.

Stern, Thomas (2008): Förderliche Leistungsbewertung. Wien.

Anmerkung:

Der Beitrag ist in leicht veränderter Fassung zuerst erschienen in der Zeitschrift PÄDAGOGIK, Heft 2/2012, S. 6 ff. Schwerpunkt dieser Ausgabe ist das Thema: Fördernde Bewertung. Das Heft ist zum Preis von € 6,50 zu beziehen beim Pädagogische Beiträge Verlag Hamburg, Rothenbaumchaussee 11, 20148 Hamburg. Bestellformular unter www.redaktion-paedagogik.de oder per E-mail unter paedagogik-einzelheft@web.de.

3. Kompetenzorientierung allein macht noch keinen guten Unterricht!

Hilbert Meyer

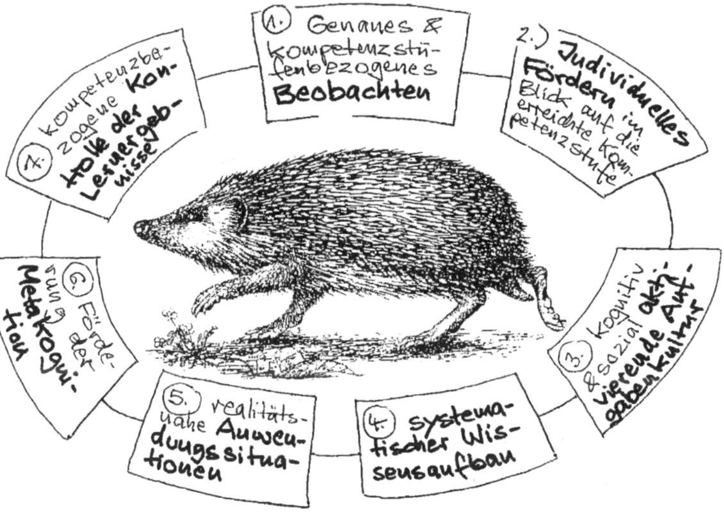

3.1 Noch nicht eingelöste Versprechen

Als ab 2004 alle Kerncurricula in Deutschland auf »Kompetenzorientierung« umgestellt wurden, war ich zunächst skeptisch. Das Konzept enthält zu viele uneingelöste Versprechen:

(1) Der Kompetenzorientierte Unterricht (im Folgenden: KoU) helfe den Lehrerinnen und Lehrern, die tatsächlich eingetretenen Lernerfolge der Schüler präziser zu kontrollieren – aber zu der Frage, wie flächendeckend die Diagnosekompetenzen der Lehrpersonen geschaffen und erhöht werden können, hört man viel zu wenig.

(2) Der KoU fördere, so seine Verfechter, den professionellen Umgang mit der wachsenden Heterogenität der Schüler. – Allerdings zeigen jüngste Untersuchungen, dass wir weit davon entfernt sind, diese alte Forderung einzulösen (Trautmann & Wischer, 2011; Hellrung, 2011).

(3) Das Konzept biete den Lehrern große Freiheiten bei der Umsetzung, weil in den Kerncurricula keine konkret ausformulierten Vorgaben für die Unterrichtsgestaltung gemacht würden. Richtig – aber die Gefahr der beliebigen Umsetzung muss bedacht werden!

Für die behaupteten Vorteile auf Lehrer- und auf Schülerseite gibt es bisher keine harten empirischen Belege, schon gar nicht dafür, dass sich das sehr anspruchsvolle Konzept flächendeckend umsetzen lässt, ohne die behaupteten Vorzüge einzubüßen (vgl. Zeitler u. a. 2012).

Meine Skepsis ist heute nicht vollständig behoben, aber deutlich gemildert. Entscheidend für meine persönliche Bewertung sind Gespräche mit Praktikern, bei denen eine vierte Stärke deutlich wurde, die merkwürdigerweise nur selten genannt wird: *Wer in Kompetenzstufen denkt, wird nicht starr, sondern flexibel in der Unterrichtsführung.* Er bzw. sie kann schneller und sicherer umsteuern, wenn er/sie erkannt hat, dass einzelne Schülerinnen und Schüler das bei der Planung zugrunde gelegte Kompetenzniveau noch nicht erreicht oder schon lange überschritten haben. Für die Überprüfung dieser These reicht es aus, eine einzige Lehrperson gefunden zu haben, die das Konzept im angedeuteten Sinne nutzt. Das aber fällt leicht (vgl. Meyer 2007, S. 110–123).

3.2 Was ist alt, was ist neu?

Das, was heute unter dem Schlagwort »Kompetenzorientierter Unterricht« diskutiert wird, ist eine bunte Mischung aus alten und neuen Elementen didaktisch-methodischen Handelns.

Althergebracht sind z. B. die Erwartungen,

- dass die Schülerinnen und Schüler durch genaue Lernstandsdiagnosen dort abgeholt werden, wo sie stehen,
- dass jeder einzelne Schüler durch mehr innere Differenzierung individuell gefördert wird,
- dass die Schüler besser selbstgesteuert lernen können – eine uralte Forderung der klassischen Bildungstheorie
- und dass sie kein träges Wissen erwerben, sondern Wissen und Können miteinander zu verknüpfen lernen.

Wirklich neu und einziges Alleinstellungsmerkmal des KoU ist die Idee, den Lernstand der Schülerinnen und Schüler in empirisch abgesicherten Kompetenzstufen-Modellen zu erfassen. Neu und gewöhnungsbedürftig ist auch die flächendeckende, alle 16 Bundesländer einschließende kompetenzorientierte Leistungsüberprüfung mit Hilfe von Vergleichsarbeiten (PISA, VERA, IGLU und anderes mehr).

Noch handelt es sich aber um eine große Baustelle, deren »Geburtshindernis« darin besteht, dass es zunächst um eine reine Top-down-Bewegung gegangen ist. Die KMK hat einfach im Jahre 2004 dekretiert, dass ab sofort alle Lehrpersonen in Deutschland ihren Unterricht an einem didaktischen Modell ausrichten sollten, das es damals noch gar nicht gab.

Aber die Situation hat sich ein wenig gebessert. Es gibt Mut machende Erfahrungen mit einem stärker individualisierenden Unterricht, z. B. an der LABORSCHULE in Bielefeld oder der WARTBURG-SCHULE in Münster (nicht erst seit PISA 2000, sondern seit drei Jahrzehnten). Es gibt in den Studienseminaren der Zweiten Phase der deutschen Lehrerbildung eine breite Praxis des kompetenzorientierten Unterrichtens. Es gibt eine Reihe neu entwickelter Werkzeuge zur Umsetzung: Kompetenzraster, Lerntagebücher, Lernlandkarten, Portfolio-Arbeit u. a. m. Seit kurzem gibt es auch die ersten brauchbaren Lehrbücher zum KoU.[1]

Es wäre aber verfrüht, schon jetzt von einem etablierten didaktischen Modell des KoU zu sprechen, das den in der Allgemeinen Didaktik im letzten Jahrhundert formulierten Ansprüchen genügt. Deshalb vermeide ich das Wort *Modell* und spreche im Folgenden nur von einem *Konzept* des kompetenzorientierten Unterrichts.

Was sind diese noch nicht erreichten allgemeindidaktischen Ansprüche? Drei Stichworte dazu: (1) das Demokratiegebot von John Dewey und Wolfgang Klafki: Guter Unterricht basiert auf dem Bemühen um eine demokratische Unterrichtskultur! (2) Klafkis »Kategoriale Didaktik« (Klafki 1959), in der ein anspruchsvolles theoretisches Modell zur Inhaltsanalyse vorgelegt wurde, das den bisher vorliegenden Konzepten zum KoU fehlt. (3) Die dialektische »Prozesstheorie des Unterrichts« von Lothar Klingberg (1990), in der das spannungsvolle Mit- und Gegeneinander von Lehrer- und Schülerrollen im Lehr-Lernprozess analysiert wird.

Wir brauchen also möglichst bald ein theoretisch abgesichertes und zugleich alltagstaugliches, insbesondere für die Zweite Phase der Lehrerbildung geeignetes Modell des KoU, in dem die vielen ermutigenden Einzelideen zusammengeführt werden. Es wäre vernünftig, wenn diese neue Didaktik nicht von einem einzelnen Autor, sondern in Teamarbeit von Praktikern, Lehr-Lernforschern, Allgemein- und Fachdidaktikern entwickelt würde.

3.3 Eine Arbeitsdefinition für kompetenzorientierten Unterricht

In der einschlägigen Literatur werden unterschiedliche Definitionen angeboten. Dabei fällt auf, dass alle wichtigen Autoren betonen, dass das Konzept einer *bildungstheoretischen* Grundlegung bedarf (Moegling 2010; Jung 2010; Tschekan 2011). Das ist klug. Und das übersehen die radikalen Kritiker der Kompetenzorientierung (z. B. Gruschka 2011, S. 39) geflissentlich. Ich definiere:

---

1 Die ersten praxisnah, aber dennoch didaktisch anspruchsvoll geschriebenen Bücher liegen vor: Blum, Drüke-Noe u. a. (2006); Obst (2008); Ziener (2006); Faulstich-Christ, Lersch & Moegling (2010); Paradies Wester & Greving (2010); Jung (2010); Tschekan (2011); Paechter u. a. (2012).

Arbeitsdefinition: Kompetenzorientierter Unterricht ist ein offener und schüleraktiver Unterricht,
(1) in dem die Lehrerinnen und Lehrer auf der Grundlage genauer **Lernstandsdiagnosen** ein differenzierendes Lernangebot machen,
(2) in dem die Lehrerinnen und Lehrer ihre Unterrichtsplanung, die Durchführung und Auswertung an fachlichen und überfachlichen **Kompetenzstufen-Modellen** orientieren,
(3) in dem die Schülerinnen und Schüler die Chance haben, ihr Wissen und Können **systematisch und vernetzt** aufzubauen
(4) und in dem sie den Nutzen ihres Wissens und Könnens in **realitätsnahen Anwendungssituationen** erproben können.

Die Definition macht die *didaktischen und unterrichtsmethodischen Unschärfen der Kompetenzorientierung* deutlich, auf die die Verfechter dieses Konzepts selbst hinweisen (so Faulstich-Christ u. a. 2010, S. 8): Kompetenzorientierung sagt viel darüber aus, was herauskommen soll – aber nur wenig darüber, wie der Unterricht gestaltet werden kann.

Wegen dieser Unschärfen bedienen sich die Verfechter dieses Konzepts ganz ungeniert, aber vernünftigerweise bei dem, was seit 100 Jahren an reformpädagogischen Ideen propagiert worden ist: Der Unterricht soll schüler- und handlungsorientiert gestaltet werden; es soll authentische Lernsituationen geben; die Selbstregulationskräfte sollen gestärkt, das Sinnverstehen soll gefördert werden.

Die Feststellung, dass man gar nicht so weit von dem abweiche, was seit jeher unter gutem Unterricht verstanden wurde, birgt auch Gefahren für das Überleben des Konzepts: Je stärker die reformpädagogische Herkunft des KoU betont wird, umso weniger glaubwürdig ist die Behauptung, dass es sich um einen grundlegenden »Paradigmenwechsel« in der Unterrichtsgestaltung handle (so Faulstich-Christ u. a. 2010, S. 8). Allenfalls könnte von einem Paradigmenwechsel in der Lernstandsmessung gesprochen werden.

3.4 Das Alleinstellungsmerkmal: Arbeit mit Kompetenzstufenmodellen

Die Arbeit mit Kompetenzstufen-Modellen ist für mich, wie oben angemerkt, das einzige Alleinstellungsmerkmal des KoU. Die Erforschung von Kompetenzstufen ist in Deutschland seit Veröffentlichung der PISA-Studie I auch mächtig in Gang gekommen. Die Fachdidaktik Mathematik hat dabei eine Vorreiterrolle übernommen, aber die anderen Fachdidaktiken ziehen langsam nach. Erste Ergebnisse liegen also vor, aber es gibt noch viele, auch sehr grundlegende offene Fragen:

- Jedem Kompetenzstufenmodell liegt die explizite oder implizite Annahme zugrunde, dass es kategorial wesentliche Änderungen in der Qualität der Lernhandlungen gibt, aufgrund derer man sagen kann, dass die nächste Stufe erreicht ist.
- Das setzt einen Theorierahmen voraus, in dem die Stufenübergänge genau definiert und empirisch abgesichert werden. Solche dezidiert ausformulierten Theorien gibt es aber bisher kaum.
- Ungeklärt ist auch die Frage, ob die Stufen immer sukzessive durchlaufen werden müssen oder auch ob das Überspringen einer Stufe möglich ist.
- Eine plausible Alternative zum Stufungsmodell lautet, dass es ein mehr oder weniger kontinuierliches Anwachsen einer Kompetenz gibt (vgl. Beck 2009, S. 242).

Weil noch so viel offen ist, plädiere ich dafür, in der schulpraktischen Arbeit nicht auf den Tag zu warten, an dem die Kompetenzforscher endlich so weit sind, empirisch abgesicherte Modelle für die Tausenden von einzelnen Kompetenzfeldern zu liefern, sondern als Gegengewicht und Ergänzung zur Grundlagenforschung eine **pragmatische Entwicklungsstrategie von unten** zu starten.

Das Denken in Kompetenzstufen ist ja im Schulalltag nichts Ungewöhnliches – und zwar sowohl auf Seiten der Lehrenden wie auch der Lernenden. Es ist gar nicht zu vermeiden, tagtäglich die unterschiedlichen Leistungen der Schülerinnen und Schüler zur Kenntnis zu nehmen und sie gestuft zu bewerten:

- Wir registrieren z. B. mit Verwunderung, dass ein Schüler der 4. Klasse beim Addieren immer noch seine Finger zu Hilfe nimmt.
- Wir erläutern bei der Klausurrückgabe in einem Leistungskurs Biologie, warum kein Schüler mehr als 12 Punkte erzielt hat.
- Wir loben ein Gruppenarbeitsergebnis als »weit überdurchschnittlich« und begründen dies mit »hoher Teamkompetenz«.

Es gibt keine berufserfahrene Lehrerin, die nicht mindestens fünf oder sechs Dutzend persönliche Stufungsmodelle in ihr unterrichtspraktisches Denken und Handeln integriert hat. Deshalb empfehle ich, in einem »joint venture« von Praktikern und Theoretikern Kompetenzstufenmodelle (KSM) *in didaktischer Absicht* zu sammeln und sie weiter zu entwickeln. Sie können helfen, im Umfang begrenzte Lernstandsanalysen vorzunehmen und auf ihrer Grundlage den differenzierten Unterricht flexibler als bisher zu steuern (s. o.).

Wie könnten solche pragmatischen Modelle aussehen? Ich habe seit mehreren Jahren in der Lehrerfortbildung gemeinsam mit Praktikern viele einzelne KSMs, insbesondere zu Unterrichtsmethoden-Kompetenzen der Schüler entwickelt und dabei überraschende Übereinstimmungen über alle Fächer hinweg festgestellt: Die meisten Praktiker wählten als Stufungskriterium für ihre selbstgebastelten Modelle die wachsende Selbstregulation der Lernenden. Ich habe daraus ein zugegeben schlichtes, dafür aber im Schulalltag brauchbares Strukturmodell (Abb. 1) gemacht (vgl. Meyer 2007, S. 155 ff.[2]). Es weicht insofern von den aus den PISA-Studien bekannten KSM ab, als es keine Kopplung mit einem bestimmten Lebensalter bzw. mit einer Jahrgangsstufe vornimmt. Das heißt, dass auch Grundschüler die Stufe 3 erreichen können.

Strukturmodell

	Können	Wissen
Stufe 0	Naiv-ganzheitliches Ausführen einer Handlung	Entscheiden nach »Bauchgefühl«
Stufe 1	Handeln nach Vorgabe des Lehrenden	Kognitives Nachvollziehen der Handlungsvorgabe
Stufe 2	Handeln nach Einsicht in die Aufgabenstellung	Reflektieren und Argumentieren nach Einsicht
Stufe 3	Selbstständige Steuerung des eigenen Lernprozesses	Didaktische Reflexion des gemeinsamen Lehr-Lernprozesses

Abb. 1: Strukturmodell

Für jedes KSM muss einzeln geklärt werden, aus wie vielen Dimensionen die Kompetenz besteht. So könnte man die Fähigkeit, eine Wandzeitung herzustellen, in Analyse-, Gestaltungs- und Präsentationskompetenz unterteilen. So wird für den kompetenzorientierten Religionsunterricht empfohlen, die Wahrnehmungs-, Deutungs-, Urteils-, Dialog- und Gestaltungskompetenz zu unterscheiden.

Für jede Stufe muss ein eigenes *Stufen*-Kriterium definiert werden, mit dem ausgedrückt wird, welche Qualität die auf dieser Stufe geleistete Arbeit hat, z. B. »Handeln nach Vorgabe«, »Handeln nach Einsicht«.

Die Abfolge der Stufen bezeichne ich als die »Tektonik« einer Kompetenz. Sie darf nicht mit dem Prozess des Kompetenzerwerbs verwechselt werden. Der ist bunter und manchmal auch chaotischer als die Tektonik.

Für alle Stufen zusammen muss ein *Stufungs*-Kriterium definiert werden, mit dem die Stufenabfolge insgesamt charakterisiert wird. Ich empfehle, das Stufungs-Kriterium der wachsenden Selbstregulation der Schülerinnen und Schüler als Maßstab zu nehmen. Bei thematisch begrenzten fachlichen Stufungsmodellen kann dieses Hauptkriterium durch fachbezogene Stufungs-Kriterien ergänzt werden, z. B. im Mathematikunterricht der Grad der Abstraktionsfähigkeit der Schülerinnen oder die mathematische Modellierungsfähigkeit, im

2 Ähnlich lauten auch die Vorschläge von Gerhard Ziener (2006, S. 43 ff.) in seinem empfehlenswerten Buch zu »Bildungsstandards«.

Kunstunterricht die wachsende Kreativität, im Sportunterricht die bewusste Bewegungskoordination. Solche fachbezogenen Stufungs-Kriterien sind aber mit dem Hauptkriterium gut verträglich.

Ein interessantes Detail beim Austüfteln solche KSMs: Es ist uns fast immer sehr viel leichter gefallen, die oberste, dritte Stufe auszumalen als die Stufe 1, in der die basalen Kompetenzen erfasst werden müssen, die z. B. erforderlich sind, um ein Rollenspiel im Unterricht zu nutzen, um einem Powerpoint-Vortrag zu lauschen oder um ein Streitgespräch zu führen.

3.5 Sieben Bausteine kompetenzorientierten Unterrichts

Was sollte eine Lehrerin tun, die sich vornimmt, in Zukunft stärker kompetenzorientiert zu unterrichten? Sie kann sich an den folgenden sieben Bausteinen orientieren, die allerdings deutlich über das hinausgehen, was theoretisch aus der Kompetenzorientierung abgeleitet werden kann[3]:

(1) Eine kompetenzorientierte Lehrerin übt sich im **genauen Beobachten und Diagnostizieren** der Lernstände ihrer Schülerinnen und Schüler. Das ist auch deshalb schwierig, weil man kräftemäßig überfordert ist, 25 oder 30 individuelle Lernstände zu erfassen. Ein seit Jahrzehnten gepflegter Kompromiss: Man macht eine kompetenzorientierte dreifache Gruppierung von schnellen Lernern, langsamen Lernern und dem Mittelfeld.

(2) Sie bemüht sich, den **individualisierten und den gemeinsamen Unterricht** auszubalancieren. (Bei aller berechtigten Forderung nach mehr Individualisierung wird gern übersehen, dass das eigentliche Kunststück darin besteht, beides zusammenzuführen.)

(3) Sie entwickelt eine **kognitiv und sozial aktivierende *Aufgabenkultur*,** in der die Schülerinnen und Schüler auf unterschiedlichen Kompetenzstufen arbeiten können. Der Begriff »kognitive Aktivierung« ist von der Forschergruppe COACTIV (Jürgen Baumert, Mareike Kunter u. a.) im deutschsprachigen Raum popularisiert worden. Die Forscher hatten herausgefunden, dass Hausaufgaben und Übungsphasen sehr oft unterhalb des in den Zielformulierungen angesprochenen Leistungsniveaus blieben. Richtig, aber m. E. zu kurz gedacht. Deshalb habe ich das Adjektiv »sozial« bei diesem dritten Merkmal ergänzt – eine weitere Baustelle!

(4) Sie sorgt für einen am Lehrplan orientierten ***systematischen Wissensaufbau*** und achtet darauf, dass die Schülerinnen ihr Vorwissen einbringen und Bezüge zu anderen Unterrichtsfächern herstellen können. Eine empirisch gut belegte These lautet ja: »Sicher beherrschtes Vorwissen zum Lerngegenstand ist für den Lernerfolg wichtiger als ein hoher IQ!«

3 Vgl. die ähnlich gestrickte Auflistung bei Faulstich-Christ (2010).

(5) Sie sorgt für ***realitätsnahe Anwendungssituationen***. Die Formulierung ist absichtlich vorsichtig. Man hätte ja auch, wie ich dies vor 32 Jahren geschrieben habe, sagen können: »Sie sorgt dafür, dass das Leben, das Lernen und Arbeiten miteinander verbunden werden.« Aber diese Idee der Aufhebung der Trennung zwischen Schule und Leben hat sich als unrealistisch erwiesen. Unterricht ist immer künstlich. Schule hat immer auch eine Schutzfunktion.

(6) Sie fördert die ***Metakognitionen*** der Schüler. Dazu gibt es weltweit eindeutige empirische Befunde darüber, dass das Nachdenken über den eigenen Lernprozess den Lernerfolg erhöht (Hattie 2012, S. 251).

(7) Sie kontrolliert die ***Lernergebnisse*** kompetenzstufenbezogen. Sie hakt nach, wenn die erhofften Ergebnisse nicht erreicht worden sind und freut sich, wenn höhere Stufen erreicht wurden als gedacht.

Der Katalog sieht nicht nur happig aus – er ist es auch. Deshalb merke ich an: Die sieben Bausteine können nur in einem mehrjährigen, möglichst gemeinsam mit Kolleginnen und Kollegen durchgeführten Unterrichtsentwicklungsprozess realisiert werden.

3.6 Stärken und Schwächen

Ich behaupte: Wichtige Aspekte guten Unterrichts werden im Konzept des KoU aufgrund der oben schon monierten didaktisch-methodischen Unschärfen vernachlässigt. Das soll in der gebotenen Kürze mit meinem ZEHNERKATALOG mit zehn Merkmalen guten Unterrichts (Abb. 2) ein wenig genauer belegt werden (Meyer 2004). Weil mit dem KATALOG die »ganze Aufgabe« beschrieben wird, die Praktiker in jeder Unterrichtsstunde bewältigen müssen, ist dieses Schema m. E. auch eine gute Sonde, um didaktische Konzepte wie das des KoU auf Vollständigkeit zu überprüfen.

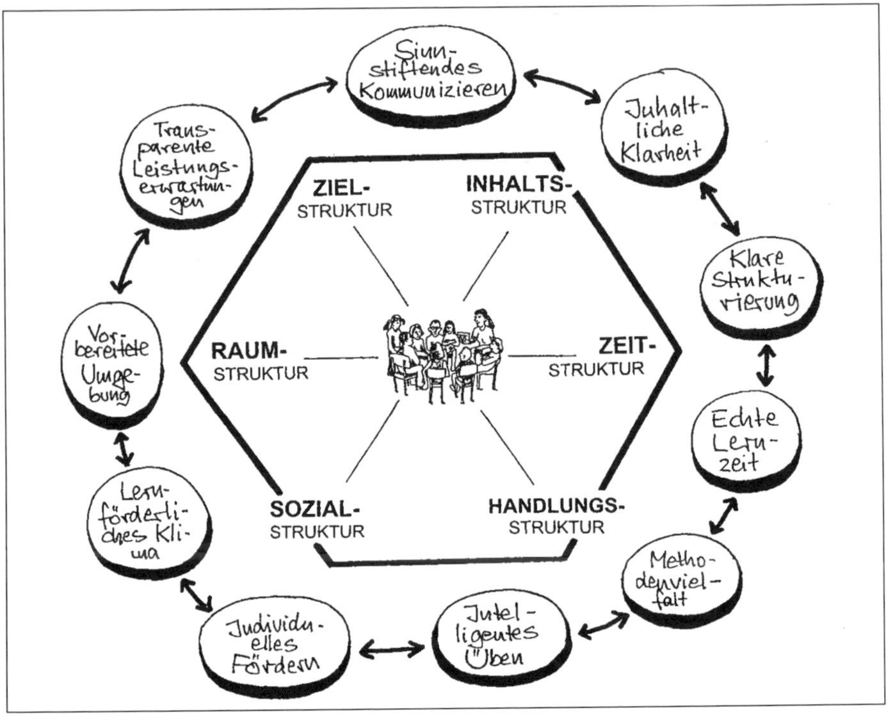

Abb. 2: Zehn Merkmale guten Unterrichts

Wo liegen – analysiert auf der Folie des ZEHNERKATALOGS – die Stärken und wo die Schwächen des KoU?

Stärken	Schwächen
Transparente Leistungserwartungen: Hier liegt eindeutig die große Stärke des KoU!	**Klare Strukturierung**: Weder zur äußeren Seite (d. h. zum guten Classroom-Management) noch zur inneren Seite (nämlich der Herstellung eines »roten Fadens« im Lehr-Lernprozess) sagt das Konzept etwas aus. In welcher Reihenfolge bestimmte Kompetenzen im Unterricht abgerufen oder neu gefördert werden, lässt sich nicht aus der Tektonik einer Kompetenz ableiten (vgl. Meyer 2007, S. 161).
Individuelles Fördern: Das Konzept sagt nicht, wie man es macht, wohl aber, dass man es machen muss.	Hoher Anteil an **echter Lernzeit.** Fehlanzeige
Methodenvielfalt: Das Konzept legt ein sehr hohes Niveau der inneren Differenzierung nahe, sagt aber nichts dazu, wie sie gestaltet werden könnte.	**Lernförderliches Klima:** Dazu sagt das Konzept so gut wie nichts.

Stärken	Schwächen
Sinnstiftendes Kommunizieren: Dazu gibt das Konzept aufgrund seiner Handlungsorientierung und aufgrund der anzustrebenden Authentizität der Lernsituationen viele Impulse.	**Sozialstruktur:** Das Konzept sagt nichts darüber aus, in welcher sozialen Formation (Plenum, Gruppe, Tandem usw.) die Schüler arbeiten sollen.

Für diese Defizite gibt es einen systematischen Grund: Das Konzept des KoU sagt nichts zu der entscheidenden Frage aus, wie das Lehrer-Schüler-Verhältnis im Unterricht theoretisch zu fassen und im Unterrichtsalltag zu realisieren ist. Es fokussiert einseitig auf die Schülerseite.

3.7 Notwendige Ergänzungen

Ich komme zum Schluss und erläutere mit wenigen Stichworten, welche Theorieimporte notwendig sind, um aus dem Konzept des KoU ein didaktisches Modell zu machen, das die »ganze Aufgabe« eines Lehrers/einer Lehrerin zu analysieren und zu gestalten hilft:

Die Lehr-Lern-Dialektik klären! Weil die Grundrelation »Lehren-Lernen« in jedem Unterrichtskonzept geklärt werden muss, ist es erforderlich, auch den KoU theoretisch weiter zu entwickeln. Das tun die engagierten Verfechter auch. Rainer Lersch (2010, S. 41) hat dazu ein umfassendes Konzept vorgelegt. Im Mittelpunkt steht ein Strukturschema für KoU (vgl. Abb. 3).

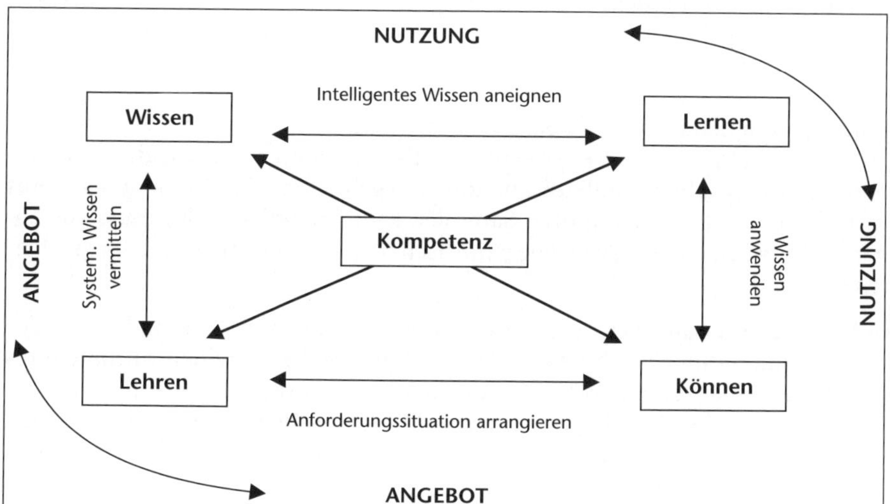

Abb. 3: Didaktische Systematisierung kompetenzfördernden Unterrichts

Das Überraschende: Das von Lersch entwickelte Strukturschema ist, wie er selbst betont, eine Weiterentwicklung der von Lothar Klingberg entwickelten Prozesstheorie des Unterrichts. Das ist klug, weil nun die oben eingeklagte Klärung der Lehrenden-Rolle im KoU angegangen werden kann.

Ein Arbeitsbündnis mit den Schülern schmieden! Die Idee, den Lehr-Lernprozess auf der Folie eines Arbeitsbündnisses zu deuten, ist uralt; sie wurde in jüngerer Zeit von Professionsforschern wie Ulrich Oevermann und Werner Helsper wiederbelebt.[4] Ich behaupte: Die Anreicherung des KoU-Konzepts um die Idee des Arbeitsbündnisses zwischen Lehrer und Schülern ist nicht nur naheliegend, sondern zwingend, weil die bloße Mitteilung an die Schüler, dass und warum sie sich bestimmte Kompetenzen aneignen sollen, nicht ausreicht. Es muss auch ein Klima hergestellt werden, das zum Lernen motiviert.

Didaktische Kompetenzen der Schüler entwickeln! Lange vor Erfindung des KoU hat Lothar Klingberg an zentraler Stelle seines Werks eine Kompetenz definiert, die sich leider nirgendwo in den Bildungsstandards und Kerncurricula wiederfindet: die »didaktische Kompetenz« (ausführlich rezipiert in Jank/Meyer 2002, S. 258). Damit ist mehr und anderes gemeint als die Fähigkeit, den eigenen Lernprozess zu planen und zu reflektieren. Gemeint ist die Bereitschaft und Fähigkeit der Schüler, Verantwortung für die ganze Klasse zu übernehmen. In einem Vortrag an der Uni Oldenburg hat Klingberg einmal gesagt: »Schüler haben Verantwortung für das Erfolgserlebnis ihrer Lehrer.« Das ist eine ungewohnte Perspektive – aber sie ist konsequent.

Lerngerüste aufbauen: Die Forderung, die Schüler stärker selbstreguliert lernen zu lassen, gehört zum Kernbestand der Kompetenzorientierung (s. o.). Aber Selbstregulation ist kein Selbstläufer! Man muss Lerngerüste aufbauen. Das nennt man heute vornehm »scaffolding«. Welche einzelnen Instrumente dabei hilfreich sind, kann man in den Effektstärken-Tabellen von John Hattie (2009; 2012) studieren: »formative assessment«, also beständige Rückmeldungen während des Unterrichts; Schülerdiskussionen, regelmäßiges Feedback und anderes mehr. Aber Hattie ist ein großer Sammler, kein Didaktiker. Also muss aus seinem Steinbruch kluger Ideen eine empirisch basierte Didaktik erst noch geschaffen werden.

Mein Fazit: Frank McCourt, Berufsschullehrer aus New York und Autor des weltbekannten Buches »Die Asche meiner Mutter«, hat in seinem autobiografischen Buch über seine Berufsjahre an einem New Yorker Polytechnikum in ersichtlich ironischer Absicht geschrieben: »Man muss die Schüler auf Trab halten, damit sie nicht zu denken anfangen!« (McCourt 2006, S. 311). Die Warnungen,

4 Wie Arbeitsbündnisse im Schulalltag gestaltet werden oder auch misslingen können, haben Werner Helsper u. a. (2009) in einer empirischen Studie zur Schul- und Unterrichtskultur eindrucksvoll belegt. Die Autoren können sogar zeigen, dass hier und dort die Schüler die Initiative ergreifen, um die Lehrerperson dazu zu bringen, ein anspruchsvolleres Arbeitsbündnis anzubieten als zunächst vorgesehen.

dass just dies bei einer flächendeckenden Einführung des Kompetenzorientierten Unterrichts passieren könne, liegen seit langem auf dem Tisch.[5] Deshalb ist in Erinnerung zu rufen: Unterricht ist eine kostbare Zeit für Schüler wie für Lehrer. Sie ist nicht nur zum Lernen da. Unterricht sollte auch ein Ort sein, an dem man ausreichend Zeit findet, lustbetont und solidarisch miteinander umzugehen.

3.8 Literatur

Beck Klaus (**2009**): Strategien empirischer Forschung zur Professionalität von Lehrpersonen – Ein kritischer Blick aus methodologischer Sicht. In: Zlatkin-Troitschanskaia, Olga u.a: Lehrprofessionalität. Weinheim.

Benner Dietrich (Hrsg.) (**2007**): Bildungsstandards. Paderborn: Schöningh.

Blum Werner, Drüke-Noe Christina, Hartung Ralph & Köller Olaf (Hrsg.) (**2006**): Bildungsstandards Mathematik: konkret. Berlin: Cornelsen Scriptor.

Bortz Jürgen & Döring Nicola (**2006**): Forschungsmethoden und Evaluation für Human- und Sozialwissenschaftler. Berlin: Springer.

Faulstich-Christ Katja, Lersch Rainer & Moegling Klaus (Hrsg.) (**2010**): Kompetenzorientierung in Theorie, Forschung und Praxis. Immenhausen: Prolog Verlag.

Gruschka Andreas (**2011**): Verstehen lehren. Stuttgart: Reclam.

Hattie John (**2009**): Visible Learning. London, London: Routledge.

Hattie John (**2012**): Visible Learning for Teachers. London: Routledge.

Hellrung Miriam (**2011**): Lehrerhandeln im individualisierten Unterricht. Opladen, Farmington Hills: Barbara Budrich.

Helsper, Werner, Kramer Rolf-Torsten, Hummrich Merle & Busse Susann (**2009**): Jugend zwischen Familie und Schule. Wiesbaden. VS Verlag für Sozialwissenschaften.

Jank Werner & Meyer Hilbert (**2002**): Didaktische Modelle. Berlin: Cornelsen Scriptor.

Jung Eberhard (**2010**): Kompetenzerwerb. München: Oldenbourg.

Klingberg Lothar (**1990**): Lehrende und Lernende im Unterricht. Berlin: Volk und Wissen GmbH.

Lersch Rainer (**2010**): Didaktik und Praxis kompetenzfördernden Unterrichts. In: Faulstich-Christ Katja u. a. (Hrsg.): Kompetenzorientierung in Theorie, Forschung und Praxis. Immenhausen: Prolog Verlag, S. 31–59.

McCourt Frank (**2006**): Tag und Nacht und auch im Sommer. Neuwied: Luchterhand.

Meyer Hilbert (**2004**): Was ist guter Unterricht? Berlin: Cornelsen Scriptor.

5 Manchmal habe ich das Gefühl, dass die Kultusminister dieses Motto auch zur Maxime ihres Umgangs mit den Lehrern gemacht haben.

Meyer Hilbert (**2007**): Leitfaden Unterrichtsvorbereitung. Berlin: Cornelsen Scriptor.

Moegling Klaus (**2010**): Die Kompetenzdebatte – Zum Verhältnis von Bildung und Kompetenzorientierung. In: Faulstich-Christ Katja u. a. (Hrsg.): Kompetenzorientierung in Theorie, Forschung und Praxis. Immenhausen: Prolog Verlag, S. 11–29.

Obst Gabriele (**2008**): Kompetenzorientiertes Lehren und Lernen im Religionsunterricht. Göttingen: Vandenhoeck & Ruprecht.

Paechter Manuela, Stock Michaela u. a. (**2012**): Handbuch kompetenzorientierter Unterricht. Weinheim, Basel: Beltz.

Paradies Liane, Wester Franz & Greving Johannes (**2010**): Individualisieren im Unterricht. Berlin: Cornelsen Scriptor.

Trautmann Matthias & Wischer Beate (**2011**): Heterogenität in der Schule. Wiesbaden: VS-Verlag für Sozialwissenschaften.

Tschekan Kerstin (**2011**): Kompetenzorientiert unterrichten. Berlin: Cornelsen Scriptor.

Zeitler Sigrid, Heller Nina & Asbrand Barbara (**2012**): Bildungsstandards in der Schule. Eine rekonstruktive Studie zur Implementation der Bildungsstandards. Münster: Waxmann.

Ziener Gerhard (**2006**): Bildungsstandards in der Praxis. Seelze-Velber: Klett Kallmeyer Verlag.

Anmerkung:

Der Beitrag ist leicht verändert zuerst erschienen in der Zeitschrift Lernende Schule, Ausgabe 58/2012. Abdruck mit freundlicher Genehmigung des Verlages.

IV. Organisation

1. Wissensmanagement in Teams

STEPHAN GERHARD HUBER & JENS KREY

In den verstärkt eigenverantwortlichen Schulen nimmt die Kooperation der Lehrkräfte, zum Beispiel in Fachgruppen, Jahrgangsgruppen, Projektgruppen, Lerntandems oder etwa in den Steuergruppen, zu. In solchen Lehrerteams ergänzen sich die Wissensbasen einzelner Lehrkräfte und implizites Wissen kann artikuliert und gemeinsam hinterfragt werden. Während in deutschen Unternehmen Konzepte der Gruppenarbeit bereits seit Anfang der Neunzigerjahre diskutiert werden (vgl. Antoni, 1994), ist das Lernen in Teams für Lehrerkollegien im Allgemeinen eher neu.

Die Lehrerausbildung an der Hochschule ist immer noch vorrangig durch individuelle Lernprozesse geprägt: Neues Wissen erwirbt sich jeder vorwiegend allein; gemeinsames, kooperatives Lernen in Gruppen ist demgegenüber eher weniger verbreitet.

Für Lehrkräfte und Schulleitungen wird zunehmend wichtiger, wie das Lernen im Team selbst verbessert werden kann.

Wie ein Team lernt, hat zweifelsfrei etwas damit zu tun, wie es mit Wissen umgeht. Daher scheint es sinnvoll zu überprüfen, welchen Beitrag Wissensmanagement für Teamarbeit in Schulen leisten kann. Dieser Beitrag soll eine Einführung in Begrifflichkeiten und Konzepte des Wissensmanagements bieten, den Zusammenhang zwischen dem Umgang mit Wissen und Lernen im Team einerseits und Schulentwicklung andererseits verdeutlichen sowie mögliche Schwierigkeiten im Umgang mit Wissen in Lehrerteams und Methoden für eine Verbesserung der Dokumentation von und des Zugangs zu Wissen in Teams aufzeigen.

1.1 Begriffsklärungen

Wissen ist die zentrale Ressource für Innovation und Entwicklung – sowohl auf individueller als auch auf organisationaler Ebene. Zudem ist Wissen eine Voraussetzung für die Lösung von Problemen. Für diejenigen, die bestrebt sind, die Schule weiterzuentwickeln und zu verbessern, stellt der Umgang mit Informationen und Wissen in der Schule eine Herausforderung und ein zentrales Erfolgskriterium dar. Für Schulleitungsmitglieder ist es folglich eine wichtige Aufgabe, den systematischen Austausch, die effektive Nutzung und eine geschickte Verteilung von Wissen zu organisieren und zu unterstützen. Wissensmanagement stellt eine Führungsaufgabe für Schulleitungen dar.

Lernen in Gruppen

Unter Lernen in Gruppen kann zweierlei verstanden werden: Teamlernen einerseits und individuelles Lernen im Team andererseits. Teamlernen setzt individuelles Lernen voraus; individuelles Lernen führt auf der anderen Seite aber nicht zwangsläufig dazu, dass auch auf Teamebene gelernt wird.

Ein Beispiel: Eine Arbeitsgruppe entwickelt in einem Workshop Vorstellungen davon, wie das pädagogische Konzept der Schule im Unterricht besser umgesetzt werden kann. Durch den gemeinsamen Arbeitsprozess entsteht im Team ein einheitliches Verständnis, welche Handlungen mit dem pädagogischen Konzept konsistent sind und welche nicht. Das entstandene gemeinsame mentale Modell ist das Ergebnis des Teamlernens. Individuell lernt unter Umständen jedes Teammitglied Unterschiedliches: eine neue Perspektive auf das Handeln im Unterricht, Kompromissfähigkeit bei Entscheidungen im Team etc.

Dementsprechend existieren in Teams zwei Arten von Wissen: individuelles Wissen und Teamwissen. Betrachtet man ein Team als einen Pool individuellen und gemeinsamen Wissens, entscheidet die Art des Umgangs mit diesem Wissen sowohl über die Weiterentwicklung des individuellen Wissens wie auch über die Entwicklung und Nutzbarmachung des gemeinsamen Wissens. Die Frage »Wie wird im Team mit Wissen umgegangen?« ist somit eng verknüpft mit der Frage »Wie wird im Team gelernt?«. Ein Wissensmanagement im Team zielt letztendlich auf die Verbesserung des Voneinander- und des Miteinander-Lernens.

Unter den Mitgliedern eines Teams besteht eine Heterogenität hinsichtlich ihrer Fähigkeiten, Erfahrungen, Annahmen, Einstellungen und Sichtweisen. Diese Heterogenität bietet das Potenzial für lohnende Austauschprozesse und die Generierung neuen Wissens. Im Team werden beispielsweise durch Dialog bestehende Denk- und Handlungsmuster, unterschiedliche mentale Modelle, Annahmen, Perspektiven und Einstellungen ausgetauscht. Zudem vergrößert sich die Chance, dass individuelles Wissen hinterfragt wird, indem untereinander Vergleiche gezogen und Differenzen festgestellt werden können. Auf diese Weise kann individuelles Wissen zu kollektivem Wissen werden oder individuelles Wissen sich verändern. Das Lernen im Team ermöglicht es, individuelles Wissen weiterzugeben, indem Teammitglieder Erfahrungen untereinander austauschen, sich gegenseitig Feedback geben und unterstützen.

Wissen

Um ein Grundverständnis für die konkreten Herausforderungen eines Wissensmanagements in Lehrerteams zu entwickeln, sollen nachfolgend verschiedene Differenzierungen von Wissen vorgestellt werden. Relevant ist dabei zum einen die Unterscheidung zwischen explizitem und implizitem Wissen, die sich auf die Zugänglichkeit des Wissens bezieht. Wichtig ist darüber hinaus die Unterscheidung zwischen personalem und organisationalem Wissen, die der Frage nachgeht, wer Träger von Wissen ist.

Wissen und Information

»Wissen bezeichnet die Gesamtheit der Kenntnisse und Fähigkeiten, die Individuen zur Lösung von Problemen einsetzen« (Probst et al., 2003, S. 22). Im Gegensatz zu Informationen ist Wissen immer personengebunden und in Erfahrungen eingebettet (vgl. Probst et al., 2003; Willke, 1998). Mithilfe des Eisbergmodells kann das Verhältnis zwischen Wissen und Handeln verdeutlicht werden: Das Handeln selbst ist beobachtbar wie die Spitze eines Eisbergs. Doch die Wissensbasis für dieses Handeln liegt darunter und ist der Beobachtung schwer zugänglich: Sie wird durch Erfahrungen, Erkenntnisse, Einstellungen, Annahmen, Werte, die biografisch gewachsen sind, beeinflusst (vgl. Willke, 1998).

Ein derartiges Verständnis des Wissensbegriffs bedeutet, dass beispielsweise schriftliche Materialien für die Unterrichtsvorbereitung kein »Wissen« darstellen. Vielmehr handelt es sich um Informationen, die erst nach dem Lesen zu neuem Wissen einer Person führen können – aber nicht zwingend müssen.

Erst in den individuell konstruierten Sinnzusammenhängen werden Informationen in Personen zu handlungsrelevantem Wissen.

Implizites und explizites Wissen

Die vielleicht wichtigste Differenzierung bezogen auf den Wissensbegriff ist die Unterscheidung von implizitem und explizitem Wissen. Sie geht auf Polanyi (1958) zurück. Mit implizitem Wissen ist Erfahrungswissen gemeint, das dem Alltagshandeln oftmals unbewusst und unausgesprochen zu Grunde liegt. Implizites Wissen ist schwer zugänglich und formalisierbar. Beispiele hierfür sind z. B. komplexe Handlungen wie Schwimmen, Auto- oder Fahrradfahren, die automatisiert ablaufen. Man tut es, ohne bewusst zu »wissen« oder ausdrücken zu können, was man in jedem Moment genau alles dabei macht. Die Übermittlung impliziten Wissens an andere Personen ist nur eingeschränkt möglich und erfordert besondere Übersetzungsleistungen. Ein weiteres Beispiel ist das »Sprachgefühl« eines Erwachsenen: Automatisch und im Allgemeinen ohne dass die zugrunde liegenden Grammatikregeln explizit bekannt sind, sind Erwachsene in der Lage, grammatikalisch richtige Sätze zu sprechen. Es fällt aber meist schwer, einem Deutsch Lernenden diese Grammatikregeln zu erklären.

Mit explizitem Wissen ist theoretisches Faktenwissen und kommuniziertes Wissen gemeint, das oftmals formalisiert (medial gespeichert, verschriftlicht) und daher leicht zugänglich ist.

Personales und organisationales Wissen

Willke trifft hinsichtlich des Wissensbegriffs eine wichtige Unterscheidung: die zwischen personalem und organisationalem Wissen. Das personale Wissen ist an einzelne Personen als Wissensträger gebunden. Scheiden diese Personen aus der Organisation aus, ist das Wissen für die Organisation verloren gegangen. Demgegenüber existiert in Organisationen eine zweite Art von Wissen: organisationales Wissen (auch: institutionelles Wissen, kollektives Wissen oder Systemwissen). »Organisationales oder institutionelles Wissen steckt in den personenunabhängigen, anonymisierten Regelsystemen, welche die Operationsweise eines Sozialsystems definieren. Vor allem sind dies Standardverfahren (standing operating procedures), Leitlinien, Kodifizierungen, Arbeitsprozess-Beschreibungen, etabliertes Rezeptwissen für bestimmte Situationen, Routinen, Traditionen, spezialisierte Datenbanken, kodiertes Produktions- und Projektwissen und die Merkmale der spezifischen Kultur einer Organisation« (Willke, 1998, S. 16).

Wissensmanagement

Wissensmanagement bezeichnet den »bewussten und systematischen Umgang mit der Ressource Wissen und den zielgerichteten Einsatz von Wissen in der Organisation« (Bullinger et al., 1997, S. 11): Informationen, Erkenntnisse und Erfahrungen werden geschaffen, gesammelt, verknüpft und miteinander geteilt. Dies stellt eine anspruchsvolle und komplexe Aufgabe dar. Ein Wissensmanagementsystem (im Team) erfordert die Einführung eines Regelkreises bezogen auf den Umgang mit Wissen, d. h. eine systematische Vorgehensweise im Team, die strukturell gekennzeichnet ist durch die Abfolge von Analyse, Planung, Maßnahmendurchführung, Kontrolle, erneuter Planung usw. Das Ziel des Wissensmanagements ist es, Prozesse der Gewinnung, Dokumentation und Nutzung von Wissen zu organisieren. Auf Lehrer-Teams bezogen ist beispielsweise ein Ziel von Wissensmanagement, den Teammitgliedern systematisch und gezielt Zugänge zu individuellem Wissen zu verschaffen. Wenn einzelne Lehrkräfte lernen, soll sich das möglichst auf das gesamte Team auswirken. Wichtig ist es darüber hinaus, dass das Team Zugänge zu Wissen außerhalb des Teams (z. B. Lehrkräfte aus anderen Teams, andere Schulen, virtuelle Communities, Expertenkreise, Expertensysteme etc.) organisiert und dementsprechend auch externen Lehrkräften Zugang zum Team-Wissen gewährt.

1.2 Bedeutung von Lernen und Wissen in Teams für die Schulentwicklung

Teamlernen der Lehrkräfte und dementsprechend ein entwicklungsorientierter Umgang mit Wissen im Team ist im Zusammenhang mit Schulentwicklung sehr bedeutsam. Denn Gruppen bzw. Teams gelten strukturell als das verbindende Element zwischen individuellem und organisationalem Lernen (vgl. Al-Laham, 2003). Den Zusammenhang zwischen dem Lernen in Gruppen und dem Lernen einer Organisation zeigten Argyris und Schön bereits 1978. Ihre Erkenntnisse sind nach wie vor aktuell. Senge (1996) interpretiert das Lernen im Team dementsprechend als wichtigste Lerneinheit der lernenden Organisation: »Die Notwendigkeit des Teamlernens ist in Organisationen noch nie so groß gewesen wie heute. (...) Das individuelle Lernen ist in gewisser Weise irrelevant für das organisationale Lernen. Der einzelne kann unter Umständen unentwegt lernen, ohne dass das Unternehmen etwas lernt. Aber wenn Teams lernen, werden sie zu einem Mikrokosmos für das Lernen in der ganzen Organisation« (Senge, 1996, S. 287).

Wissensmanagement sollte jedoch nicht nur allein auf Teamebene erfolgen. Wichtig ist es, dass die Schule als Ganzes eine Strategie und Maßnahmen bezogen auf den Umgang mit Wissen entwickelt.

1.3 Wissen transformieren in Teams

Gut funktionierende und effektive Teamarbeit zeichnet sich dadurch aus, dass sich die Teammitglieder mit ihren Ressourcen in Form von Fähigkeiten, Wissen, Erfahrungen und Perspektiven ergänzen und diese Ressourcen im Team auch genutzt werden. Wichtig ist, wie individuelles, personales Wissen zu organisationalem Wissen wird. Diese Transformation des Wissens systematisch zu gestalten, ist das Ziel eines Wissensmanagements.

Um diesen Prozess der Wissenstransformation systematisch gestalten zu können, muss zunächst ein Verständnis dafür entwickelt werden, wie Bewegungen von einer Wissensform zu einer anderen ablaufen, wo Potenziale, aber auch Schwierigkeiten zu erwarten sind. Nonaka und Takeuchi (1997) haben in diesem Zusammenhang das Modell einer Wissensspirale entwickelt. Auf der Grundlage einer Unterscheidung von implizitem und explizitem Wissen beschäftigten sie sich mit den Übergängen dieser beiden Wissensformen (siehe Abb. 1). Das Modell beschreibt, wie durch vier aufeinanderfolgende Prozesse – »Sozialisation« (implizit zu implizit), »Externalisierung« (implizit zu explizit), »Kombination« (explizit zu explizit) und »Internalisierung« (explizit zu implizit) implizites Wissen eines Teammitglieds letztendlich zu implizitem Wissen aller Teammitglieder wird. Die Bewegung des Wissens in einer Spiralform soll dabei andeuten, dass eine Bewegung des Wissens zum einen in einer Art Kreislauf stattfindet, zum anderen gleichzeitig das Wissen auf eine höhere Ebene transformiert wird.

		Zu: Implizit	Zu: Explizit
Von	Implizit	*Sozialisation*	*Externalisierung*
	Explizit	*Internalisierung*	*Kombination*

Abb. 1: Transformation des Wissens nach Nonaka und Takeuchi (1997)

Wenn implizites Wissen einer Person direkt zu implizitem Wissen einer anderen Person wird, bezeichnet Nonaka dies als »Sozialisation«. Ein Beispiel für den Prozess der Sozialisation ist das Modelllernen, d. h. das Lernen durch Beobachtung der Handlung einer anderen Person sowie anschließendem Nachahmen und Üben dieser Handlung. Bezogen auf das Ziel, Wissen möglichst weit reichend zugänglich zu machen, ist der Gewinn dieser Art der Wissenstransformation jedoch begrenzt. Denn weder die Person »des Modells« noch »die nachahmende lernende« Person erhält hierbei eine tiefere systematische Einsicht in das Wissen, das der Handlung zugrunde liegt und das wiederum weiteren Personen als explizites Wissen zugänglich gemacht werden könnte.

Ähnlich begrenzt ist auch der Wert von Prozessen der Kombination, in denen explizites Wissen zu neuem explizitem Wissen transformiert wird, beispielsweise in dem verschiedene vorhandenen schriftliche Information zusammengetragen und schriftlich in einen neuen Zusammenhang gebracht werden.

Demgegenüber stellen Prozesse der Externalisierung und Internalisierung, in denen implizites Wissen in explizites Wissen übergeht und umgekehrt, die kritischen Übergänge mit großem Potenzial hinsichtlich des Ziels, Wissen zu verbreiten, dar. Der Prozess der Externalisierung ist deshalb kritisch, weil ein Weg dafür gefunden werden muss, »Unaussprechliches« zu artikulieren.

Wenn dieser Schritt gelingt, ist der Gewinn groß: Indem implizites Wissen explizit wird, wird es für andere zugänglich. Der Prozess der Internalisierung bedeutet schließlich, dass untereinander geteiltes explizites Wissen in den Personen zu einer Veränderung ihres impliziten Wissens führt.

1.4 Mögliche Schwierigkeiten im Umgang mit Wissen im Team

Anzeichen dafür, dass der Umgang mit Wissen Defizite aufweist, können folgende sein:

- Innovationen finden nur schleppend statt. Ein Beispiel: Teamstrukturen werden eingeführt, doch Teamkonzept und Teamrealität liegen weit auseinander.
- Ähnliche Fehler werden immer wieder gemacht.

- Es wird immer wieder Doppelarbeit geleistet. Ein Beispiel: Unterrichtsmaterial wird nicht systematisch zugänglich gemacht, sodass vieles doppelt erarbeitet werden muss.

Da Wissen nichts Dingliches, sondern an Personen und Kontexte gebunden ist, ist es zunächst intransparent, wer welches Wissen im Team hat und welches Wissen von wem zu welchem Zweck benötigt wird. Selbst wenn die Absicht in einem Team vorhanden ist, Wissen untereinander zu teilen, kann Wissen nicht einfach von Teammitglied A zu Teammitglied B weitergegeben werden wie beispielsweise ein Apfel.

Nachfolgend werden verschiedene Tücken und Schwierigkeiten im Umgang mit Wissen im Team aufgezeigt.

Wissensmanagement findet teilweise in persönlichen Netzwerken statt, ist aber an der Schule nicht institutionalisiert

Oft erfolgt in Kollegengruppen, die sich durch persönliche Sympathie verbunden fühlen, ein gewisser Austausch an Wissen, doch bleibt dessen Dokumentation und erst recht die Nutzbarmachung für Gruppenexterne meist dem Zufall überlassen. Wilbers (2004) hat Berufsbildende Schulen in Nordrhein-Westfalen und Niedersachsen auf ihre institutionellen Vernetzungen sowie die persönlichen Netzwerke der Lehrkräfte hin untersucht. Bei den persönlichen Netzwerken hat er insbesondere deren Unterstützungs- und Wissensmanagementfunktion für die Lehrkräfte fokussiert. Als Ergebnis stellt Wilbers fest, dass die Verbreitung institutioneller und sogar persönlicher Netzwerke trotz deutlich positiver Effekte bezüglich Schulentwicklung und Lehrerbelastung ernüchternd gering ist.

Wissen bleibt »Träges Wissen«, wird also nicht handlungsrelevant

Ergebnisse aktueller Lehr-Lernforschung zeigen, dass erworbenes Faktenwissen keineswegs immer auf der Handlungsebene umgesetzt werden kann. Oftmals fehlt die Einbindung des Wissens in Handlungskontexte. Mandl und Gerstenmaier (2000) bezeichnen dies als »Träges Wissen«. Im Zusammenhang mit der Erforschung des Phänomens »Träges Wissen« wurde festgestellt, dass die Rahmenbedingungen des Wissenserwerbs für die Anwendung des Wissens in der Praxis relevant sind; Erfolg versprechende Strategien sind in diesem Zusammenhang das Lernen anhand authentischer Probleme, das Einnehmen multipler Perspektiven und Lernen im sozialen Kontext, eben in kollegialen Teams.

Psychologische Effekte in Gruppen können den Umgang mit Wissen im Team erschweren

Bauer und Hesse (2006) weisen auf psychologische Effekte in Gruppen hin, die den Umgang mit Wissen im Team erschweren:

- Zu starkes »Groupthink«: Gruppenmitglieder haben das Bedürfnis nach Konsens, daher werden in Entscheidungssituationen tendenziell Konfliktsituationen vermieden; wider besseren Wissens kommen unvorteilhafte Entscheidungen zustande.
- Fehlendes Meta-Wissen: Meta-Wissen bezeichnet Wissen über Wissen. Persönliches Meta-Wissen ist Wissen über das eigene Wissen, soziales Meta-Wissen ist Wissen über das Wissen anderer. Dieses fehlende Wissen um die Wissensunterschiede zwischen Personen hat negative Folgen bezogen auf den Wissensaustausch. Das Wissen und Vorwissen anderer wird entweder überschätzt oder unterschätzt. Das bedeutet wiederum, dass selbst bei angemessen geäußertem Wissen nicht garantiert ist, dass es von anderen auch aufgenommen und genutzt werden kann. Zugleich kann ein Defizit an sozialem Meta-Wissen bedeuten, dass fehlendes Wissen nicht von anderen eingefordert werden kann, weil nicht bekannt ist, wer es hat.
- Fehlende Ausdrucksmöglichkeiten: Für Wissen eine Sprache zu finden, ist oftmals sehr schwierig. Implizites Wissen kann häufig nicht ausgedrückt werden. Es fehlen Methoden, um implizites Wissen für andere zugänglich und damit explizit und nutzbar zu machen.

Manchmal ist eine mangelnde Bereitschaft zu beobachten, sein eigenes Wissen anderen preiszugeben. Dies kann unterschiedliche Gründe haben, z. B.:

- Machtaspekt: Wissen ist Macht, und die tritt man nicht immer gerne ab.
- Effizienzüberlegungen bzw. individuelle Kosten-Nutzen-Erwägungen: Es kostet Zeit und Mühe (Aufwand, Ressourcen), eigenes Wissen für andere aufzubereiten; unsicher ist, ob eine entsprechende Gegenleistung erfolgt. Zudem ist es unangenehm und u. U. mühsam, sich gegenseitig auf Missverständnisse aufmerksam zu machen und die eigene Wissensbasis zu revidieren, um eine neue, gemeinsame zu schaffen.

Ein Mangel an Zeit, an geeigneten Methoden und Tools wirkt erschwerend

Oft herrscht an den Schulen ein Mangel an Gelegenheiten und strukturell verankerten Zeiten für Austausch. Auch ein Mangel an geeigneten Arbeitstechniken und Methoden, die den Austausch von Wissen bzw. das gemeinsame Schaffen neuen Wissens (z. B. gemeinsame mentale Modelle) unterstützen, wirkt sich entsprechend hemmend aus.

1.5 Welche Maßnahmen sind sinnvoll?

In der Diskussion um geeignete Maßnahmen für ein erfolgreiches Wissensmanagement wird betont, dass die folgenden drei Dimensionen berücksichtigt werden müssen (vgl. u. a. Bullinger et al., 1997; Pawlowsky, 2000; Reinmann-Rothmeier & Mandl, 2000a):

- Mensch (wann und wer → Prozesse): Zentral ist die Gestaltung einer Kommunikationskultur, die einen kontinuierlichen Wissensfluss unterstützt.
- Organisation/Struktur (was und wie → Struktur und Methoden): Es bedarf der Entwicklung bzw. des Einsatzes einer angemessenen inhaltlichen Struktur (notwendige Informationen, aber keine Überfülle) und geeigneter Methoden (machbar und effizient) für Wissensgenerierung, -speicherung und -transfer.
- Technologie (womit → Medium): Benötigt wird eine geeignete Informations- und Kommunikationstechnik (Plattformen, Soft- und Hardware, Ordnersystem, Pinnwand etc.).

Daraus sind konkrete Maßnahmen ableitbar:

Ein wirksames Informationssystem

Es wurde bereits betont, dass ein angemessenes Zusammenspiel der Maßnahmen hinsichtlich der drei Dimensionen Mensch, Organisation/Struktur und Technik von zentraler Bedeutung für ein erfolgreiches Wissensmanagement ist. Ein klassisches Repertoire von Wissensmanagement-Maßnahmen in Wirtschaftsunternehmen umfasst u. a. Datenbanken, Teamarbeit, Projektmanagement, ein Vorschlagswesen, Handbücher und Kommunikationsforen. Diese Maßnahmen beziehen sich auf den Umgang mit Informationen und explizitem Wissen und sind relativ leicht handhabbar. Ein wirksames Informationssystem stellt auch ein wichtiges Element eines Wissensmanagements im Team dar.

Daten und Informationen an sich sind jedoch so lange ohne Wert, wie sie nicht in Wissen überführt und für Personen handlungsrelevant werden. Gerade dieser Prozess ist wiederum anspruchsvoll und muss durch geeignete Methoden unterstützt werden.

Maßnahmen aus der Teamentwicklungsliteratur

Erforderlich für Team-Lernen ist es, dass ein Team die Fähigkeit entwickelt, Teamprozesse sowie geltende handlungsleitende Normen und Werte zu reflektieren und dabei sowohl Stärken als auch Defizite und Schwierigkeiten zu erkennen. Jede Teamentwicklungsmaßnahme zielt letztendlich auf Team-Lernen ab. Daher eignen sich Maßnahmen aus diesem Bereich hervorragend, um das Wissen der Teammitglieder über bestehende Normen und Handlungsgrundsätze bezogen auf die Arbeit im Team zu reflektieren bzw. neues Wissen hierzu auf Teamebene zu generieren.

Beobachtung

Um unter Lehrkräften die Weitergabe impliziten Wissens über Unterrichtsdurchführung zu ermöglichen, eignet sich als Verfahren die Beobachtung. Gegenseitige Unterrichtshospitationen fördern die Weitergabe impliziten Wissens, teilweise ohne dass es dabei explizit werden muss. Diese Möglichkeit stellt gerade bezogen auf die Ressourcen Zeit und Arbeitsaufwand eine äußerst effiziente Art der Weitergabe impliziten Wissens dar. Besonders lohnend ist zudem der offene Austausch auf Teamebene über die Eigenwahrnehmung und Wahrnehmung des Beobachters bei der Unterrichtshospitation. Dieser Austausch stellt eine Möglichkeit der Externalisierung dar.

Individuelles Wissensmanagement

Generell ist es sinnvoll, auf individueller Ebene den Umgang mit Wissen zu reflektieren und gezielt zu verbessern, denn ein Verständnis der eigenen Kultur im Umgang mit Wissen fördert ein Verständnis für den Umgang mit Wissen im Team. Hilfreiche Anregungen für ein individuelles Wissensmanagement liefern Probst et al. (2003) in Form von acht Prinzipien. Eine ausführliche und praxisorientierte Auseinandersetzung mit dem Thema bieten Reinmann-Rothmeier und Mandl (2000a).

1.6 Was können Schulleitungen tun?

Schulleitungen übernehmen hinsichtlich der Einführung und Förderung von Wissensmanagement in Teams wichtige Funktionen. Sie schaffen förderliche Rahmenbedingungen und Strukturen, indem sie

- eine Kultur der Ehrlichkeit, Offenheit und des Vertrauens fördern
- ein Anreizsystem entwickeln, das Team-Lernen belohnt
- ein Informationssystem einführen
- spezifische Arbeitsformen fordern und fördern, die kooperative Lernprozesse erleichtern, wie z. B. Lerntandems, Unterrichtshospitationen, (schulübergreifende) Projektarbeit
- Fortbildung für Teamentwicklung wie z. B. Supervision oder Gruppencoaching fördern
- Weiterbildung als Teil des Lernens der Organisation und nicht als Privatangelegenheit der Lehrkräfte betrachten; den systematischen Austausch der Lehrkräfte-Teams über geplante und besuchte Weiterbildungsmaßnahmen fördern; Methoden hierzu hat Strittmatter (2001) entwickelt
- selbst Wissensmanagement im Team betreiben (Vorbild sind)
- förderliche Rahmenbedingungen schaffen: Technologie und andere Ressourcen (Zeit, Räume etc.) für Teamarbeit zur Verfügung stellen.

Es ist die Aufgabe der Schulleitung, das hierfür erforderliche Wissen an der Schule zu fördern bzw. ein schulisches Wissensmanagement einzuführen. Damit verbunden muss die Schulleitung dafür Sorge tragen, dass die Aktivitäten im Team dieser Strategie folgen. Erfolgt diese Abstimmung nicht, folgen die Teamaktivitäten zwangsläufig einer Beliebigkeit, die wiederum den Sinn eines Wissensmanagements infrage stellt.

1.7 Literatur

Bullinger, H./Wörner, K./Prieto, J.: Wissensmanagement – Modelle und Strategien für die Praxis. In: H. D. Bürgel (Hrsg.): Wissensmanagement. Schritte zum intelligenten Unternehmen (pp. 21–39), Berlin, Springer, 1997.

Dieser Aufsatz thematisiert Wissensmanagement aus strategischer Sicht. Er liefert überblicksartig eine Konzeptualisierung von wissensbezogenen Aktivitäten in Form von Bausteinen des Wissensmanagements. Mithilfe des Textes können Wissensprobleme in der Organisation besser eingeordnet und verstanden werden.

Pawlowsky, P.: Wozu Wissensmanagement? In: K. Götz (Hrsg.): Wissensmanagement. Zwischen Wissen und Nichtwissen (Vol. 9, pp. 113–129), München, Rainer Hampp Verlag, 2000.

Der Autor thematisiert die Notwendigkeit einer Auseinandersetzung mit der Frage, was genau im Umgang mit Wissen in der Organisation verbessert werden soll. Die vertretene These ist, dass ein Wissen über Stärken und Verbesserungsbereiche im Umgang mit Wissen die notwendige Grundlage für ein Wissensmanagement schafft.

SchulVerwaltung spezial: Themenheft Wissensmanagement, Ausgabe 3/2012.

Enthalten sind verschiedene Aufsätze, die Praxiserfahrungen mit dem Thema »Wissensmanagement« in der Schule liefern und methodische Anregungen geben.

Nonaka, I.: The knowledge-creating company. Harvard Business Review, 69(6), 1991, S. 96–104.

Der Aufsatz von Nonaka beschreibt sehr anschaulich Prozesse der Wissenstransformation und schildert Beispiele für Wissensmanagement-Maßnahmen japanischer Unternehmen.

2. Die Lernplattform Moodle: Organisation von Wissen und Zusammenarbeit im Team

Klaus Müller & Volker Speicher

Lernplattformen bieten die Möglichkeit, sich über das Internet auszutauschen. Sie stellen ihren Nutzen aber nicht nur im Unterricht unter Beweis, sondern helfen auch bei der Koordination und Abstimmung innerhalb von Lehrerteams.

Bei Lernplattformen denkt man zuerst an das gemeinsame Lernen in der Klasse, das selbstständige Bearbeiten von Aufgaben durch Schüler und die Vernetzung von Lernenden und Lehrenden über das Internet. Lernplattformen können aber auch helfen, Arbeiten im Lehrerteam zu koordinieren und effizienter zu gestalten. Am Beispiel von Moodle werden hier entsprechende Möglichkeiten anhand eines Praxisbeispiels, der Koordination eines neuen Bildungsgangs an einer BBS, vorgestellt.

In den letzten Jahren hat die Unterstützung von Arbeitsabläufen durch elektronische Hilfsmittel rasante Fortschritte gemacht. Dies begann mit dem Einzug des PC in das Arbeits- und Alltagsleben, der die Schreibmaschine verdrängte und setzte sich fort mit der Vernetzung der PCs, welche den elektronischen Austausch von Daten ermöglichte. Auf zentralen Servern werden Daten und Dateien gespeichert, so dass alle berechtigten Mitarbeiter Zugriff erhalten können. Programme übernehmen die Koordination von Terminen und Ressourcen und stellen Möglichkeiten zur Verfügung, gemeinsam an Dokumenten und Projekten zu arbeiten. In mittleren und großen Wirtschaftsunternehmen ist dies seit langem etablierte Technik.

Im Bereich der Schulverwaltung ist die Nutzung eines zentralen Schulverwaltungsprogramms seit langem Usus. Jedoch beobachten wir in den Kollegien häufig, dass diese auf der ersten Stufe, also der Nutzung des PCs als Schreibmaschine, stehengeblieben sind. Selbst die Nutzung von E-Mail für die dienstliche Kommunikation hat sich nur bei einem Teil des Kollegiums durchgesetzt. Information und Austausch finden weiterhin über Zettel im Fach und Listen an Stellwänden statt.

Die Gründe hierfür sind vielfältig. Angst vor neuer Technik spielt sicherlich eine Rolle, aber oft ist es eher das Nichtwissen um technische Möglichkeiten, welches hier Innovation verhindert. Ein weiterer Punkt ist die Anschaffung benötigter Software sowie Hardware, die zum einen hohe Kosten verursacht, zum anderen aber auch das Problem der Wartung und Pflege nach sich zieht. In vielen Kollegien gibt es keinen EDV-Fachmann, der einen modernen, mit dem Internet verbundenen Server warten kann. Allerdings gehört das auch nicht in das Aufgabenprofil eines Lehrers und kann sich bestenfalls zufällig ergeben.

In diesem Artikel soll eine Alternative vorgestellt werden.

Lernplattformen haben sich in den letzten Jahren an vielen Schulen etabliert. Hier sind z. B. zu nennen: Moodle, LoNet und ILIAS als Open-Source-Plattformen und z. B. Blackboard und Fronter als kommerzielle Produkte.

Allen diesen Lernplattformen ist gemeinsam, dass sie über das Internet genutzt werden können. Für den Benutzer ist kein spezielles Programm nötig – ein ›einfacher‹ Internet-Browser wie Firefox, Internet Explorer oder Chrome reicht. Der Zugriff kann somit von überall erfolgen, wo eine Internetverbindung vorhanden ist.

Am Beispiel von Moodle soll nun exemplarisch gezeigt werden, wie Lernplattformen unterstützend für Kommunikations- und Kooperationsprozesse genutzt werden können.

Lernplattformen wie Moodle sind zum gemeinsamen Lernen innerhalb der Klassen gedacht. Es gibt einen Lehrer, der Angebote bereit stellt, und Schüler, die diese nutzen. Organisiert wird das Ganze in sogenannten Kursen. Ein Kurs umfasst dabei die Gesamtheit der zur Verfügung gestellten Lernangebote und die diese Angebote nutzenden Personen. Dies sind zum einen die Trainer, welche die Angebote zur Verfügung stellen, und die Teilnehmer, welche die Angebote nutzen. Losgelöst von den Begriffen »Lehrer« und »Schüler« bedeutet hier »Trainer«, dass die Person das Recht hat, den Kurs zu ändern und Lernangebote bereitzustellen. Der Teilnehmer darf dies nicht. Zugriff auf den Kurs haben im Regelfall nur die eingetragenen Trainer und Teilnehmer, so dass hier die Privatheit des Klassenzimmers abgebildet wird.

Lernplattformen bieten folgende Möglichkeiten:

- Dateiablage – Dateien können zentral gespeichert und den Teilnehmern zur Verfügung gestellt werden.
- Kommunikation – Foren bieten die Möglichkeit, wie bei einem schwarzen Brett miteinander zu kommunizieren. Alle dürfen alles lesen, was jemand in einem Forum veröffentlicht.
- Kooperation – Spezielle Elemente erlauben gemeinsames Arbeiten. So kann z. B. in einem Wiki ein Text gemeinsam von allen Teilnehmern erstellt werden. Glossare können dazu dienen, wichtige Informationen als eine Art Lexikon zur Verfügung zu stellen.

2.1 Technische Voraussetzungen für den Betrieb von Moodle

Der Zugriff auf Moodle erfolgt über das Internet. Die eigentliche Moodlesoftware benötigt einen Webserver, auf dem sie installiert ist, sowie eine Datenbank. Moodle ist hier sehr flexibel, die häufigste Konfiguration dürfte jedoch die Verwendung von Linux als Serverbetriebssystem, Apache2 als Webserver und MySQL als Datenbankprogramm sein.

Wer den Aufbau eines eigenen, sowohl aus dem Schülernetz als auch aus dem Internet erreichbaren Servers scheut, kann Server im Internet mieten. Es gibt mittlerweile auch Firmen, die Schulen hier bei der Installation und Konfiguration unterstützen. In verschiedenen Bundesländern können Schulen von öffentlicher Seite Lernplattformen erhalten, so dass die Schule von der technischen Administration entlastet wird. In Rheinland-Pfalz stellt z. B. das Pädagogische Landesinstitut Moodle als Plattform zur Verfügung.

2.2 Sicherheit der Lernplattform Moodle

Moodle erlaubt das verschlüsselte Übersenden des Passwortes über https. Prinzipiell ist es auch möglich, Moodle komplett über https zu betreiben.

Kurse sind in der Regel so eingestellt, dass nur berechtigte Personen Zugriff auf den Kurs erhalten. Allerdings ist anzumerken, dass Moodle von der Intention her eine Lernplattform und keine Hochsicherheitsanwendung ist. Die Moodle-Entwickler reagieren schnell auf bekannte Sicherheitslücken, jedoch steht der Charakter ›Lernplattform‹ immer im Vordergrund. Moodle ist nicht geeignet, um z. B. »die Abiturvorschläge für das nächste Jahr« oder dienstliche Beurteilungen zu speichern.

2.3 Einige Moodle-Elemente im Detail

Das Akronym Moodle steht für »Modular Object Oriented Dynamic Learning Environment«. Der Name kennzeichnet den modularen Aufbau – Moodle kann leicht um weitere Module erweitert werden. Alle zur Verfügung stehenden Module an dieser Stelle zu beschreiben, würde den Rahmen dieses Artikels bei weitem sprengen. Neben den gut 20 in Moodle bereits bei der Installation vorhandenen Modulen gibt es noch Dutzende andere, die in Moodle hinzugefügt werden können. Gerade aufgrund des Open-Source-Charakters der Software gibt es eine weltweite Nutzergemeinde, die Moodle um das ergänzt, was gerade gebraucht wird.

Im Folgenden werden einige Module vorgestellt. Hierbei stehen die oben erwähnten Aspekte Kommunikation, Kooperation und Information im Vordergrund.

Forum

Ein Forum bietet die Möglichkeit, eine Nachricht in einer Gruppe zu kommunizieren (vgl. Abb. 1). Die Nachricht wird, wie an einem schwarzen Brett, ausgehängt und kann dort unbegrenzt hängen bleiben. Andere können auf diese Nachricht antworten, dies ist wiederum für alle Personen in der Gruppe lesbar.

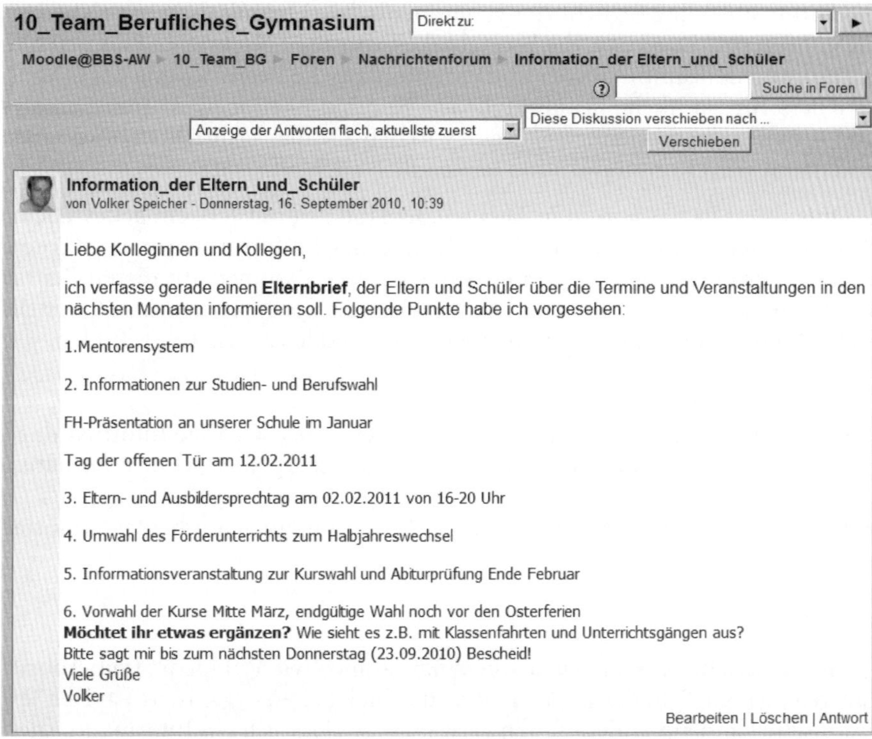

Abb. 1: Typischer Forenbeitrag zur Information des Lehrerteams. Der Beitrag ist für alle Teilnehmer lesbar und wird zusätzlich per E-Mail an alle versendet.

Der große Unterschied zum schwarzen Brett in der Schule besteht darin, dass

- der Zugriff von überall aus dem Internet möglich ist
- das Forum ›unendlich‹ viel Platz bietet, Nachrichten bleiben für immer erhalten
- mit Suchmöglichkeiten alte Nachrichten auf relevante Informationen durchforstet werden können
- das Forum so eingestellt werden kann, dass bei jedem Beitrag eine Nachricht über diesen Beitrag an die Gruppe gesendet wird. Man muss also nicht täglich sämtliche schwarzen Bretter besuchen und untersuchen, damit man alle

neuen Informationen erhält – man wird automatisch über neue Informationen unterrichtet.

Der naheliegende Gedanke ist vielleicht, dass E-Mail doch genauso gut zur Informationsweitergabe geeignet ist. In der Tat ist E-Mail auf den ersten Blick ein wenig komfortabler, da man sich – zumindest bei Verwendung eines E-Mail-Client – nicht extra einloggen muss, um eine Nachricht zu senden. Dafür bietet das Forum aber die Möglichkeit der automatischen Organisation nach Themen, die unbegrenzte Lagerung, die Verfügbarkeit von alten Nachrichten für neu hinzugekommene Teammitglieder und die automatische Bereitstellung des E-Mail-Verteilers für sämtliche Teammitglieder. Kommunikation wird transparenter und vor allem teamorientierter, wenn wirklich alle die Nachrichten bekommen und damit wird Kommunikation letztendlich auch effizienter.

Organisiert ist das Forum in Themen. Jemand beginnt z. B. ein neues Thema »Projektarbeiten im Schuljahr 2012/13«, und macht dort in Form eines Forenbeitrags Vorschläge. Die Kolleginnen und Kollegen können auf diesen Beitrag antworten. Bei einem anderen Thema wird ein neuer Themenzweig erstellt. So sind die Nachrichten thematisch geordnet und leicht wieder zu finden.

Das Forum eignet sich für folgende Zwecke:

- Benachrichtigung von Kollegen und Schülern über wichtige Informationen, wie z. B. Fristen, gesetzliche Bestimmungen, Lehrpläne, Schulveranstaltungen, …
- Diskussion zu einem Thema, wie z. B. »Sollen wir einen Studientag veranstalten?«

Wiki

Moodle erlaubt das Erstellen von Wikis ähnlich wie Wikipedia (vgl. Abb. 2). Ein Wiki ist ein Text, der in Form von einzelnen Seiten organisiert ist. Der Text einer Seite kann auf andere Seiten verweisen, so dass sich ein Informationsnetz aufspannt, durch das man sich bequem bewegen kann. Der hier wichtige Unterschied zu einer normalen Webseite ist die Möglichkeit, dass alle diesen Text bearbeiten können. Dies erfolgt über einen in Moodle integrierten Editor, erfordert keinerlei »Spezialkenntnisse« über HTML o. Ä.

Das Wiki bietet also im Grundsatz die Möglichkeiten einer Liste an der Pinnwand oder des Zettels, der von Fach zu Fach wandert. Auch hier besteht der Vorteil jedoch wieder in der Erreichbarkeit von jedem mit dem Internet verbundenen PC aus sowie der gleichzeitigen Verfügbarkeit für alle Kursteilnehmer.

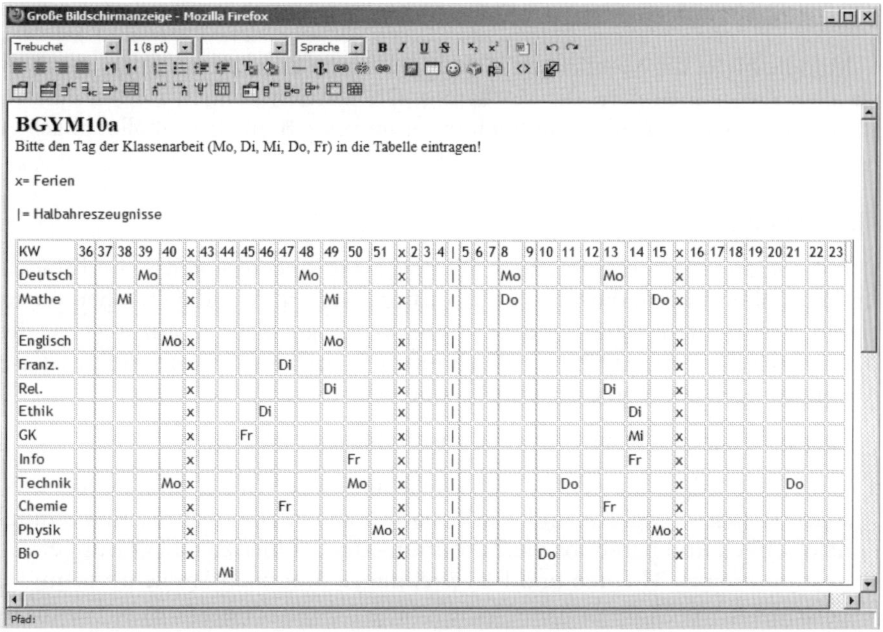

BGYM10a

Bitte den Tag der Klassenarbeit (Mo, Di, Mi, Do, Fr) in die Tabelle eintragen!

x= Ferien

|= Halbahreszeugnisse

KW	36	37	38	39	40	x	43	44	45	46	47	48	49	50	51	x	2	3	4	|	5	6	7	8	9	10	11	12	13	14	15	x	16	17	18	19	20	21	22	23
Deutsch				Mo		x						Mo				x				|				Mo					Mo			x								
Mathe			Mi			x							Mi			x				|				Do							Do	x								
Englisch					Mo	x							Mo			x				|												x								
Franz.						x					Di					x				|												x								
Rel.						x							Di			x				|									Di			x								
Ethik						x				Di						x				|										Di		x								
GK						x			Fr							x				|										Mi		x								
Info						x								Fr		x				|										Fr		x								
Technik					Mo	x								Mo		x				|							Do					x						Do		
Chemie						x					Fr					x				|									Fr			x								
Physik						x									Mo	x				|											Mo	x								
Bio						x		Mi								x				|						Do						x								

Abb. 2: Wiki, wie es zur Absprache über die Termine von Klassenarbeiten genutzt wird.

Wikis eignen sich, unter Organisationsaspekten im schulischen Kontext, für

- das gemeinsame Erstellen von Bücherlisten, Terminplänen für Klassenarbeiten, Checklisten für neue Klassen und Klassenlehrer
- teambasiertes Arbeiten an einem gemeinsamen Dokument
- Auftragslisten, in die eingetragen wird, welche Arbeiten vom Team zu erledigen sind, wer verantwortlich und wie der Arbeitsfortschritt ist.

Glossar

Das Glossar ist ein nach Begriffen organisiertes Lexikon. Es eignet sich dazu, Wissen zu sammeln und dauerhaft zu fixieren. Das Glossar kann von allen Teilnehmern des Kurses bearbeitet werden.

Glossare eignen sich z. B. dazu

- rechtliche Begriffe zu erklären
- Sammlungen zu erstellen (wir nutzen es z. B. zur Sammlung von besuchten Praktikumsstellen als Adressenpool für künftige Schüler)

Dateiablage

Moodle bietet die Möglichkeit, Dateien in einen Kurs zu laden. Dort stehen sie allen Kursteilnehmern zur Verfügung. Die Dateien können sowohl einzeln (z. B. der aktuelle Lehrplan) als auch in Ordnern (z. B. für Protokolle) abgelegt werden.

Abstimmungen

Entscheidungsprozesse in einem Bildungsgang sind zeitintensiv und finden im Regelfall auf Konferenzen statt. Abstimmungen in Moodle erlauben es, zu einem bestimmten Punkt mehrere Auswahlmöglichkeiten anzubieten, die dann durch Klick ausgewählt werden können. Je nach Einstellung erfolgen diese Abstimmungen anonym oder unter Namensnennung.

Hier haben sich folgende Anwendungsszenarien bewährt:

- Wahl des Förderunterrichts durch die Schüler. Die Schüler können hier zwischen Deutsch, Englisch und Mathematik wählen. Die Abstimmung ermöglicht schnell und papierlos die Zuordnung der Schüler zu einer Gruppe.
- Abstimmung zu Themen und Fragestellungen innerhalb des Lehrerteams.
- Übernahme von Aufgaben durch die Kollegen durch Zuordnung zu bestimmten Punkten (z. B. Anwesenheit beim Elterninformationsabend).

2.4 Praxisbeispiel: Organisation eines neuen Kurses in der gymnasialen Oberstufe

An der BBS-Bad Neuenahr Ahrweiler gibt es seit 2010 ein Berufliches Gymnasium mit dem Schwerpunkt Umwelttechnik. Im Rahmen der Neugründung und der damit verbundenen Teambildung wurde beschlossen, zur Organisation Moodle zu verwenden. Hierbei sollten folgende Anforderungen erfüllt werden:

- Informationsverteilung an die Kollegen
- Kommunikation und Abstimmung zwischen den Kollegen
- Information der Schüler durch den Oberstufenkoordinator

Ein Kurs für das Lehrerteam

Es wurde ein neuer Kurs eingerichtet, in dem alle Lehrer, welche im Beruflichen Gymnasium unterrichten, als Trainer eingetragen sind (vgl. Abb. 3).

Über die Foren erfolgen Benachrichtigungen durch den Oberstufenkoordinator. Forenbeiträge werden dabei automatisch an alle Kursmitglieder per E-Mail versendet, so dass auch ohne »Moodlebesuch« jeder alle Informationen erhält.

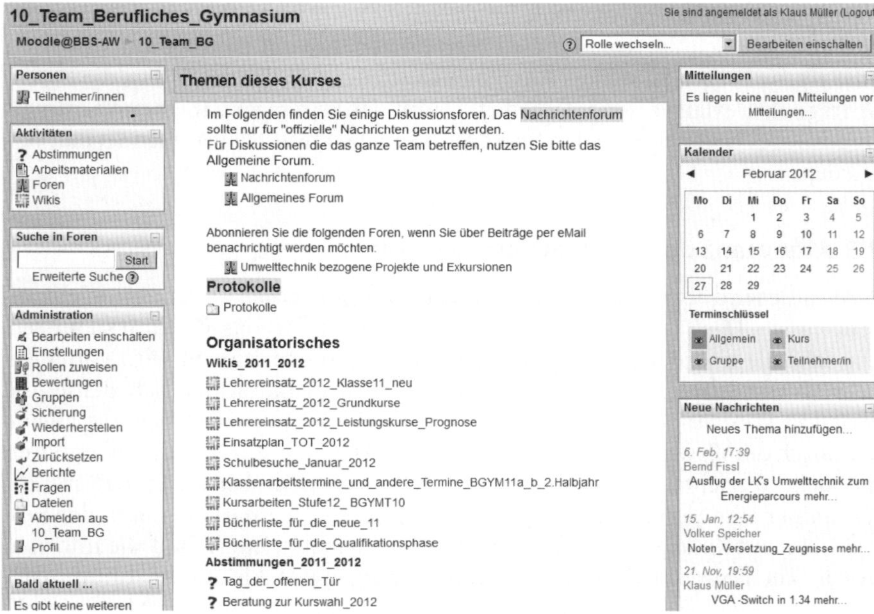

Abb. 3: Übersicht in einem Moodle-Kurs. In der Mitte befinden sich die von den Teilnehmern nutzbaren Elemente, links und rechts Blöcke zur Konfiguration oder zur Information.

Wikis helfen bei der Koordination von Aufgaben. So wird z. B. zur Koordination der Klassenarbeiten in jedem Halbjahr ein Wiki bereitgestellt, in welches jeder Lehrer seine Klausurtermine eintragen kann. Ähnlich wird mit Bücherlisten oder Einsatzlisten verfahren.

Der Oberstufenkoordinator stellt Informationen, wie Rechtsvorschriften als Dateien in dem Teamkurs zur Verfügung; auch diese sind somit vom heimischen PC aus nutzbar. Gemeinsam mit den Wikis helfen die Abstimmungen bei der Klärung von Fragen und reduzieren damit spürbar die Anzahl notwendiger Teamsitzungen.

Ein Schülerkurs

In den einzelnen Fächern wird Moodle verwendet, um das Lernen zu begleiten. Dies geschieht in unterschiedlicher Form, je nach aktuellem Thema und auch Neigung des Fachlehrers. Darüber hinaus sind die Schüler in einen Moodlekurs eingetragen, der ausschließlich der Organisation des Beruflichen Gymnasiums dient. Sie erhalten hier Informationen zum Bildungsgang, aber es wird auch auf Aktuelles hingewiesen. Hier sind der Oberstufenkoordinator sowie alle unterrichtenden Lehrer als Trainer sowie die Schüler als Teilnehmer eingetragen. Die Trainer können alle Schüler direkt erreichen und z. B. auf Termine und

Fristen oder besondere Angebote hinweisen. Schüler und Lehrer sind informiert, und auch die Schüler können die Foren nutzen, um auf Beiträge zu antworten oder eigene Fragen zu stellen. Auch hier ist wieder entscheidend, dass die Forenbeiträge als E-Mail versendet werden. Damit wird ein regelmäßiges und oftmals vergebliches Nachsehen in den Kursen, ob jemand etwas Neues gesendet hat, vermieden.

2.5 Akzeptanz der Lernplattform Moodle

Moodle wird als Kommunikationsmedium zur internen Organisation gut angenommen. Das Team hat sich geschlossen bereit erklärt das Medium zu nutzen. Die schnelle und dauerhafte Verfügbarkeit von Informationen wird von allen, Lehrern wie Schülern, geschätzt. Für den Oberstufenkoordinator bedeutet die Nutzung von Moodle eine große Arbeitserleichterung. Hier bewirkt alleine der durch die Verwendung der Dateiablage und der Kommunikation über Foren mögliche Verzicht auf das Verteilen von Informationen über die Fächer im Lehrerzimmer eine große Entlastung. Der Zugriff über das Internet erlaubt den Kolleginnen und Kollegen, die dies wünschen, den leichten Zugriff auf alle Informationen, auch von zu Hause aus. Die Verwendung von Wikis und Abstimmungen zur Klärung von Verantwortlichkeiten oder zur Unterstützung von Meinungsbildungsprozessen reduziert die Menge an Teamsitzungen deutlich. Ein vollständiger Verzicht auf das persönliche Treffen kann hier nicht erreicht werden und soll es auch gar nicht.

Unterschieden werden muss an dieser Stelle zwischen der Bereitschaft, Moodle passiv zu nutzen, also die in Moodle bereitgestellten Informationen zu verwenden und die Forenbeiträge zu lesen, und der Bereitschaft, Kurse aktiv zu gestalten, also Informationen selbst einzustellen und selber Beiträge zu erstellen. Während Ersteres sehr gut angenommen wird, ist Zweiteres keine Selbstverständlichkeit. Es ist aber zu beobachten, dass die Akzeptanz für das Arbeiten mit Moodle in den letzten Jahren langsam aber dennoch stetig gewachsen ist.

In diesem Artikel wurde an einigen Stellen auf die Eigenschaft von Moodle hingewiesen, die Nutzer z. B. über neue Forenbeiträge per E-Mail zu unterrichten. Dies ist sehr wichtig, wenn man mehrere Kurse hat, um nicht gezwungen zu sein, diese täglich zu kontrollieren. Von einigen Kollegen werden aber die mitunter zahlreichen E-Mails, die dies hervorbringt, als störend empfunden. Dies lässt sich prinzipiell mit der Filterfunktion, wie sie in E-Mail-Clients wie Thunderbird oder Outlook verwendet wird, leicht organisieren, in dem diese Beiträge automatisch in eigene Ordner geschoben werden. Dieses Wissen wird von einigen Kollegen aber schon in den Bereich des »nicht erreichbaren Expertenwissens« eingeordnet. Mit Geduld und der Bereitschaft, die Kollegen in technischen Dingen zu schulen, kann hier mittelfristig die Akzeptanz gesteigert werden.

Nach knapp zwei Jahren zeigen sich als Gelingensvoraussetzungen für den erfolgreichen Einsatz der Lernplattform:

- die Bereitschaft des Kollegiums, sich auf das Experiment Moodle einzulassen
- die Bereitschaft von Führung, das Medium aktiv und in einem hohen Maße zu nutzen und relevante Inhalte über Moodle bereitzustellen
- die Bereitschaft mindestens einer Person, sich die Fachkenntnisse zu Moodle anzueignen und die Führung und das Kollegium zu schulen und bei Fragen zu beraten.

2.6 Ausblick

Langsam aber stetig wächst die Zahl der Lehrer, die Moodle für unterrichtliche oder organisatorische Zwecke nutzen. Moodle unterstützt hierbei z. B. als Plattform für die Steuergruppe oder als Austausch und Informationsplattform bei der Modernisierung naturwissenschaftlicher Räume. Denkbar ist auch die direkte und schnelle Einbeziehung von Eltern und Betrieben in schulische Belange.

2.7 Fazit

Es wurde anhand von Moodle gezeigt, dass Lernplattformen dabei helfen, Arbeits- und Informationsprozesse innerhalb einer Schule zu vereinfachen. Dabei wird die Arbeit der Lehrer im Team unterstützt, aber auch die Organisation der Informationsabläufe zwischen der Schule und den Schülern. Die direkte Informationsmöglichkeit über das Internet reduziert den Aufwand, Informationen über die Fächer zu verteilen. Auch das Einteilen von Aufgaben und die Abstimmung über Sachfragen sind problemlos möglich und reduziert den Zeitaufwand sowohl für die Leitung des Bildungsgangs als auch für die beteiligten Kollegen deutlich. Der Einsatz von Moodle sollte aus Sicherheitsüberlegungen aber auf unkritische Bereiche beschränkt bleiben.

Bei allen positiven Aspekten bleibt festzuhalten, dass der Aufbau einer solchen Organisationsstruktur kein Selbstläufer ist. Gefordert ist hier die Bereitschaft von einzelnen Kollegen, sich in das neue Medium einzuarbeiten, die Bereitschaft von Schulleitung, Kurse zu pflegen und zu moderieren, sowie die Bereitschaft des Kollegiums, sich geduldig auf das neue Medium einzulassen.

Wo diese Voraussetzungen gegeben sind, können Lernplattformen interne Arbeitsprozesse sinnvoll unterstützen und vereinfachen.

V. Personal

1. Teamarbeit und Teamentwicklung

Dorothea Herrmann

»Teamarbeit« erleichtert die Arbeit von Lehrerinnen und Lehrern wie Schulleiterinnen und Schulleitern und verbessert ihre Ergebnisse: Es werden mehr und bessere Lösungen gefunden. Die Identifikation mit der Lösung eines Problems steigt. Die Umsetzung der verabredeten Lösung wird dadurch erleichtert. Zugleich ist sie Lernziel für die Schülerinnen und Schüler.

Damit »Teamarbeit« aber nicht nur euphemistische Beschreibung dafür ist, dass Menschen in welcher Form auch immer punktuell zusammenarbeiten, sondern ihre spezifische Wirkung entfaltet, ist wichtig zu wissen:

Was genau unterscheidet Teamarbeit von anderen Formen der Zusammenarbeit? Welche Voraussetzungen für Teamarbeit müssen gegeben sein? Wie entwickeln sich Teams? Wie läuft Teamarbeit konkret ab? Welche Risiken und Stolpersteine birgt Teamarbeit und wie wirkt man ihnen entgegen? Und: Wie muss Teamarbeit auf den verschiedenen Ebenen – Schulleitung, Kollegium, Schülerinnen/Schüler – ineinandergreifen? Hierzu gibt dieser Artikel einen Überblick.

1.1 Was kennzeichnet ein Team?

Regelmäßige Interaktion, gemeinsame Normen, kollektive Handlungsmuster, eine interne Sozial- und Rollenstruktur, Zusammengehörigkeitsgefühl – all das kennzeichnet Gruppen. Für ein Team muss mehr hinzukommen:

- die *Aufgaben- und Leistungsorientiertheit*;
- die *gemeinsame Verantwortung* für die Leistung, das Arbeitsergebnis und deren Kontrolle: Individuelle Verantwortung für Teilschritte und die gemeinsame Verantwortung für die Gesamtaufgabe greifen ineinander;
- die *Selbstorganisation des Arbeitsprozesses* auf dem Weg zur Aufgabenerfüllung.

Die Wichtigkeit persönlicher Nähe in der Rollen- und Aufgabenwahrnehmung – unabdingbar gerade in schwierigen Aufgabenfeldern wie der Pädagogik – darf nicht verwechselt werden mit privaten Beziehungen. Team ist Mittel, nicht Zweck.

Es gibt dauerhaft kooperierende Teams (z. B. Schulleitung, Jahrgangsteams, schulische Steuergruppe) oder zeitlich begrenzte Teams für bestimmte Projekte.

1.2 Notwendige Rahmenbedingungen für Teamarbeit

Aufgabenstellung

Teamarbeit ist dort von Vorteil, wo komplexe, wenig strukturierte Probleme vorliegen, die verschiedene Akteurinnen/Akteure und Arbeitsbereiche berühren, und wo die Aufgabe mehrere Schritte braucht und Kooperation erfordert. Die Aufgabe muss teilbar sein.

Ein Team braucht überdies ausreichenden Handlungsspielraum, d. h. Entscheidungs-, Interaktions- und Tätigkeitsspielraum.

Zusammensetzung

Mit einer überschaubaren Größe (vier bis neun Mitglieder) sichert ein Team einerseits Ideenreichtum und andererseits Überschaubarkeit. Eine Balance aus Homogenität und Heterogenität ist ratsam. Teams brauchen Menschen mit unterschiedlichen Stärken: die Ideen produzieren, daraus umsetzungsfähige Schritte entwickeln, koordinieren, vorantreiben, kritisch bewerten und innehalten, an Kleinigkeiten denken, die große Linie sehen ... Kein Team ist von vornherein ideal besetzt – die benötigten Fähigkeiten können auch durch Teamarbeit wachsen.

»Jeder kann mitmachen!« ist ein untaugliches Prinzip zur Teamzusammenstellung. Freiwilligkeit in der Teambildung und gezielte, kriteriengeleitete Zusammensetzung sollten sich die Waage halten.

Teamleitung – Hierarchie im Team?

Zentrale Aufgabe der Teamleitung ist, einem Team die Selbststeuerung zu ermöglichen. Dazu betreibt sie

- *Kontextsteuerung*, also die Schaffung, Beobachtung und Sicherstellung von Rahmenbedingungen für die Arbeit des Teams,
- *Prozesssteuerung*, also die Unterstützung der Teamarbeit in ihrem Ablauf,
- Anregung zur *Selbstreflexion*, entweder punktuell oder institutionalisiert als kontinuierliche »Zwischenbilanzen«.

Das »klassische« Teamverständnis setzt Hierarchiefreiheit des Teams voraus. Trotzdem müssen auch hier Steuerungsfunktionen wahrgenommen und zugeordnet werden: Moderation, Koordination, Kommunikation nach »außen«, Konfliktmanagement ... Es kann eine dauerhafte Leitung als »primus/prima inter pares« ernannt oder gewählt werden. Es ist aber auch möglich, Steuerungsfunktionen phasenweise zuzuordnen: Funktionen nach innen (Moderation) können dabei kürzer getaktet wechseln als Funktionen nach außen (Sprecher/-in).

In einem erweiterten Verständnis ist auch Teamarbeit möglich, wenn eine hierarchisch vorgesetzte Person Teil des Teams ist. »Teamarbeit« fokussiert dann auf die Arbeitsweise: gemeinsame Gestaltung des Arbeitsprozesses, gemeinsame Ergebnisverantwortung, Selbstreflexion als wesentliches Kennzeichen zur Qualitätsverbesserung. Ein Beispiel für ein solches Team ist die Schulleitung selbst.

Auftragsklärung

Bei Projektteams ist die Auftragsabklärung ein wichtiger Schritt in der Anfangsphase. Was genau soll das *Ziel* (nicht das Ergebnis!) der Arbeit sein? Wie sind die Rahmenbedingungen? Eine solche Auftragsklärung erfolgt am besten im Dialog – mit der Schulleitung oder einer schulischen Steuergruppe, die die »Multiprojekt-Arbeit« koordiniert. Sie ist u. U. später zu revidieren.

Dauerhafte Teams im Arbeitsfeld Schule (Schulleitung, Fachteams) leiten häufig ihre Aufgabenstellung aus Richtlinien und Erlassen ab. Trotzdem sind auch hier von Zeit zu Zeit Ziele und Prioritäten mit dem jeweiligen Auftraggeber neu zu bestimmen, beispielsweise in Zielvereinbarungsgesprächen mit der Schulaufsicht.

1.3 Gefahren der Teamarbeit – und konstruktive Abhilfe

Probleme und Gefahren der Teamarbeit sind aufmerksam in den Blick zu nehmen und aktiv auszugleichen, damit Teamarbeit tatsächlich gut gelingt:

- *Anstrengungsreduktion:* je größer das Team, desto kleiner der Anteil des Einzelnen am Gesamtergebnis – und damit leiden oft Motivation und Einsatzbereitschaft.
- *Zeitaufwand:* Teamarbeit zu etablieren ist zeitaufwendig. Zeitgewinne zeigen sich erst später bei der Umsetzung von Entscheidungen.
- *Konflikte:* ohne Konflikte kein Team. Sie müssen konstruktiv genutzt werden, damit sie nicht »gären«. Durchstehen allein genügt nicht.
- *Wahrnehmungsreduktion:* Teams helfen bei der Wahrnehmungsselektion in einer hochkomplexen Umwelt. Wird zu viel ausgeblendet, drohen mangelnde Flexibilität und mangelnde Innovation.
- *Gruppendruck und Gruppendenken (»Group-think«):* Weil Teams sich über Grenzbildung definieren, sind Teamstrukturen anfällig für kulturelle und ethnische Abgeschlossenheit.

Die *Kohäsion* eines Teams erweist sich als Medaille mit zwei Seiten: Teams verfügen nach einiger Zeit meist über einen hohen inneren Zusammenhalt, sie vermitteln Identität, Zugehörigkeit und ein intensives Gemeinschaftsgefühl. Ohne Kohäsion entsteht kein stabiles, hochleistungsfähiges Team, sie gibt Rückhalt, Orientierung und Sicherheit bei der Interpretation von Ereignissen im Umfeld (»Komplexitätsreduktion«). Die Kehrseite der Medaille: Hohe Kohäsion fördert die Tendenz zur argumentativen Selbstbeschränkung und zum Denken in Stereotypien. Dann gehen Flexibilität und Offenheit gegenüber Neuem verloren. Minderheiten und Nonkonformisten geraten unter Druck.

Unter *Konformitätsdruck* neigen Teams zu Handlungsweisen, die für minderwertige Teamentscheidungen sorgen:

- Ziele und Entscheidungsprämissen werden nicht mehr hinterfragt.
- Zu wenige alternative Lösungswege werden entwickelt und geprüft.
- Risiken der bevorzugten Lösungsstrategien werden unzureichend überprüft.
- Anfänglich (zu schnell) verworfene Alternativen werden nicht mehr neu beurteilt.
- Die Informationsbeschaffung ist mager.
- Es werden keine Alternativpläne für evtl. auftretende Rückschläge entwickelt.

Teams sind also nicht davor gefeit, in Entscheidungsprozessen dieselben Fehler wie Einzelpersonen zu machen.

Zwei weitere negative Bedingungen erhöhen den Druck zur Konformität: eine schwache Führung/Teamleitung und fehlende Verfahrensübereinkünfte. An diesen Faktoren kann gezielt gearbeitet werden.

Aktive Steuerung der Teamarbeit

Teamleitung ist eine Dienstleistung. Sie muss durch aktive Steuerung des Arbeitsprozesses (s. auch nächsten Abschnitt) wie auch konstruktives Feedback immer wieder das Ganze, die Teamaufgabe wie auch die einzelnen Teammitglieder, im Blick behalten.

Eine gute Teamleitung sorgt dafür, dass niemand allein die Schuld für ein Teamversagen zugewiesen bekommt – und genauso dafür, dass schlechte Teamleistungen nie vertuscht werden.

Verfahrensabsprachen systematisieren Abläufe im Problemlösungsprozess und machen sie transparenter. Diese Absprachen herbeizuführen und ihre Einhaltung sicherzustellen, ist zentrale Aufgabe der Teamleitung.

Solche Verfahrensabläufe sind z. B. aus der *Moderationsmethodik* bekannt (Einladungen mit Agenda, Protokolle, Phasen der Prozesssteuerung und der inhaltlichen Diskussion klar trennen, zum Perspektivenwechsel ermutigen, Ideensammlung und -bewertung trennen usw.).

Auch die *äußere Gestaltung und Strukturierung von Problemlöseprozessen* in Teams hilft, den Gefahren durch Gruppendruck und Gruppendenken zu begegnen:

- *Vielfältigere Ideen generieren* durch zeitweise getrennte Arbeit in parallelen Untergruppen.
- *Einbezug externer* Beobachter/-innen und Kritiker/-innen in die Problemanalyse.
- *Breites Abstützen der zu treffenden Entscheidungen:* vorläufige Problemlösungen gezielt mit Personen außerhalb des Kernteams erörtern.
- *Schwachpunkte und Fehlerquellen aufdecken* durch einen *»Advocatus diaboli«:* Jemand im Team übernimmt die Rolle eines schonungslosen Kritikers.
- *Anspruchsgruppen-Analyse (»Stakeholder«-Analyse):* Was würden Schülerinnen und Schüler – Kolleginnen und Kollegen – Eltern – Schulaufsicht – Anwohner ... von dieser Problemlösung halten? Oft ist der Aufwand einer echten systematischen Befragung zu groß, aber auch die gezielte »mentale« Rollenübernahme hilft schon sehr gut.
- *Erneutes Überdenken der getroffenen Entscheidungen:* Erzielung eines Konsenses und endgültige Beschlussfassung auf zwei Sitzungen verteilen.
- *Überlappende Gruppenstrukturen:* Teammitglieder sollten gleichzeitig anderen Gruppen angehören. Das mindert Rivalität und Stereotypisierung anderer Gruppen, und neue Impulse beleben das Team. Diese Bedingung ist in Schulen glücklicherweise oft schon gegeben.

1.4 Teamentwicklung

Arbeitsgruppen und Teams entwickeln sich nach einem bestimmten Muster – in jeweils unterschiedlicher Intensität, je nach Aufgabenstellung und Dauer ihres Bestehens. Das Teamentwicklungsmodell nach Tuckman, dargestellt als »Teamentwicklungsuhr« (vgl. Abb. 1), stellt ein nützliches Instrument für die Analyse von Abläufen in Teams sowie für die Ableitung von Handlungsstrategien dar.

Dieser Phasenablauf findet sich übrigens auch bei schon länger zusammenarbeitenden Teams, wenn sie z. B. ein neues Projekt in Angriff nehmen oder wenn sich die Teamzusammensetzung ändert.

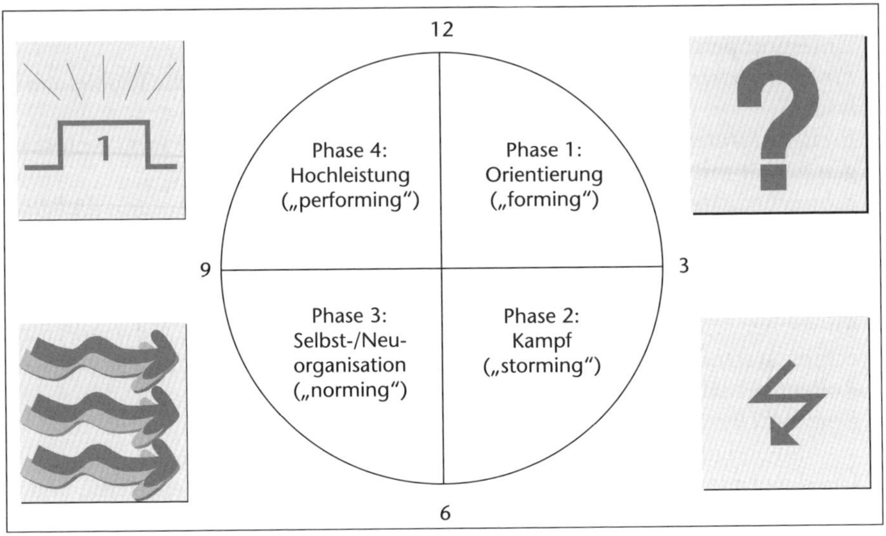

Abb. 1: Teamentwicklungsuhr

Phase 1: Orientierung und Gruppenfindung

Die Phase des vorsichtigen gegenseitigen Abtastens: Alle haben ihre »Antennen« ausgefahren. Der Umgang ist freundlich-kollegial und wohlwollend. Das reicht aber noch nicht für die Bewährung in Konflikten und bei hohen Anforderungen an die Leistungsfähigkeit des Teams.

Die Teamleitung muss

- Orientierung geben,
- Aufgabenstellung und Zielsetzung klären,
- die Teammitglieder miteinander in Kontakt bringen und in die Prozesssteuerung einbeziehen.

Phase 2: Kampf und Konfrontation

Nun findet der Kampf um Einfluss, Macht und Führung im Team statt. Nicht immer geschieht das in lautem Krach. Aber in vielen Situationen ist allen klar, dass es jetzt um mehr geht als um das Sachthema, das auf der Tagesordnung steht.

Teamaufgabe und Vorgehensweise werden infrage gestellt. Wer darf wen kontrollieren oder kritisieren? Was geschieht mit denen, die gegen Teamregeln verstoßen? Auch Führung wird unterlaufen und getestet.

Wenn Teams es nicht schaffen, die Auseinandersetzungen offen zu führen und bei versteckten Kämpfen und »Konfliktumleitungen« bleiben, entsteht nie ein hochleistungsfähiges Team: In Stresssituationen kommen die ungelösten Konflikte immer wieder hervor.

Die Teamleitung ist nun Modell für Konfliktbearbeitung und steuert sie, indem sie

- Konflikte benennt,
- Fragen und Konfliktpunkte offen ausspricht,
- Auseinandersetzung anregt und
- die Lösungsfindung moderiert,
- Emotionen nicht unterbindet, aber für Fairness sorgt.

Phase 3: Kooperation und Selbstorganisation

Das Team gibt sich (neue) Spielregeln, definiert Ziele und diskutiert die Qualität der Aufgabenerledigung. Es bemüht sich um Ökonomie bei Planung und Ausführung der Arbeit. Energie, Engagement und gegenseitige Anerkennung kennzeichnen die Arbeit.

Natürlich gibt es auch in dieser Phase Auseinandersetzungen. Es werden aber mehr und mehr Konfliktbearbeitungsverfahren und konstruktive Konfliktpräventionsstrategien entwickelt.

Die Teamleitung moderiert den Prozess der Lösungsfindung, der Entwicklung von Regeln und Arbeitsabläufen.

Phase 4: Integration und Leistungsfähigkeit

Arbeitsteilung und Kooperationsstrukturen werden verfeinert; Effizienzsteigerung steht im Mittelpunkt. Im Notfall sind alle untereinander bereit einzuspringen. Der Kontakt ist von Achtung und gleichzeitig von Unkompliziertheit geprägt, wird sorgfältig gepflegt und von Zeit zu Zeit reflektiert. Es entsteht ein ausgeprägtes Wir-Gefühl, ohne dass das Team sich abschottet. Neben der ständigen Optimierung der Wahrnehmung der bestehenden Aufgabe/n bemüht sich das Team um Weiterentwicklung und möglicherweise Ausbau des Leistungsspektrums.

Die Teamleitung beobachtet das Team, steuert im Sinne der Anregung von Selbststeuerung, sorgt für regelmäßige Reflexion und hat die Entwicklung des Teams im Blick, um gegebenenfalls ungünstige Entwicklungen frühzeitig wahrzunehmen und, rückgekoppelt mit dem Team, aufzufangen.

1.5 Teambesprechungen – Kristallisationspunkte der gemeinsamen Arbeit

Die Häufigkeit von Teambesprechungen

Teams, die intensiv gemeinsam an einer Sache arbeiten und einen hohen Beratungsbedarf haben, brauchen häufigere Teambesprechungen als Teams, die einen gemeinsamen Rahmen abstimmen und übergeordnete Fragestellungen miteinander klären, im Alltag aber eher individuell abgegrenzt arbeiten.

Allgemeine Regel für Teamtreffen:

- Regelmäßig, d. h. absehbar und planbar für alle
- So häufig wie nötig, nicht: wie möglich
- Lieber häufiger und kürzer als seltener und lang.

Die Vorbereitung von Teambesprechungen

Die Besprechungsvorbereitung muss für alle möglich sein, nicht nur für den Moderator/die Moderatorin. Eine gute Planung bringt Klarheit, ohne rigide zu sein und lässt Flexibilität zu.

Eine gewisse *Ritualisierung* im Sitzungsablauf ist hilfreich: Immer wiederkehrende Punkte sollten einen festen Platz haben.

Eine *Einladung* muss neben den einzelnen *Themen* das jeweilige *Ziel* angeben (z. B. Information, Beratung oder Entscheidung), den Entscheidungsrahmen kennzeichnen, auf vorhergehende Beratungen und Beschlüsse und ggf. beigefügte Informationen verweisen. Nur so können die anderen Teammitglieder Mitverantwortung für das Gelingen der Besprechung tragen, weil sie dann Vorüberlegungen, gute Argumente oder Beschlussvorschläge mitbringen können.

Ein (grobes) *Zeitraster* sollte bereits in der Einladung angegeben sein, damit alle Teilnehmenden mit dafür sorgen können, diesen Rahmen einzuhalten.

Die Durchführung von Teambesprechungen

Gut vorbereitete Teambesprechungen haben große Chancen, erfolg- und ergebnisreich zu verlaufen. Neben einer *ergebnisorientierten Moderation* sind einige andere Faktoren wichtig:

- *Pünktlich starten* und auch andere Verabredungen einhalten.
- *Teammitglieder aktivieren*: offene Fragen, die zu mehr als Ja oder Nein herausfordern, thematische Einführung durch jeweilige »Spezialist(en)/-innen«, Pro- und Kontra-Anwälte zur pointierten Vorbereitung einer Entscheidung u. Ä. m.
- *Günstige Sitzordnung*: Wer sich anschauen kann, redet leichter miteinander.
- *Redeliste*: in kleineren Teams flexibel handhaben – nur bei Bedarf »aktivieren«.

- *Visualisierung* auf Wandzeitung oder Tafel, per Folie oder Beamer ist ein effektives Hilfsmittel, sowohl um in zu entscheidende Fragestellungen einzuleiten als auch um wichtige, im Verlauf der Diskussion auftauchende Fragen oder den erarbeiteten Beschlussentwurf klar für alle festzuhalten.

Außerdem verbindet ein Bild, auf das alle gemeinsam schauen, deutlich mehr untereinander, als wenn jeder in seine eigenen Unterlagen vertieft ist.

Beschlusssicherung und -controlling

Ohne *Protokoll* geht es nicht. Um Beschlüsse nachvollziehbar zu machen, sind neben dem Beschluss die wichtigsten Argumente oder Kriterien festzuhalten, die den Ausschlag für diese Entscheidung gegeben haben. Verzichtbar ist die Wiedergabe des Diskussionsverlaufes.

Zur Kontrolle länger zurückliegender und langfristig wirkender Beschlüsse hilft eine *Beschlusskontrollliste* über alle noch nicht erledigten bzw. noch nicht in allen Teilschritten erledigten Beschlüsse (inkl. der Verantwortlichkeiten dafür).

Eine thematisch geordnete *Beschlusskartei* (ob im Karteikasten, Hefter oder im PC) hilft, weitere Beschlüsse zum Thema vorzubereiten, zu revidieren, Verfahrensabläufe zu entwickeln oder auch neue Kolleginnen und Kollegen einzuarbeiten.

Gemeinsame Verantwortung

Auch die anderen Teammitglieder haben zum Gelingen der Besprechung beizutragen, indem sie das tun, was sie auch von den anderen selbstverständlich erwarten.

Von Zeit zu Zeit ist eine Reflexion im Team über die Effektivität und Effizienz der eigenen Besprechungen sinnvoll.

1.6 Schulleitung: »Modellteam« und Scharnierstelle für schulische Teams

Schulen als Organisationen mit einer sehr flachen Hierarchie und »lose gekoppelten Mitgliedern« sind notwendigerweise von Gruppen- und Teamarbeit geprägt – z. T. formal vorgegeben, z. T. schulspezifisch zusammengesetzt, z. T. nur zeitweise arbeitend.

Als Schulleiterin bzw. Schulleiter leiten Sie nur einen Teil dieser Gruppen und Teams selbst. In der Ausübung Ihrer Teamleitungsrolle sind Sie zugleich herausragendes Modell für die Leitungen anderer Teams und prägen damit netzartig und multiplikatorisch deren Leitungsstil und Arbeitsgestaltung. In besonderer

Weise steht natürlich das Schulleitungsteam unter Beobachtung, sei es das Tandem aus Schulleiterin und Vertreter an einer kleinen Schule oder das große Schulleitungsteam an einer Gesamtschule oder einem Berufskolleg. Hier gilt: Wie Sie handeln, ist entscheidend, nicht: Wie gut Sie über Teamarbeit reden.

Als Schulleitungsteam haben Sie neben vielen fachlichen und koordinativen Aufgaben noch eine besondere Funktion: das Multiprojektmanagement. Sie müssen im Blick haben, welche Teams an welchen schulischen Themen arbeiten, welche Ergebnisse sie hervorbringen und welche Rahmenbedingungen sie brauchen. Manche Schulleitungen delegieren diese Aufgabe an eine Steuerungsgruppe, die mit dieser Schulentwicklungssteuerung die Leitung unterstützt. Sinnvoll ist, für alle Teams und Arbeitsgruppen an der Schule in der Steuergruppe oder im Schulleitungsteam einen Ansprechpartner zu haben, der in besonderer Weise über die Arbeit in diesem Team im Bilde ist. Dabei sind Schulleitung oder Steuergruppe nicht »Kontrolleure« für ein Team, sondern Kontakt- und Reflexionsinstanz und Partnerin, die den Gesamtauftrag der Schule im Blick haben, die parallele Arbeit der vielen Teams an einer Schule beständig mit diesem Gesamtauftrag abgleichen und ggf. notwendige Beschlüsse in Kollegium oder Schulkonferenz herbeiführen.

1.7 Teamarbeit lernen – aus Teamarbeit lernen

Teamarbeit ist eine Investition, die lohnt: Gut geklärte, gemeinsam verabredete und gemeinsam praktizierte Verfahrensweisen oder Verhaltensabsprachen entlasten Lehrerkräfte und Funktionsträger an Schulen enorm. Schülerinnen und Schüler (und das Kollegium ...) gewöhnen sich viel schneller an Regeln und Verfahren, wenn klar ist, dass diesbezüglich alle in gleicher Weise handeln.

Voraussetzung ist, dass Lehrerinnen und Lehrer ihre berufsbiografisch gut gelernte Einzelkämpferrolle aufgeben. Es gilt eine Schwelle zu überschreiten – jede Teamarbeit macht auch das eigene Handeln transparent, mit den Stärken wie mit den Schwächen. Der Gewinn: Von Lernerfahrungen anderer profitieren, nicht immer das Rad neu erfinden müssen und entlastet werden für die vielen anstrengenden Aufgaben im und neben dem Unterricht. Teamarbeit ist zugleich »Wissensmanagement«.

Damit Teamarbeit aber ihre positive Wirkung entfalten kann, muss sie systematisch und professionell gestaltet und somit auch erst einmal gelernt werden. Es ist dasselbe wie in Klassen: um Schülerinnen und Schülern Teamarbeit beizubringen, hilft das Zusammenstellen von Gruppentischen allein überhaupt nicht. Auf Lehrer/-innen und Schulleitung übertragen heißt das: Dass eine Gruppe »Team« heißt, macht sie noch nicht zu einem solchen.

Es ist hilfreich, wenn insbesondere die Teamleitungen sich mit Moderation und Arbeitsverfahren in Teams auseinandersetzen, ggf. gezielt fortbilden, dies an der Schule umsetzen, gemeinsam reflektieren und damit als Modell für weitere Teams fungieren.

Letztlich ist diese Auseinandersetzung mit Teamarbeit, den dafür notwendigen Kompetenzen und Arbeitsverfahren für alle Lehrer/-innen wichtig, die ihren Schüler/-innen die Schlüsselqualifikation »Teamkompetenz« vermitteln wollen. Methoden des »kooperativen Lernens« zeigen dies kleinschrittig auf. Diese Methoden lassen sich übrigens nicht nur im Klassenraum anwenden, sondern hervorragend auch in der kollegialen Lehrerfortbildung.

Was Teamarbeit im Kern ausmacht, haben Sie in diesem Artikel überblicksartig kennengelernt. Die nachfolgenden Artikel geben Ihnen Praxisanleitungen für eine Reihe unterschiedlicher Teamkonstellationen und Arbeitsverfahren.

1.8 Literatur

Born, M./Eiselin, St.: Teams – Chancen und Gefahren. Huber Verlag, Bern, 1996.

Francis, D./Young, D.: Mehr Erfolg im Team. Ein Trainingsprogramm. Windmühle Verlag, Hamburg, 1992 (4. Aufl.).

Niermeyer, R.: Teamarbeit. Führen und Erfolge sichern, Haufe Verlag, Freiburg, 2001.

2. In den Weiten des pädagogischen Alltags

Über schwierige Kolleginnen und Kollegen, mögliche Problemlösungen und viel Geduld

Ulrich Mumm

Schenkt man einigen Boulevard-Publikationen oder Berichten von gewissen Eltern schulpflichtiger Kinder Glauben, dann wimmelt es in deutschen Schulen nur so von fachlich inkompetenten und menschlich unzulänglichen Lehrkräften. Zusätzlich, so wird gerne behauptet, sollen sie auch noch deutlich häufiger krank sein als andere Arbeitnehmer, und die Schüler müssten das alles ausbaden. Und natürlich hat jeder Diskutant für seine Kolumne einen Fall aus der eigenen Schulzeit parat oder kennt Pressegeschichten von »Deutschlands faulstem Lehrer« oder dem Kollegen mit der ärztlich attestierten »Schülerphobie«.

Unausgesprochen verbirgt sich hinter solchen Behauptungen die Meinung, dass in den Lehrerberuf gerne Menschen drängen, die in den ›richtigen Berufen‹ nicht bestehen würden, und dass unter dem Rettungsschirm des Berufsbeamtentums noch nie jemand wegen schwacher Leistungen oder Unarten sanktioniert oder gar entlassen worden sei.

Obwohl es statistisch gesehen keine Belege für die genannten Meinungen gibt, sind Äußerungen dieser Art unausrottbar. Die Gründe dafür liegen auf der Hand. Es ist wie in der Politik: Lehrer stehen im Rampenlicht, und jede Eigenart oder Schwäche und Schwierigkeit wird von Schülern in die häusliche Öffentlichkeit und von dort in weitere Kreise hinein kolportiert. Von da aus ist der Weg zur Verallgemeinerung nicht weit: typisch Lehrer.

2.1 Exploration: »Pädagogische Problemzonen« von Lehrkräften

Wer das Innenleben von Schulen und die Weiten des pädagogischen Alltags kennt, wird kaum bestreiten können, dass es unter den vielen engagierten und kompetenten Lehrkräften auch Kolleginnen und Kollegen gibt, die »schwierig« sind und sich selbst und andern Schwierigkeiten bereiten. Ihre pädagogischen Problemzonen mögen dramatisch, offensichtlich oder versteckt hervortreten, sie wirken sich in jedem Fall auf einzelne Schülerinnen und Schüler, auf ganze Lerngruppen oder ein Kollegium aus. Auch der Ruf einer Schule kann leiden, wenn für die Elternschaft nichts an Gegenmaßnahmen erkennbar ist oder es in vertrauensvollen Gesprächen nicht gelingt, gemeinsam nach Lösungen zu suchen. Der Auslöser für Schwierigkeiten liegt natürlich auch in der Institution Schule selbst mit ihren verschiedenen Akteuren, die unterschiedliche Rollen und Aufgaben haben und darüber kommunizieren müssen.

Aber was bedeutet es, wenn ein schwieriger oder mehrere schwierige Kollegen bzw. Kollegen in Schwierigkeiten an einer Schule zu verzeichnen sind? Stimmt die stigmatisierende Behauptung, nur an dieser Schule gebe es so etwas und an anderen Lehranstalten nicht und dort hätte die Schulleitung schon längst gehandelt? Sie stimmt so wenig wie die Meinung, in anderen Wirklichkeitsfeldern käme so etwas nicht vor. Wer einmal die ›Freude‹ hatte, beim Arzt eine Fehldiagnose serviert zu bekommen oder einen echten Kunstfehler zu erleiden, wer von Bankern zum Kauf von Lehmann-Papieren überredet wurde oder den günstigen Handwerker teuer nachbezahlen musste, der weiß genau, in allen gesellschaftlichen Handlungsfeldern kann es zu Fehlern und Schwierigkeiten kommen. Die Spezies ›schwieriger Mensch‹ ist breit verteilt und steht nicht auf der ›roten Liste‹.

Der Hinweis auf ähnliche Problemlagen in allen gesellschaftlichen Bereichen darf nicht so verstanden werden, dass schwierige Menschen nun einmal da sind und die verursachten Probleme in einem Kollegium einfach gemeinsam getragen werden müssten. Im pädagogischen Bereich schrillen die Alarmglocken besonders eindringlich, weil hier die junge Generation direkt betroffen ist und im Einzelfall um Chancen gebracht werden könnte. Es muss gehandelt werden, auch wenn die Handlungsspielräume eng sind und viel Geduld gefragt ist.

Der Begriff ›schwierig‹ ist weit gefächert und kann sehr unterschiedliche Bedeutungen bzw. Wahrnehmungen enthalten. Ein ›schwieriger‹ Lehrer kann ungerecht, unfähig oder wichtigtuerisch erscheinen, aber auch übergriffig, cholerisch oder überempfindlich oder von allem etwas. Auf jeden Fall meint ›schwierig‹ eine deutliche, mit Mängeln behaftete Abweichung vom Idealtypus des Lehrers. In diesem Aufsatz wird dabei nicht gesprochen von eindeutigen dienstlichen Verfehlungen wie Alkoholmissbrauch, Bestechlichkeit oder sexuellen Grenzüberschreitungen. Es wird auch keine Typologie zugrunde gelegt wie in manchen Beiträgen zum Thema, wo von ›dem Unpünktlichen‹, ›dem Übereifrigen‹, ›dem Chaoten‹ etc. die Rede ist[1]. Es geht auch nicht um die allgemeine Larmoyanz, die Lehrern nachgesagt wird, das Klagelied über »die Behörde« oder »die Bildungspolitik«. Ebenso wenig wird an dieser Stelle über den Umgang mit »schwierigen Schulleitern« oder gar Schulaufsichtsbeamten nachgedacht. Schwierigkeiten, um die es hier geht, werden von Kolleginnen und Kollegen verursacht, die durchaus Teile ihrer Aufgaben als Lehrer erledigen, aber eben nur Teile, und dazu deutlich unterhalb des Erwartungshorizontes.

1 Z. B. Sabine Kauffeld: Schwierige Lehrer – eine Herausforderung, in: b:sl, 1. Jg. (2007), September, S. 9 ff.

2.2 Das Idealbild: Die Kategorien Professionalität, Engagement und Persönlichkeit

Wie in jedem Beruf gibt es auch vom Beruf des Lehrers ein Idealbild, an dem sich reale Lehrkräfte orientieren können, an dem sie bei Bewerbungen und im schulischen Alltag von Schülern, Eltern, Kollegen und der Schulleitung gemessen werden. Dieses Idealbild ist die Summe der Eigenschaften, die bei einer Personalbeurteilung abgefragt werden und die meist in einem Polaritätsprofil zu einer Beurteilung führen. Anders als z. B. im Beurteilungsbogen für Lehrkräfte in Hamburg, der vier Beurteilungskategorien enthält (Arbeitsweise, -ergebnisse/ Fachkompetenz/Umgang mit anderen, Kommunikation/Tätigkeiten für die Schule), gehe ich hier mit aller Vorsicht und ohne Anspruch auf Vollständigkeit von drei Großbereichen aus: Professionalität, Engagement und Persönlichkeit. Zur Professionalität zählen u. a. Fachkompetenz, pädagogisch-didaktische Kompetenz und Allgemeinbildung; zum Engagement Eigenschaften wie Belastbarkeit/ Spannkraft, Tätigkeiten für die Schule, Verantwortlichkeit und Durchsetzungsvermögen; zur Persönlichkeit gehören Eigenschaften wie Humor, Vitalität und Kommunikation. Die einzelnen Faktoren sind nicht ganz trennscharf und lassen sich nicht vollständig einem Großbereich zuordnen. Aber eine Prämisse gilt: ›Gute Lehrer‹ haben in den drei Großbereichen hohe Punktzahlen, kommen dem Idealbild nahe und überzeugen damit. ›Schwierige‹ Kolleginnen und Kollegen weichen von dem Bild zumindest in einigen Feldern stark ab oder in vielen in bemerkenswertem Umfang. Solch ein Schwächen-Cluster kann weitreichende Folgen haben.

2.3 Idealbild und Einzelfall: Das Beispiel einer eigenwilligen Lehrkraft

Das Vorliegen eines Idealbildes ›Lehrer‹ besitzt den großen Vorteil, bei Beurteilungen und allgemeinen Einschätzungen eine Art Messlatte zum Vergleich zu haben, an der entlang nach einheitlichen Kriterien beurteilt wird. Eine solche Beurteilung ist objektiver als eine auf jede Lehrerpersönlichkeit hin formulierte Individualsicht. Es besteht aber die Gefahr, dass bestimmte Personen in dieses Idealbild nicht hineinpassen, weil sie ihren Unterricht nicht nach aktuellen didaktischen Maßstäben gestalten, mit Kollegen nur sporadisch kooperieren, hart oder lässig im Umgang mit Schülern sind oder einfach etwas »eigen« daherkommen. Dennoch machen sie guten und erfolgreichen Unterricht, entwickeln eigene Formate und Projekte, werden von Schülern respektiert oder geachtet und von Eltern anerkannt. Auch wenn die Stellung eigenwilliger Lehrer im Kollegium nicht immer konfliktfrei sein mag und die Verletzung von schulischen Verabredungen nicht nachgesehen werden kann, so muss deren Arbeit von der Schulleitung gewürdigt werden. Die Abweichung vom Idealbild bleibt marginal, wenn die Leistungen und Erfolge offensichtlich sind. Ein Idealbild darf nicht dazu führen, dass nur noch windschlüpfrige Kollegen mit niedrigem didaktischem c_w-Wert positiv beurteilt werden.

Beispiel A

Eine markante Kollegin, Anfang 50, Fakultas Englisch und Geschichte. Sie kommt stets pünktlich zum Dienst, übernimmt Vertretungsstunden ohne zu klagen, macht verlässlich ihre Aufsichten und erledigt übertragene Aufgaben stets gut und termingerecht. Sie kann freundlich, aber auch leicht cholerisch reagieren, setzt sich für ihre Schülerinnen und Schüler aber engagiert ein. Ihre Stunden sind meist konventionell aufgebaut: Lehrervortrag, Abfragen, Tafelanschrieb und Hausaufgaben. Regelverstöße von Schülern (Unpünktlichkeit, fehlende Unterrichtsvorbereitung etc.) ahndet sie schnell und hart. Von jüngeren Schülern wird sie gefürchtet, in der Mittelstufe ist sie wegen klarer und kalkulierbarer Regeln beliebt, in der Oberstufe gibt es gelegentlich Probleme, weil sich Schüler ungerecht behandelt fühlen. Eine immer wiederkehrende Kritik erfolgt aus dem jeweiligen Klassenkollegium: nach ihren Stunden seien die Schüler in der Folgestunde besonders unruhig, sie zeige wenig Lust zur Kooperation, lasse im Einzelfall über Schülerbewertungen nicht mit sich reden, und sie mache ihre eigenen Regeln.

In allen Beschwerdefällen hat die Schulleitung Gespräche geführt und den Versuch unternommen, eine gemeinsame Basis zu finden. Offene Konflikte konnten dabei, bis auf einen komplexen Vorfall, vermieden werden. Ein grundsätzliche Änderung in der Arbeitshaltung der Kollegin oder eine Aktualisierung ihres Unterrichtsstils wurden nicht erreicht; allerdings gab es nach der Gesprächsrunde einen etwas entspannteren Umgang miteinander. Als die Kollegin dann auf Anregung ihrer Schüler ein internationales Friedensprojekt durchführte, das in und außerhalb der Schule eine große Resonanz erzielen konnte, verstummte die kritische Diskussion.

2.4 Problemzonen: Zwei Beispiele schwieriger Kollegen

Der geschilderte Fall einer eigenwilligen, aber loyalen und erfolgreichen Lehrerin entspricht nicht dem Idealbild einer Lehrkraft, die didaktisch offen und schülerzentriert arbeitet und dabei kommunikativ im Klassenkollegium agiert. Andererseits unterscheidet sich die erfolgreiche Arbeitsweise deutlich von der wirklich schwieriger Kollegen. Die in den drei Beispielen dargestellten Schwierigkeiten, paradigmatisch für die wohl meisten ›schwierigen‹ Fälle an Schulen können aber auch nicht ignoriert werden, weil sie zu Problemen und Verwerfungen führen. Es muss von allen Beteiligten gehandelt werden, und die Schulleitung hat dabei eine Führungsaufgabe.

Wenn über schwierige Kolleginnen und Kollegen gesprochen und geklagt wird, dann sind die Akzente zunächst unterschiedlich, je nachdem, wer die Klage vorbringt. Von Schüler- und Elternseite werden häufig Unruhe in der Klasse und fehlendes Durchsetzungsvermögen der Lehrkraft angeführt, dann schlechter Unterricht, fehlende Gesprächsbereitschaft oder ungerechte Benotungen. Auch Unfreundlichkeit und unangemessenes Vokabular sind ein Thema. Im Kollegium fällt es häufig schwer, über die Schwierigkeiten von Kolleginnen und Kollegen zu sprechen. Wer solche Klage führt, gilt selbst ganz rasch als ›schwierig‹. Aber im Klassenteam, wenn die eigene Arbeit direkt betroffen ist, kommt es schon zu Nachfragen und Kritik. Hier werden Unzuverlässigkeit, fehlende Kooperation, auch Unpünktlichkeit und das ›Schludern‹ mancher Kollegen thematisiert und bei gemeinsamen Vorhaben wie der Abiturprüfung auch schwache Fachkompetenz. Auf der Schulleitungsebene wird über alle Problemzonen gesprochen.

Ähnlich wie beim Idealbild lassen sich die Schwierigkeiten den drei Großbereichen zuordnen. Sie können im Bereich der Professionalität liegen, des Engagements oder der Persönlichkeit oder in mehreren Bereichen gleichzeitig. Schwierigkeiten im Bereich der Professionalität sind dabei relativ leicht zu orten, aber sicher nicht leicht zu beheben, vor allem dann nicht, wenn die zu kritisierende Unterrichtspraxis schon seit längerem besteht. Fachliche, didaktische und methodische Mängel treten offen zu Tage und lassen sich gut beschreiben. Bei der Empathie, der positiven Zugewandtheit zu Schülerinnen und Schülern, ist das allerdings anders. Fehlende Empathie lässt sich zwar feststellen und wird von Schülern zentral wahrgenommen, aber Empathie selbst steht auf einer Polaritätsskala zwischen ›Kälte‹ und ›Anbiederung‹. Es ist dabei nicht erheblich, ob Empathie dem Großbereich Professionalität zugeordnet wird oder der Persönlichkeit. Die mangelhafte Ausprägung dieses elementaren Bausteins im Lehrerhandeln führt zu Schwierigkeiten.

Beispiel B

Ein zurückhaltender Kollege, Ende 40, Fakultas Mathematik und Sport. Er gilt als fachlich versiert und kompetent, setzt sich für seine Fachbereiche ein und übernimmt auch außerhalb der Schule Aufgaben, z. B. bei Wettbewerben. Im Kollegium kommuniziert er nur mit einem kleinen Kreis von Fachkollegen, an Konferenzen beteiligt er sich nur sporadisch. Seine Stunden sind konventionell aufgebaut, es gibt sehr viele Hausaufgaben, Klassenarbeiten kommen überraschend. Ein Feedback über Zensuren vermeidet der Kollege soweit wie möglich. Im Zeugnis kommt es daher für manche Schüler zu großen Enttäuschungen, auch deshalb, weil in die mündlichen Zensuren Verhaltenssanktionen eingebaut sind. Schwierigkeiten mit Schülern und Eltern treten regelmäßig nach den ersten Unterrichtswochen auf, sobald der Kollege eine Klasse übernommen hat. Schüler klagen darüber, dass es im Unterricht laut sei, weil der Kollege sich nicht richtig durchsetzen könne, der Stoff werde rasch durchgenommen und nicht richtig erklärt, Klassenarbeiten wären zu umfangreich und zu schwer, und im Unterricht würden nur ›die Guten‹ drangenommen. Im Sportunterricht würden häufig schwierige Übungen bevorzugt und bei Nichterfüllung käme es immer wieder zu stigmatisierenden Bemerkungen. Eltern ergänzen diese Klagen noch um den Vorwurf der ungerechten Zensierung und harter, bisweilen verletzender Urteile und zu hoher fachlicher Ansprüche. Beim Wunsch nach einem Gespräch hätte der Kollege aus Termingründen meist keine Zeit.

Die Klagen von Schüler- und Elternseite werden von der Schulleitung ernst genommen und mit dem Kollegen in einem vertraulichen Gespräch erörtert. Allerdings ergibt sich zunächst keine gemeinsame Sicht auf die Probleme. Die Schüler seien meist zu laut, schlecht vorbereitet und hörten einfach nicht zu, so wendet er ein. Wenn man immer nur auf die Langsamen Rücksicht nehme, würde der im Lehrplan vorgesehene Stoff auch nicht im Ansatz bearbeitet.

Zunächst wird eine Hospitation durch den Schulleiter verabredet, dann mit hohem Argumentationsaufwand eine zweite mit der Elternvertreterin der Klasse und dem Elternratsvorsitzenden der Schule. Die beiden Stunden sind nicht hervorragend, aber gut vorbereitet und didaktisch ordentlich aufgebaut; am Unterrichtsgespräch beteiligen sich viele Schüler. Allerdings kommen nach beiden Stunden Schüler der Klasse zum Schulleiter und bemerken, dass die Stunden ganz anders verlaufen wären als sonst; wenn es immer so wäre, würde keiner klagen. Nach mancherlei weiteren Gesprächen werden vier Vereinbarungen getroffen:

- Die Klasse erhält Zeit, mit dem Fachkollegen über seinen Unterricht zu reden; der Beratungslehrer unterstützt dabei.
- Klassenarbeiten werden angekündigt, der Schulleiter erhält die Termine und nach der Korrektur drei Exemplare zur Durchsicht.
- Die mündlichen Leistungen der Schüler werden separat dokumentiert und nicht mehr als summarische Verfügungsmasse zusammengezogen.
- Nach zwei Monaten soll ein weiteres Evaluationsgespräch erfolgen.

Die Maßnahmen führen zu kleinen Erfolgen, aber eine substanzielle Änderung des Unterrichtsstils erfolgt nicht. Den größten Erfolg brachte im folgenden Jahr die Übertragung von Verantwortung. Kollege B. wurde Klassenlehrer einer 5. Klasse und konnte in dieser Altersstufe zeigen, dass er auch Empathie und Fürsorgefähigkeit besitzt.

Beispiel C

Ein eher unauffälliger Kollege, Anfang 50, Fakultas für Spanisch und Geschichte. Er redet im Lehrerzimmer viel über seine privaten Tageserlebnisse, so dass manche Kollegen ›flüchten‹. Sein Stundenbeginn ist häufig unpünktlich, dafür das Stundenende etwas vorzeitig. Beiträge in Konferenzen haben Seltenheitswert, aber ein gewisses Engagement ist bei einer Aufgabe im Schulverein erkennbar. Kritik von Schüler- und Elternseite kommt in unregelmäßigen Abständen und ist stark stufenabhängig; verstärkt erfolgt sie von Oberstufenschülern: man lerne nichts, der Spanischunterricht werde fast vollständig auf Deutsch geführt, es gebe viele private Geschichten, auch im Geschichtsunterricht. Klausuren würden spät oder gar nicht zurückgegeben, Zensuren seien nicht nachvollziehbar. Eltern stützen diese Aussagen und ergänzen sie durch eine Pikanterie: es würden sich noch viel mehr Schüler beklagen, wenn sie nicht durch gute Zensuren, die keineswegs ihren Leistungen entsprächen, ruhig gestellt würden.

Die Reaktion der Schulleitung ist klassisch: Der Kollege wird mit den Vorhaltungen konfrontiert und zur Sache gehört. Er sieht die Sachlage aber ganz anders. Nur schwierige Textstellen würden auf Deutsch erläutert, damit die schwächeren Schüler den Kontext verstehen könnten, Privates würde nur gelegentlich zur Veranschaulichung berichtet, nur bei einer Klausur hätte sich die Rückgabe verzögert, und gelegentlich bräuchten auch schwächere Schüler durch eine pädagogisch motivierte Zensur einen positiven Anreiz. Auf die Frage, was er selbst zur Lösung der kritisierten Felder beitragen könne, antwortet Kollege C. verständnislos: er tue schon so viel, um seinen Unterricht anschaulich und interessant zu machen. Er könne aber durchaus noch einmal mit den Schülern reden. Für die verabredete Hospitationsstunde liegt ein Stundenentwurf vor, die Stunde beginnt pünktlich, ist überzeugend, wenn auch einfach aufgebaut und wird fast vollständig auf Spanisch durchgeführt. Der anwesende Fachleiter kennzeichnet die sprachliche Ebene der Lehrerfragen als einfach und deutlich unter dem für diese Stufe angezeigten Niveau. Die Schüler des Kurses kommen gleich nach der Stunde leicht empört zum Schulleiter: wenn die Stunden immer so wären …

Zwischen Schulleitung und dem Kollegen C. wird verabredet, dass der Spanischunterricht nahezu vollständig einsprachig stattfindet. Klausurtermine und die Rückgabe der Arbeiten beider Fächer sollen der Schulleitung mitgeteilt werden, die mündlichen Einzelnoten müssen dokumentiert und ggf. vorgelegt werden. Für das kommende Schuljahr wird eine fachliche Spanisch-Fortbildung im Landesinstitut vereinbart. Die Situation beruhigt sich etwas, aber nicht auf Dauer. Einzelne, leistungsorientierte Schüler wollen den Kurs wechseln, weil sie nichts lernen würden, die guten Zensuren sagten nichts aus. Die Problematik bricht sich erneut bei zwei Oberstufen-Konferenzen im Januar und Juni Bahn, als Kollege C. massive Notenänderungen vornehmen möchte (»Ich habe mich vertan«) und Kurse sowie Schülernamen verwechselt. Als Konsequenz für das kommende Schuljahr erhält Kollege C. nur noch wenige Stunden Unterricht, dafür verstärkt Verwaltungsstunden im Schularchiv und der Schülerbücherei.

2.5 Was kann man tun? Zehn Ratschläge

Die drei Fallbeispiele, in denen Schwierigkeiten unterschiedlicher Größenordnung und verschiedener Ursachen auftauchen, mögen reichen, um auf drei Dinge aufmerksam zu machen:

- Der Umgang mit schwierigen Kolleginnen und Kollegen ist arbeitsaufwändig, langwierig und zeigt nur bedingt Erfolge.
- Die Bearbeitung der Schwierigkeiten kostet erheblich Zeit, ist aber notwendig und stellt eine besondere Form der Standardsicherung dar.
- Die juristischen und verwaltungsrechtlichen »Werkzeuge« für Schulleiter zur Minimierung von Schwierigkeiten sind bescheiden; sie liegen nur auf der Gesprächs- und Verabredungsseite, Sanktionen sind kaum möglich.

Dennoch lassen sich aus den geschilderten Fällen und weiteren Erfahrungen zehn Ratschläge[2] ableiten, die z. T. konkrete Handlungsmaximen sind:

- Auftretende Schwierigkeiten müssen rasch angesprochen werden.
- Gespräche sind zunächst vertraulich zu führen, danach sollten Schüler, Eltern, Kollegen eingebunden werden.
- Die betroffene Kollegin, der Kollege sollten sich an Lösungen beteiligen.
- Auch Schüler, Eltern, Kollegen haben ihre Rolle im Veränderungsprozess.
- Verabredungen sollten getroffen, schriftlich dokumentiert und überprüft werden.
- Ggf. sind Hinweise auf die Pflichten und das Dienstrecht wirkungsvoll.
- Ggf. sind eine Untersuchung beim Personalärztlichen Dienst oder Therapie und Kur angezeigt (Burnout).
- Ein geänderter Unterrichtseinsatz in einer anderen Altersgruppe oder nur in einem Fach kann sinnvoll sein.
- Ggf. ist eine Stundenreduktion sinnvoll oder ein Sabbatjahr.
- Die Schulleitung muss Zeit und viel Geduld aufbringen und langfristig denken.

2 Allgemein zum Thema Konfliktmanagement, vgl.: Dorothea Herrmann: Konflikte managen, in: Buchen/ Rolff (Hg.): Professionswissen Schulleitung. Weinheim/Basel 2006, S. 1048 ff.

2.6 Schlussbemerkung

Der Wunsch nach einem Kollegium mit ausschließlich oder nahezu ausschließlich fachkompetenten, professionell arbeitenden, engagierten und von der Persönlichkeit her überzeugenden Kolleginnen und Kollegen ist nur zu verständlich. Aber ist er realistisch? Und wäre eine solche Schule wünschens-wert? Da die Grenzen zwischen einer eigenwilligen Lehrkraft (Fall A) und schwierigen Kollegen (Fälle B und C) fließend sind, ist ein Lehrerkollegium ohne pädagogische und menschliche Schwierigkeiten nicht denkbar, sondern bleibt ein Ideal. Die Erziehung der nächsten Generation zur demokratischen Teilhabe und zum persönlichen Engagement hat aber bei guten und bei schwachen Lehrkräften eine Chance. Wenn sich Schüler – mit tatkräftiger Beratung aus dem Kollegium – bei Schwierigkeiten mit bestimmten Lehrern fragen, auf welche Weise sie ihren Part an einem guten und interessanten Unterricht definieren und umsetzen können, dann werden sie selbst zu Akteuren in solch einem Prozess. Sie müssen dabei lernen zu kommunizieren, Vorschläge zu erarbeiten, Absprachen zu organisieren und sich immer wieder einzumischen. Allerdings benötigen sie dafür Unterstützung, auch und gerade durch die Schulleitung. Das ist ein langer Prozess, der oft nicht das gewünschte Ziel direkt erreicht und viel Geduld erfordert. Aber ist das im ›wirklichen Leben‹ anders? Und wer erwartet schon, dass Bildungsprozesse rasch verlaufen und dass Ungeduld oder Vorwürfe schneller zum Ziel führen?

3. Kooperative Selbstprofessionalisierung (KESS)

Bernhard Sieland, Marcus Eckert & David Daniel Ebert

Unter Handlungsdruck lernen Lehrkräfte auch Unerwünschtes. KESS als kooperative Selbstprofessionalisierung kann durch besondere Formen von Feedback und Selbstreflexion die Leistungsfähigkeit und Gesundheit ihrer Teilnehmer fördern.

Lernen unter Handlungsdruck hat oft auch nicht intendierte Effekte. Die Frage, ob der alltägliche Lerndruck die Zukunftsfähigkeit der Akteure schädigt oder fördert, muss dabei von mehreren Personen anhand expliziter Kriterien mit Blick auf diverse Rollen beurteilt werden. Die bloße Menge und Dauer der Berufserfahrung verbessert jedenfalls nicht automatisch die Handlungs- und Lern***qualität*** von Lehrkräften. Sie begünstigt eher Handlungssicherheit und erschwert nicht selten Erfahrungsoffenheit und Änderungsbereitschaft (vgl. Sieland u. Rahm, 2010). Lehrkräfte als Experten für Lernprozesse müssen sich mit den hier diskutierten Fragen auseinander setzen und die Antworten beherzigen: Wie und wann kommt es zu unerwünschten Lernprozessen? Warum verändern sich Personen trotz Änderungsbedarf und Änderungsdruck von außen oder innen manchmal nicht? Wie kann man sie zu nachhaltigen Änderungsschritten ermutigen? Welche Rollen spielen dabei das Feedback der Interaktionspartner und die Selbstreflexion der lernenden Akteure?

In nachfolgendem Beitrag werden zunächst aus verschiedenen Änderungsmodellen Kernaussagen über Bedingungen nachhaltiger erwünschte Lernprozesse abgeleitet. Dann werden die Begriffe Anpassungslernen, professionelles Handeln und Veränderungslernen an einem Unterrichtsbeispiel erläutert. Schließlich wird das Lernformat der »Kooperativen Entwicklungsarbeit zur Stärkung der Selbststeuerung« (KESS) vorgestellt. Diese Form der Lerngemeinschaft ermöglicht es, lebensstiltypische änderungsresistente Muster der Selbststeuerung durch besondere Formen von Feedback und Selbstreflexion zu verändern. Es wird deutlich, dass kooperative Selbstprofessionalisierung nicht zum Nulltarif zu haben ist und schon in der Lehrerausbildung vermittelt werden muss.

3.1 Erfolgsfaktoren bewährter Änderungsmodelle für die Personalentwicklung

Personalentwicklung verlangt neben der Erfüllung der beruflichen Aufgaben laufende Überprüfungs- und Veränderungsmaßnahmen. In einer Synopse vergleichen Sieland und Heyse (2012) verschiedene Veränderungsmodelle für planmäßige Personalentwicklung. Diese führen übereinstimmend zu folgenden Aussagen:

- Je stärker persönliche Routinen im Denken, Bewerten, Fühlen und Handeln durch Überzeugungen gestützt werden, umso geringer ist deren Änderungswahrscheinlichkeit. Diese Überzeugungen betreffen die Bewertung von Handlungszielen und Handlungsfolgen.
- Je größer das reale oder vorgestellte Ausmaß an sozialer Unterstützung solcher Gewohnheiten ist, umso größer die individuelle Änderungsresistenz. Jede Gruppe ist in diesem Sinne eine Lerngemeinschaft, weil sie bestimmte Einstellungs-, Denk- und Handlungsmuster unterstützt und andere abwehrt.
- Die motivationale Änderungsbereitschaft wächst mit der Stärke der individuell und sozial gestützten Inkongruenzerfahrungen, bei denen die Nachteile der Ist-Lage bzw. der bisherigen Gewohnheiten für die Beteiligten spürbar werden. Die Änderungsbereitschaft als Wollen, Sollen und Dürfen muss ausreichend lange aufrechterhalten werden. Treten Inkongruenzerfahrungen zu selten, zu schwach, zu angsterregend auf oder werden sie vom Umfeld zu widersprüchlich bewertet, bewirken sie allenfalls kurzfristige Änderungstendenzen.
- Unter dem alltäglichen Handlungsdruck spielt die individuelle und sozialgestützte Aufmerksamkeitslenkung auf das Änderungsziel eine entscheidende Rolle, besonders, solange die positiven Effekte der veränderten Selbststeuerung noch keine stabilisierende Bedeutung für die Verhaltensänderung gewonnen haben.
- Entscheidend für nachhaltige Verhaltensänderungen sind die individuellen Erfahrungen, die Selbstwirksamkeit als Wissen und Können bei früheren Änderungsprozessen.
- Ohne wirksame individuelle und sozialgestützte Maßnahmen der Rückfallprävention bleibt das Risiko der Rückkehr zum status quo groß.

Personalentwicklungsmaßnahmen sollten wie unser Konzept KESS diese Konsenskriterien als state of the art berücksichtigen.

3.2 Feedback und Selbstreflexion zwischen Anpassungs- und Veränderungslernen

Anpassungslernen durch defizitäre Selbstreflexion

Zunächst ein Beispiel für informelles Anpassungslernen im Klassenzimmer, bei dem nebenwirkungsreiche Denk- und Handlungsmuster verschlimmert wurden.

Eine Studentin bat in einer »Vorführstunde« die Kinder der 1. Klasse, sich auf ihre Sitzmatten in einen Kreis zu setzen. Ein Schüler brachte jedoch seinen Stuhl mit. Ohne Rückfrage befahl die Studentin ihm mit wachsender Betroffenheit und Lautstärke zu gehorchen. Schließlich schickte sie ihn zurück an seinen Platz. Die restlichen Schüler schwiegen betroffen. In der Nachbesprechung sagte die Studentin: »Die Stunde wäre mir beinahe entglitten, als der Junge vor aller Augen meine Autorität in den Dreck ziehen wollte. Aber ich habe das mit Entschiedenheit erfolgreich geregelt.« Der Junge sagte auf Rückfrage, dass er wegen Rückenproblemen derzeit nur auf Stühlen sitzen soll.

Das Beispiel zeigt: Die Mischung aus herbeigesehnten Zielzuständen und dem Stress, sie eventuell nicht zu erreichen, führt zu einer schnellen Folge von Impulshandlungen, die nach der Spannungsreduktion als erfolgreich bewertet und vermutlich beibehalten werden. Es fehlt dem lernenden Akteur die Fähigkeit, seine Emotionen so zu regulieren, dass sich seine rationale Handlungssteuerung durchsetzen kann. Die Emotionsregulation im Unterricht stellt m. E. einen blinden Fleck in der Lehrerbildung und zugleich gordischen Knoten für Professionalisierungsprozesse dar (vgl. Eckert, Ebert, Sieland, 2011).

Argyris und Schön (2002) unterscheiden in ihrem Änderungsmodell zwischen Anpassungslernen, Veränderungslernen und Metalernen (Abb. 1).

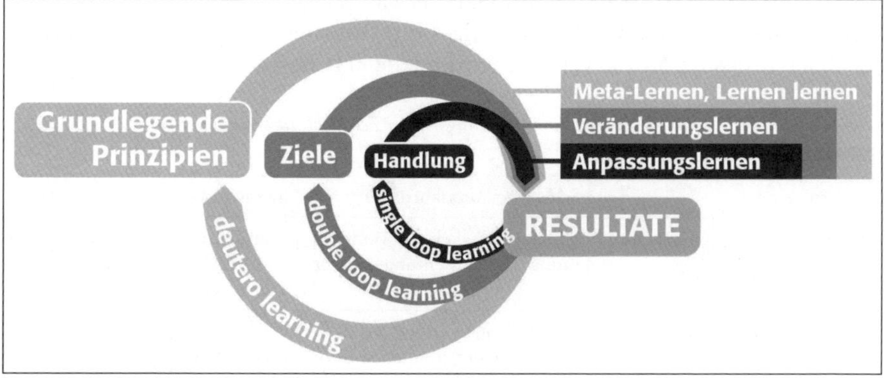

Abb. 1: Drei Lernformen nach Argyris und Schön (2002)

Anpassungslernen im Sinne der inneren Schleife geschieht, wenn (wie in unserem Beispiel) die lernende Akteurin eine bestimmte Situation nach ihren dominanten Wahrnehmungs-, Erklärungs- und Zielschemata auffasst und ihr Handeln auf festgelegte Resultate (im Beispiel: »Achtung! Autorität ist in Gefahr«, Anweisung durchsetzen, Autorität wahren) abstimmt. Sie variiert ihr Denken und Handeln innerhalb einer begrenzten Bandbreite so lange, bis sie das Ziel für erreicht hält und orientiert sich am emotionalen Befriedigungseffekt der Handlungsfolgen. Dieses Anpassungslernen begünstigt die Stabilisierung von gewohnheitsmäßigen Wahrnehmungs-, Erklärungs- und Zielschemata bei gleichzeitiger Blindheit für potenzielle Nebenwirkungen. Es ist vermutlich die häufigste und problematischste Art lebenslangen Lernens.

Erstaunlich ist, dass die Lerneffekte auch dann die Vorurteile der Person bestätigen, wenn der Befriedigungswert einer Lösung relativ gering ist. Das hängt mit der ungeprüften aber festen Überzeugung (= no trial learning) zusammen, dass größere Variationen der bisherigen Lösungsmuster nur schlechtere Ergebnisse erbringen werden. Selbst die völlige Erfolglosigkeit gewohnter Handlungsmuster führt nicht zur Reflexion über deren Angemessenheit, sondern wird äußeren Umständen oder dem Interaktionspartner als Widerstand zur Last gelegt.

Wahrscheinlich lernt die Studentin in unserem Beispiel, noch früher zu schimpfen und schneller zu befehlen, statt zu fragen und kooperative einsichtsbasierte Lösungen zu suchen, nicht zuletzt, weil der dominierte Schüler nachgibt und die Mitschüler schweigen. Es ist offensichtlich, dass die langfristigen Folgen für alle Beteiligen problematisch sind. Dieses Anpassungslernen belässt den Lerner auf dem Niveau der unbewussten Inkompetenz (vgl. Blom, 2000). Es sei an das Bonmot von Watzlawik (2009) erinnert: »Wer nur einen Hammer hat, dem wird alles zum Nagel.« Aber auch wenn kritisches Feedback von dem Schüler gekommen wäre, entscheidet die Selbstreflexion als letzte Meile im Veränderungsprozess über den Fortgang. Im Sinne der erwartungsgesteuerten Urteilsbildung (vgl. Bruner & Postman, 1951) gilt, dass die Wahrnehmung stark in Richtung der Erwartungshypothese verzerrt wird (siehe Tabelle 1).

Tabelle 1: Stärke der Vorerfahrungen und Eindeutigkeit der Feedback-Informationen nach Bruner und Postman (1951)

	Schwache Vorerfahrungen	intensive Vorerfahrungen
Schwache objektive Information oder verbales Feedback	Hohe Anfälligkeit der Wahrnehmung für die Meinung anderer	Wahrnehmung wird stark in Richtung der eigener Erwartungen verzerrt
Starke objektive Information oder verbales Feedback	Wahrnehmung erfolgt auf der Grundlage der erhaltenen Informationen	Wahrnehmung wird stark in Richtung der eigenen Erwartungen verzerrt

Welche Formen von Feedback und Selbstreflexion können in solchen Fällen zur Verbesserung der Lern- und Handlungsqualität beitragen?

Professionelles Handeln verlangt eine professionelle Qualität von Feedback und Selbstreflexion

»Professionelles Handeln zeichnet sich – im Unterschied zu alltäglichem Handeln – dadurch aus, dass es begründet, methodisch geleitet, fall- und situationsangemessen ist. Es orientiert sich an professionsethischen Standards ... und ist deshalb zielexplizit und nebenwirkungsbewusst...« (vgl. Masch & Sieland, 2012; Sieland & Heyse, 2010 a, S. 221). Das Gütekriterium »zielexplizit« hat hier eine doppelte Bedeutung: Einerseits kann man nur, wenn die Handlungsziele allen Beteiligten klar sind, über deren Legitimation und Dringlichkeit diskutieren. Andererseits kann man nur bei expliziten Zielen die Wirksamkeit der gewählten Methoden durch erkennbare Zielannäherungen überprüfen. Das Gütekriterium »nebenwirkungsbewusst« betont die Folgenverantwortung professionellen Handelns. Damit wird deutlich: Professionelles Handeln setzt eine zielexplizite und nebenwirkungsbewusste Begleitung durch Feedback und Selbstreflexion voraus. Idealerweise erstreckt sich diese von der Handlungsvorbereitung über die Handlungsbegleitung bis hin zur Nachbereitung z. B. durch Peersupervision. Denn die Mehrzahl der Situationen professioneller Praxis ist nicht standardisiert, sondern »komplex, ungewiss, mehrdeutig, einzigartig und von Wert- und Interessenskonflikten geprägt« (Horster & Rolff, 2006, S. 68). Die Lern- und Handlungsqualität verlangt also einen laufenden Diskurs reflektierender Praktiker über Zielalternativen und erwartbare Nebenwirkungen und faktische Handlungsfolgen.

Veränderungslernen durch dosierte Inkongruenzerfahrungen und effektive Feedbackverarbeitung

Veränderungslernen wird entsprechend der mittleren Schleife in Abb. 1 erst möglich, wenn die Person Inkongruenzerfahrungen selbst spürt oder durch explizites Feedback dafür sensibilisiert wird. Erst wenn sie deshalb ihre gewohnheitsmäßige Situationsauffassung reflektiert, ihre üblichen Handlungsziele kritisch betrachtet und die erwünschten sowie die unerwünschten Handlungsfolgen mit ihren langfristigen Zielen vergleicht, besteht nach Piaget (1972) die Chance zur Akkommodation. Diese hat je nach Tiefgang Einfluss auf Handlungsziele, Handlungen und Handlungsfolgen (vgl. Tab. 3). Die Inkongruenzerfahrung als Motor von Veränderung kann in einer professionellen Lerngemeinschaft durch alternative Sichtweisen und kritisches Feedback beschleunigt, intensiviert und aufrechterhalten werden (vgl. Strittmatter 2006, Mutzeck & Schlee 2008, Bonsen & Rolff, 2006). Von einer professionellen Lerngemeinschaft kann man erst sprechen, wenn sich Personen zusammenfinden, die bewusst Ziele, Handlungsmethoden und Folgen reflektieren ohne vorzeitige Bestätigungserfahrungen zu suchen und die den experimentellen Charakter von Lern- und Handlungsprozess respektieren und unterstützen.

Die Mitglieder werden durch gemeinsames Hinterfragen zu reflektierenden Praktikern (vgl. Schön 1983, Altrichter & Posch, 1998): Sie prüfen neue Erkenntnisse, eigene Erfahrungen oder Erwartungen von Mitmenschen darauf, ob sie mit ihren Wertvorstellungen, ihrem Selbstbild, ihren Überzeugungen, Wünschen und Zielen übereinstimmen bzw. kongruent sind und damit angenehm bewertet werden. Inkongruenz hingegen wird als unangenehm erlebt. Das emotional-kognitive Bewusstwerden der Unstimmigkeit kann zum Ausgangspunkt für Veränderungen im Denken und Handeln werden, um die gewünschte Kongruenz wieder herzustellen. Ohne unangenehme Diskrepanzen zwischen IST und SOLL fehlt die Motivation für Veränderungen (vgl. Tabelle 2).

Tabelle 2: Tiefe des Veränderungslernens

Tiefgang der Änderung 1 gering ... 6 weitgehend		Beispiel
1	Verändertes Wissen	In einem Kurs wird vermittelt, dass Disziplinstörungen sehr unterschiedliche Hintergründe haben können (Langeweile, Überforderungen, schlechter Unterricht, Probleme zu Hause, Anerkennung bei den Mitschülerinnen und Mitschülern ...) und nicht unbedingt automatisch als Machtkämpfe verstanden werden müssen. Zudem wird gezeigt, wie Emotionen kontrolliert werden können im Sinne von: Ich bin für meine Gefühlsreaktionen und das Klassenklima verantwortlich
2	Veränderte Wahrnehmung	Eine andere Interpretation des ärgerlichen Ereignisses wird möglich. Erste Emotionen werden kontrolliert; es setzt ein Reflexionsprozess ein.
3	Veränderte Emotionen und Einstellungen/Werte	Mit einer anderen Wahrnehmung werden andere Gefühle wach: Fürsorge, Selbstbeobachtung, Neugier...
4	Verändertes Verhalten	Statt sich auf einen emotionalen Clinch einzulassen und auf die gespürte Bedrohung übererregt zu reagieren, kann die Lehrkraft das Problem sachlich beschreiben und im Gespräch Lösungsvarianten in Ruhe diskutieren.
5	Verbesserte Handlungsergebnisse	Die Beziehung zu der Schülerin/dem Schüler und zur Klasse wird besser, Störungen werden weniger
6	Verbesserte Handlungsfolgen	Der Unterricht wird effektiver und für Schülerinnen, Schüler und Lehrkräfte gesünder

3.3 KESS als eine professionelle Lerngemeinschaft für die Personalentwicklung in Schulen

Wer Schulqualität und damit leistungsfähige und gesunde Lehrpersonen will, muss professionelle Praxisreflexion nach Qualität und Quantität ermöglichen und kontrollieren. Reflektierende Praktiker brauchen Zeitgefäße, Kompetenzen,

Strukturen und Prozesse für solche Formen korrektiven Lernens in Lerngemeinschaften.

Das Grundkonzept des Lernformates

Kooperative Entwicklungsarbeit zur Stärkung der Selbststeuerung (KESS) ist ein theoretisch fundiertes Lernformat mit vielfältigen Evaluationen in allen Phasen der Lehrerbildung. Ausführliche Beschreibungen zum Vorgehen sowie Arbeitsblätter und Entwicklungsberichte von Teilnehmern finden sich bei Sieland u. Heyse (2010 b) sowie unter www.kess-portal.de. KESS ist ein Lernarrangement, mit dem »schwierige« Entwicklungs- und Lernprozesse über einen begrenzten Zeitraum von 3–6 Monaten unter Alltagsbelastungen begleitet werden. Es fördert die Verbesserung der Selbststeuerung, d. h. die personale Fähigkeit, Entscheidungen zu treffen, eigene oder selbstkongruente Ziele zu bilden, die verfügbaren Kräfte und Ressourcen ausreichend lange darauf auszurichten, zu bündeln und zu organisieren und diese Ziele wirkungsvoll gegen innere und äußere Widerstände umzusetzen (Fröhlich & Kuhl, 2003, S. 222; Lotmar & Tondeur, 1999).

Die Definition von Selbststeuerung verweist auf typische Misslingensbedingungen von Veränderungsprojekten: Oft werden zu geringe Ressourcen auf zu viele, unklare, konkurrierende und kurzlebige Ziele zersplittert bei vielen Ablenkungen vom Ziel oder pessimistischer Zielverfolgung und dominanten äußeren Widerständen. Um dies zu verhindern, versteht sich KESS als professionelles Lernarrangement auf Zeit, das einen Änderungsprozess durch systematische Selbstreflexion und durch soziale Unterstützung vor dem Hintergrund bewährter Änderungsmodelle (siehe oben) absichert.

Die phasenspezifischen Funktionen von Feedback und Selbstreflexion im KESS-Entwicklungsteam

Betrachten wir, wie sich die Aufgaben von Feedback und Selbstreflexion immer wieder ändern, je nachdem welche Funktion der Selbststeuerung gefördert werden soll und in welcher Phase der systematischen Veränderung sich das KESS-Entwicklungsteam befindet. Ausführlich dazu (Sieland u. Heyse, 2010 b)

- 1. Phase: Aktivierung der Änderungsbereitschaft durch Inkongruenzerfahrungen
  Hier haben die Selbstreflexion und das Feedback im Entwicklungsteam die Funktion, Ergebnisse verschiedener Verfahren wie Online-Screenings oder die SWOT Analyse mit Blick auf die Dringlichkeit des Änderungsbedarfes und die verfügbaren Ressourcen zu klären.
- 2. Phase: Zielklärung und emotionale Aufladung
  Hier haben die Selbstreflexion und das Feedback im Entwicklungsteam die Funktion, die Wünschbarkeit und Realisierbarkeit alternativer Entwicklungs-

ziele unter Alltagsbelastungen kritisch zu klären. Der Vorstellungstest ausreichender Zielerreichung soll dazu anregen, die Ambivalenz der Ziele und potenzielle Nebenwirkungen vorab zu reflektieren.

- 3. Phase: Handlungsplanung und imaginatives Probehandeln zur Planüberprüfung
  Hier haben die Selbstreflexion und das Feedback im Entwicklungsteam die Funktion, den Entwurf eines persönlichen Entwicklungsplans einschließlich des Umgangs mit inneren und äußeren Widerständen zu fördern und durch imaginatives Probehandeln aller Beteiligten den Plan auf seine Umsetzbarkeit zu prüfen.
- 4. Phase: Ausführung der Verhaltensänderung mit laufendem Peercoaching
  Hier haben die Selbstreflexion und das Feedback im Entwicklungsteam die Funktion, die Aufmerksamkeit des Selbstentwicklers auf sein Ziel und seine Umsetzungserfahrungen zu fokussieren, für mögliche Nebenwirkungen bei der Umsetzung zu sensibilisieren und Rückfalltendenzen frühzeitig zu erkennen und kritisch zu diskutieren.
- 5. Phase: Stabilisieren und Metalernen
  Hier haben die Selbstreflexion und das Feedback im Entwicklungsteam die Funktion, die Aufmerksamkeit auf die Verstetigung der Anwendung zu lenken und durch kritischen Vergleich mit früheren Änderungsprozessen die entscheidenden Faktoren für Fort- und Rückschritte im aktuellen Entwicklungsprojekt zu identifizieren. Durch diesen Prozess des Metalernens sollen die Teilnehmerinnen ihr Änderungspotenzial im Sinne der persönlichen und sozialen Selbstwirksamkeit gemäß Tabelle 3 erarbeiten.

Mit diesem Vorgehen unterstützt KESS die Verbindlichkeit und Umsetzung von Zielvereinbarungen bzw. Entwicklungsplänen und fördert die nachsteuernde Flexibilität bei Anwendungsversuchen unter Alltagsbedingungen. Damit ist KESS ein entscheidender Wirkkraftverstärker für die Anwendungssicherung von Weiterbildungskursen. Je mehr hochwertige Kurse kostengünstig für Lehrkräfte im Internet angeboten werden z. B. unter www.lehrergesundheit-leuphana.de sowie unter http://gesundheitstrainingsonline.de/ umso größer wird die Bedeutung der kooperativen Selbstprofessionalisierung vor Ort.

Tabelle 3: Metalernen in der 5. KESS-Phase durch Verständnis für das eigene Änderungspotenzial

Änderungspotential von Lehrpersonen	
Analysewissen	Wo sind aktuelle Stärken und Schwächen und künftige Chancen und Gefahren? Wo sind Ressourcen?
Erklärungswissen	Wie ist es dazu gekommen? Wer oder was hält den riskanten Ist-Zustand aufrecht?
Begründungswissen	Warum muss die Veränderung jetzt beginnen. Wozu soll sie führen, was soll sie vermeiden?
Veränderungswissen	Wer muss was in welcher Reihenfolge tun bzw. unterlassen, um Chancen zu nutzen und Gefahren abzuwenden? Welche Nebenwirkungen können im Veränderungsprozess auftreten und müssen kontrolliert werden?
Umsetzungswissen	Wie können jeder Einzelne und wir alle dazu beitragen, damit die notwendigen Veränderungen unter den gegebenen Bedingungen trotz aller Änderungshindernisse umgesetzt werden?

3.4 Fazit

Welche Ressourcen sind erforderlich, um Veränderungslernen durch kooperative Selbstprofessionalisierung zu ermöglichen?

- Eine Lehrerbildung, die die Entwicklungsarbeit in professionellen Lerngemeinschaften von Anfang an vermittelt und in das professionelle Leitbild integriert.
- Lehrpersonen, die als reflektierende Praktiker ihre Praxis trotz Handlungsdruck infrage stellen und abweichende Positionen verständnisvoll und herausfordernd mit Blick auf die Phasen bewährter Änderungsmodelle einbringen.
- Verfahren kooperativer Selbstprofessionalisierung um die letzte Meile der Anwendung neuer Handlungspläne abzusichern.
- Angemessene Rahmenbedingungen (Orte, Zeitgefäße, Strukturen, Prozeduren und Qualitätskontrollen), durch die diese Art der Peer-Supervision als Handlungsvor- und Nachbereitung ermöglicht wird und eingefordert werden kann.

Hier ist bei allen Verantwortlichen für alle Phasen der Lehrerbildung noch viel Veränderungslernen notwendig!

3.5 Online-Tools for Schools

Im Folgenden finden Sie Links zu Webseiten, in denen Trainings in komplexen Anwendungssituationen angeboten werden, die für Sie und Ihre Kollegien hilfreich sein können. Die Trainings sind jeweils mit einer Kurzbeschreibung versehen. Es handelt sich um Instrumente, die

1. gezielt Kompetenzen und Handlungswissen in und für Anwendungssituationen trainieren,
2. die professionelle Reflexion von Alltagsproblemen, gewohnheitsmäßigen Handlungsmustern und eigener Potenziale unterstützen,
3. Informationen und Anregungen für die Wahl erreichbarer Entwicklungsziele und -schritte bieten.

Der geringe Wirkungsgrad klassischer Kompetenztrainings: Bisher versuchen gängige Lernformate Verhaltensänderungen in zwei Schritten zu erreichen: zunächst durch Kompetenztrainings als Erwerbslernen im geschützten Raum und dann durch Anwendungslernen in komplexen Situationen unter Alltagsdruck.
Lehrerweiterbildung geschieht meist in Kursen oder als Schulentwicklungstag. Dabei sind Lehrkräfte vom Alltagsdruck entlastet. Sie können sich gut auf das Neue konzentrieren und fühlen sich meist wohl, weil sie einen sympathischen Sitznachbarn gewählt haben. Alle diese Pluspunkte klassischer Weiterbildung sind dafür verantwortlich, dass nur 10% dessen, was so gelernt wird, am Arbeitsplatz ankommt. Es bleibt häufig bei Erwerbslernen ohne Anwendungslernen.

Erwerbslernen: Hier werden neue Erlebens- oder Handlungsmuster erworben. Dabei muss und kann man sich auf die ungewohnten Handlungsmuster konzentrieren und hat dabei wenig Kapazität für parallel laufende Anforderungen. Damit die neuen Muster trotz Alltagsdruck in komplexen Situationen angewendet werden und der Rückfall auf gewohnte Drehbücher vermieden wird, muss der innere Regisseur die handlungsleitenden Drehbücher des Anwenders verändern, selbst wenn die Interaktionspartner noch ihre alten Skripte anwenden *(siehe Anwendungslernen)*.

Anwendungslernen: Im Alltag handeln wir in kritischen Situationen unter Anspannung, Termindruck und Ablenkung durch andere Gedanken. Hier ist die Wahrscheinlichkeit groß, dass wir dabei unsere gewohnheitsmäßigen Verhaltensmuster realisieren und sie weiter perfektionieren (= Anpassungslernen). Wer 16 Stunden pro Tag wach ist, trainiert 5840 Stunden seine laufenden Wahrnehmungs-, Bewertungs- und Handlungsgewohnheiten. Es macht daher großen Sinn, nicht nur Verhaltenskompetenz **für** knifflige Alltagssituationen zu erwerben (=Erwerbslernen), sondern diese auch gleich unter Alltagsdruck

in schwierigen Situationen zu trainieren (Anwendungslernen).
Man kann generell vermuten, dass das Mischungsverhältnis von Erwerbs- zu Anwendungslernen in kritischen Situationen für nachhaltiges Veränderungslernen entscheidend ist. Zudem sollte das Anwendungslernen die Ge- und Misslingensfaktoren sowie Nebenwirkungen der Verhaltensänderungen immer mitreflektieren.

Die folgenden Online-Tools haben diese Funktionen. Sie können von Einzelpersonen alleine oder in kleinen Gruppen genutzt werden. Die Trainingsdauer reicht von einer bis zu sechs Wochen. Die Trainings bestehen aus einer Einheit Erwerbslernen pro Woche, die ca. 15 Minuten bis ca. 45 Minuten dauern, sowie aus diversen Anwendungsaufgaben im Alltag. Die Trainingsdauer können die Teilnehmer je nach individueller Auslastung beliebig verlängern. Sie wählen entweder ein Selbsttraining oder verschieden intensive Rückmeldungen durch einen Coach.

1. Kompetenzerwerb durch Anwendungstrainings

- **Training emotionaler Kompetenzen für Schulleitungen, Lehrpersonen und SchülerInnen:** Hier trainieren die Teilnehmer, wie sie ihre Gefühle im Alltag so gestalten können, dass sie nach innen und außen hilfreich sind. Die Wirkungen sind eine angemessene Problembetroffenheit und ein effektiver Überlastungsschutz. Dieses Training ist vollständig internetbasiert oder im Blended-Learning-Format (mit zwei Präsenzveranstaltungen) durchführbar. Anmeldung und Infos unter: **eckert@leuphana.de**
- **Training gegen Prokrastination (Aufschieberitis):** Hier finden Sie das 14-Tage-Training gegen Aufschiebeverhalten (Online-Training). Es bewirkt eine Reduzierung von Aufschieberitis und zugleich senkt es den durch Aufschieben entstehenden Stress. Anmeldung und Infos unter **eckert@leuphana.de**
- **Fünf-Minuten-Anwendungstraining:** Hier können Sie sich per E-Mail anmelden und erhalten dann über einen Zeitraum von sieben Tagen jeweils eine E-Mail mit Vorschlägen, wie Sie täglich in nur 5 Minuten etwas für ihre Gesundheit und Leistungsfähigkeit tun können. Zugang: **www.5-minuten.com**
- **GETON Gesundheitstraining:** Hier finden Sie verschiedene internetbasierte Programme zur Förderung der Gesundheit und Leistungsfähigkeit. Zugang: **http://www.geton-training.de**

2. Unterstützung bei der Alltags- und Potenzialreflexion

- **Online-Potenzialanalysen** mit sofortiger Rückmeldung und Beratungshinweisen für Gymnasiasten, Lehramtsstudierende, Anwärter/innen, Berufseinsteiger sowie Lehrer im Dienst (einzeln und in Gruppen/Kollegien), viele

Links u.a. zu allen Bildungsservern. Außerdem nützliche Angebote für Berater und Lehrerbildner. Zugang: **www.cct-germany.de**

- **Zeittagebuch:** Hier erfahren Sie Einzelheiten über Ihren Zeitaufwand für Ihre verschiedenen Rollen und Aufgaben im Berufs- und Privatleben, über Ihre dabei erlebten Stimmungen und deren Verlauf den Tag bzw. die Woche hindurch, über Vergleichswerte anderer Lehrkräfte, die dieses Tagebuch nutzen. Zugang: **http://zeittagebuch-vbe.de**
- **Das Lehrerforum** als multiprofessionelle Lerngemeinschaft verbindet Gesprächspartner aus dem Kreis der Kollegen und der Fachleute anderer Disziplinen über alle Phasen der Lehrerbildung. Hier können Sie anonym Probleme schildern und Fragen stellen (Entlastungsfunktion), Kolleginnen und Kollegen ihre Erfahrungen mitteilen und vom Rat der Fachleute anderer Disziplinen profitieren. Berater können das Forum als kurzfristige Hilfe bei langen Wartelisten nutzen. Zugang: **www.lehrerforum.de**

3. Anregungen für die eigene Zielfindung und Entwicklungsprozesse

- **Gemeinsam gesunde Schule entwickeln:** Hier finden Sie u.a. Entwicklungsberichte von Schulen sortiert nach Projektthemen, Zeit- und Personalaufwand. Schulen, die ein ähnliches Projekt planen, können von den Vorerfahrungen dieser Schulen profitieren. Zugang: **www.gemeinsam-gesunde-schule-entwickeln.de**
- **Handbuch Lehrergesundheit:** PDF-Dokument: DAK-Gesundheit & Unfallkasse NRW (Hrsg.) (2012). Handbuch Lehrergesundheit – Impulse für die Entwicklung guter gesunder Schulen. Köln: Carl Link. Zugang: **http://www.handbuch-lehrergesundheit.de**

3.6 Literatur

Altrichter, H./Posch, P. (1998): Lehrer erforschen ihren Unterricht. 3. überarb. Aufl. Bad Heilbrunn.

Argyris, C., Schön, D. (2002). Die lernende Organisation. (2. Aufl.). Stuttgart: Klett-Cotta.

Blom, H. (2000). Der Dozent als Coach. Neuwied: UniversitätsVerlag Webbler.

Bonsen, Martin; Rolff, Hans-Günter (2006). Professionelle Lerngemeinschaften von Lehrerinnen und Lehrern in Zeitschrift für Pädagogik 52 (2006) 2, S. 167–184.

Bruner, J. und Postman, L. (1951). An approach to social perception. In: W. Dennis & R. Lippitt (eds.), Current trends in Social psychology (pp. 71–118). Pittsburgh: University of Pittsburgh Press.

Eckert, M., Ebert, D. & Sieland, B. (2011). Unterrichtshandeln von Lehrkräften und Schülern verbessern durch Förderung emotionaler Kompetenzen. In

U. W. Kliebisch & M. Balliet (Hrsg.), Lehrerhandeln (S. 175–189). Hohengehren: Schneider Verlag.
Fröhlich, S. M. & Kuhl, J. (2003). Das Selbststeuerungsinventar: Dekomponierung volitionaler Funktionen. In J. Stiensmeier-Pelster & F. Rheinberg (Hrsg.), Diagnostik von Motivation und Selbstkonzept (S. 221–257). Göttingen: Hogrefe.
Horster, L. u. Rolff, H.-G. (2006): Unterrichtsentwicklung: Grundlagen einer reflektorischen Praxis. Weinheim (Beltz)
Lotmar, P. & Tondeur, E. (1999). Führen in sozialen Organisationen. Ein Buch zum Nachdenken und Handeln, 6. Auflage. Bern: Haupt.
Masch, N., Sieland, B. (2012). Unterstützungssysteme: Professionelle Lerngemeinschaften für reflektierende Praktiker. In Sandfuchs, U., Melzer, W., Dühlmeier, B. und Rausch, A. (Hrsg.). *Handbuch Erziehung*. Bad Heilbrunn: Verlag Julius Klinkhardt (UTB) S. 634–639.
Mutzeck, W. & Schlee, J. (Hrsg.) (2008). Kollegiale Unterstützungssysteme. Ermutigung und Selbsthilfe von unten. Stuttgart: Kohlhammer.
Piaget, J. (1972). Die Entwicklung des Erkennens. Stuttgart: Klett.
Schön, D. A. (1983). The Reflective Practitioner. London: Temple Smith.
Sieland, B. u. Heyse, H. (2010 a). Personale Strategien: Gesundheit der Lehrkräfte für die Qualität professionellen Handelns. In P. Paulus (Hrsg.) Bildungsförderung durch Gesundheit. Weinheim: Juventa, S. 199–228.
Sieland, B. u. Heyse, H. (2012). Schulentwicklung – vom Änderungsbedarf zum Handlungsplan. In DAK-Gesundheit & Unfallkasse NRW (Hrsg.), Handbuch Lehrergesundheit – Impulse für die Entwicklung guter gesunder Schulen (S. 151–196). Köln: Carl Link.
Sieland, B. u. Heyse, H. (2010 b). Verhalten ändern – im Team geht's besser! Die KESS-Methode – Handbuch für Lehrgangsleiter mit Arbeitsbuch für Kursteilnehmer und Selbstlerner. Göttingen: Vandenhoeck und Ruprecht.
Sieland, B. u. Rahm. T. (2010). Reale und virtuelle professionelle Lerngemeinschaften für reflektierende Praktiker/-innen. In F. H. Müller, A. Eichenberger, M. Lüders u. J. Mayr (Hrsg.). (2010). Lehrerinnen und Lehrer lernen – Konzepte und Befunde zur Lehrerfortbildung. S. 249–259. Münster: Waxmann.
Strittmatter, A. (2006). Kollegien als professionelle Lerngemeinschaften. In Journal für Schulentwicklung. 1, 2006, 1. Jahrgang, S. 12–18.
Watzlawick, P (2009). Anleitung zum Unglücklichsein. München Piper 15. Aufl.

VI. Qualitätsmanagement

1. Kulturwandel in Schulen: Die Bedeutung von Geist und Haltung aus neurobiologischer Sicht

Gerald Hüther

Von Albert Schweitzer stammt der bemerkenswerte Hinweis das Heil der Welt liege nicht in neuen Maßnahmen, sondern in einer anderen Gesinnung. Nachdem wir im letzten Jahrhundert erleben mussten, welch unvorstellbares Leid von selbsternannten Heilsbringern und der Verbreitung ihres Ungeistes ausgegangen ist, bleibt es nur zu allzu verständlich, dass uns heute noch immer die Zunge den Dienst versagt und im Gehirn heftige Alarmreaktionen in Gang gesetzt werden, wenn wir diesen Hinweis von Albert Schweitzer zu lesen und zu verstehen versuchen. Den Begriff Gesinnung haben wir längst in der Rumpelkammer unseres Sprachzentrums in einer tiefliegenden, kaum mehr zugänglichen Furche des Brocca-Areals vergraben. Dort würden wir ihn auch gern weiter ruhen lassen, ebenso wie die anderen beiden Begriffe, die so eng mit dem zusammenhängen, was Gesinnung meint: der Haltung, die eine Person in ihrem Verhalten zum Ausdruck bringt und dem Geist, der es Menschen in Gemeinschaften ermöglicht, gemeinsame Erfahrungen zu machen, gemeinsame Ziele zu verfolgen, ein Gefühl von Zugehörigkeit zu erleben.

Es ist unangenehm und erzeugt beträchtlichen Widerstand, diese bereits weitgehend dem Vergessen anheimgegebenen oder – wo das nicht gelang – doch jahrzehntelang so tapfer verdrängten und vom tagtäglichen Leben und Zusammenleben abgespaltenen Begriffe wieder aus der Mottenkiste hervorzuholen. Aber zum Glück verfügen wir ja über ein zeitlebens lernfähiges Gehirn. Und wir können damit denken und tun, was wir wollen. Wir können bei dem, was wir denken und tun, auch bei dem, was wir am liebsten nicht denken wollen und nicht zu tun bereit sind, Fehler machen. Wir müssen sogar immer wieder Fehler machen. Denn nur aus unseren Fehlern können wir lernen, wie wir sie künftig vermeiden. Ich möchte Sie daher einladen, gemeinsam mit mir darüber nachzudenken, ob es möglicherweise ein Fehler war, die Begriffe Geist und Haltung aus unserem Sprachschatz zu verbannen, und damit auch aus unserem Leben und unserem Zusammenleben in der Familie, im Kindergarten, in unseren Schulen und allem, was danach kommt. Denn eines wird auf der Ebene all dieser Gemeinschaften inzwischen unübersehbar und auch nicht mehr länger verdrängbar: Wenn sich niemand um den Geist kümmert, der in einer menschlichen Gemeinschaft herrscht, kommt über kurz oder lang ein anderer Geist, und dann ist es fortan dieser von irgendwoher eingewanderte Ungeist, der das Zusammenleben in der jeweiligen Gemeinschaft zunehmend bestimmt, der das Denken, Fühlen und Handeln der Mitglieder dieser Gemeinschaft beherrscht und damit auch all die Haltungen hervorbringt, die die Mitglieder einer solchen Gemeinschaft in diesem geistigen Klima zwangsläufig entwickeln.

Der Crash des Banken- und Finanzsystems bietet uns eine gute Gelegenheit, noch einmal sehr ernsthaft darüber nachzudenken, wie sehr alles und was alles aus dem Ruder läuft, wenn sich ein Ungeist innerhalb einer Gemeinschaft ausbreitet, der die Haltungen der Mitglieder dieser Gemeinschaft bestimmt. Was für unser Finanzsystem gilt, gilt freilich ebenso für unser Bildungssystem. Und was für die in dieses Finanzsystem eingebundenen Banken gilt, gilt auch für die in unser Bildungssystem eingebundenen Schulen. Es lohnt sich also vielleicht doch, sich genauer anzuschauen, welcher Geist gegenwärtig in unseren Schulen herrscht und mit welchen Haltungen Schulleiter, Lehrer und Schüler vor allem in den besonders gut an den Geist unseres Bildungssystems angepassten und von ihm abhängig gewordenen Schulen unterwegs sind.

Wie schön, dass uns bei dieser Betrachtung inzwischen auch die neueren Erkenntnisse aus der Hirnforschung zu Hilfe kommen.

1.1 Tausendmal probiert, und tausendmal ist nichts passiert: Die Grenzen der Machbarkeit

Das aus dem letzten Jahrhundert stammende und an der Funktionsweise von Maschinen orientierte Denken hat uns dazu verleitet, auch Menschen wie Maschinen zu betrachten. Dazu zählen auch die Lehrerinnen und Lehrer. Deshalb wurden sie – so gut es ging – auf ihr Funktionieren hin optimiert: In der Lehrerausbildung und durch Fortbildungsmaßnahmen mit dem Ziel, sie mit dem für ihre Funktion erforderlichen Wissen und Können auszustatten. Anschließend wurde durch – mehr oder weniger geeignete – Wartungsmaßnahmen dafür gesorgt, dass sie möglichst lange funktionstüchtig blieben. Ebenso wie die Lehrer sind auch die Schüler Menschen. Und weil sie ebenfalls als durch geeignete Maßnahmen zu optimierende Maschinen betrachtet wurden, gab es immer neue Bildungspläne, Beschulungsvorgaben, Unterrichtsgestaltungsvorschriften, Lernzielvereinbarungen und unzählige andere Maßnahmen, die, von den Lehrern kompetent eingesetzt, dazu führen sollten, dass diese Schüler gebildet wurden. PISA lässt grüßen ...

Das Dumme an all diesen, wie auch an allen noch kommenden Maßnahmen ist nur, dass man durch Maßnahmen keine Haltungen verändern oder hervorbringen kann, weder auf Seiten der Lehrpersonen noch auf Seiten derjenigen, die von diesen Lehrpersonen belehrt, beschult oder unterrichtet werden. Jedenfalls nicht die Haltungen, derer es bedürfte, damit das Lehren und Lernen in der Schule gelingen kann.

1.2 Auch wenn nichts passiert, passiert etwas: Druck erzeugt Spannungen

Wie uns die Hirnforscher inzwischen mit Hilfe ihrer neuen bildgebenden Verfahren zeigen, lernt das Gehirn immer. Allerdings nicht immer das, was es soll. Es lernt vor allem durch am eigenen Leib gemachte Erfahrungen. Und nun dürfen Sie dreimal raten, was ein Lehrer oder ein Schüler für Erfahrungen sammelt, die sich dann in seinem Frontallappen in Form komplexer Netzwerke verdichten und als erworbene Haltungen verankert werden, wenn sich Lehrer wie Schüler als Objekte irgendwelcher, von oben verordneter, von ihnen nicht immer zu verstehender und noch seltener selbst zu gestaltender Maßnahmen erleben ...

Richtig, sie entwickeln eine Haltung, die man weder sehen noch messen kann, die manche lauthals äußern, andere stillschweigend ertragen. Zum Ausdruck kommt diese Haltung auf vielfältige Weise. Aber das gemeinsame Merkmal all dieser Haltungen und des aus diesen Haltungen erwachsenden Verhaltens ist offenkundig: Sie machen immer neue, noch effizientere Maßnahmen erforderlich. Sie vergiften die Atmosphäre in der Schule und sie töten ihren Geist – falls es dort je einen gab.

Damit schaffen sie Raum für den Einzug eines anderen Geistes, beispielsweise eines Verwaltungsgeistes, eines Pflichterfüllergeistes oder eines Klagegeistes. Und der erzeugt dann die entsprechenden, zu diesem Geist passenden Haltungen. So entsteht ein sich selbst stabilisierendes, von oben durch einen Ungeist und von unten durch dazu passende Haltungen wechselseitig gestütztes System. Das fällt so schnell nicht zusammen. Das verändert sich auch nicht. Und es bringt immer nur das Gleiche hervor: unglückliche Lehrer und unglückliche Schüler. Wer aber nicht das bekommt, was er zum Glücklichsein braucht, nimmt sich das, was ihm mit der Verheißung des Glücklichmachens angeboten wird: Ersatzbefriedigungen. Jedenfalls solange er sich auf dieses Spiel einlässt. Wer das nicht kann, weil er noch eine andere Haltung hat – wird entweder krank oder zum Initiator und Inspirator, und damit zur Keimzelle eines Kulturwandlungsprozesses. Der beginnt dann zwangsläufig auch nicht oben, sondern unten. Und er wird auch nicht getragen durch neue Maßnahmen, sondern durch eine andere Gesinnung.

1.3 Haltungen entstehen durch Erfahrungen

Noch einmal: Das Gehirn lernt durch Erfahrungen. Und die wichtigsten Erfahrungen machen Menschen in ihrer Beziehung zu anderen Menschen. Im Gegensatz zu all dem im Lauf des Lebens, auch in der Schule und nun oft auch schon im Kindergarten auswendig gelernten Wissen, bilden diese in der Beziehung zu den Phänomenen der äußeren Welt (die primär eine von anderen Menschen gestaltete Welt ist) vor allem bei der Lösung von Problemen (die meist von anderen verursacht werden) und bei der Bewältigung von Herausforderungen (die von anderen geschaffen werden) gemachten Erfahrungen die Grundlage für alle späteren Bewertungen. Diese eigene Bewertung ist bestimmend dafür, was wie wahrgenommen und interpretiert und worauf dann auf welche Weise reagiert oder nicht reagiert wird. Diejenige Hirnregion, in der unsere Erfahrungen strukturell verankert werden und die wir als Grundlage für unsere Bewertungen aktivieren, können die Hirnforscher inzwischen recht gut in der jüngsten und komplexesten Region unseres Gehirns, dem präfrontalen Cortex, lokalisieren.

Alle Erfahrungen, die wir machen und die zur Bahnung und Strukturierung dieser sich im präfrontalen Cortex herausbildenden neuronalen Netzwerke führen, sind dadurch gekennzeichnet, dass sie »unter die Haut« gehen. Es kommt also immer dann, wenn wir eine neue Erfahrung machen, zu einer gleichzeitigen Aktivierung kognitiver Netzwerke (Was war los? Was habe ich wahrgenommen? Wie habe ich reagiert? Mit welchem Effekt?) und emotionaler Netzwerke (Wie hat sich das angefühlt? Wie ist es mir ergangen, was habe ich empfunden?). Diese simultane Aktivierung emotionaler und kognitiver Netzwerke führt dazu, dass die betreffenden Netzwerkstrukturen aneinander gekoppelt, miteinander verknüpft werden. Erfahrungen sind also niemals nur kognitiv oder nur emotional, sondern immer gleichzeitig kognitiv und emotional verankert. Wiederholt gemachte Erfahrungen verdichten sich dabei zu einer Art Integral über alle bisher gemachten, ähnlichen Erfahrungen. Dieses so abgespeicherte »Erfahrungsintegral« bildet dann die Grundlage für das, was wir »Haltung«, »innere Überzeugung« oder eben, sehr verstaubt, auch »Gesinnung« nennen. Haltungen sind also immer durch eigene, am eigenen Leib und unter emotionaler Aktivierung gemachte Erfahrungen entstanden. In engen emotionalen Beziehungen können Haltungen auch von anderen Menschen (engen Bezugspersonen) übernommen werden.

1.4 Haltungen verändern sich nur durch neue Erfahrungen

Genau deshalb, weil unsere Haltungen auf erfahrungsbedingten emotional-kognitiven Kopplungsphänomenen beruhen, sind sie so schwer veränderbar. Weder gelingt es, die Haltung eines Menschen durch kognitive Strategien zu verändern (überreden, belehren, unterrichten etc.). Noch sind emotionale Strategien (Bestrafung, Belohnung, Umarmung, Zuwendung) geeignet, einmal erworbene Haltungen eines Menschen zu verändern. Im ersteren Fall wird nur der kognitive Anteil des für die Haltung verantwortlichen Netzwerkes aktiviert, der emotionale Anteil hält das betreffende Netzwerk jedoch in seiner gekoppelten Struktur gefangen.

Im letzteren Fall wird nur der emotionale Anteil des betreffenden Netzwerkes erregt, nicht aber der daran gekoppelte kognitive Anteil. Deshalb bleibt auch die

Strategie des »Küssens und Umarmens« (sog. Kuschelpädagogik) wirkungslos, wenn es darum geht, die Haltung eines Menschen zu verändern.

Angesichts dieser Situation wird das Dilemma begreiflich, vor dem jeder Schulveränderer steht: Das, was zu verändern wäre, sind die Haltungen (der Schulleiter, der Lehrer, der Schüler, auch der Eltern). Aber genau die lassen sich durch all jene Verfahren, die seit Generationen bisher eingesetzt worden sind, um zu erreichen, dass Menschen sich so verhalten, wie das aus was für Gründen auch immer als wünschenswert erschien, nicht verändern. Durch gutes Zureden nicht, durch kluge Ratschläge nicht, nicht durch Bestrafung oder Belohnung, noch nicht einmal durch liebevolle Zuwendung und emotionale Umarmungen.

All das, was bisher immer wieder versucht worden ist, um Menschen zu verändern, funktioniert also nicht, wenn es darum geht, einen Menschen zu einer Änderung seiner Haltung, seiner inneren Überzeugung, seiner Gesinnung zu bewegen.

Das Einzige, was geeignet wäre, Haltungen zu verändern, ist genau das, was wir in unserer vom Machbarkeitswahn und von Effizienzdenken geprägten Welt am wenigsten beherrschen: andere Menschen einzuladen, zu inspirieren, sie zu ermutigen, noch einmal eine andere, eine neue, eine günstigere Erfahrung zu machen. Weil ja individuell erworbene Haltungen durch entsprechende Erfahrungen entstanden sind, können andere Haltungen auch nur durch andere Erfahrungen erworben und im Hirn verankert werden. So einfach ist das. Und doch so schwer für all jene, die nicht in der Lage sind oder die Fähigkeit verloren haben, andere Menschen einzuladen, zu inspirieren, zu ermutigen, eine neue Erfahrung zu machen. Denn um andere Menschen einladen, inspirieren, ermutigen zu können, muss man diese Anderen mögen, müssen einem diese Anderen wichtig sein, ebenso wie das, wozu man sie gern einladen, inspirieren und ermutigen möchte. Dienstleister und Pflichterfüller sind dazu einfach nicht in der Lage. Sie haben eine dafür nicht geeignete Haltung.

1.5 Haltungen brauchen ein sie stabilisierendes Dach, und dieses Dach ist der in einer Schule herrschende Geist

Was die Haltung auf der Ebene des Individuums bewirkt, bewirkt der Geist auf der Ebene einer Gemeinschaft. Genau so, wie die individuellen Haltungen, die ein Mensch im Lauf seines Lebens aufgrund seiner dabei gemachten Erfahrungen ausgebildet hat, so entscheidend dafür sind, wie und wofür der Betreffende sein Gehirn benutzt und damit auch nutzungsabhängig strukturiert, so ist es der innerhalb einer Schulklasse, innerhalb einer Schule oder innerhalb einer anderen Gemeinschaft herrschende Geist, der darüber bestimmt, welche Erfahrungen die einzelnen Mitglieder dieser Gemeinschaft machen können und welche Haltungen sie innerhalb dieses geistigen Erfahrungsraumes entwickeln. Äußerlich erkennt man den Geist einer Schule an dem dort herrschenden Klima. Und wenn das Klima in einer Schule oder einer Schulklasse immer kälter wird, muss sich jeder Einzelne, Lehrer wie Schüler, dort zwangsläufig wärmer anziehen.

Ebenso wenig, wie sich eine lernförderliche, die Entfaltung individueller Potenziale ermöglichende Haltung bei Lehrern und Schülern durch Maßnahmen herstellen lässt, kann man einen diese Haltung hervorbringenden und stabilisierenden Geist durch irgendwelche Regelungen, Vorschriften oder Appelle erzeugen. Damit ein solcher anderer Geist, also ein günstiges Klima für das Lehren und Lernen in einer Schule entstehen kann, muss sich jemand um diesen Geist kümmern. Dazu müssten in der Schule und im Unterricht Erfahrungsräume geschaffen werden, die die Herausbildung eines solchen »guten Geistes« der gegenseitigen Wertschätzung, der Achtung und Unterstützung, von Leistungs- und Lernbereitschaft, des Herausforderns und des Förderns und des miteinander Lebens und Lernens, also im weitesten Sinn der Potenzialentfaltung auf Seiten der Lehrer wie auch auf Seiten der Schüler ermöglichen. Ein solcher Potenzialentfaltungsgeist kann freilich nur dann in einer menschlichen Gemeinschaft entstehen, wenn das Zusammenleben und das gemeinsame Lernen nicht mehr von Angst, Leistungsdruck und Wettbewerb bestimmt werden.

Innerhalb dieses Druck erzeugenden Wettbewerbssystems sind es zwangsläufig immer diejenigen, die am wenigsten verängstigt, unterdrückt und von anderen abhängig geworden sind, also die stärksten, authentischsten Persönlichkeiten, die den Geist einer Schule bestimmen. Das sollte eigentlich der Leiter oder die Leiterin einer Schule sein. Aufgrund ihrer besonderen Stellung, ihrer langen Erfahrung, ihrer starken Persönlichkeit und ihrer bewusst zum Ausdruck gebrachten Haltungen müssten sie am ehesten in der Lage sein, andere einzuladen, zu inspirieren und zu ermutigen, eine neue Erfahrung zu machen. Sie könnten am leichtesten die entsprechenden Rahmenbedingungen für solche neuen Erfahrungen schaffen. »Supportive Leadership« nennt man diese neue Führungskultur in der Wirtschaft. Und das heißt nichts anderes, als dass derjenige, der mehr Einfluss, Verantwortung und Erfahrung besitzt, alles, was in seiner Macht steht, auch wirklich tut, um die Potenziale seiner Mitarbeiter zur Entfaltung zu bringen.

Leider ist dieser Führungsstil auch in Wirtschaftsunternehmen noch nicht allzu weit verbreitet. Aber überall dort, wo er bereits praktiziert wird, sprechen die Erfolge für sich. Die alte Ressourcenausnutzungskultur verwandelt sich dann nämlich in eine zukunftsfähige Potenzialentfaltungskultur. Und wo wäre genau das dringender erforderlich als in unseren Schulen? Denn das ist ja eine weitere wichtige Erkenntnis der Neurobiologie: Die Potenziale, mit denen jedes Kind auf die Welt kommt und die in Form eines immensen Überangebots synaptischer Verknüpfungsangebote in seinem Gehirn bereitgestellt werden, sind weitaus größer als das, was nach seiner »erfolgreichen« Beschulung davon übrig bleibt. Hier geht also unglaublich viel Potenzial verloren. Mithin wäre noch einiges zu tun. Aber wie packen wir das an? Wie bringen wir einen Potenzialentfaltungsgeist und die entsprechenden Haltungen in unsere Schulen?

1.6 Ein praktisches Beispiel für die Veränderung von Geist und Haltung in Schulen »von oben«: Neue Lernkultur in Kommunen

Es gibt eine ganz Reihe von Schulen, in denen es einem engagierten Schulleiter oder einer Schulleiterin tatsächlich gelungen ist, die Rolle eines »supportive Leaders« zu übernehmen und die für einen Kulturwandel bzw. für die Entstehung eines neuen Geistes erforderlichen Rahmenbedingungen zu schaffen. Was sich daraus entwickelt hat, sind Inseln des gelingenden Lehrens und Lernens. Hier geschieht endlich das, was Bildung in Wirklichkeit ausmacht: begeisterte Selbstbildung. Nicht die passive Aneignung von Wissen, sondern das Wecken eines Geistes, der neue Erkenntnisse und neues Wissen aktiv hervorbringt.

Aber auch Inseln des Gelingens bleiben anfällig für Störungen. Vor allem dann, wenn sie noch sehr klein sind und weit und breit kein festes Land in Sicht ist, wenn sie also nicht in ein übergeordnetes System mit einem entsprechenden Potenzialentfaltungsgeist eingebettet sind. Das könnte beispielsweise die jeweilige Kommune sein, in der diese Schule beheimatet ist. Man müsste deshalb versuchen, nicht einzelne Schulen, sondern eine ganze Kommune in eine solche Insel einer neuen Lernkultur zu verwandeln. Im Rahmen eines vom Thüringer Kultusministerium initiierten Modellprojektes (www.nelecom.de) werden in den beteiligten »Pilotkommunen« die Kindergärten und Schulen geöffnet für das, was es in der jeweiligen Kommune für Kinder und Jugendliche zu entdecken und zu gestalten gibt. Dabei geht es um mehr als um Mitbestimmung und Mitgestaltung des kommunalen Lebens. Es geht um eine neue Kultur des sich Einbringens, des miteinander Wachsens und des gemeinsam über sich Hinauswachsens, nicht nur der nachwachsenden Generation, sondern möglichst vieler Mitglieder der gesamten Kommune. In diesen neuen Geist eingebettet, würden die Schulen davon automatisch mit erfasst und mit getragen. Ziel dieses Modellprojektes ist also ein Kulturwandelprozess, der nicht von einzelnen Schulen, sondern von dem übergeordneten System der gesamten Kommune in Gang gebracht wird.

1.7 Ein simpler Vorschlag für die Veränderung von Geist und Haltung in Schulen »von unten«: Die Verwandlung von Schulklassen in Lerngemeinschaften

Stellen Sie sich vor, wir würden die Entstehung eines »Klassengeistes« in neu zusammengestellten Schulklassen nicht dem Zufall überlassen, sondern bewusst und gezielt Rahmenbedingungen dafür schaffen, dass sich ein »Potenzialentfaltungsgeist« in diesen Klassen entwickeln kann. Die Schüler solcher Klassen wären dann nicht länger wie bisher üblich gezwungen, den überwiegenden Teil der Unterrichtszeit damit zu verbringen, ihre jeweiligen Rollen innerhalb des sozialen Beziehungsgefüges der Klasse zu finden und zu stabilisieren. Sie wären auch nicht länger gezwungen, ihr schwaches Ego auf Kosten anderer Mitschüler aufzuwerten, hätten Verständnis für eigene Schwächen und die Schwächen Anderer und könnten ihre eigenen Stärken und die besonderen Fähigkeiten anderer Mitschüler wertschätzen. Und sie hätten ein gemeinsames Ziel: ihre Schulzeit optimal zu nutzen, um sich Bildung anzueignen. Eine solche Klasse wäre dann ein Team mit einem Teamgeist, der in der Lage ist, Berge zu versetzen.

In solchen Klassen zu unterrichten, wäre ein Genuss für jeden engagierten Lehrer. Mühelos ließe sich der Unterrichtsstoff vermitteln und erweitern.

Solche Klassen, die einen derartigen Potenzialentfaltungsgeist entwickeln, gibt es. Jeder Lehrer kennt sie und behält sie noch jahrelang in Erinnerung. Aber bisher überlassen wir ihre Entstehung dem Zufall. Warum eigentlich?

Weshalb nehmen wir unsere Funktion als Erwachsene nicht konsequent wahr und kümmern uns darum, dass ein solcher Geist und die durch diesen Geist geprägten Haltungen in unseren Schulklassen entstehen können? Gäbe es mehrere solche von einem Potenzialentfaltungsgeist erfassten Schulklassen, würde sich womöglich dieser Geist in der gesamten Schule ausbreiten. Wirtschaftsunternehmen holen sich professionelle Teambildner in ihre Betriebe. Schulen könnten das auch. Unter www.schule-im-aufbruch.de finden Sie entsprechende Hinweise.

2. Innovationen an Schulen gestalten

Adolf Bartz

Innovationen an Schulen erfordern, dass Lehrerinnen/Lehrer und Schulleitung ihre mentalen Professionsbilder in Frage stellen und verändern. Das geht nur, wenn sie Innovationen selbst gestalten und nicht nur nachvollziehen, was andere ihnen vorgeschrieben haben.

2.1 Zwischen Innovation und Optimierung unterscheiden

Wenn Schulen sich erneuern, geschieht dies in unterschiedlicher Weise: durch Optimierung der Abläufe und der schulischen Arbeit oder durch Innovation, die sehr viel tiefgreifender als eine Optimierung erfordert, vorhandene Werte und mentale Professionsbilder zu transformieren.

Die Optimierung

Das Ziel der Optimierung ist die effektivere und effizientere Gestaltung der Organisation. Dabei verarbeiten die Schulen ihre Problemwahrnehmungen bei Störungen im laufenden Betrieb, die sich sowohl auf die Aufbau- als auch auf die Ablauforganisation beziehen können:

- Aufbauorganisation: Sind Zuständigkeiten klar festgelegt und überschneidungsfrei voneinander abgegrenzt? Sind die unterrichtlichen und außerunterrichtlichen Aufgaben der Schule und der einzelnen Personen angemessen erfasst und durch Stellen- und Aufgabenbeschreibungen definiert?
- Ablauforganisation: Sind die wiederkehrenden Abläufe klar geregelt? Weiß jede Lehr- und Verwaltungsperson, was sie bei diesen Abläufen zu tun hat?

Bei der Optimierung geht es um eine Verbesserung der Handlungsroutinen. Sie entlasten von dem Druck, in Handlungssituationen selbst entscheiden zu müssen, und sie sorgen dafür, dass der laufende Betrieb reibungslos funktioniert. Absicht ist, die Dinge richtig zu machen. Der Grundsatz von Optimierung ist: Wir verbessern unsere Aufbau- und Ablauforganisation, um so weiter arbeiten zu können wie bisher. Dabei lernen die beteiligten Akteure in der Weise des Single-Loop-Learning: Der Abgleich von Ergebnissen und Zielen macht Fehler deutlich und das Handeln wird so korrigiert, dass die vorgegebenen Ziele besser erreicht werden (Abb. 1).

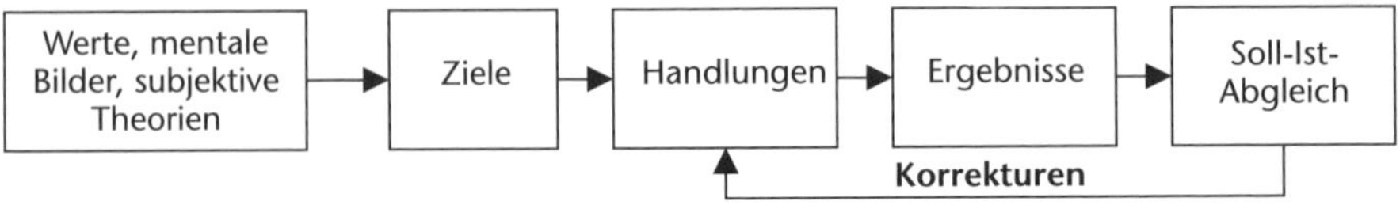

Abb. 1: Single-Loop-Learning

Die Innovation

Innovationen liegt dagegen die Problemerfahrung zugrunde, nicht mehr so weiter arbeiten zu können wie bisher, sondern anders arbeiten zu müssen. Sehr viel tiefgreifender als bei Optimierungsprozessen geht es dann nicht nur um die Weiterentwicklung auf der Grundlage der vorhandenen und handlungsleitenden Werte und mentalen Professionsbilder, sondern um die Transformation dieser Werte und subjektiven Theorien selbst. Absicht ist, die richtigen Dinge zu machen (Abb. 2).

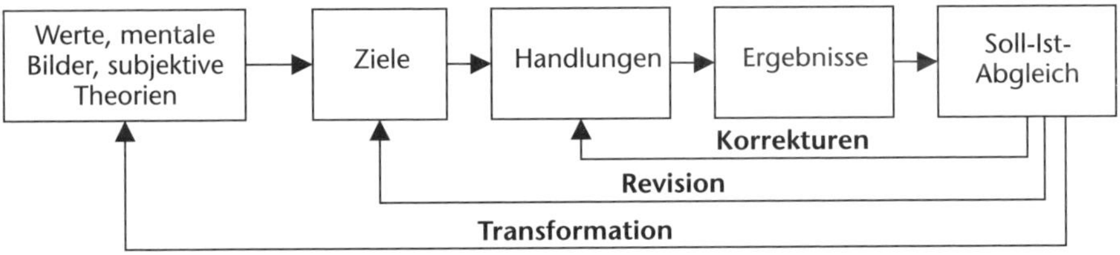

Abb. 2: Double-Loop-Learning (Schreyögg 1999, S. 538 ff.)

Angemessene Strategien auswählen

Je nachdem, um welche Art des Lernens es geht, sind unterschiedliche Strategien des sozialen Wandels (Horster, 2009, S. 246 ff.) vorzusehen – und es ist Aufgabe der Schulleitung, gut im Blick zu haben, welche Strategie für den Umgang mit den Herausforderungen, die sich den Schulen stellen, angemessen ist (Abb. 3).

Während für die Optimierung ausreicht, wenn sie durch Weisungsmacht und rationales Argumentieren initiiert und umgesetzt werden, erfordern Erneuerungen als Innovation Selbstklärung und Selbstentwicklung, denn Menschen können – wenn es um ihre grundlegenden Überzeugungen geht – nicht entwickelt werden; sie können sich nur selbst entwickeln.

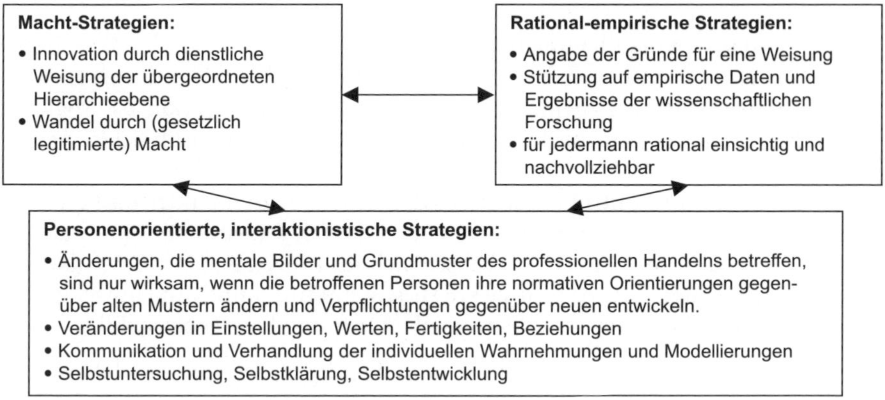

Abb. 3: Strategien des sozialen Wandels

2.2 Energien für Innovationen ermöglichen und nutzen

Innovation an Schulen wirksam zu gestalten, setzt ein angemessenes Verständnis von Entwicklung in Organisationen voraus (Wheatley 1997):

- Ihr Normalzustand ist nicht Stabilität, sondern Instabilität. Fluktuationen und Veränderungen sind Teil des Prozesses, der Ordnung schafft. Was von der Norm abweicht und das Gleichgewicht des Systems stört, bringt neue und komplexere Ordnungen hervor, die besser geeignet sind, den Veränderungen der Umwelt gerecht zu werden. Voraussetzung ist die Selbstorganisation: Je freier sie abläuft, desto mehr Ordnung ist feststellbar.
- Eine solche lebendige Ordnung entsteht nicht als Folge von organisationaler Strukturierung und Planung, sondern dadurch, dass Information vielfältig verbreitet und Kommunikation ermöglicht wird. Durch sie werden die erforderlichen Koordinationsleistungen weitaus wirksamer gewährleistet als durch zentrale Vorgaben.
- Auf die Steuerung von Organisationen Einfluss zu nehmen, gelingt nicht dadurch, dass man Kausalitäten identifiziert und eindeutige Ursache-Wirkung-Beziehungen unterstellt. Wirksame Führung und Steuerung setzen vielmehr ein nicht-lineares, systemisches Denken voraus: Voneinander unabhängige Aktionen und Initiativen können sich wie bei einem Fischschwarm beeinflussen. Jede Bewegung eines Fisches wirkt sich auf die Bewegungen der anderen Fische nicht durch direkte Berührung aus, sondern durch den Einfluss auf die Strömung des Wassers, das alle Fische umgibt. Entsprechend wirkt Führung weniger durch direkte Einflussnahme, sondern durch die Gestaltung von Feldern, die Menschen in Beziehung bringen und aktivieren.

- Die Planung von Projekten ist ohne aktives Handeln abstrakt. Denn das Umfeld, auf das sich die Planung bezieht, entsteht erst durch das Handeln. Innovationsprozesse sind deshalb durch das Wechselspiel von Handlungsentwürfen und der Erfahrung bei ihrer Umsetzung geprägt und der Soll-Ist-Abgleich durch Evaluation ist nicht der Endpunkt, sondern Teil des Entwicklungsprozesses.
- An die Stelle von Kontrolle treten das dynamische Miteinander und das Vertrauen darauf, dass die geeigneten Formen Gestalt annehmen, wenn man sie geschehen lässt, und dass das Wechselspiel der Prozesse in der Organisation Ordnung erzeugt. Gerade weil sie kurzfristig fluktuiert und auf Umweltanforderungen flexibel reagiert, ist eine solche Ordnung langfristig stabil.

Nur in Organisationen mit einer solchen lebendigen Ordnung entstehen auch die Energien, auf die grundlegende Erneuerungsprozesse angewiesen sind. Diese Energien speisen sich aus dem Bewusstsein der Dringlichkeit: Wir können nicht mehr so weiter arbeiten wie bisher, weil sich die Umweltbedingungen geändert haben und z. B. veränderte Schülervoraussetzungen eine andere Art von Unterricht erfordern oder weil veränderte Erwartungen an die Schulen und Aufträge des Schulministeriums zu neuen und höheren Ansprüchen führen. Damit dieses Bewusstsein der Dringlichkeit produktive Energien freisetzt, muss es mit dem Wollen verbunden werden: Der Zielzustand, den wir anstreben, ist attraktiv (Nagel/Wimmer, 2002, S. 301 ff.), motiviert uns und setzt uns in Bewegung, denn wir dürfen von ihm bessere Ergebnisse im Hinblick auf Schülerkompetenzen und Schülerleistungen sowie eine höhere Zufriedenheit mit der Schule für uns selbst wie für unsere Anspruchsgruppen erwarten. Neben dem Müssen und Wollen ist das Können erforderlich: Wir verfügen über günstige Entwicklungsbedingungen und die Kompetenzen, die für die Veränderung von Unterricht und Beziehungsgestaltung erforderlich sind. Ist das nicht der Fall, wissen wir, wie wir uns diese Kompetenzen durch Fortbildung und Austausch in kollegialen Lerngemeinschaften aneignen können. Alle drei Faktoren müssen zusammenwirken: Das Müssen sorgt für Verbindlichkeit, das Wollen für die Energie, sich für die Erneuerung einzusetzen, und das Können dafür, die Anforderungen, die sich aus ihr ergeben, aussichtsreich bewältigen zu können (Strittmatter, 2001).

2.3 Die Phasen von Innovationsprozessen

Werden Organisationen als Systeme mit einer lebendigen Ordnung verstanden, dann reicht das Modell des Management-Kreislaufs (Abb. 4), das nicht nur im Unternehmensbereich, sondern auch in Schulen das dominante Entwicklungsmodell ist, nicht aus.

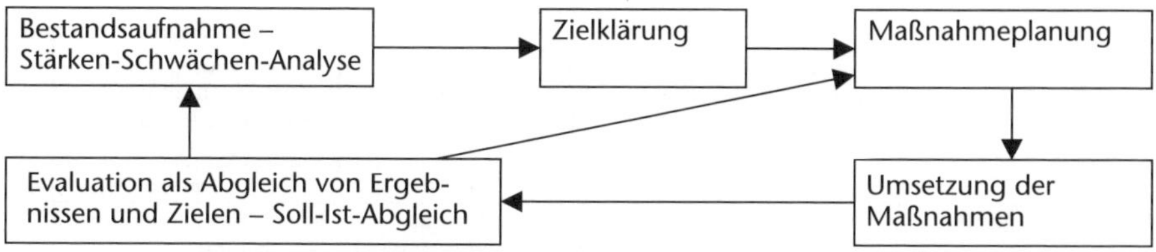

Abb.4: Der Management-Kreislauf von Schulentwicklung

Ein solches Modell versteht Organisationen als kybernetische Maschinen: Sind die Probleme und ihre Ursachen erkannt, rufen geeignete Maßnahmen in einer linearen Kausalwirkung die Folgen hervor, mit denen die Probleme gelöst werden können. Und durch die rationale Verarbeitung von Rückkopplungsinformationen aufgrund des Soll-Ist-Abgleichs ist das soziale System zu einem kontinuierlichen Verbesserungsprozess in der Lage. Der Management-Kreislauf ist für Prozesse der Optimierung durchaus geeignet. Es erweist sich aber als nicht realitätstauglich, wenn es um Innovationen geht. Denn wenn Menschen bereit sein sollen, ihre Werte und subjektiven Theorien in Frage stellen zu lassen und zu transformieren, wenn sie lernen und sich weiter entwickeln sollen, geht das nicht allein auf dem Weg rationaler Informationsverarbeitung und es reicht nicht aus, wenn sie nur nachvollziehen, was andere für sie geplant haben. Solche Erneuerungsprozesse gelingen nur, wenn sie Raum für die Entfaltung des Eigensinns geben und die Möglichkeit dafür bieten, die eigenen Sicht- und Erlebnisweisen einzubringen. Denn Innovationen brauchen Energie und Motivation – und diese speisen sich nicht aus dem Ordnungsrahmen einer Organisation, sondern nur aus dem Eigensinn ihrer Mitglieder.

Für schulische Innovationsprozesse hat das zur Folge, von einer anderen und deutlich komplexeren Prozessarchitektur auszugehen. Sie soll zunächst skizziert (Abb. 5) und dann erläutert werden.

Phase	Ziele / Funktionen	Methoden	Beteiligte
Initiierung	Ideen generieren, Sichtweisen klären, Motivationen und Energien wecken	Ideen- und Bedenkensammlung, Beratung	Austauschforen (offene Lehrerversammlung, Lehrer-Schüler-Eltern-Foren ...)
Reflexion	Prioritätensetzung, Kohärenz im Hinblick auf die Passung zu Werten und anderen Vorhaben	Ideenbewertung, Priorisierungsverfahren	Steuergruppe, Schulleitung
Entscheidung	Auswahl aus alternativen Möglichkeiten	Beschlussverfahren	Schulmitwirkungsgremien
Planung	Projektmanagement einrichten, Maßnahmen festlegen, Fristen setzen	Verfahren der Projektorganisation und der Terminplanung	Arbeits- oder Projektgruppen, Koordination durch Steuergruppe
Implementierung	Umsetzung in Wirkungen und Ergebnisse - Erprobung	Projektmanagement	Arbeits- oder Projektgruppen, Fachgruppen, (Jahrgangs-)Stufen- oder Abteilungsteams ... - Koordinierung durch Steuergruppe
Evaluation	Überprüfung der Zielerreichung und der Wirksamkeit – Grundlage für die Entscheidung über die Weiterführung und ggf. eine Revision des Konzepts oder der Ziele	Soll-Ist-Abgleich, Datenerhebung, Interviews, Fragebogen ...	Evaluationsgruppe (ggf. Steuergruppe)
Entscheidung	Aufnahme in das Schulprogramm, auf Dauer stellen	Datengestützte Auswertung, Beschlussverfahren	Schulmitwirkungsgremien
Institutionalisierung	Routinisierung als dauerhafte Alltagspraxis	Professionelles Lehrerhandeln	Kollegium
Pflege	Sicherung der Wirksamkeit, Vermeiden von Erosion	Aufmerksamkeit zuwenden, Evaluation, Korrekturmaßnahmen bei der Feststellung von Abweichungen	Schulleitung, Steuergruppe, Kollegium

Abb. 5: Die Phasen von Innovationsprozessen

2.4 Initiierung und Reflexion unterscheiden

Innovationsprozesse wirksam zu gestalten setzt voraus, die Phase der Initiierung von der Phase der Reflexion zu unterscheiden.

Die Initiierungsphase

Bei der Initiierung geht es um eine möglichst freie und vielfältige Sammlung von Ideen und Bedenken in Austauschforen. So bieten z. B. offene Lehrerversammlungen – auf freiwilliger Basis – allen Lehrpersonen die Möglichkeit, zur Ideensammlung beizutragen und zu klären, welche Schwerpunkte der weiteren Schulentwicklung sich daraus ergeben. Nach einer angemessenen Zeit, in der die Teilnehmerinnen und Teilnehmer als Multiplikatoren die Ideen und Klärungen aus der Lehrerversammlung im Kollegium kommunizieren, folgen Entscheidungen durch Beschlüsse der Lehrerkonferenz und weiterer Mitwirkungsgremien – und diese sind dann die Grundlage für die Planung und Umsetzung.

Für die Schulleitung heißt das, in dieser Phase vor allem zu beobachten: Wo fließen in der Schule Energien, wo werden sie blockiert? Welche Initiativen gehen von einzelnen Lehrpersonen oder Lehrergruppen aus? Wie sind der kollegiale Austausch und die Kooperation gestaltet? Wie werden Informationen aufgenommen, verarbeitet und kommuniziert? Sie ist vorrangig für die Prozessgestaltung und nicht für die Vorgabe inhaltlicher Ziele verantwortlich. Sie steuert durch Prozess- und nicht durch Inhaltslenkung und sie sorgt vor allem für Entwicklungs- und Lernbedingungen, die allen Akteuren ermöglichen, ihre Potenziale bestmöglich zu entfalten.

Die Reflexionsphase

Bei der Reflexion geht es um die Bewertung, die Prioritätensetzung und die Auswahl der Ideen und Initiativen und damit darum, dem Innovationsprozess eine Gestalt zu geben. Besonders wichtig ist hierbei: Die Entwicklung von Zielen und Leitbild ebenso wie die Planung der Schulentwicklungsprozesse sind nicht an den Beginn von Innovationsprozessen, sondern in die Phase der Reflexion zu platzieren. Was sich im offenen Austausch an Ideen und Initiativen entwickelt, muss in dieser Phase darauf hin geprüft werden, auf welchen Werten (Leitbild) es beruht, auf welche Ziele es ausgerichtet ist, ob diese Ziele widerspruchsfrei und kohärent sind, ob alle Initiativen zugleich umgesetzt werden können oder Prioritäten gesetzt werden müssen und in welchen Schritten dann die Umsetzung erfolgen soll. Eine solche Reflexion erfordert ein Innehalten im Leben der Schule als Organisation und die dafür erforderliche Zeit. Erfolgt Schulentwicklung dagegen in der Weise, dass eine kleine Gruppe plant, was dann die anderen Akteure umsetzen sollen, wird sie nicht gelingen. Denn Menschen entwickeln keine Energien und bringen ihre Potenziale nicht ein, wenn sie nur nachvollziehen sollen, was andere ihnen vorgegeben haben.

Die Auswahl und Entscheidung über Vorhaben und Maßnahmen

Am Ende der Reflexionsphase steht die Entscheidung, welche Ziele Vorrang haben, welche Vorhaben ausgewählt werden sollen und welche Maßnahmen geeignet erscheinen, um die Ziele zu erreichen. Erst an dieser Stelle und nicht schon in der Phase der Initiierung ist eine Steuergruppe sinnvoll und wichtig: Sie führt die Ideen und Bedenken zu Beschlussvorschlägen zusammen und überprüft, welche Stellhebel im Zusammenwirken der systemischen Einflussfaktoren am wirksamsten erscheinen, um mit möglichst geringem Aufwand einen möglichst hohen Nutzen zu erreichen. Dabei kann sie sich an den folgenden Prüffragen orientieren (Gomez/Probst 1997):

- Zeithorizont: Wirken die Einflussfaktoren kurz-, mittel- oder langfristig?
- Intensität: Ist der Einfluss schwach, mittel oder stark?
- Lenkbarkeit: In welchem Maß sind die Einflussfaktoren durch die Schule zu beeinflussen, inwieweit sind sie von anderen abhängig?

Die Steuergruppe sollte also erst dann tätig werden, wenn alle Akteure die Möglichkeit zur Initiierung und Beteiligung hatten. Auf diese Weise kann auch der Gefahr entgegengewirkt werden, dass sich die Steuergruppe und das Kollegium entfremden und die anderen Lehrerinnen und Lehrer den Eindruck haben, nur nachvollziehen zu sollen, was sich die Steuergruppe ausgedacht hat. Und um dem entgegenzuwirken, ist es wichtig, im Prozess von Entscheidung, Planung und Umsetzung immer wieder Phasen der Ideensammlung in Austauschforen – z. B. bei dem Entwurf möglicher Maßnahmen oder bei Zwischenbilanzen bei der Durchführung der Maßnahmen – vorzusehen, damit immer wieder alle Akteure in den Entwicklungsprozess eingebunden und Energien erneut aktiviert und ins Fließen gebracht werden.

2.5 Innovationen planen

Die Planung, wie Innovationen umgesetzt werden können, setzt einen Prüf- und Klärungsprozess voraus. Denn der Aufwand an Arbeit, Ressourcen und Energie für die Implementierung von Innovationen ist nur dann gerechtfertigt, wenn die angestrebten Wirkungen aussichtsreich erreicht werden können. Eine solche Prüfung als Grundlage für die Entscheidung, ob ein Innovationsvorhaben durchgeführt werden soll, kann in folgenden Schritten erfolgen (Bartz 2005):

1. Die Ziele klären und als Zielzustand beschreiben:
   Sind die Ziele, die durch die Innovation erreicht werden sollen, allen Betroffenen und Beteiligten klar und werden sie von ihnen als attraktive Ziele akzeptiert? Welche Vorteile bietet der Zielzustand im Vergleich mit der aktuellen Lage der Schule? Lohnen diese Vorteile den erwartbaren Aufwand an Energie, Zeit und Ressourcen?

2. Das Controlling und die Evaluation planen:
   Wie vergewissert sich die Schule, ob zielführend gearbeitet wird und ob die Ziele erreicht werden? Wie will sie klären, ob der Zielzustand zu den erwarteten und angestrebten Wirkungen führt?
3. Die Partizipation und das Kommunizieren planen:
   Wer ist von der Innovation betroffen und wer kann zu ihrem Gelingen beitragen? Wie können die Ziele, die Verfahren und das Controlling so mit den Betroffenen kommuniziert werden, dass der Entwicklungsstand, der Entscheidungsbedarf und die nächsten Arbeitsschritte für alle transparent sind und aus den Betroffenen Beteiligte werden?
4. Mittel und Maßnahmen konzipieren:
   Welche Mittel und Maßnahmen sind für die Zielerreichung geeignet?
5. Unterstützung und Ressourcen planen:
   Ist geklärt, welche Unterstützung für das Vorhaben erforderlich ist, und stehen die erforderlichen Ressourcen zur Verfügung? Wenn nein: Können die erforderlichen Ressourcen – Finanzen und Sachmittel, Zeit und Kompetenzen – mit einem vertretbaren Aufwand durch die Schule beschafft werden? Welche Konsequenzen ergeben sich aus dieser Planung für die Beschaffung von Ressourcen, für das Zeitbudget und für die Fortbildungsplanung?
6. Die Passung zu den Aufgaben des laufenden Betriebs und anderer Innovationsvorhaben klären:
   Welcher Aufwand ist in welchen Zeiträumen zu erwarten? Welche anderen Aufgaben und Vorhaben erfordern in diesen Zeiträumen Aufmerksamkeit und Energie? Lässt sich die geplante Innovation an andere Vorhaben anschließen oder könnte sie zum Abbruch anderer laufender Vorhaben führen? Ist die Innovation zielkonform und widerspruchsfrei in die Gesamtheit der Aufgaben und Entwicklungsvorhaben zu integrieren?
7. Die Folgewirkungen und Risiken abschätzen:
   Sind mögliche Folge- und Nebenwirkungen und vor allem mögliche Risiken im Blick? Ist diese Einschätzung in der Planung des Innovationsvorhabens und insbesondere in der Planung des begleitenden Controllings berücksichtigt?
8. Das Projekt planen:
   Welche Maßnahmen werden geplant und welcher Aufwand ist dafür erforderlich? In welchem Zeitraum kann dieser Aufwand realistisch – und d. h. neben dem laufenden Alltagsgeschäft – erbracht werden? Wie lässt sich die Maßnahmenplanung in Arbeitspakete ausdifferenzieren und in welcher Reihenfolge sind diese Arbeitspakte zu bearbeiten? Wie ist die Projektorganisation (Projektleitung, Projekt- und Arbeitsgruppen, Sitzungen, Aufgabenverteilung und -bearbeitung) zu gestalten?

2.6 Die Implementierung und Institutionalisierung von Innovationen

Bei der Umsetzung von Innovationen ist zwischen der Implementierung und der Institutionalisierung zu unterscheiden. Die Implementierung setzt die Planung um und dient der Erprobung. Auf der Grundlage ihrer Evaluation ist dann zu entscheiden: Hat sich die Innovation bewährt und die von ihr erwarteten Ziele erreicht?

- Wenn dies nicht der Fall ist, muss geprüft werden, ob sie aufgegeben werden oder weitergeführt werden soll, wobei dann entweder die Mittel zu korrigieren oder die Ziele zu revidieren sind.
- Hat sich die Innovation bewährt, dann ist sie in das Schulprogramm aufzunehmen und zu institutionalisieren.

Dabei geht es darum, das Erreichte auf Dauer zu stellen und in der Schule als verfügbare Routine zu verankern. Erst dann sind Innovationen zum Eigentum der Schule geworden und erst dann ist der Wandel von grundlegenden Überzeugungen und mentalen Professionsbildern nachhaltig gesichert.

Wenn Innovationen scheitern, dann passiert das in der Regel nicht in den Phasen der Initiierung und Implementierung, sondern als Folge von Erosionserscheinungen in dieser Phase der Institutionalisierung (Bartz 2007). Dafür gibt es eine Reihe von Gründen:

- Jede Innovation weckt nicht nur Bedenken und Widerstand, sondern auch Motivation und Sinn; sie stärkt so das Gefühl der Selbstwirksamkeit. Ist aber die Phase der Euphorie nach einer erfolgreichen Implementierung vorbei, können nach der Institutionalisierung Nachlässigkeit und Unachtsamkeit auch bei den Lehrkräften auftreten, die die Innovation engagiert mit getragen haben.
- Die Institutionalisierung von Innovationen wirkt durch die Ausbildung professioneller Routinen entlastend. Wenn die Routinisierung aber zu einer Einstellungsänderung in dem Sinne führt, dass es nicht mehr um Sinn, Qualität und Wirksamkeit, sondern nur noch um pflichtgemäße Erledigung geht, hat dies eine Erosion der Qualitätserwartungen und -ansprüche zur Folge.
- Innovationen können in hohem Maß zu Belohnungseffekten führen, wenn sie das Überleben der Schule sichern und ihr Image nachhaltig verbessern. Verblasst aber die Erinnerung an die Existenzkrise und werden die Belohnungseffekte als selbstverständlich erlebt, können der Antrieb und Anreiz, die Innovationen mit hohen Qualitätsansprüchen weiterzuführen, verloren gehen.
- Dass eine Innovation auch nach ihrer Institutionalisierung lebendig und wirksam bleibt, hängt entscheidend davon ab, ob sich die mentalen Professionsbilder und die handlungsleitenden subjektiven Theorien der Lehrkräfte nachhaltig verändert haben. Dies zeigt sich in der Phase der Institutionalisierung daran, dass sie als Handlungswissen flexibel zur Bewältigung von Situa-

tionen eingesetzt werden. Die Macht der tradierten mentalen Professions- und Unterrichtsbilder wirkt sich aber wegen ihrer Verankerung in Persönlichkeit und Berufsbiografie noch nach Jahren aus und dies kann zur Folge haben, dass die eigentlich überwundenen mentalen Modelle erneut handlungsleitend wirksam werden.
- Wegen neuer Aufträge und Herausforderungen wendet sich die Aufmerksamkeit der Schule neuen Innovationsvorhaben zu. Die Nachsorge und Pflege der Innovationen, die nach der Implementierung abgeschlossen zu sein scheinen, erscheinen demgegenüber nachrangig.

Um einer solchen Erosion entgegenzuwirken, hat die Schulleitung drei Möglichkeiten:

- Sie sorgt für eine gute Balance zwischen Innovation und Bewahren des Erreichten, indem jede neue Innovation daraufhin überprüft wird, ob die erforderlichen Ressourcen an Energie, Zeit und Aufmerksamkeit institutionalisierte Erneuerungen gefährden können.
- Sie wendet die Aufmerksamkeit immer wieder den institutionalisierten Innovationen zu, z. B. durch die kontinuierliche Vergewisserung, ob sie weiterhin die angestrebten Ziele und Ergebnisse erreichen.
- Sie beobachtet die Veränderungen innerhalb der Schule wie in ihrem Umfeld und überprüft, ob die institutionalisierten Innovationen diesen Veränderungen (noch) entsprechen oder ob sie erneut innoviert werden müssen.

2.7 Mit Widerstand und Verweigerung umgehen

Ob eine Innovation tragfähig und nachhaltig gelingt, hängt auch vom Umgang mit Widerstand gegen sie ab. Deshalb sollte in den Initiierungsphasen darauf geachtet werden, dass nicht nur Ideen, sondern auch Bedenken gesammelt werden, um sie vor einer Entscheidung über die Umsetzung berücksichtigen zu können. Geschieht das nicht, besteht die Gefahr, dass der Widerstand in den Untergrund geht und sich mittel- und langfristig als Störung im Prozess der Weiterentwicklung der Schule auswirkt. Bedenken zu klären ist zudem wichtig, weil mögliche Schwierigkeiten präventiv in den Blick kommen. Mit der Einladung, nicht nur Ideen, sondern auch Bedenken im dialogischen Austausch zu äußern, wird dem Widerstand angeboten, sich konstruktiv zu beteiligen.

Dabei wird dann auch deutlich, ob es sich um Widerstand oder Verweigerung handelt.

Der Widerstand

Im Widerstand stecken Energien. Ihm geht es um Werte, die durch die Innovation als gefährdet erfahren werden. Der Umgang mit Widerstand erfordert deshalb Respekt. Dabei gilt: Den Widerstand ernst zu nehmen ist mit der Erwartung verbunden, dass sich der Widerstand selbst ernst nimmt. Das heißt z. B.:

- Wer Bedenken gegenüber Innovationen hat, ist verpflichtet, sie zu äußern. Deshalb können die Schulleitung und alle Akteure, die sich für die Innovation engagieren, zu Recht erwarten, dass all die, die die Innovation ablehnen, die Möglichkeit nutzen, ihre Bedenken und ihren Widerstand in den Austauschforen zu äußern.
- Wer in den Widerstand geht, weil er z. B. fürchtet, dass neue Lern- und Unterrichtskonzepte zu schlechteren Leistungsergebnissen führen, muss bereit sein, diese Innovationen zu übernehmen, wenn die Evaluation zeigt, dass sie bessere Ergebnisse zur Folge haben.
- Wer die Möglichkeit hatte, seine Bedenken einzubringen und zu erfahren, dass sie zu einer Revision des Innovationskonzepts geführt haben, muss dann auch bereit sein, die Innovation mitzutragen – und das auch dann, wenn sie weiterhin nicht völlig seinen (Wert-)Vorstellungen entspricht.

Denn wer diese Verfahrensverpflichtungen nicht eingeht, zeigt, dass er seinen Widerstand selbst nicht ernst nimmt, und wechselt vom Widerstand zur Verweigerung.

Die Verweigerung

In der Verweigerung steckt keine Energie und es geht nicht um einen Wertekonflikt. Auch wenn es sinnvoll ist zu verstehen und ggf. individuell zu klären, wie es zur Haltung der Verweigerung gekommen ist, sollte ihr bei der Gestaltung von Innovationen und Schulentwicklung keine Aufmerksamkeit geschenkt werden. Alle – auch die Verweigerer – einbeziehen zu wollen, stattet diese mit Erpressungsmacht aus und belohnt sie mit einer Aufmerksamkeit, die die Schulleitung besser den soliden Leistungsträgern widmen sollte, die Innovationen skeptisch gegenüber stehen und sie nicht ungeprüft übernehmen. Denn von ihnen hängt ab, ob die Innovation in Gang kommt. Wie empirische Studien zur Akzeptanz von Innovationen zeigen, reichen 60% der Betroffenen aus, damit eine Innovation erfolgreich ist. Und wenn die Verweigerer merken, dass der Innovationszug nicht erst dann startet, wenn sie eingestiegen sind (also für immer am Bahnsteig stehen bleibt), sondern auch ohne sie abfährt, werden viele von ihnen doch noch ganz schnell auf den fahrenden Zug aufspringen, um Anschluss und Zugehörigkeit nicht zu verlieren. Statt auch noch die Verweigerer in Bewegung bringen – also motivieren – zu wollen, geht es vielmehr darum, der positiven Sogwirkung von Innovationen im Kollegium den Raum zu verschaffen, den sie braucht, um andere mitzuziehen und für die Innovation zu gewinnen.

Deshalb sollte in den Phasen der Initiierung und bei der Entscheidung über die Implementierung nicht um jeden Preis und mit hohem Aufwand ein Konsens gesucht werden. Bleibt es bei einem Dissens, so muss geklärt und vereinbart werden, wie beide Seiten mit ihm umgehen – und wenn dabei den Personen, die im Widerstand und Dissens verharren, Spielräume für Abweichungen bei der Umsetzung und Erprobung der Innovationen zugestanden werden, müssen diese ebenso wie ihre Grenzen verbindlich festgelegt sein.

2.8 Aus Innovationen lernen und Selbstwirksamkeit erfahren

Erfolgreiche Innovationen verändern nicht nur die Schule, sondern auch die Menschen, die an der Innovation beteiligt waren. Denn während der laufende Betrieb einschließlich seiner Optimierung nur Leistungen, aber kein Lernen erfordert, wird in der Auseinandersetzung mit Erneuerungen immer auch in vielfältiger Hinsicht gelernt. Und wenn dieses Lernen mit der Erfahrung von Selbstwirksamkeit verbunden ist, fördert es eine Schulkultur, die vom Vertrauen darauf geprägt ist, neue Herausforderungen nicht nur bewältigen zu wollen, sondern auch bewältigen zu können. Erfolgreiche Innovationen verbessern auf diese Weise die Erfolgsaussichten künftiger Innovationen – und zwar auch dann, wenn neue Herausforderungen zu Situationen führen, in denen man nicht weiß, wie man mit ihnen umgehen kann, und die zunächst Irritation, Unsicherheit und Selbstzweifel hervorrufen (Abb. 6).

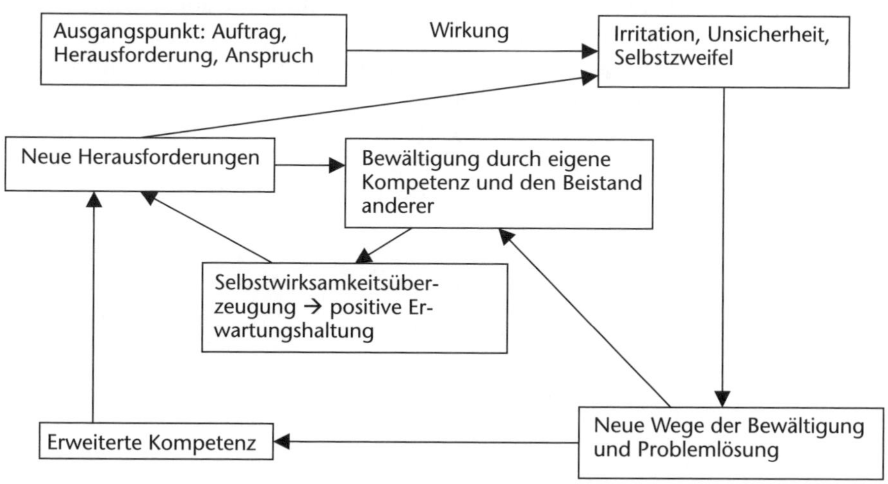

Abb. 6: Kompetenzerleben durch das Bewältigen von Herausforderungen (Hüther 2006)

2.9 Literatur

Bartz, A. (2005). Innovationen planen und Gelingensbedingungen berücksichtigen. In: Bartz, A. u. a. (Hrsg.), PraxisWissen SchulLeitung, Köln: Carl Link Wolters Kluwer Deutschland, Beitrag 67.11.

Bartz, A. (2007). Die Erosion der Anspruchskultur vermeiden – Verbindlichkeit gewährleisten. In: Bartz, A. u. a. (Hrsg.), PraxisWissen SchulLeitung, Köln: Carl Link Wolters Kluwer Deutschland, Beitrag 67.13.

Gomez, P./Probst, G. (1997). Die Praxis des ganzheitlichen Problemlösens: vernetzt denken, unternehmerisch handeln, persönlich überzeugen, 2., überarb. Aufl., Bern, Stuttgart, Wien: Haupt.

Horster, L. (2009). Changemanagement und Organisationsentwicklung. In: Buchen, H./Rolff, H.-G. (Hrsg.), Professionswissen Schulleitung, 2., erw. Aufl., Weinheim und Basel: Beltz.

Hüther, G. (2006). Brainwash: Einführung in die Neurobiologie für Pädagogen, Therapeuten und Lehrer. DVD. Müllheim: Auditorium Netzwerk (Originalfassung einer Vorlesung in St. Gallen März 2006).

Nagel, R./Wimmer, R. (2002). Systemische Strategieentwicklung. Modelle und Instrumente für Berater und Entscheider, Stuttgart: Klett-Cotta.

Schreyögg, G. (1999). Organisation. Grundlagen moderner Organisationsgestaltung. Mit Fallstudien. 3. überarb. u. erw. Aufl., Wiesbaden: Gabler

Strittmatter, A. (2001). Bedingungen für die nachhaltige Aufnahme von Neuerungen an Schulen. In: s. e. journal für schulentwicklung 4/2001, Innsbruck, Wien, München, Bozen: StudienVerlag.

Wheatley, M. J. (1997). Quantensprung der Führungskunst. Leadership and the New Science. Die neuen Denkmodelle der Naturwissenschaften revolutionieren die Management-Praxis, Reinbek bei Hamburg: Rowohlt.

3. Feedback, wohin man sieht

Wie Rückmeldungen auch in Schulentwicklungsprozessen wirksam sein können

UWE HAMEYER

Feedback, wohin man sieht. Das ist vielleicht eine gute Nachricht, muss jedoch mit Vorsicht betrachtet werden, denn nicht jeder/jede meint das, was andere darunter verstehen. Der Beitrag klärt das Grundverständnis, bietet eine auch für Praxissituationen wichtige Definition an und ordnet Feedback in den Schulentwicklungsprozess ein.

Feedback ist in »aller Munde«. »*Heute hat sich unser Schulleiter an einem krassen Feedback endlich mal die Zähne ausgebissen!*« *Oder:* »*Neulich bekam ich ein tolles Feedback von der 9. Klasse. Sie fanden meinen Unterricht klasse!*«

3.1 Feedback: Eine begriffliche Annäherung

Der Ausdruck *Feedback* ist kein Ersatz für die normale Rede, ein schlichtes Gespräch oder ein Urteil. Allzu rasch geraten wir in Forschung und Praxis in »semantische Rumpeleien«, solange definitorische Unsicherheit vorherrscht. Dieser Beitrag bietet einen einfachen Klärungsversuch. Was möglich ist: eine *Arbeitsdefinition* zur Selbstvergewisserung – einerseits aus der Sicht des Verfassers, andererseits zum Nutzen der konkreten Situation (s. Abb. 1).

Meistens ist Feedback geplant oder erwünscht. Es wird auf Vereinbarungsbasis in geschützten Settings ausgetauscht. Die *Aussagemodalitäten von Feedback* können ganz unterschiedlich sein: etwas beobachten, einschätzen, bewerten, vergleichen, kommentieren, über systemisches Denken neue Ideen oder Lösungen finden, Beobachtetes widerspiegeln oder vergleichen.

Feedback dient nicht der Beurteilung oder gar Verurteilung von Menschen oder Systemen. Es ist kein normatives System, sondern hat eine *Klärungs- und Impulsfunktion.*

Zusammenfassend betrachtet,

- geht Feedback von einem *Ziel* aus – wird *wechselseitig vereinbart,*
- findet in geschützten *settings* statt – geht *systemisch* klärend und kontrastierend vor – sieht unterschiedliche *Modalitäten* vor,
- unterstützt *Resonanz, Spiegelung* und *Selbstreflexion* und
- setzt zwei oder mehrere Systeme voraus: *Beobachter* und *Beobachtete.*

Mit dem Wort *System* klingt an, dass Feedback nicht nur eine Sache zwischen Menschen ist, sondern auf andere Handlungs- und Aggregatsysteme sozialer Wirklichkeit Bezug nehmen kann. So etwa kann eine Qualitätsagentur aufgrund einer Unterrichts- und Organisationsanalyse die Daten an die Organisation rückmelden, z. B. an eine Schule, indem die Daten zu Informations- und Wissensmitteilungen verdichtet werden. Dadurch entstehen Fokussierungen, auf die die »beobachtete« Organisation reagieren kann, wie sie es auch gewünscht hat. Externe Qualitäts und Evaluierungssysteme machen von solchen Formen datengestützten Feedbacks Gebrauch (s. Abb. 2 und 3).

Übrigens auch in *peer reviews*, bei denen sich beispielsweise zwei Schulen nach einer vereinbarten Methode wechselseitig beraten und Feedbackprozesse als Rückmeldesystem vorsehen (vgl. Hameyer 2009a, Granzer/Wendt/Berger 2008). Die Rückmeldung muss nicht unbedingt auf empirischen Daten beruhen, sondern kann Minigeschichten, Berichtsfragmente, Fallstudien und Dokumentationen einsetzen.

3.2 Anlässe für Feedback im Schulentwicklungsprozess

Feedback im Schulentwicklungsprozess setzt an diesem Grundverständnis an. Hierzu unterscheiden wir *personale, teamspezifische* und *organisationale Anlässe.*

Diese Anlässe können geplant sein oder unerwartet auftreten. Wie auch immer etwas davon eintritt: Ein Feedback findet nicht einfach spontan statt, sondern ist vorbereitet, geplant und professionell-methodisch in bestimmte Settings eingebunden.

Feedback macht besonders dann Sinn, wenn kritische Ereignisse zu erwarten sind, Menschen an Schnittstellen eines Systems Teilleistungen in einem Projekt zusammenfügen müssen oder wenn Abschnitte einer Schulentwicklung zu bewerten sind.

Folgende *Methoden* kommen dabei neben anderen in Betracht:

1. Peer Review
2. Kontrast-Feedback
3. Systemische Fallberatung
4. Datengestützte Evaluation
5. Ideenfindungsmethoden
6. Best practices
7. Ideenbewertungsmethoden (Umfragen, Impact-Analyse)
8. Staffelmethoden
9. Diverse Beratungsformen mit Feedbackschwerpunkt
10. Delphimethode

Diese Methoden werden in der Literatur ausführlich dargelegt. Darauf genauer einzugehen, gestattet ein Kurzbeitrag nicht. Wohl aber müssen wir noch einige *Anlässe* im Schulentwicklungsprozess näher beleuchten, in denen Feedback Sinn macht.

Schulentwicklung ist ein Prozess in komplexen sozialen Systemen. Viele Menschen sind beteiligt. Das verlangt Klarheit in der Kommunikation und eindeutige Nachvollziehbarkeit der Entscheidungen. In komplexen Arbeits- und Kommunikationsprozessen entstehen viele Mitteilungs- und Schnittstellen zwischen den Gruppierungen, Projekten und einzelnen Menschen.

Feedback (Arbeitsdefinition)

- Feedback erfolgt aufgrund eines Anlasses als angefragte Klärungsleistung.
- Eine Feedbackleistung wird vereinbart, z. B. bezüglich Ziel, Setting, Form und Dauer.
- Feedback beruht u. a. auf Beobachtungen, Einschätzungen und Klärungsangeboten, die einer Person, einem Team oder einer Organisation rückgemeldet werden.
- Die Beobachtungen, Einschätzungen und Klärungsangebote beziehen sich auf einen Anlass oder eine Tätigkeit. Der Anlass oder die Tätigkeit können Situationen, Prozesse, Ereignisse, Wahrnehmungen, Handlungen (oder Handlungseinheiten), Erlebnisse u. a. sein.
- Ziel von Feedback ist es, Impulse zu Klärungs-, Entwicklungs- und Lernprozessen zu setzen und diese zu unterstützen.

Abb. 1: Feedback (Arbeitsdefinition)

Feedback im Kontext neuer Systemsteuerung

Die Idee, dass Informationen über Ergebnisse und Wirkungsweisen des Schulsystems als »Feedback« interpretiert wird und die weitere Entwicklung von Schule und Unterricht anleiten könnten, nimmt in der Suche nach einem neuen »evidenzbasierten Steuerungsmodell« für das Schulsystem eine prominente Stellung ein. Durch die Rückmeldung von Daten, die durch Evaluation produziert werden, soll einerseits Entwicklungsarbeit stimuliert und motiviert und andererseits diese Arbeit auch auf die »richtigen« Entwicklungsziele ausgerichtet werden.

Datenfeedbackmodelle auf Systemebene erscheinen intuitiv plausibel. Die internationale Forschungslage zur Frage, ob Datenfeedback tatsächlich zu verstärkter Unterrichts- und Schulentwicklung führt, ist aber keineswegs eindeutig (vgl. Coe 2002, van Ackeren 2003, Altrichter 2010): Beispielsweise haben die meisten Studien enttäuschend wenige Hinweise darauf gefunden, dass Lehrkräfte die Datenrückmeldung für die Unterrichtsentwicklung nutzen. Auch jenen Lehrerinnen und Lehrern, die einer Datenrückmeldung offen gegenüberstehen, scheint es nicht leichtzufallen, die Informationen über die Leistungsstände ihrer Schülerinnen und Schüler zu verarbeiten und in konstruktive Entwicklung umzusetzen. Wenn überhaupt Entwicklungsmaßnahmen durch Datenfeedback angestoßen werden, dann betreffen diese selten eine weitergehende Innovation des Unterrichts. Viel eher werden bisherige Inhalte und Aufgaben wiederholt, Aufgabenformate aus den Testungen direkt übernommen oder geringfügige Veränderungen in der Interaktion vorgenommen. Lehrkräfte scheinen auch eher bereit, die Rückmeldungen aus Lernstandserhebungen für die Leistungsbeurteilung und Lerndiagnose zu verwenden als für eine Weiterentwicklung ihres Unterrichts.

Datenfeedback ist als Steuerungsinstrument ausgesprochen voraussetzungsvoll. Feedbackdaten sind *ein* Element in einem Steuerungskontext, in dem von den Akteuren viele weitere Informationen beachtet werden müssen.

Herbert Altrichter

Abb. 2: Feedback im Kontext neuer Systemsteuerung

Feedback in schulischen Organisationen

In den letzten Jahren ist der Begriff »Feedbackkultur« als ein günstiges Merkmal von lernenden Organisationen propagiert worden. Feedbackkultur beschreibt eine Arbeitssituation, in der die Mitarbeiterinnen und Mitarbeiter einer Schule bereit und fähig sind, Rückmeldungen einzuholen und für ihre eigene Weiterentwicklung und jener der gesamten Organisation zu nutzen. Sie tun dies nicht allein aus eigenem Antrieb, sondern werden dabei durch entsprechende Normen und Institutionen an der Schule gestützt und gefordert.

Stringfield (2000) kommt in einer Metaanalyse zum organisationalen Lernen zu dem Ergebnis, dass Schulen für dauerhafte Reformen einige Grundvoraussetzungen benötigen. Zwei davon beziehen sich auf Feedback:

1. Die Lehrkräfte an erfolgreichen Schulen überprüfen regelmäßig die Lernfortschritte der Schülerinnen und Schüler. Nach der Überprüfung erfolgt ein Feedback an die Lernenden, die im Unterricht Zeit bekommen, auf der Basis des Feedbacks an ihren Lernfortschritten zu arbeiten.
2. Der zweite Aspekt bezieht sich auf das Schulmonitoring: Professionelle Arbeit mit dem Ziel, diese gut und korrekt zu machen, fordert regelmäßiges Feedback über die Zielerreichung. Teamlernen kann durch Fokussierung auf Schülerlernen unterstützt werden (vgl. Kruse & Louis 2000). Die zielgerichtete Evaluation wird in einer Kultur des gemeinsamen Lernens und der Verbesserung nicht als Eingriff in die eigene Autonomie verstanden.

Es wird deutlich, dass eine Feedbackkultur mit drei Aspekten organisationalen Lernens zusammenhängt:

1. Aufbau eigener Standards und Kriterien, die sich auf die schulischen Ziele beziehen und somit komplementär zu den gemeinsamen Erwartungen, Zielen und Normen sind;
2. Schaffen von neuem Wissen über die Leistungsfähigkeit der Organisation;
3. Übernahme von Verantwortung für die eigene Arbeit und das Lernen der Schülerinnen und Schüler als ein wesentliches Merkmal professioneller Gemeinschaften (vgl. Bonsen & Rolff 2006).

Um Verantwortung und Rechenschaft zu übernehmen, brauchen Schulen wiederum klares Feedback und Indikatoren, anhand derer sie ihren Entwicklungsstand und ihre Zielerreichung überprüfen können.

Tobias Feldhoff

Abb. 3: Feedback im schulischen Organisationen

Briefings an Schnittstellen

Was beispielsweise oft nicht geschieht, sind klar umrissene, professionell vorgebrachte und abgefasste *briefings*, die auch eine Form von Feedback sind. In einem *briefing* geht es um Zusammenfassungen oder Mitteilungen aus einem Arbeitskontext heraus gegenüber Menschen, die an diesem Arbeitskontext nicht beteiligt gewesen sind – so etwa, wenn ein Steuergruppenmitglied im Kollegium von einem Arbeitsergebnis und Vorschlägen zum Schulprogramm berichtet. *Briefings* sind auch dort angesagt, wo in einem Schulentwicklungsprojekt aus verschiedenen Abteilungen die Projektmitglieder *neutral* berichten, wie ein Vorschlag oder ein Projektergebnis aufgenommen und bewertet wurde. Oft ist allerdings zu sehen: Der Berichterstatter erzählt mimikreich, höchst umständlich und aus eigener Wertungssicht von den vielen Problemen. Gutes *briefing* nutzt die Möglichkeit visueller Präsentation und des anschließend eingeforderten Feedbacks aus dem Auditorium zu den berichteten Sachverhalten.

Das *briefing* ist wohl eine der wichtigsten, aber nur selten beherrschten Tugenden in Organisationen. Dabei ist kein Tag ohne Anlass: *Welche Ergebnisse hat die Curriculumkommission erarbeitet? Was muss unser Projekt angesichts der letzten Aussprache im Kollegium bedenken? Wie sieht ein briefing aus, das eine Schulleiterin z. B. von einer Landeskonferenz mitbringt?*

Das Problem ist nicht, etwas zu erzählen. Aber oft sind persönliche Eindrücke und Bewertungen vorherrschend, gelegentlich mischen sich Ironie und Abfälligkeiten unter die Sprache. Beim *briefing* geht es genau nicht um das Emotionale, die persönliche Position. Ein gutes *briefing* fasst ein Ereignis oder ein Resultat in wenigen Sätzen sachlich zusammen, und zwar mit Blick auf den Adressaten oder das nächste Ziel.

Aufgabenteams in der Startphase

Bereits in der Startphase der Schulentwicklung kann viel getan werden, um Ergebnisse später besser umzusetzen, so etwa, wenn niederländische Schulen es sich zur Aufgabe machen, Curriculumteams einzurichten, die über drei Jahre ihr schulinternes Curriculum in ausgewählten Fächern und Lernfeldern erarbeiten. Schulen, die dieses Programm mitmachen, beteiligen alle Mitglieder eines Kollegiums an diesem Ziel mit intensiven Feedbacks, für die sie teils auch geschult werden. Pläne, Methoden und Unterrichtsmodelle, die diese Teams erarbeiten, werden Schritt um Schritt ausprobiert, verändert, weiterentwickelt und immer wieder in Feedbackschleifen »eingefädelt«.

Peer reviews

Das Erreichte wird nicht nur in der Schule ausgetauscht, sondern im Bildungs und Kooperationsnetz regionaler Zusammenarbeit. Neue Praxis und ihre Ergebnisse können Gegenstand von *peer reviews* sein – Evaluation »auf Augenhöhe«, einem Feedbacksystem auf zwischenorganisationaler Ebene.

Zum Beispiel können sich Schulen besuchen, um nach einer vereinbarten Methode Neuerungen anzusehen, Beteiligte zu interviewen, Einschätzungen vorzunehmen und einen Report mit Empfehlungen zu verfassen. Der Report wird der besuchten Schule überreicht, die ihrerseits die Ergebnisse und Empfehlungen zur Diskussion stellt, Schlüsse aus allem zieht und entscheidet, wie sie die Schlussfolgerungen umsetzt.

Peer Reviews können auch innerhalb der Schule vorgenommen werden, so etwa, wenn Jahrgangsteams ihre Arbeit gegenseitig einschätzen lassen wollen. Sie sind nicht nur ein Instrument zum informierten Weiterlernen, sondern auch Kommunikationsanlass für den kollegialen Austausch über Erreichtes.

Bei allem ist festzuhalten, dass die genannten Instrumente immer nach ihrer Funktion im Rahmen einer übergeordneten Konzeption befragt werden müssen. Sie bieten nie »die eine« richtige Lösung, denn das Sozialsystem Schule ist ein Variationsraum unterschiedlicher Bilder über gute pädagogische Praxis. Schulentwicklung muss mit Vielfalt umgehen und nicht versuchen, das Komplexe zu vereinheitlichen.

Debriefing bei Personalwechsel

Debriefings sichern den Wissensbestand der Schule bei Arbeitsplatzwechsel oder bei der Pensionierung eines Mitarbeiters. Das Wissen dieser Personen, ihr Knowhow, soll für die Schule bewahrt werden. Je höher der *turnover* von Personal in einer Schule ist, desto wichtiger ist *debriefing* in einer Zeit, wo die durchschnittliche Verweildauer von Lehrkräften an einer Schule in den letzten Jahren aus verschiedenen Gründen deutlich kürzer geworden ist. Ein *debriefing* kann durch Interviews, Fragebögen oder fokussierte Gespräche durchgeführt werden.

Folgende Fragebereiche kommen in Betracht (vgl. Kühn-Ziegler & Hameyer 2009, Hameyer 2009):

- Wie wurde die Schulkultur wahrgenommen?
- Wie kann das entfallende Wissen am besten aufgefüllt werden?
- Welches Wissen sollte ein Nachfolger unbedingt haben?

Besonders wichtig ist frühzeitiges *debriefing* beim Wechsel von Schulleitungen. Dabei können erste Strategieschwerpunkte für die Einarbeitungsphase der neuen Leitung präzisiert werden.

Informationsarbeit im »Binnen- und Weltverhältnis«

Jede Schulentwicklung ist einerseits auf die Klärung ihrer Ideen und Vorteile im Verhältnis zu sich selbst angewiesen. Über Innovationen entscheiden andererseits Menschen, die wissen wollen, worum es beim Neuen geht, was es bringt, mit welchen Folgewirkungen zu rechnen ist und inwieweit ihre eigene Arbeit betroffen sein wird.

Das und viele andere Gründe sprechen für eine gründliche Informationsarbeit über alle Phasen des Schulentwicklungsprozesses.

Im Binnenverhältnis bedeutet: auf sich als Projekt oder Organisation gerichtet; *das Weltverhältnis* bezieht sich auf das nahe und ferne Umfeld der Schule. Beide Informationsrichtungen sind wichtig – die nach innen und die nach außen. Die Informationsarbeit kann nach folgenden Kategorien unterschieden werden: *Strategien, Anlässe* (z. B. Konferenz, Zeitungsartikel; Feier), *Präsentationsformate und Medien* (z. B. Litfaßsäule oder Computer in der Eingangshalle, Newsletter, Website, Portfolio, Projektwerke der Lernenden), *Methoden* (z. B. Feedback, Präsentation, Beratung).

3.3 Strittiges und Ausblick

Unstrittig ist, dass Feedback die Verständigung und das Verstehen im Schulentwicklungsprozess unterstützt. Klärungen sind möglich. Das System baut Momente der Selbstreflexion ein, ist auf diese Weise unterwegs zu einer lernenden Organisation, auch wenn Feedback nur ein Teilkennzeichen dessen ist.

Durch Feedback werden »blinde Flecken« im Denken erkannt, Scheinselbstgewissheiten können aufgedeckt werden (vgl. Hameyer 2009). Feedback kann sogar ein indirektes Frühwarnsystem sein für Irrtümer, fragwürdige Konventionen, Illusionen und Fehleinschätzungen bezüglich des Erreichens oder der Erreichbarkeit bestimmter Schulentwicklungsziele.

Feedback kann jedoch auch zur Attitüde oder Marotte werden, wenn es *immer mal wieder* eingesetzt wird, weil man meint, es sei modern.

Strittig ist vor allem, welche Feedbacksysteme und -methoden den Schulentwicklungsprozess verbessern. Bedauerlicherweise hat sich die Forschung mit dieser Frage kaum beschäftigt, so wie es auch ein Desiderat ist, die Wirkungen von Prozessqualitäten generell zu untersuchen.

Es bleibt festzuhalten: Schulen sind gut beraten, über Anlässe nachzudenken, in denen sie die systematische Rückkopplung suchen und in einem unabhängigen Setting einen Beobachter oder auch mehrere bitten, Feedback bezüglich möglichst klar umrissener Anlässe anzubieten.

Es ist auch möglich, wechselseitiges Feedback in schulische Entwicklungsprozesse einzubauen. Dann sind die unmittelbar Beteiligten gefragt. Hierbei geht es nicht um Unabhängigkeit, sondern um eine methodisch kontrollierte *kollegiale Fallberatung* oder andere Formen von Feedback, um voneinander und miteinander zu lernen.

Damit haben wir den tatsächlichen »Orgelpunkt« von Feedback gefunden: Es geht ganz wesentlich darum, personale und organisationale Lernprozesse anzustoßen und zu ermöglichen. Was dabei auf jeden Fall zu vermeiden ist: alles als Feedback zu bezeichnen, was mit Sprache und Kommunikation zu tun hat.

3.4 Literatur

Ackeren, I. van (2003): Evaluation, Rückmeldung und Schulentwicklung. Münster: Waxmann.

Altrichter, H. (2010): Schul und Unterrichtsentwicklung durch Datenrückmeldung. In: Altrichter, H., Maag Merki, K. (Hg.): Handbuch Neue Steuerung im Schulsystem. Wiesbaden: VS Verlag, S. 219–254.

Bonsen, M. & Rolff, H.G. (2006): Professionelle Lerngemeinschaften von Lehrerinnen und Lehrern. In: Zeitschrift für Pädagogik, H. 52, 2, S. 167–184.

Coe, R. (2002): Evidence on the role and impact of performance feedback in schools. In: A. J. Visscher & R. Coe (Hg.): School improvement through performance feedback. Lisse: Swets & Zeitlinger, p. 3–26.

Feldhoff, T. (2011): Schule organisieren. Der Beitrag von Steuergruppen und Organisationalem Lernen zur Schulentwicklung. Wiesbaden: VS.

Granzer, D., Wendt, P. & Berger, R. (Hg.) (2008): Selbstevaluation in Schulen: Theorie, Praxis und Instrumente. Weinheim/Basel: Beltz Hameyer, U. (2009): Scheingewissheiten. Täuschung und Selbsttäuschung im pädagogischen Diskurs. In: Schmidt, R. B., Tuider, E. & Timmermanns, S. (Hg.): Vielfalt wagen. Berlin: Logos, S. 197–210.

Hameyer, U. (2009a): Wissensmanagement in der Schule. In: Huber, S. G. (Hg.): Handbuch für Steuergruppen. Grundlagen für die Arbeit in zentralen Handlungsfeldern des Schulmanagements. Köln: Wolters Kluwer, S. 341–353.

Kruse, S. D. & Louis, K. S. (2000): Creating Community in Reform: Images of Organizational Learning in Inner-City Schools. In: K. Leithwood & K. S. Louis (Hg.): Organizational Learning in Schools. Lisse: Swets & Zeitlinger, p. 17–46.

Kühn-Ziegler, R. & Hameyer, U. (2009): Überblick gewinnen und behalten – Wissensmanagement in der Schule. In: Bonsen, M., Homeier, W. & Reese, M. (Hg.): Unterrichtsqualität sichern – Sekundarstufe (A 3.2). Stuttgart: Raabe.

Stringfield, S. (2000): Organizational Learning and Current Reform Efforts: From Exploitation to Exploration. In: K. Leithwood & K. S. Louis (Hg.): Organizational Learning in Schools. Lisse: Swets & Zeitlinger, p. 261–274.

Anmerkung:

Der Beitrag ist zuerst erschienen in der Zeitschrift Lernende Schule, Ausgabe 57/2012. Abdruck mit freundlicher Genehmigung des Verlages.

VII. Inklusion

1. Unterwegs zur inklusiven Schule

Regina Kühn-Ziegler

Inklusive Pädagogik professionalisiert den Umgang mit Heterogenität und ist damit ein Schlüssel zur Bewältigung zentraler Herausforderungen des Bildungswesens. Sie richtet sich besonders an Schülerinnen und Schüler, die aufgrund spezieller Lern- und Entwicklungsbedürfnisse von Marginalisierung bedroht sind und ihr Entwicklungspotenzial dadurch nicht voll ausschöpfen können. Dies betrifft nicht nur jene mit Handicaps, sondern auch viele hochbegabte. Inklusion ist deshalb in vielen Ländern weltweit ein explizites Kriterium für Schulqualität.

Mit der UN-Behindertenrechtskonvention erhält das Thema seit 2009 erheblichen Rückenwind und wird das gesamte Bildungssystem in den nächsten Jahren verändern. Zukünftig werden alle Schulformen den Auftrag erhalten, Inklusion von Schülern mit sonderpädagogischem Förderbedarf sicherzustellen. Der Artikel beschreibt, wie Schulen sich darauf vorbereiten können.

1.1 Begriffskompass – inklusive Schulentwicklung

Inklusion/Integration – ein feiner, aber bedeutsamer Unterschied

Schulische Inklusion meint, dass sich eine Schule an alle Kinder und Jugendlichen in ihrem Einzugsbereich anzupassen hat, nicht etwa umgekehrt diese den Bedingungen der Schule entsprechen müssen.

Während der Begriff Integration eher intendiert, dass Schüler, die grundsätzlich nicht zu einer bestimmten Gruppe passen, unter bestimmten Voraussetzungen und mit besonderen Maßnahmen doch einzugliedern oder im System zu tolerieren sind, betont die inklusive Haltung das uneingeschränkte Recht aller auf Zugehörigkeit und Teilhabe im allgemeinen Schulwesen. Die in Abbildung 1 und 2 dargestellten Schaubilder sollen diesen Unterschied illustrieren.

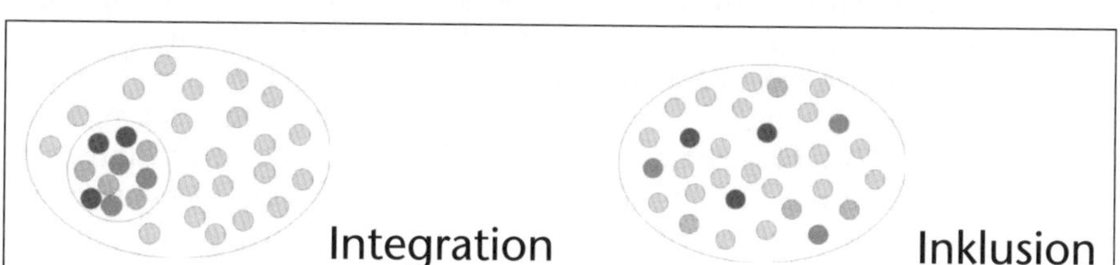

Abb. 1: Integration – Inklusion

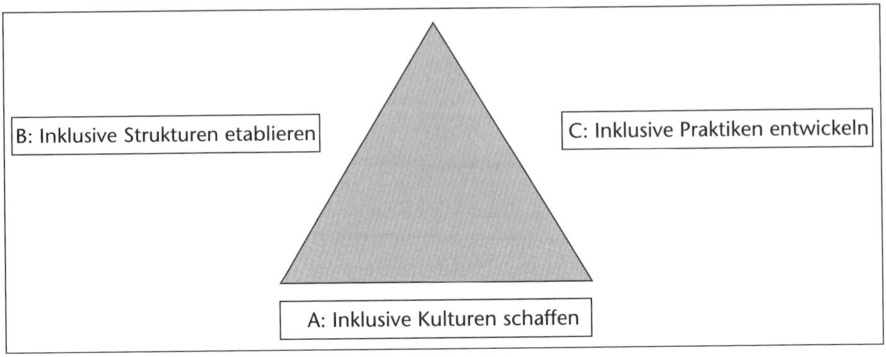

Abb. 2: Indikatorenstruktur des Index für Inklusion

Integration zeigt einen eher karitativen Charakter, während Inklusion eine Politik des Menschenrechts auf Teilhabe für ausnahmslos alle Schüler verfolgt. Die Feststellung andersartiger Bedürfnisse eines Einzelnen ist kein Grund zur Aussonderung (Exklusion) in eine andere Schule, in eine Sondergruppe oder zur Verantwortungsabgabe an Fachpersonal, sondern löst einen selbstverständlichen Auftrag für alle Lehrkräfte aus, nach professionellen Lösungen zu suchen, diesen Bedürfnissen gerecht zu werden. Eine inklusive Schule achtet besonders auf *Minderheiten* mit speziellen Merkmalen (z. B. Geschlecht, Ethnie, Alter und Behinderung), die von Diskriminierung oder Exklusion bedroht sind. Heterogenität wird nicht als Belastung, sondern als Chance gesehen. Kernelemente einer inklusiven Pädagogik sind:

- Abbau von Barrieren für Teilhabe und Lernen in den Bereichen Kommunikation, Information, Mobilität, soziale Beziehungen (Stichwort Barrierefreiheit),
- optimale Entfaltung des individuellen Entwicklungspotenzials jedes einzelnen Schülers (Stichwort Individualisierung).

Veränderung von Kulturen, Strukturen und Praktiken

Inklusive Schulentwicklung ist ein nicht endender Prozess der Optimierung von Lern- und Entwicklungsbedingungen für die Schüler. Für eine umfängliche Wirksamkeit muss sie sich in die Kultur einer Schule wie auch in deren Strukturen und Praktiken verankern. Mit dem Index für Inklusion steht ein in vielen Schulformen bewährtes Instrument für eine zyklisch angelegte Entwicklungsplanung zur Verfügung, die diese Ebenen erreicht. Schulen, die aus eigenem Impuls am Thema arbeiten möchten, ist dieses Instrument zu empfehlen. Sofern größere Widerstände in einzelnen Arbeitsgremien zu erwarten sind, wäre eine Begleitung durch externe Moderatoren hilfreich. Überall dort aber, wo die Schülergruppe mit festgestelltem sonderpädagogischem Förderbedarf schulrechtlich regelhaft in Sonderschulen selektiert wird, zeigen sich erhebliche Umsetzungsprobleme einer solchen Entwicklungsarbeit. Bevor sich eine Schule mit dem Auftrag der Inklusion dieser Klientel in einen konsequenten Entwicklungsprozess begibt, sollte die Schulleitung grundlegende strategische Vorüberlegungen anstellen.

Veränderung des Bildungssystems nach der UN-Behindertenrechtskonvention 2009 (UN-BRK)

Die UN-Konvention setzt die Bildungssysteme der Vertragsstaaten heute und in den nächsten Jahren unter enormen Veränderungsdruck. Dabei sehen sich vor allem jene Länder mit stark normorientierter, selektiv gegliederter Struktur vor erheblichen Umsetzungsproblemen, denn inklusive Schule ist wenig kompatibel mit einer schulartbezogenen Leistungsselektion. Die Rechtslage wird aber über kurz oder lang erfordern, dass alle Schulformen den Auftrag erhalten, Inklusion von Schülern mit sonderpädagogischem Förderbedarf sicherzustellen

Inklusion von Schülern mit sonderpädagogischem Förderbedarf

Auch wenn sonderpädagogischer Förderbedarf bzw. Behinderung nur ein Merkmal menschlicher Vielfalt darstellt, sind mit der Inklusion dieser Schüler neue, besondere Verantwortlichkeiten der Schulleitung und des Personals verbunden (vgl. Abb. 3).

Sofern die Schulleitungsgruppe die Verantwortungsbereiche nicht selbst übernehmen kann, ist die Ausweisung einer Funktion des Inklusionsbeauftragten zu erwägen. Geeignetes Personal: Beratungslehrer, Sonderpädagogen, Koordinatoren.

Schulleitung	Klassen- und Fachlehrkräfte	Sonderpädagogen
• Verfahrenssicherheit in den aktuellen behördlichen Vorgaben • spezielle rechtliche Kenntnisse in sonderpädagogischen Aspekten • (Kontakt/Kooperation mit Rechtsabteilung der Behörde und Sonderschule/Förderzentrum) • Beratung und Unterstützung von Eltern und Klassenteams in rechtlichen und organisatorischen Fragen • Steuerung der Schulentwicklung zum inklusiven System, Werben für eine Inklusive Haltung • Öffentlichkeitsarbeit für eine inklusive Haltung und die Entwicklungsarbeit der Schule • Ressourcenbeschaffung • Flexibilisierung der Ressourcensteuerung • Kontakt/Kooperation mit außerschulischen Leistungserbringern	• Unterrichtsentwicklung »Individualisierung« • Mitarbeit an der Entwicklung eines schulinternen dualen Curriculums • Lernentwicklungsplanung für alle Schüler • individuelle Förderung der Schüler mit sonderpädagogischem Förderbedarf in Absprache mit dem Sonderpädagogen • Elternarbeit im Sinne einer inklusiven Haltung • Leitung multiprofessioneller Fallkonferenzen • Aktive Teamentwicklungsarbeit • Kompetenztransfer an sonderpädagogische Fachkräfte	• sonderpädagogische Förderplanung als Ergänzung der Lernentwicklungspläne • lernprozessbegleitende Diagnostik als Ergänzung der Diagnostik des Regelschulwesens • Gutachtenerstellung • individuelle Förderung der Schüler mit sonderpädagogischem Förderbedarf • Unterrichtsentwicklung »Individualisierung« • Aktive Teamentwicklungsarbeit • Beratung von SL, Teampartnern, Schülern, Eltern • Mitarbeit in der Schulentwicklung zum inklusiven System • Leitung multiprofessioneller Fallkonferenzen • Kompetenztransfer an Regelschullehrkräfte

Abb. 3: Neue Verantwortungen im Team

Pädagogische und schulrechtliche Entscheidungen benötigen wegen der teils komplexen Problemlagen spezielle, gelegentlich auch medizinisch-therapeutische Fachkompetenz. Die Bereitstellung von zusätzlichen personellen und materiellen Ressourcen ist deshalb für die Inklusion dieser Schülergruppe essenziell. Vor sozialromantischen Vorstellungen, dass allein guter Wille und eine Umstellung der Unterrichtsmethoden diesen Schülern gerecht werden könnte, muss gewarnt werden.

Gleichzeitig birgt diese Aussage die Gefahr des »Ressourcenmantra« in den schulischen Gremien. Das Beklagen unzureichender Ressourcenzuweisungen wirkt sehr oft – und meist in bester Absicht – als Totschlagargument schon im Vorwege von Entscheidungen über inklusive Projekte. Führungskräfte tun gut daran, sich auf solche Diskussionen mit Fachwissen vorzubereiten, um sachgerecht darauf eingehen zu können.

Vorbereitungsraster/Checkliste für Impulskonferenzen
A Informieren ☐ Sichern Sie Ihr Wissen zum Thema Inklusion durch Literaturrecherche. ☐ Können Sie die wichtigsten Inhalte prägnant vortragen und erklären? Machen Sie sich Notizen! **B Akzeptanz schaffen** ☐ Notieren Sie Gründe, weshalb eine Inklusive Schulentwicklung sinnvoll oder notwendig ist. Unterscheiden Sie zwischen allgemeinen Überlegungen und konkret bezogen auf Ihre Schule. ☐ Stellen Sie den Nutzen heraus. Notieren Sie, welcher Mehrwert zu erwarten ist. Unterscheiden Sie zwischen allgemeinen Überlegungen und konkret bezogen auf Ihre Schule. ☐ Notieren Sie alle in Aussicht stehenden oder zu erhoffenden zusätzlichen Unterstützungen für die Schule. **C Einwände berücksichtigen** ☐ Notieren Sie alle Einwände gegen Inklusion (insbesondere Inklusion von behinderten Schülern), die Sie kennen oder erahnen. Sortieren Sie dabei nach Killerphrasen und berechtigten Bedenken. ☐ Reflektieren Sie kurz die Intention der möglichen Killerphrasen und notieren Sie geeignete Antworten. ☐ Notieren Sie geeignete Antworten für die berechtigten Bedenken. ☐ Bereiten Sie ein Flipchart o. Ä. vor, auf dem Sie alle tatsächlich geäußerten Bedenken als offene Fragen sichtbar aufnehmen. Es darf niemand das Gefühl haben, mit seinen Bedenken abgewimmelt zu werden. **D Motivation fördern** ☐ Treffen Sie erste Entscheidungen über mögliche Anreize, die Sie einer Projektgruppe oder einem Starterteam anbieten können (z. B. Zeitressourcen, interne Fortbildungen, zusätzliche Unterstützungen, Hospitationsfahrten zu anderen Schulen o. Ä.). ☐ Stellen Sie Ihr eigenes Engagement in der Sache heraus. Zeigen Sie, dass Ihnen das Thema am Herzen liegt und dass Sie Unterstützung zu würdigen wissen. **F Beteiligung sichern** ☐ Richten Sie eine Arbeitsgruppe oder ein Projekt ein, in denen unterschiedliche Gruppen vertreten sind. Machen Sie dabei die Arbeitsbedingungen und Erwartungen deutlich. Nehmen Sie auch Kritiker mit ins Boot.

Einstellungen gegenüber Menschen mit Behinderungen sind natürlicherweise affektiv und damit oft auch irrational. Bei allen Personen, die neue Verantwortungen für solche Schüler übernehmen sollen, werden deshalb Unsicherheiten und Ängste ausgelöst, was oft zu Überbewertungen der Problemlage führt. Solche Befürchtungen müssen ausführlich und ernsthaft diskutiert werden. Eine wichtige Feststellung dabei: Die Förderbedarfe dieser Schülergruppe sind extrem unterschiedlich. Zum größeren Teil geht es um Schüler mit Förderbedarf in den Bereichen Sprache, Lernen und Verhalten, bei denen oft ein Kompetenztransfer zwischen Regel- und Sonderpädagogik sowie punktuelle sonderpädagogische Unterstützung in den Kernfächern ausreichen, um eine adäquate Förderung abzusichern (vgl. Abb. 4).

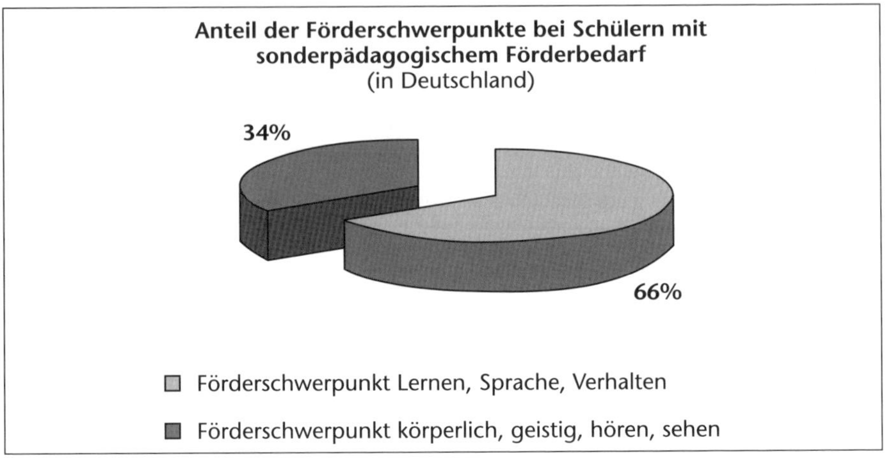

Abb. 4: Förderschwerpunkte

Hier ist die Unterscheidung zwischen »Difficulties« und »Disabilities« beim sonderpädagogischen Förderbedarf hilfreich, wie sie sich im englischsprachigen Raum findet. Lediglich bei solchen Förderschwerpunkten, in denen eine schwere, teils medizinisch diagnostizierbare Beeinträchtigung besteht, geht es um Behinderungen, die komplexere sonderpädagogische Maßnahmen erfordern.

Kritische Herausforderungen werden sich immer in der Arbeit mit Schülern ergeben, die unter massiven, unterrichtsbelastenden Verhaltensauffälligkeiten leiden (schwere Verhaltensauffälligkeiten unterschiedlicher Genese, autistische und psychische Störungen), welche sich mit dem jeweiligen sozialen Problempotenzial der Lerngruppe aufschaukeln können.

1.2 Systemnavigation – Chancen und Risiken

Die besondere Aufmerksamkeit aller Akteure einer inklusiven Schule für eine barrierefreie Teilhabe aller führt zu einer Verbesserung des Schulklimas und der angstfreien Lernfreude der Schüler. Durch einen Kompetenztransfer zwischen Sonderpädagogen (und anderen pädagogischen Fachkräften) und Regelschullehrkräften erweitert sich das professionelle Repertoire beider Berufsgruppen enorm. Nicht nur benachteiligte Schülergruppen profitieren davon nachweislich. Der Ausbau von Teamarbeit befördert die Fähigkeit der Lehrkräfte zur Weiterentwicklung von Unterrichtsqualität und führt zu deutlichen Entlastungseffekten in der Lehrerschaft. Schüler und Eltern haben über solche Teamstrukturen mehr Bezugspersonen für eine individuelle Lern- und Entwicklungsberatung.

Inklusion von Schülern mit sonderpädagogischem Förderbedarf muss aber auch Schwierigkeiten überwinden. Überforderungs- und Überlastungserscheinungen des Personals und teilweise auch der Schülerschaft sind nicht selten, wenn die Rahmenbedingungen unzureichend sind und die Veränderungen zu schnell und unvorbereitet durchgeführt werden. Im schlimmsten Fall droht den betroffenen Schülern die »Exklusion durch Inklusion«.

Gelingensbedingungen

Erfahrungen mit integrativen und inklusiven Beschulungsformen in Einzelschulen, Bildungsregionen oder Staaten zeigen, dass tatsächlich weniger Quantität und Qualität der zusätzlichen Ressourcen für eine erfolgreiche inklusive Beschulung ausschlaggebend sind, sondern vielmehr die Einstellung und Haltung der Verantwortlichen in der pädagogischen Arbeit mit dem Schüler. Letztlich lassen sich nur wenige wesentliche Merkmale ausmachen, die die Wirksamkeit und den Erfolg inklusiver Pädagogik nachweislich sicherstellen:

- inklusive Haltung und Verantwortung aller Stakeholder (Schulaufsicht, Schulleitung, Lehrkräfte, Eltern, Unterstützer),
- Teamfähigkeit der Pädagogen in einem offenen, dialogischen Entwicklungsprozess,
- hohe und dauerhafte Lernbereitschaft des gesamten Kollegiums,
- Umstellung des Unterrichts auf individualisierte Methoden.

Typische Stolpersteine

Inklusion von Schülern mit sonderpädagogischem Förderbedarf will gelernt sein und zum Lernen gehören Fehler. Das gilt für Einzelpersonen ebenso wie für die gesamte Organisation. Neue Praktiken können sich gegenüber einer Phalanx hartnäckiger pädagogischer Alltagstheorien oft erst nach und nach durchsetzen. Dabei kommt es oft zu typischen Schwierigkeiten, wenn versucht wird, unbekannte, neue Probleme mit alten Konzepten zu lösen oder aber irritierenden neuen Herausforderungen auszuweichen (vgl. Abb. 5). Solche Stolpersteine lassen sich durch gute Vorbereitung vermeiden; auf typische Schwierigkeiten kann man mit akuten Unterstützungsmaßnahmen gut und schnell reagieren. Wichtig ist ein stets aufmerksames Monitoring des Prozesses durch die Schulleitung.

Stolpersteine im Blick haben		
Stolpersteine/Fehlentwicklungen	**Mögliche Hintergründe**	**Geeignete vorbeugende oder akute Maßnahmen**
• Regelschullehrkraft gibt die Verantwortung und Förderarbeit weitgehend an Sonderpädagogen ab.	• Unterrichtsmethoden eignen sich nicht für gemeinsamen Unterricht • Verdeckte Teamkonflikte (man geht sich aus dem Weg) • Unklare Standards zur inklusiven Arbeit • Sonderpädagoge ist nicht vorbereitet und eingewiesen worden	• Teamentwicklungsprogramme • Supervisionsangebote • Rollen- und Aufgabenklärung
• Unbegründete Einschränkung der Erwartungen an Inklusionskinder	• Helfer-Syndrom/Mitleid der Pädagogen • Überbehütung von Eltern überträgt sich auf das Personal	• Supervision, Fortbildung, Beratung
• Offene Teamkonflikte	• Unklare und überhöhte Erwartungen an den Teampartner • Zwischenmenschliche Probleme • Ungerechte Aufgabenverteilung • Zu wenig und/oder ungeregelte Koordinationszeit • Zu enge Kooperation (man geht sich auf die Nerven) • Sonderpädagoge ist in zu vielen Klassen eingesetzt und kann sich nicht ausreichend einbringen	• Teamsupervision • Trennung des Teams • Teamentwicklungsprogramme
• Mobbingerscheinungen gegenüber Schülern	• Identifikationsprobleme in der Pubertät • Ungeeignete Erziehungsmethoden des Klassenteams • Überlastung der Klassengemeinschaft mit sozialen Konflikten	• Fortbildung und Teilnahme an einschlägigen Präventionsprogrammen • Klassenrat, Schülerkonferenz, Schülerpatenschaften, Lerngemeinschaften • Classroom-Management

Stolpersteine im Blick haben		
Stolpersteine/Fehlentwicklungen	**Mögliche Hintergründe**	**Geeignete vorbeugende oder akute Maßnahmen**
• Überforderung/Ängste von Lehrkräften	• Keine ausreichenden Kompetenzen in individualisierender Didaktik • Zu wenig Personalressource • Ein Schüler benötigt persönliche Assistenz	• Notprogramme planen • Präsenz/Hospitation der Leitung • Beratungs- und Supervisionsressourcen vorhalten • Besondere Würdigung und Zeit durch SL • Mentoringprogramme • Information, Fortbildung, Kooperation mit Spezialisten • Eingliederungshilfe/Schulbegleiter beantragen
• Enttäuschte Erwartungen der Regelschullehrkräfte an Sonderpädagogen	• Sonderpädagoge ist in zu vielen Lerngruppen/Einsatzorten eingesetzt und kann sich nur begrenzt einbringen	• Konzentration der sonderpädagogisch förderbedürftigen Schüler in wenigen Klassen, um Personalressourcen zu bündeln
• Krisenhafte Situationen mit Schülern mit sonderpädagogischem Förderbedarf am Schulanfang	• Unzureichende Vorbereitung auf die Problemlage bei Aufnahme • Fehlende Übergabegespräche zwischen der abgebenden und aufnehmenden Institution • Zu starre Personalschlüssel für die Lerngruppen	• Manpower • Fortbildung • Beratung • Notprogramme
• Überforderungs- und Stressreaktionen von Schülern mit sonderpädagogischem Förderbedarf	• Zu viele Bezugspersonen/ Fachlehrer • Zu viele Raumwechsel • Zu viele Stressreize in der Klasse • Zu lange Arbeitsphasen • Mobbing durch Mitschüler	• Pädagogische Inselprogramme • Persönliche Rückzugsräume im Klassenraum schaffen • Klassenlehrerprinzip • Fachlehrereinsatz nicht zu breit verteilen
• (Teil-)Beurlaubung von Schülern	• Zu wenig Unterstützungssysteme für Krisenfälle • Zu geringer Vertretungspool bei Krankheitsfällen	• Personaleinsatz überprüfen
• Ausschluss von Schülern bei best. Aktivitäten oder Ausflügen, Klassenfahrten	• Zu wenig Begleitpersonal • Unsicherheiten des Klassenlehrers in Bezug auf Aufsichtspflicht • Überängstlichkeit der Eltern • Übermaß an dienstrechtlichen Vorschriften führt zu Ängsten	• Eingliederungshilfe/Schulbegleitung beantragen • Einsatz von engagierten Eltern

Stolpersteine im Blick haben		
Stolpersteine/Fehlentwicklungen	**Mögliche Hintergründe**	**Geeignete vorbeugende oder akute Maßnahmen**
• Lehrkräfte greifen zu unabgesprochenen, ungewöhnlichen Erziehungsmaßnahmen	• Lehrkräfte haben keine Ansprechpartner bei Fragen • Unzureichende Beratung der Lehrkräfte	• Wissensmanagement optimieren

Abb. 5: Stolpersteine

1.3 Innovationsroute – Aufwand und Investitionen

Nachhaltige Innovationsstrategie

Bei vielen Innovationsprozessen zeigt sich, dass der nötige Zeitrahmen für eine sichere Implementierung mehrere Jahre beträgt. Die magische Zahl Sieben scheint oft richtig zu liegen. Sieben Jahre sind allerdings in unserer heute so beschleunigten Zeit eine kleine Ewigkeit. Oft wechseln in diesem Abschnitt Regierungen und Behördenleitungen und damit die Vorgaben und Rahmenbedingungen einer Schule. Aber auch ohne solche Richtungswechsel ist die Menge der behördlichen und schuleigenen Entwicklungsprojekte einer Schule heute oft nur schwer überschaubar. Nicht nur Schulen, auch ganze Behörden können sich dabei verzetteln.

Wichtig ist deshalb, das aktuelle und zukünftige Potenzial der Schule wie auch seine Schwächen hinreichend zu bilanzieren und mit den behördlichen Vorgaben und Plänen in Relation zu setzen. Inklusive Schulentwicklung braucht Zielklarheit, Zeit für ein dialogisches Vorgehen und einen klaren Organisationsrahmen mit festgelegten Verantwortlichkeiten.

Dimensionen Schul- und Unterrichtsentwicklung

Um den inklusiven Anspruch konsequent in allen schulischen Handlungsfeldern zu verankern, müssen sowohl die Strukturen einer Schule als auch der Unterricht weiterentwickelt werden. In der Schulentwicklung sind vor allem folgende Aspekte prioritär zu beachten:

- Leitbildentwicklung,
- Personalentwicklung,
- Teamentwicklung,
- Netzwerkarbeit (mit anderen Schulen und außerschulischen Institutionen),
- Wissensmanagement (Gewinnung und Verteilung neuer Kenntnisse und Kompetenzen).

Besondere Schwierigkeiten bereitet oft die barrierefreie Ausstattung von Gebäuden und Räumen. Deshalb sollte die Schule frühzeitig beim Schulträger zusätzliche Mittel einfordern. Weitere Finanzierungsquellen lassen sich durch Spenden z. B. von Stiftungen zu erzielen.

Die Unterrichtspraxis in allen Fachbereichen sollte über eine gesteuerte, mehrjährige Qualifizierungsplanung systematisch in Richtung Individualisierung weiterentwickelt werden. Erstrangige Schwerpunkte:

- individualisierte Unterrichtsformen/kompetenzorientierte Didaktik,
- diagnostische Kompetenzen,
- Arbeit mit individuellen Entwicklungsplänen/Förderplanarbeit,
- alternative Formen der Leistungsrückmeldung.

Ein schulinternes Curriculum sollte mit Spezifizierungen für Schüler mit besonderen Lernbedürfnissen (sowohl im überdurchschnittlichen, wie im unterdurchschnittlichen Leistungsspektrum) ergänzt werden.

1.4 Startpunkt – erste Schritte

Es gibt keine festgelegten, besten Wege zur inklusiven Schule. Sollte man sich eher langsam vorbereiten oder mit vollen Segeln starten, um den aktuellen politischen Rückenwind zu nutzen? Sofern die eigenen Fertigkeiten im Segeln noch wenig ausgeprägt sind, ist es vielleicht sinnvoller, zunächst auf einem ruhigen Binnensee zu trainieren, bevor man aufs offene Meer hinausfährt.

Schulen, die sich in einen intensiven Entwicklungsprozess zur Inklusion begeben, tun dies aus unterschiedlichen Motivationslagen heraus (z. B. freiwilliger selbstbestimmter Innovationsprozess, durch Behörde/Träger vorgegeben, neues Schulprofil als Rettungsmaßnahme vor drohender Schließung). Bei einem eher vorgegebenen Auftrag muss rasch ein handlungsfähiges Starterteam gebildet werden, während selbstbestimmte Entwicklungen eher auf eine breite Qualifizierung des gesamten Personals setzen sollten.

Denken Sie bei der Prozessnavigation darüber nach, welche Variationen der Zeitplanung, der Intensität, der Zahl der Innovationen, der Abfolge der Einzelprojekte möglich sind und suchen Sie nach Synergieeffekten zwischen verschiedenen Projekten. Anhaltende Überlastungen in vielen Parallelprojekten, u. a. durch Aufgaben-Overlap bei den Leistungsträgern, müssen vermieden werden.

Bilanzieren Sie deshalb die Ressourcenbindung im Personal und stellen Sie eventuell andere bereits begonnene Projekte vorübergehend zurück.

Entscheiden Sie in der Schulleitungsgruppe nach eingehender Prüfung der Ausgangslage, ob ein rascher und konsequenter Prozess eingeleitet werden sollte (Strategie A), für den hinreichend Zeitressourcen zur Verfügung stehen, oder ob eine längere vorbereitende Phase Sinn macht (Strategie B), an die sich erst später eine intensivierte Prozessphase anschließt. Setzen Sie dann einen starken Impuls durch Ihre eigene Positionierung als Leitung und Grundlageninformationen zum Thema (vgl. Abb. 6).

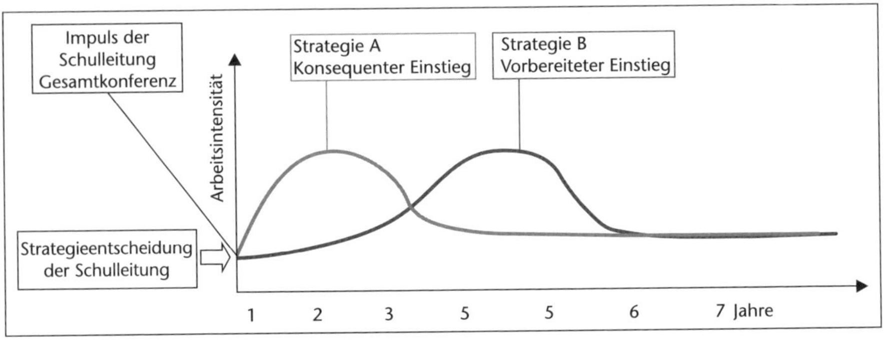

Abb. 6: Strategieentscheidung der Schulleitung

Nehmen Sie sich Zeit, mit der Leitungs- oder Steuergruppe über folgende Fragen nachzudenken:

- Wie viel Zeit benötigt Schulleitung und Steuergruppe zur Schaffung einer hinreichenden Wissensbasis?
- Welche anderen Projekte müssen zunächst abgeschlossen oder auch verschoben werden?
- Wann ist eine geeignete Phase, um mit dem gesamten Kollegium am Leitbild zu arbeiten?
- Welche Fortbildungs- und Unterstützungsprogramme Ihrer Region sollten Sie in der Strategieplanung berücksichtigen?
- Welche Zeitabschnitte sind für Anträge auf zusätzliche Ressourcen und eventuell Baumaßnahmen einzuplanen?

1.5 Fazit

Inklusive Schulentwicklung erfordert die volle Aufmerksamkeit und Unterstützung von der Schulleitung. Zeigen Sie sich als prominenter Vertreter der Sache. Die Pioniergruppen in der Umsetzung benötigen Ihre Präsenz und Ihren Rückhalt.

1.6 Literatur

Boban, Ines/Hinz, Andreas: Index für Inklusion. (Übersetzt und für dt. Verhältnisse bearbeitete Version von Booth/Ainscow: Index for Inclusion.) Martin-Luther-Universität. Halle-Wittenberg, 2003.

Zu bestellen oder als pdf-Download unter: www.inklusionspaedagogik.de

Ein geeignetes Schulentwicklungsinstrument, mit dem alle Stakeholder an Bilanzierung mit Weiterentwicklung beteiligt werden. Wenn es komplett durchgeführt wird, benötigt es regelmäßig viel Konferenzzeit. Die Investition zahlt sich durch die nachhaltige Schaffung gemeinsamer Wertvorstellungen aus.

Wilhelm, Marianne/Eggertsdóttir, Rósa/Marinósson, Gretar L. (Hrsg.): Inklusive Schulentwicklung. Planungs- und Arbeitshilfen zur neuen Schulkultur. Weinheim, 2006.

Sehr anwendungsorientiert für die Arbeit von Steuergruppen und Klassenteams. Es bietet Vorlagen und Anregungen für dialogische Planungsprozesse.

Wilhelm, Marianne: Integration in der Sek. I und II. Wie die Umsetzung im Fachunterricht gelingt. Weinheim, 2009.

Das Buch bietet durch eine Fülle von Beispielen konkreter Schulen Anregungen für die Unterrichtsentwicklung in Sekundarschulen. Es leistet eine gute Wissensgrundlage über die Herausforderungen, die sich aus den strukturellen Rahmenbedingungen einer weiterführenden Schule ergeben.

Hinz, Andreas/Körner, Ingrid/Niehoff, Ulrich (Hrsg.): Auf dem Weg zur Schule für alle. Barrieren überwinden – inklusive Pädagogik entwickeln. München, 2010.

Ein sehr aktuelles Kompendium zur Reflexion der aktuellen Entwicklungen nach der UN-BRK. Die Beiträge aus Wissenschaft und Praxis bieten ein kompaktes Werk, um die eigene Wissensbasis zu erweitern.

Sydney, Ann: A Handbook for Inclusion Managers. Steering your school towards inclusion. Oxon, 2010.

Von einer Ofsted-Schulinspektorin geschrieben, ist das Buch leider nur im englischen Original erhältlich und inhaltlich auf britische Verhältnisse ausgerichtet. Dennoch finden sich zahlreiche Anregungen zur professionellen Steuerung des Prozesses auch in Bezug auf die Qualitätsentwicklung.

2. Qualitätsentwicklung unter inklusivem Vorzeichen

Die IGS Linden: Eine Stadtteilschule auf dem Weg zur Inklusion

Christoph Walther

Dieser Beitrag soll zeigen: Inklusion ist für eine Schule nicht beiläufig zu machen – aber es lohnt sich, die Aufgabe anzugehen. Eigentlich bedeutet Inklusion nichts Anderes, als »Eine Schule für alle« zu verwirklichen, also dafür zu sorgen, dass nicht das einzelne Kind der Schule, sondern die Schule allen Kindern angepasst wird, die sie besuchen wollen.

Es gibt keine spezifisch inklusive Pädagogik, die sich besonders auf »besondere« Kinder beziehen würde. Vielmehr macht Inklusion ernst mit dem Postulat und der in anderen Staaten schon längst bestätigten Erfahrung,

- dass jedes Kind die bestmögliche Förderung und Entwicklung verdient hat und sie mit allen anderen Kindern in einer Schule für alle genießen kann,
- dass dabei die Kinder in der Kooperation mehr voneinander lernen, als wenn man sie unter der Prämisse der Vorteilhaftigkeit der Homogenität voneinander trennt,
- dass das Kollegium von Heterogenität nicht überfordert wird, wenn es die Gestaltung eines schülerzentrierten kooperativen Unterrichts als Gemeinschaftsaufgabe angeht und die Schulleitung für angemessene »Zeitfenster« zur Kooperation und für qualifizierte gemeinsame Fortbildungen sorgt
- und dass sich mit der Zielvorgabe Inklusion erfolgreich – und für das Kollegium äußerst befriedigend – Schule machen lässt.

Ein Kollegium kann zusammenwachsen und die Qualität von Unterricht und Schulleben gemeinsam verbessern, indem es das Leitbild »Eine Schule für alle« ernst nimmt und an seiner Verwirklichung arbeitet. Dieser Prozess ist langwierig, lässt aufgrund neuer pädagogischer Herausforderungen an Lehrerinnen und Lehrer nur kleine Schritte zu, fordert Lern- und Anstrengungsbereitschaft von allen Beteiligten und wird dadurch behindert, dass zeitliche Ressourcen für die Kooperation der Teams, die Inklusion realisieren sollen, bisher nicht ausreichend zur Verfügung stehen und die baulichen und sächlichen Voraussetzungen, für die der Schulträger zu sorgen hat, häufig nicht gegeben sind. All diese Notwendigkeiten mussten Schulen mit inklusiver Zielsetzug bisher – vor der offiziellen Anerkennung von Inklusion als Bildungsauftrag von Schule – mühsam erstreiten. Ob in Zukunft inklusionswillige Schulen von außen besser unterstützt werden, bleibt abzuwarten.

Der »Ertrag« aber rechtfertigt den Aufwand: Inklusion meint nicht nur die individuelle Berücksichtigung aller Kinder und Jugendlichen, sondern auch die

Bildung von Lehrerteams, die das Handwerk der Inklusion gemeinsam erlernen, und den Abschied von den Mühen einer auf den pädagogischen Einzelkampf ausgerichteten Lehrerrolle.

2.1 Kompatibel: Gesamtschule und Inklusion

Die IGS Linden gehört zu den ältesten Gesamtschulen Niedersachsens. Sie wurde 1971 im Zuge der sozialdemokratisch geprägten Anstrengungen um eine Bildungsreform gegründet. Gesamtschulen sollten Schulen für alle sein, sozial benachteiligte Kinder und Jugendliche besonders fördern, Chancengleichheit herstellen und die Anzahl der Schulabgänger mit höherwertigen Abschlüssen vergrößern. In dem Arbeiterviertel Linden widmete sich ein junges engagiertes Kollegium dieser Zielsetzung mit besonderer Leidenschaft. Die IGS Linden wurde rasch zur großen Stadtteilschule mit insgesamt 1450 Schülerinnen und Schülern. Besonders viele der durchschnittlich 120 Abiturientinnen und Abiturienten waren Arbeiterkinder; seit den 90er Jahren ist der Anteil von Schülern »mit Migrationshintergrund« aufgrund einer veränderten Zusammensetzung der Wohnbevölkerung signifikant hoch, heute liegt er bei 40 Prozent. Noch immer hat die Schule auch mit den Folgen von Kinderarmut – sie betrifft in der Sek. I mehr als ein Drittel der 950 Schülerinnen und Schüler – und Bildungsferne zu kämpfen und reagiert darauf mit einem breiten Ganztagsangebot und Sprachförderprogrammen. Die Angebote und Programme beruhen auf dem Grundsatz, dass Schüler eine eigene authentische Sprache finden sollen und dies gelingen kann, wenn sie in der Schule Gehör finden und aktiv mitreden und mitgestalten können. Die Herstellung von Chancengleichheit gehört zu den Zielen und Prinzipien der Schule. Die IGS Linden war von Anfang an darum bemüht, mithilfe des schulischen Erziehungs- und Bildungsprozesses soziale Inklusion zu leisten – ohne dass dieser Begriff verwendet worden wäre.

2.2 Vorbehalte und Befürchtungen

Bemerkenswert ist, dass »Sonderschulkinder« in den ersten zwanzig Jahren bei diesen Inklusionsbemühungen überhaupt keine Rolle spielten. Nur unter dem Druck einer starken Elternlobby kamen die ersten Integrationsklassen seit 1996 zustande. In Sorge, dass behinderte Kinder ohne Weiteres Schülerinnen und Schüler der IGS Linden werden könnten, beschloss die Gesamtkonferenz starke Auflagen, die gewährleisten sollten, dass Integrationsklassen die Ausnahme bleiben. Ausschließlich aus einer Lindener Grundschule sollten Kinder mit sonderpädagogischem Förderbedarf übernommen werden. Es wurde auch festgelegt, dass Lehrerinnen und Lehrer der IGS nicht gegen ihren Willen in Integrationsklassen eingesetzt werden konnten.

Die Vorbehalte, die sich nur langsam über ein ganzes Jahrzehnt hinweg auflösten, wurzelten in folgenden Befürchtungen:

1. Das Niveau in der Lerngruppe sinkt; die Klasse kommt nicht voran. Schon mit der sozialen Integration leisten IGS-Lehrkräfte mehr als ihre Kollegen im dreigliedrigen Schulwesen. Was kommt dann erst mit den »Behinderten« auf sie zu?
2. Die Einbeziehung von »Sonderschullehrern« stellt für das IGS-Kollegium eine Herausforderung dar. Sind damit nicht besondere Belastungen für die Lehrkräfte der IGS verbunden? Die neuen Kolleginnen und Kollegen müssen bei der Vorbereitung und Durchführung des Unterrichts beteiligt werden; die Fachlehrkräfte und die Klassenlehrer/-innen bestimmen nicht mehr allein, wie sie mit »ihrer« Klasse umgehen, und was im Klassenzimmer geschieht, ist nicht mehr Sache des einzelnen Lehrers. Ständige zeitaufwendige Absprachen sind erforderlich. Ungewohnt an der neuen Konstellation ist auch, dass das Lehrerverhalten noch stärker im Team thematisiert und vielleicht sogar der Kritik unterzogen wird. Werden dabei nicht auch Routine und Gewohnheiten, die zum eigenen professionellen Rollenverständnis gehören, infrage gestellt?
3. Das Ansehen der Gesamtschule könnte unter der Aufnahme von »Sonderschülern« leiden. Eltern von Kindern mit einer Gymnasialempfehlung könnten der Gesamtschule den Rücken kehren und dafür sorgen, dass in einer »Spirale abwärts« mit der Attraktivität auch das Niveau und mit dem Niveau wiederum die Attraktivität sinkt.

Diese Befürchtungen hatten ihr Gutes. Die Schulleitung achtete darauf, dass ein Großteil der nötigen »personellen, materiellen und sächlichen Ressourcen« zur Bildung von Integrationsklassen zur Verfügung gestellt wurde und trotz der Nachfrage aus ganz Hannover im Wesentlichen nur Kinder aus den Integrationsklassen der Lindener Grundschule aufgenommen wurden. Dieser restriktive Kurs, der das Kollegium nicht über Gebühr belasten sollte, führte auch dazu, dass Schülerinnen und Schüler die IGS Linden verlassen mussten, wenn bei ihnen im 5. oder 6. Jahrgang ein sonderpädagogischer Förderbedarf festgestellt wurde, das Deputat der Förderschullehrkräfte an der IGS aber bereits ausgeschöpft war. In diesem Fall wurden die betroffenen Schülerinnen und Schüler an einer Förderschule im Bereich Lernen oder emotionale und soziale Entwicklung weiterbeschult.

2.3 Entwicklung eines inklusiven Systems und professioneller Teams

Hilfreich für die Einbeziehung der Förderschullehrkräfte in die kollegiale Zusammenarbeit und damit für die Überwindung der Bedenken der IGS-Lehrkräfte war vor allem, dass es gelang, jede Förderlehrkraft fest in das Jahrgangskollegium einzubinden, in dessen Integrationsklassen sie tätig war. Es war zunächst keineswegs selbstverständlich und musste erst einmal von der IGS durchgesetzt werden, dass Förderlehrkräfte auf Dauer von einer Förderschule an die IGS abgeordnet wurden und »ihren« Jahrgang vom 5. bis zum 10. Schuljahr begleiten konnten. Diese Regelung führte dazu, dass feste Strukturen der Zusammenarbeit ausgebildet werden konnten und Fachlehrkräfte und Förderlehrkräfte von einander lernen und sich in ihrer Arbeit ergänzen konnten.

Schließlich zeigte es sich auch, dass die Leistungen in den meisten I-Klassen nicht unter-, sondern eher überdurchschnittlich waren, gerade weil der besonders reflektierte Umgang der Lehrkräfte mit Heterogenität sich positiv auf den Lernprozess für alle Beteiligten in der Gruppe auswirkte. Dies blieb auch den Eltern nicht verborgen: Nach einer Übergangszeit, in der viele kritische Fragen danach gestellt wurden, ob sich die Schule mit den »Behinderten« nicht übernehme, stellte sich ein erstaunlicher Effekt ein: Je mehr Integrationsklassen zum »Normalfall« wurden, je offensiver sich die IGS als Eine Schule für alle darstellte, desto stärker wirkte sich dies auf den guten Ruf der Schule aus. Ablesbar ist dies unter anderem an einer generellen Zunahme der Anmeldezahlen weit über die Kapazität der IGS Linden hinaus und außerdem an einer speziellen Nachfrage von Eltern, deren Kinder nach dem 4. Schuljahr eine Gymnasialempfehlung erhalten. Diese Eltern registrieren, dass Inklusion nicht etwa die Konzentration auf besonders lernschwache Kinder, sondern eine individuelle Würdigung und Beachtung jedes einzelnen Kindes, seiner Stärken und Schwächen und seines individuellen Lernweges bedeutet.

Dass allen Bedenken zum Trotz Integrationsklassen in dem Jahrzehnt nach 1996 zur Selbstverständlichkeit wurden – und mit ihnen die Einbeziehung von Kindern »mit besonderem Förderbedarf« in die Schülerschaft und von Förderlehrkräften in das Gesamtkollegium –, ist aber der oben schon charakterisierten sozialintegrativen Ausrichtung zu verdanken, die Integrierte Gesamtschulen seit jeher ausgezeichnet hat. Vor allem der ausgebaute Ganztagsbetrieb, der jedem Kind etwas bietet und ihm ermöglicht, am Schulleben teilzunehmen und es mit zu gestalten, sorgte dafür, dass auch Kinder mit Lernbehinderung und Entwicklungsstörungen in der Schule »ankamen« und in ihrer Klasse als gleichberechtigte Klassenkameraden akzeptiert wurden, die auch die IGS-Lehrkräfte vor keine außergewöhnlichen Probleme stellten.

2.4 Inklusion im Ganztag

In der erfolgreichen Bewerbung zum Jakob-Muth-Preis 2009 hat die Schule am Beispiel »Schulalltag von Tom und Paul« dargestellt, wie zwei fiktive Schüler des 8. Jahrgangs – der eine mit sonderpädagogischem Förderbedarf Lernen, der andere mit Gymnasialempfehlung – im Ganztagsbereich miteinander und voneinander lernen:

Von- und miteinander lernen	
»Wochenplanstunde:	Tom und Paul arbeiten an den differenzierten Arbeitsaufträgen der verschiedenen Fächer. Sie teilen sich die Aufgaben selbstständig ein und unterstützen sich gegenseitig.
Stammunterricht:	Tom und Paul treffen sich mit ihrer Klasse zum gemeinsamen Pizzabacken in der Schulküche.
Arbeitsgemeinschaft (AG):	Tom nimmt an der Segelflug-AG teil, Paul betreut die Photovoltaik-Anlage der Schule.
Projektwoche:	Tom und Paul fahren gemeinsam mit weiteren 35 Mitschüler(n)/-innen zum Skikurs.
Betriebssimulationsprojekt:	Tom arbeitet eine Woche als Koch in der Kantine und versorgt 90 Personen des Jahrgangs, Paul rechnet als Bürokaufmann die Bezüge der Mitarbeiter aus.
Streitschlichterausbildung:	Tom und Paul planen gemeinsam an der Streitschlichterausbildung teilzunehmen. Sie werden voraussichtlich in einem Team die Patenschaft für zwei 5. Klassen übernehmen.
Mittagspause:	Tom und Paul essen gemeinsam in der Schulmensa. Anschließend spielen sie mit Freunden im Freizeitbereich Billard.«

Im Bereich der Ganztagserziehung konnte die IGS Linden schon als inklusives System in Erscheinung treten, bevor der Begriff überhaupt eingeführt war: Für Kinder und Jugendliche gleich welcher Herkunft, Kompetenz, fachlicher Neigung oder Befähigung – und damit eben auch für Kinder und Jugendliche mit einem besonderen Förderbedarf – steht eine Vielfalt von Angeboten zur Kooperation zur Verfügung: in selbstbestimmten Projekten und Arbeitsgemeinschaften, in Gremien wie dem Klassenrat, der in den Ganztagsstunden einer Klasse tagt, oder in SV-Aktivitäten wie »Schule ohne Rassismus – Schule mit Courage«.

Zu diesem Angebot gehören viele, die unterschiedlichen Voraussetzungen berücksichtigende berufsvorbereitende Maßnahmen, die auch noch den »schwächsten« Schüler befähigen, seinen eigenen Weg zu gehen, wenn er sich auf das Angebot einlässt. Die Eingliederung aller Absolventinnen und Absolventen der Schule in das berufliche und gesellschaftliche Leben, die kompetente Hilfe bei Lebensplanung oder Berufswahl gehörten schon im letzten Jahrhundert zu den Markenzeichen der Schule. Kamen sie zunächst Schülerinnen und Schülern aus sozial benachteiligten Familien zugute, so gaben sie seit Einführung der Integrationsklassen auch Schülerinnen und Schülern mit Förderbedarf eine Perspektive – und einen Anreiz, sich mit ihren Möglichkeiten am Unterricht zu beteiligen und Lernfortschritte zu erzielen. Schließlich bemisst sich der Wert der schulischen Inklusion nicht zuletzt auch an ihren integrativen Folgeerscheinungen: Auch nach der Schule sollen Jugendliche mit besonderen

Bedürfnissen und Problemen möglichst keinen Sonderweg gehen müssen, sondern Zugang zum beruflichen und sozialen Leben haben.

2.5 Integrationsklassen als Keimzellen der Entwicklung

Waren es im Schuljahr 1996/1997 14 Kinder mit den Förderschwerpunkten Lernen, emotionale und soziale Entwicklung, Sehen, körperliche und motorische Entwicklung sowie geistige Entwicklung, die im 5. Jahrgang eingeschult wurden, so werden seitdem in jedem Schuljahr im Eingangsjahrgang der IGS neue Integrationsklassen eingerichtet. Im Jahr 2009, im Jahr der Verleihung des Jakob-Muth-Preises, waren es 62 Schülerinnen und Schüler in zwölf Integrationsklassen, die von acht Förderschullehrkräften beschult wurden. Damit wurde in der IGS Hannover-Linden die größte Integrationsmaßnahme in Niedersachsen realisiert.

Am 31. August 2009 wurde der Schule »in Anerkennung ihres herausragenden Engagements auf dem Weg zur inklusiven Schule« der erstmals ausgeschriebene Jacob-Muth-Preis verliehen, der gemeinsam von der deutschen UNESCO-Kommission, der Beauftragten der Bundesregierung für die Belange behinderter Menschen und von der Bertelsmann-Stiftung vergeben wird. Einige Monate zuvor hatte die IGS Linden den TUI-Integrationspreis der Stadt und Region Hannover erhalten, mit dem die Leistungen der Schule zur Einbeziehung von Kindern und Eltern aus anderen Herkunftsländern in das Schulleben und zur Vorbereitung auf das Berufsleben gewürdigt wurden. Außerdem wurde die IGS Linden vom damaligen Ministerpräsidenten Wulf als »Berufswahl- und ausbildungsfreundliche Schule in der Region« ausgezeichnet.

Die öffentliche Anerkennung der bis dahin geleisteten Arbeit führte dazu, dass Kollegium und Schulvorstand sich jeweils einstimmig zu einer inklusiven Schulentwicklung bekannten und einerseits Ziele und Leitsätze, andererseits ganz konkrete nächste Schritte beschlossen. In den Zielen/Leitsätzen heißt es:

»In folgenden Bereichen, die für eine inklusive Schule konstitutiv sind, möchte die IGS Linden vorankommen:

1. Die Angebote zur Kooperation aller Schülerinnen und Schüler sollen erhalten bleiben und vor allem im Hinblick auf Kinder und Jugendliche mit besonderen Interessen und Fähigkeiten noch ausgebaut werden.
2. Zum Organisationsprinzip der Schule soll werden, dass Ausgrenzung (Exklusion) und institutionelle Diskriminierung, soweit es geht, verhindert werden.
3. Die Kooperation der Lehrkräfte soll sich generell auf die individuelle Förderung aller Schülerinnen und Schüler und nicht auf das Herausgreifen ›besonderer‹ Schüler beziehen. Unter diesem Gesichtspunkt soll die Bildung von Lehrerteams in allen Bereichen und Stufen der Schule vorangetrieben werden.

4. Die Arbeit von Schulleitung und Kollegium konzentriert sich auf die Verbesserung eines Unterrichts, der Heterogenität als Chance begreift, Unterschiede gelten lässt und als Voraussetzung zur Ausbildung der individuellen Persönlichkeit begreift.
5. Die IGS Linden ist schon lange auf dem Weg zu einer inklusiven Schule, ohne dass sie diesen Begriff verwendet hätte. Im Grundsatz 1 ihres Schulprogramms von 2005 verpflichtet sie sich zu einem Unterricht, der die Kompetenzentwicklung aller Schülerinnen und Schüler gleichermaßen soweit wie möglich voranbringt, und sie definiert die Arbeit an einer verbesserten Unterrichtsgestaltung als permanente gemeinsame Aufgabe des Kollegiums. Kollegium und Schulleitung werden Formen der Kooperation und Weiterbildung finden, um dem eigenen Anspruch auf einen inklusiven, alle einbeziehenden Unterricht gerecht zu werden.«

Zur Planung der nächsten Schritte formulierte die Gesamtkonferenz den »künftigen Rahmen einer inklusiven Erziehung und die erforderlichen Rahmenbedingungen« und stellte einen entsprechenden Antrag zur Genehmigung dieser Rahmenbedingungen an das Niedersächsische Kultusministerium. Grundgedanke war, dass Inklusion nur verwirklicht werden kann, wenn alle Klassen in den Jahrgängen 5 bis 9 als Integrationsklassen geführt werden, denn nur so sind auch alle Lehrkräfte mit der Aufgabe befasst, Inklusion gemeinsam zu verwirklichen. Aus den bisher gemachten Erfahrungen wurde abgeleitet, dass die Klassen nicht mehr als 22 bis 24 Schülerinnen und Schüler, davon drei mit einem sonderpädagogischen Förderbedarf, haben sollten. Zu den für notwenig gehaltenen Rahmenbedingungen gehörte auch eine wöchentliche Teamstunde für die Zusammenarbeit der Lehrkräfte in den einzelnen Klassen und die Zuordnung von jeweils einer Förderlehrkraft zu zwei Klassen eines Jahrgangs. Die IGS Linden wollte damit ihrem Stadtteil Kapazitäten zur Verfügung stellen, die es ermöglichen sollten, dass fast alle Kinder, deren Eltern dies wünschen, im Sekundarbereich I an einer Schule inklusiv beschult werden können.

2.6 Aktueller Stand: Umfang und Qualität der inklusiven Aufgabe

Der Antrag wurde zwar nicht genehmigt, weil das Kultusministerium an einer schulgesetzlichen Gesamtregelung der Inklusion in Niedersachsen arbeitete, aber de facto hat die IGS Linden große Teile ihres Programms umgesetzt, obwohl die real existierenden Rahmenbedingungen noch immer die Arbeit erschweren: Die Klassen sind zu groß, der Raum ist beengt, die Zeit für vor- und nachbereitende Treffen zu kurz. Trotzdem gibt es seit 2010 komplette inklusive Jahrgänge, d. h. alle Klassen werden in diesen Jahrgängen als Integrationsklassen geführt, und die Lehrkräfte entwickeln gemeinsame inklusive Grundsätze und Unterrichtsverfahren.

Im 5. Jahrgang des Schuljahrs 2011/2012 sind zum ersten Mal drei Kinder aus dem Stadtteil mit einer Störung der geistigen Entwicklung einbezogen, auch im neuen Schuljahr werden drei Kinder mit »GE« hinzukommen. Dann werden von 30 Klassen der Jahrgänge 5–9 26 als I-Klassen geführt, und von insgesamt 950 Schülerinnen und Schülern der Sek. I haben 94 einen Förderbedarf; die Anzahl der Förderlehrkräfte wird auf dreizehn von insgesamt 125 Lehrkräften steigen. 2014 darf sich die IGS Linden, die mittlerweile auch Ausbildungsschule für das Lehramt Sonderpädagogik ist, als komplett inklusive Stadtteilschule bezeichnen.

Von einem Abschluss der Entwicklung kann dennoch nicht die Rede sein. Zu erinnern ist hier an Punkt 4 der Ziele/Leitsätze: »Die Arbeit von Schulleitung und Kollegium konzentriert sich auf die Verbesserung eines Unterrichts, der Heterogenität als Chance begreift, Unterschiede gelten lässt und als Voraussetzung zur Ausbildung der individuellen Persönlichkeit begreift.« In Orientierung an diesem Leitsatz und zu seiner Umsetzung führt die Schule gerade eine große Fortbildung durch, die alle Kolleginnen und Kollegen zur gemeinsamen Erstellung von Lernplänen und zur Gestaltung eines schülerzentrierten und kooperativen Unterrichts in heterogenen Lerngruppen befähigen soll. Hier geht es auch darum, dass Fach- und Förderlehrkräfte ein verbindliches Verständnis von ihrer jeweiligen Rolle, Zuständigkeit und Aufgabe im Prozess der Zusammenarbeit entwickeln und definieren. Im nächsten Schuljahr wird in einer Folgeveranstaltung das Kollegium mit dem Lerncoaching vertraut gemacht.

2.7 Mehr Inklusion wagen: Anspruch der Schule – auch an die Politik

Der Bezirksrat Linden-Limmer, das politische Gremium Lindens, hat inzwischen Überlegungen der Schule zur Entwicklung eines inklusiven Stadtbezirks aufgegriffen und einen Antrag beschlossen, demzufolge das Gebäude einer in Zukunft nicht mehr benötigten Förderschule in unmittelbarer Nähe der IGS zur Umsetzung einer umfassenden Inklusion genutzt werden könnte, z. B. als Rückzugsraum für »schwierige« Schülerinnen und Schüler, als Lern- und Förderwerkstatt, als Standort von zusätzlichen Sprachlernklassen, als Fortbildungs- und Begegnungszentrum für Lindener Schulen zur Umsetzung und Weiterentwicklung der Inklusion für den gesamten Stadtteil.

Pläne der Schule gehen auch dahin, sich dem Schulträger, der Landeshauptstadt Hannover, als inklusive »Schwerpunktschule« für den Stadtbezirk Linden-Limmer zur Verfügung zu stellen. Diese Möglichkeit räumt die neue Fassung des Niedersächsischen Schulgesetzes ein, das zwar alle Schulen zu inklusiven Schulen deklariert, aber für eine Übergangszeit, die zur Umgestaltung von Schulen und ihren Einrichtungen unter dem Gesichtspunkt von Barrierefreiheit dienen soll, das Praktizieren von Inklusion in ausgewählten Schulen – sog. »Schwerpunktschulen« – zulässt. Da die IGS Linden schon jetzt weitgehend inklusiv arbeitet, könnte sie für den Schulträger die Aufgaben einer Modellschule übernehmen, an der ausprobiert werden kann, welche Standards an Räumen und Ausstattung für einen inklusiven Betrieb künftig generell gelten sollten – angesichts der Tatsache, dass Schulbaurichtlinien aus dem letzten Jahrhundert stammen, als von Inklusion noch nicht einmal die Rede war, sind neue Standards unter inklusivem Vorzeichen dringend erforderlich.

An einer solchen Schwerpunktschule könnte aber auch das Land modellhaft Veränderungsprozesse im Hinblick auf ein inklusives System Schule initiieren; dieses System könnte den Maßstab abgeben für die Umsetzung der Inklusion an großen Schulen. Zu denken ist etwa an die Etablierung schulinterner Förderzentren durch die Einrichtung fester Stellen für Förderlehrkräfte an der allgemeinbildenden Schule: dies dürfte ein aussichtsreicher Weg sein, um besondere Förderschulen und -zentren auf Dauer »einzusparen« und die Ressourcen einem wirklich inklusiven Schulwesen zukommen zu lassen.

2.8 Fazit

Selbst wenn die Pläne der Schule nicht in vollem Umfang umgesetzt werden sollten, selbst wenn Politik einen Strich durch manche pädagogische Rechnung machen sollte – Inklusion hat sich schon jetzt für die IGS Linden nicht etwa als zusätzlicher Ballast, sondern als Sinn und Zweck einer Qualitätsentwicklung erwiesen, die das engagierte Kollegium der Gesamtschule eint und beflügelt.

3. Der Index für Inklusion – Eine Hilfe für inklusive Schulentwicklung

Andreas Hinz

Wenn Inklusion pragmatisch handlungswirksam werden soll, müssen konkrete Umsetzungsstrategien entwickelt werden. Diese können durch einen Katalog von konkret prüfbaren Kriterien konstruktiv begleitet werden.

Als sich die Diskussion um Schulqualität in Deutschland verstärkte, gab es bei vielen Menschen, die in integrativen Zusammenhängen arbeiteten, ein gewisses Misstrauen, da in der Regel letztlich doch die Qualität von Schule schnell über die erzielten – häufig im Sinne von Standards verstandenen – Leistungen ihrer Schülerinnen und Schüler definiert wurde. Hier nimmt der in England entwickelte und mittlerweile in 24 Sprachen und 30 Versionen vorliegende Index für Inklusion eine andere Perspektive ein (vgl. Booth/Ainscow, 2003, 2011). Er verortet die Qualität von Schule da, wo sie zumindest auch hingehört: in der Schule selbst. Damit hat der Index für Inklusion ein hohes Potenzial gerade auch für Schulen, die einen veränderten Umgang mit Heterogenität im Sinne der produktiven Nutzung von Vielfalt pflegen (wollen). Er nimmt also nicht nur die Situation eines Kindes in den Blick, sondern bezieht sich ausdrücklich systemisch auf die ganze Einrichtung (vgl. Boban/Hinz 2003, 2). Im Wesentlichen enthält der Index für Inklusion drei Teile:

- Der Index basiert auf einigen Schlüsselkonzepten,
- bietet ein Vorgehen an und
- schlägt eine inhaltliche Systematik vor.

Dabei werden Aspekte des willkommen heißenden Umgangs mit Vielfalt umfassend bedacht. Er ist aber kein »standardisiertes Programm«, bei dem einem vorgeschriebenen Schema zu folgen ist, sondern eher so etwas wie ein Buffet, das den eigenen Bedürfnissen entsprechend genutzt wird – und da empfiehlt es sich, nicht zu viel oder womöglich alles zu essen.

3.1 Schlüsselkonzepte des Index für Inklusion

Die Basis des Index bilden neben dem bereits dargestellten Verständnis von Inklusion weitere drei Schlüsselkonzepte (vgl. Boban/Hinz 2003, 9–14):

»Barrieren für das Lernen und die Teilhabe« finden sich in allen Bereichen einer Schule und bilden Herausforderungen für alle beteiligten Menschen. Dieses Konzept bildet einen Kontrast zum Ansatz »sonderpädagogischer Förderbedarf«, denn dort würden wiederum zwei Gruppen konstruiert, von denen eine in der Gefahr steht, mit abgesenkten Erwartungen konfrontiert und damit ebenso diskriminiert zu werden wie andere Personengruppen durch sexistische und rassistische Sprache (vgl. Mittler 2000, 10).

»Unterstützung von Vielfalt« ist ein weiteres Schlüsselkonzept. Eine weit verbreitete und auch in Einzelsituationen notwendige Strategie ist die Zuordnung von Personal zu Schülerinnen und Schülern, denen Probleme zugeschrieben werden. Es gibt jedoch viele andere, etwa Tutorensysteme, kooperatives Lernen in kontinuierlichen heterogenen Gruppen oder projektorientierte Lernformen.

Schließlich ist der »Abbau institutioneller Diskriminierung« wichtig, denn Schule als Institution agiert in der Regel bestimmten Gruppen gegenüber diskriminierend. Ein prominentes Beispiel hierfür ist die Überrepräsentanz von männlichen Jugendlichen mit türkischem Migrationshintergrund in Schulen für Lernbehinderte westdeutscher Großstädte, die zumindest zum Teil das Ergebnis des monolingualen Habitus der allgemeinen deutschen Schule ist (vgl. Gomolla/Radtke 2002).

Der Index bietet einen Prozess der Schulentwicklung mit fünf Phasen an (vgl. Boban/Hinz 2003, 22–47). Diese Phasen unterscheiden sich von anderen Konzepten zur Schulentwicklung dadurch, dass alle beteiligten Personen und Gruppen einer Schule an ihnen kontinuierlich partizipieren und ihre jeweils spezifische Perspektive auf die Schulsituation einbringen.

3.2 Vorschlag einer inhaltlichen Systematik: drei Dimensionen, sechs Bereiche, 44 Indikatoren

Inhaltlich wird für inklusive Schulentwicklung ein Rahmen mit drei Dimensionen und je zwei Bereichen geboten (vgl. Boban/Hinz 2003, 15 f.):

Dimension A: Inklusive KULTUREN schaffen
Bereich A.1: Gemeinschaft bilden Bereich A.2: Inklusive Werte verankern
Dimension B: Inklusive STRUKTUREN etablieren
Bereich B.1: Eine Schule für alle entwickeln Bereich B.2: Unterstützung für Vielfalt organisieren
Dimension C: Inklusive PRAKTIKEN entwickeln
Bereich C.1: Lernarrangements organisieren Bereich C.2: Ressourcen mobilisieren

»Dimension A: Inklusive Kulturen schaffen« beinhaltet den Aufbau einer akzeptierenden, zusammenarbeitenden und anregenden Gemeinschaft (Bereich

A.1), in der alle Schülerinnen und Schüler, alle Mitarbeiterinnen und Mitarbeiter ihre individuell bestmöglichen Leistungen erzielen können. Sie zielt auf die Einigung über inklusive Werte (Bereich A.2), die in der Schule geteilt und neuen Mitgliedern vermittelt werden.

»Dimension B: Inklusive Strukturen etablieren« sichert Inklusion als zentralen Aspekt aller Strukturen ab, so dass sie das Lernen und die Partizipationsmöglichkeiten aller Schülerinnen und Schüler (Bereich B.1) erhöhen. Unterstützung von Vielfalt (Bereich B.2) besteht in allen Aktivitäten, die zur Fähigkeit einer Schule beitragen, auf die Vielfalt der Schülerinnen und Schüler besser einzugehen.

»Dimension C: Inklusive Praktiken entwickeln« zufolge gestaltet die Schule ihre Praktiken so, dass sie ihre inklusiven Kulturen und Strukturen widerspiegeln. Die Schule stellt sicher, dass die Partizipation aller Schülerinnen und Schüler angeregt wird und sie Stärken und Talente einbringen können. Lernprozesse werden so arrangiert, dass sie Lern- und Partizipationsbarrieren überwinden helfen und so gemeinsames Lernen für alle ermöglichen (Bereich C.1). Die Schulgemeinschaft mobilisiert Ressourcen innerhalb der Schule und in der örtlichen Gemeinde, um dieses aktive Lernen für alle zu unterstützen (Bereich C.2).

Dieser Rahmen wird in 44 Indikatoren aufgegliedert und schließlich in 560 Fragen ausgebreitet. Damit bringt dieses Material in einer konsistenten Systematik viele Aspekte ins Gespräch, die den Beteiligten vielleicht noch nicht vor Augen waren. Die zunehmende Konkretheit zeigt ein Blick auf einige Fragen eines Indikators:

Indikator C.1.1: Der Unterricht wird auf die Vielfalt der Schülerinnen und Schüler hin geplant.

Zum Beispiel ...

- Geht der Unterricht von einer gemeinsamen Erfahrung aus, die in unterschiedlicher Weise entfaltet werden kann?
- Entspricht der Unterricht dem Spektrum von Interessen bei Jungen und Mädchen?
- Legt der Unterricht eine Vorstellung des Lernens als kontinuierlichen Prozess nahe statt als Erledigung bestimmter Aufgaben?
- Prüfen die Lehrkräfte Möglichkeiten, den Bedarf an individueller Unterstützung bei Schülerinnen und Schülern zu reduzieren?
- Berücksichtigt die Unterrichtsplanung, dass bestimmte Schülerinnen und Schüler wegen ihrer religiösen Vorstellungen z. B. in Kunst und Musik Schwierigkeiten haben, sich an bestimmten Inhalten zu beteiligen?
- Wird der Unterricht ggf. so angepasst, dass Schülerinnen und Schüler mit körperlichen oder Sinnesbeeinträchtigungen auch im Sportunterricht, Arbeitslehre, Hauswirtschaft sowie in Physik (bei Optik und Akustik) Wissen und Fertigkeiten erwerben können?
- ...

Die Ebene der Indikatoren bietet Gelegenheit zum Austausch darüber, wer wie den aktuellen Stand einschätzt, wo die »dringendsten Baustellen« liegen und welche nächsten Schritte sinnvoll gegangen werden könnten. Der Index ist also kein fester Rahmen für die Evaluation von Schulen, aus dem etwa Rangplätze oder gar »Inklusionsquotienten« abgeleitet werden könnten, sondern er versteht sich als Angebot zu schulweiter Kommunikation, Einigung, Weiterentwicklung und zu ihrer Qualitätssteigerung, koordiniert durch das ebenso vielfältig wie die Schule zusammengesetzte »Index-Team« als steuernde Gruppe.

3.3 Beispiele und Erfahrungen

Projekte aus dem deutschsprachigen Raum machen mit unterschiedlichen Schwerpunkten die Flexibilität des Index deutlich (vgl. Boban/Hinz 2011):

In Nordrhein-Westfalen arbeiten etwa 30 Schulen aller Schulformen und einige Kindertageseinrichtungen mit dem Index, vor allem mit den Indikatoren und Fragen. Ein Teil von ihnen hat bereits eine lange Tradition mit dem Gemeinsamen Unterricht. Schwerpunkte sind hier z. B. Überlegungen der Schulgemeinschaft über die Gestaltung des Schulbeginns für die nächsten Schulanfänger und Schulanfängerinnen, die Entwicklung passender Teamstrukturen, die Reflexion und Entwicklung von Kommunikationsformen unter allen Akteuren einer Schule. Diese Entwicklungsarbeit wird auch und gerade für solche Schulen interessant, die aktuell ohne Schulleitung auskommen müssen und daraus möglicherweise neue Entwicklungsperspektiven schöpfen. Wesentlicher Bestandteil des Projektes ist zudem ein ständiger Austausch über Entwicklungen durch die Arbeit mit dem Index zwischen Schulen und Kindertageseinrichtungen mit regionalen Verwaltungs- und Aufsichtsebenen (vgl. Platte/Brokamp 2010).

In Kooperation mit der Universität Halle betreiben sieben sehr unterschiedliche Schulen im Rahmen der Entwicklung der bzw. zur Ganztagsschule mit Mitteln des »Investitionsprogramms Zukunft Bildung und Betreuung« (IZBB) inklusive Schulentwicklung, wobei sie sich vor allem am Phasen-Modell und den Grundprinzipien der Partizipation aller Beteiligter orientieren, allen voran der der Schülerinnen und Schüler (vgl. Boban/Hinz 2007, 2009, Hinz u. a. 2013). Schwerpunkte bilden hier z. B. Aspekte wie die Neustrukturierung des Ganztags, die Gestaltung von äußeren und inneren Bereichen der Schule, aber auch die Verbesserung der Kommunikation zwischen Lehrkräften, Schülerinnen und Schülern und Streitschlichtung. Nach drei Jahren Arbeit schlagen in zwei Schulen des Sekundarbereichs Schülervertreterinnen vor, nach den vor allem strukturellen Veränderungen nun den Unterricht zu evaluieren.

Im Kreis Schleswig-Flensburg und in der Stadt Flensburg werden allgemeine Schulen zur eigenständigen Planung von Schritten in Richtung Inklusion mithilfe des Index eingeladen, wobei die Kooperation mit dem Schulträger und dem unterstützenden regionalen Förderzentrum eine wichtige Basis für eine Entwicklung mit einem hohen Maß von Eigendynamik bildet (vgl. Hinz/Jesumann 2010). Zunächst bleibt die bildungspolitische Unterstützung aus – der Aufbau eines landesweiten Unterstützungssystems für inklusive Schulentwicklung durch Prozessbegleiterinnen und -begleiter kommt erst später in einem eigenen Vorhaben zustande (vgl. Hinz/Kruschel 2012).

An der Pädagogischen Hochschule Zentralschweiz in Luzern wird ein berufsbegleitender Weiterbildungsmasterstudiengang eingeführt, mit dessen Hilfe Regelklassenlehrkräfte ihre Kompetenzen im Umgang mit der Heterogenität der Schülerschaft und mit Blick auf die Entwicklung des Systems in Richtung Inklusion weiterentwickeln. Hierbei stehen zunächst die Reflexion eigener Praxis und die Grundhaltungen, auf denen Inklusion basiert, im Vordergrund. Verbunden mit systemischer Entwicklungstätigkeit an der Schule werden aufbauend Kompetenzen vertieft. Die so qualifizierten Lehrpersonen stehen den Schulen und den zu entwickelnden Unterrichtsteams mit relativ großen Pensen zur Verfügung (vgl. Achermann & Grossrieder 2010).

Mit einer langen Tradition des Gemeinsamen Unterrichts in der Volksschule beschließt die niederösterreichische Gemeinde Wiener Neudorf, sich zur inklusiven Gemeinde weiterzuentwickeln, indem sie in Kooperation mit der Pädagogischen Hochschule Niederösterreich auf der Basis des Index die Volksschule und die vorhandenen Kindergärten und Horte miteinander vernetzt und so die Übergänge verbessert (vgl. Braunsteiner/Germany 2009, 2011). Schwerpunkte hierbei sind zunächst eine Bestandsaufnahme der Situation, vor allem auch aus der Sicht der Kinder, sowie die Entwicklung einer gewaltfreien Kommunikationskultur und des kooperativen Lernens in heterogenen Gruppen – zwei Schlüsselelemente inklusiver Pädagogik (vgl. Boban/Hinz 2008). Der Prozess greift jedoch über das Bildungs- und Erziehungssystem hinaus und führt zu Überlegungen über die Gestaltung des Lebens in der Gemeinde und zu einem für alle ihre Bürger offenen Lehrgang über »Kommunale Bildung« an der Pädagogischen Hochschule.

Die Beispiele verdeutlichen, dass der Index ein flexibel nutzbares Material ist, das innerhalb der Schule und über sie hinaus zu Dialog und Planung einlädt und je nach Kontext und Situation der einzelnen Schule modifiziert wird – und das auch zu Veränderungen führt. In diesem Rahmen stellen sich zwei Herausforderungen: Nach innen gilt es, alle Beteiligten zur Partizipation am Prozess einzuladen und Wege für deren Realisierung zu ebnen, seien es Kinder und Jugendliche, Eltern, Lehrerinnen und Lehrer, pädagogische und weitere Mitarbeiterinnen und Mitarbeiter. Nach außen sind Schulen gefragt, sich mit allen potenziell wichtigen Partnern zu vernetzen, etwa Schulträgern, Kindertageseinrichtungen, Horten, abnehmenden Schulen, Diensten der Kinder- und Jugendhilfe, Integrationsfachdiensten oder dem Verkehrspolizisten des Ortes. Dabei kann auch der Kommunale Index für Inklusion helfen, der den Blick verstärkt auf die kommunalen Vernetzungen richtet (MSJG 2010, 2011) sowie der Index für Kindertageseinrichtungen (Booth/Ainscow/Kingston 2006).

3.4 Fazit

Der Index für Inklusion bringt eine inklusive Orientierung als »Nordstern« mit konkreten Entwicklungsschritten in Verbindung. Inklusive Schulentwicklung ist damit keine zu allen anderen Aufgaben zusätzlich zu leistende Arbeit, sondern bildet eine inhaltliche Ausrichtung, die in den Entwicklungsauftrag der Schule eine spezifische Qualität hineinbringt. So besteht die Möglichkeit, die eigenen »Realo-Anteile«, die für pädagogische Handlungsfähigkeit unabdingbar sind, zu pflegen, ohne die eigenen »Fundi-Anteile« zu vergessen oder sie in einen unrealisierbaren Spagat geraten zu lassen, der zerreißende Dynamik gewinnen könnte. Und es besteht die Möglichkeit, den grundlegenden Überzeugungen treu bleiben zu können, ohne sich im alltäglichen Handeln selbst zu dementieren. Beide Anteile können so in einem produktiven Spannungsverhältnis gehalten werden. Dies kann auch zu pragmatischem »Ungehorsam im Schuldienst« (Stähling/Wenders 2009) führen – angesichts des demokratischen Anspruchs auf Partizipation aller Menschen eine durchaus attraktive Aussicht.

3.5 Literatur

Achermann, Bruno & Grossrieder, Ivo (2010): Stärkung der Inklusionskraft der allgemeinen Schule. In: Hinz, Andreas, Körner, Ingrid & Niehoff, Ulrich (Hg.): Auf dem Weg zur Schule für alle. Barrieren überwinden – inklusive Pädagogik entwickeln. Marburg: Lebenshilfe, 297–310.

Boban, Ines/Hinz, Andreas (Hg.) (2003): Index für Inklusion. Lernen und Teilhabe in der Schule der Vielfalt entwickeln. Halle (Saale): Universität (auch im Internet: http://www.eenet.org.uk/index_inclusion/Index%20German.pdf).

Boban, Ines/Hinz, Andreas (2007): Inklusive Schulentwicklung ohne Gemeinsamen Unterricht!? Zur Entwicklung der Ganztagsschule mit Hilfe des Index für Inklusion im Rahmen des IZBB in Sachsen-Anhalt. In: Demmer-Dieckmann, Irene/Textor, Annette (Hg.): Inklusionsforschung und Bildungspolitik. Bad Heilbrunn: Klinkhardt, 137–144.

Boban, Ines/Hinz, Andreas (2008): Schlüsselelemente inklusiver Pädagogik. Orientierungen zur Beantwortung der Fragen des Index für Inklusion. In: Knauder, Hannelore/Feiner, Franz/Schaupp, Hubert (Hg.): Jede/r ist willkommen! Die inklusive Schule – theoretische Perspektiven und praktische Beispiele. Graz: Leykam, 53–65.

Boban, Ines/Hinz, Andreas (2009): Breaking down Barriers for Learning and Participation – (Ganztags-)Schulentwicklung mit dem Index für Inklusion als Aufbau kreativer Felder. In: Jerg, Jo et al. (Hg.): Perspektiven auf Entgrenzung – Erfahrungen und Entwicklungsprozesse im Kontext von Inklusion und Integration. Bad Heilbrunn: Klinkhardt, 239–246.

Boban, Ines/Hinz, Andreas (2011): »Index für Inklusion« – ein breites Feld von Möglichkeiten zur Umsetzung der UN-Konvention. In: Flieger, Petra/Schönwiese, Volker (Hg.): Menschenrechte – Integration – Inklusion. Berichte und aktuelle Diskussionen aus der Forschung. Bad Heilbrunn: Klinkhardt, 169–176.

Booth, Tony/Ainscow, Mel (Eds.) ([2]2002, [3]2011): Index for Inclusion. Developing Learning and Participation in Schools. Bristol: CSIE (auch im Internet: http://www.eenet.org.uk/index_inclusion/index_inclusion.shtml).

Booth, Tony/Ainscow, Mel/Kingston, Denise (Hg.) (2006): Index für Inklusion (Tageseinrichtungen für Kinder). Lernen, Partizipation und Spiel in der inklusiven Kindertageseinrichtung entwickeln. Frankfurt am Main: GEW (auch im Internet: http://www.eenet.org.uk/index_inclusion/Index%20EY%20German2.pdf).

Braunsteiner, Maria-Luise/Germany, Stefan (2009): Wiener Neudorf – Baden und zurück? Einblicke in ein Schulentwicklungs- und Vernetzungsprojekt. In: Jerg, Jo et al. (Hg.): Perspektiven auf Entgrenzung – Erfahrungen und Entwicklungsprozesse im Kontext von Inklusion und Integration. Bad Heilbrunn: Klinkhardt, 149–156.

Braunsteiner, Maria-Luise & Germany, Stefan (2011): Wiener Neudorf und United Nations aus dem Blickwinkel des begleitenden ForscherInnenteams – ausgewählte Ergebnisse der Begleitforschung zum Projekt »INKLUSION – Vernetzung der Bildungseinrichtungen der Gemeinde Wiener Neudorf« In: Flieger, Petra & Schönwiese, Volker (Hg.): Inklusionsforschung im Lichte der UN-Konvention über die Rechte behinderter Menschen. Bad Heilbrunn: Klinkhardt, 177–196.

Gomolla, Mechthild/Radtke, Frank-Olaf (2002): Institutionelle Diskriminierung. Die Herstellung ethnischer Differenz in der Schule. Opladen: Leske + Budrich.

Hinz, Andreas/Boban, Ines/Gille, Nicola/Kirzeder, Andrea/Laufer, Katrin/Trescher, Edith (2013): Entwicklung der Ganztagsschule auf der Basis des Index für Inklusion. Bericht zur Umsetzung des Investitionsprogramms »Zukunft Bildung und Betreuung« im Land Sachsen-Anhalt. Bad Heilbrunn: Klinkhardt.

Hinz, Andreas/Jesumann, Christine (2010): Eine Region macht sich verstärkt auf den inklusiven Weg – der Kreis Schleswig-Flensburg und die Stadt Flensburg. In: Hinz, Andreas, Körner, Ingrid/Niehoff, Ulrich (Hg.): Auf dem Weg zur Schule für alle. Barrieren überwinden – inklusive Pädagogik entwickeln. Marburg: Lebenshilfe, 228–238.

Hinz, Andreas/Kruschel, Robert (2012): Educational Governance als ›Diagnose-Instrument‹ für die Analyse eines Projekts zur Etablierung inklusiver Entwicklungen. In: Karge, Sabine/Liebers, Katrin/Puhr, Kirsten (Hg.): Diagnostik und Didaktik für heterogene Lerngruppen. Zeitschrift für Inklusion online. URL: http://www.inklusion-online.net/index.php/inklusion/article/view/177/167.

Mittler, Peter (2000): Towards Inclusive Education. London: Falmer.

MSJG (Montag Stiftung Jugend und Gesellschaft) (Hg.) (2010): Kommunaler Index für Inklusion. Arbeitsbuch. Bonn: Montag Stiftung Jugend und Gesellschaft. (auch im Internet: http://www.montag-stiftungen.com/fileadmin/Redaktion/Jugend_und_Gesellschaft/PDF/Projekte/Kommunaler_Index/KommunenundInklusion_Arbeitsbuch_web.pdf).

MSJG (Montag Stiftung Jugend und Gesellschaft) (Hg.) (2011): Inklusion vor Ort. Kommunaler Index für Inklusion – ein Praxishandbuch. Berlin: Deutscher Verein für öffentliche und private Fürsorge.

Platte, Andrea/Brokamp, Barbara (2010): Unterstützung inklusiver Schulentwicklung in Nordrhein-Westfalen: Moderation, Qualifikation und Vernetzung. In: Hinz, Andreas, Körner, Ingrid/Niehoff, Ulrich (Hg.): Auf dem Weg zur Schule für alle. Barrieren überwinden – inklusive Pädagogik entwickeln. Marburg: Lebenshilfe, 213–227.

Stähling, Reinhard/Wenders, Barbara (Hg.) (2009): Ungehorsam im Schuldienst. Von heutigen Schulreformern lernen. Baltmannsweiler: Schneider Verlag Hohengehren.

Anmerkung:

Weitere Informationen sowie die Möglichkeit, den Index für Inklusion herunterzuladen, sind verfügbar auf der Homepage von Ines Boban und Andreas Hinz unter http://www.inklusionspaedagogik.de.

VIII. Gesunde Schule

1. Gesundheit als Aufgabe der Schulleitung

HEINZ HUNDELOH

Das Gesundheitsmanagement an Schulen führt nach wie vor ein Schattendasein. Schon bei der Umsetzung elementarer Vorschriften zum Arbeits- und Gesundheitsschutz hapert es. Dabei bemisst sich die Qualität einer Schule nicht zuletzt nach der Gesundheitsförderung.

Zu den neuen Aufgaben der Schulleitung gehört neben der Unterrichtsentwicklung, der Fortbildungsplanung oder dem Qualitätsmanagement auch das Gesundheitsmanagement – eine Aufgabe, der viele Schulleiter keine große Bedeutung beimessen. So ist die Gefährdungsbeurteilung nach § 5 Arbeitsschutzgesetz bisher nur an etwa 30 bis 40 Prozent aller Schulen in Nordrhein-Westfalen durchgeführt worden, obwohl sie schon seit 1996 als elementare Aufgabe der Schulleitung gilt.

Der geringe Stellenwert des Gesundheitsmanagements ist erstaunlich, weil diese Aufgabe in allen Schulgesetzen bzw. Schulvorschriften als verpflichtende Aufgabe ausgewiesen ist. Er ist zudem bedenklich, weil ein Großteil der Lehrer und Schüler gesundheitlich belastet ist, was sich wiederum auf die Qualität der Schulen und der Bildung insgesamt auswirkt. Schließlich ist Gesundheit die Grundlage für die Entfaltungsmöglichkeiten jedes einzelnen Schülers und jeder einzelnen Lehrkraft.

1.1 Rechtliche Vorgaben: Arbeits- und Gesundheitsschutz

Prävention und Gesundheitsförderung sind in den Schulvorschriften aller Bundesländer vorgesehen und festgeschrieben. Das reicht von Vorgaben bei der allgemeinen Fürsorge- und Aufsichtspflicht bis hin zu gesonderten Gesetzesregelungen, Verordnungen, Bekanntmachungen und Erlassen, etwa zur Schulgesundheitspflege oder zum Arbeits- und Gesundheitsschutz. So wird zum Beispiel Gesundheitsförderung in § 2 des nordrhein-westfälischen Schulgesetzes als Bestandteil des schulischen Bildungs- und Erziehungsauftrags festgeschrieben, der gemäß § 3 SchulG der Qualitätsförderung und -sicherung unterliegt.

Darüber hinaus ist § 59 SchulG von zentraler Bedeutung für das Gesundheitsmanagement in der Schule. Im achten Absatz heißt es: »Die Schulleiterin oder der Schulleiter ist für die Unfallverhütung sowie eine wirksame Erste Hilfe und für den Arbeits- und Gesundheitsschutz verantwortlich.« Mit dieser Regelung überträgt der Gesetzgeber die im Arbeitsschutzgesetz festgeschriebene Verantwortung für den gesamten Arbeits- und Gesundheitsschutz in der Schule dem jeweiligen Schulleiter.

Das Arbeitsschutzgesetz ist grundlegend für jedes Gesundheitsmanagement. Es regelt die Pflichten des Unternehmers und die Pflichten und Rechte der Beschäftigten. In der Schule gelten die Bestimmungen des staatlichen Arbeitsschutzrechts allerdings bis auf wenige Ausnahmen (z. B. Gefahrstoffverordnung und Biostoffverordnung) nur für die Beschäftigten (Lehrkräfte, sonstiges pädagogisches und nicht-pädagogisches Personal).

Da das Arbeitsschutzgesetz grundlegende Vorgaben zu Arbeitsschutz und Unfallverhütung macht, ist eine Schulleitung jedoch gut beraten, wenn sie zumindest die zentralen Regelungen, insbesondere die zur Gefährdungsbeurteilung, auch auf die Schüler anwendet. Darüber hinaus sind die Vorschriften der Unfallversicherungsträger bedeutsam. Sie machen Vorgaben zur Sicherheit und Gesundheit der Versicherten. Als Versicherte gelten in der Schule die Schüler und die angestellten Beschäftigten.

Während die schulrechtlichen Vorgaben in der Regel eine allgemeine Verpflichtung der Schulleitungen und Lehrkräfte zur Gesundheitsförderung und zum Arbeitsschutz beinhalten, sind die Vorschriften des staatlichen Arbeitsschutzrechts und der Unfallversicherungsträger spezifischer und häufig auch detaillierter. Sie schreiben zwar nicht immer konkrete Maßnahmen vor, nennen allerdings verpflichtende Schutzziele. Wie die Verantwortlichen in der Schule diese Ziele erreichen, müssen sie je nach Situation und auf der Grundlage der Ergebnisse der Gefährdungsbeurteilung eigenverantwortlich und eigenständig entscheiden.

1.2 Gesundheitsstatus in Schulen

Gesundheitsmanagement als Aufgabe der Schulleitung ist aus rechtlichen Gründen erforderlich, aber auch aus bildungspolitischen Gründen erwünscht. Die empirischen Untersuchungen zur schulischen Gesundheit signalisieren das Gleiche: Die Gesundheit und das Wohlbefinden vieler Lehrkräfte und Schüler sind beeinträchtigt, was wiederum Auswirkungen auf die Leistungsfähigkeit und Qualität der Schulen hat.

Es vollzieht sich eine Verschiebung von den akuten zu den chronischen Erkrankungen und von den somatischen zu den psychischen Störungen.

Studien zu Kinder- und Jugendgesundheit, vor allem die KIGGS-Studie (Kinder- und Jugendgesundheitssurvey) des Robert-Koch-Instituts (2003–2006) und die HBSC-Studien der WHO (2002 und 2006), kommen einhellig zu dem Ergebnis, dass der Großteil der heutigen Kinder- und Jugendgeneration gesund ist und sich auch so fühlt: Die Lebenszufriedenheit wird als hoch eingestuft.

Andererseits gelingt es den Kindern und Jugendlichen heute immer seltener, die Balance zwischen inneren und äußeren Anforderungen und Ressourcen herzustellen, was zu neuartigen Störungen des Gleichgewichts von Körper, Psyche, sozialer und physischer Umwelt führt – eine Entwicklung, die sich bei Erwachsenen schon seit längerem abzeichnet. Es vollzieht sich eine Verschiebung von den akuten zu den chronischen Erkrankungen und von den somatischen zu den psychischen Störungen. Diese Störungen sind zwar nicht lebensbedrohlich, können aber das Befinden, die Lebensqualität und die Leistungsfähigkeit dauerhaft beeinträchtigen.

Zusammenfassend sind fünf neuralgische Punkte der Gesundheitsentwicklung im Kindes- und Jugendalter zu nennen, von denen etwa ein Fünftel der Kinder und Jugendlichen betroffen ist:

- Fehlsteuerung des Immunsystems
- Störung der Nahrungsaufnahme und des Ernährungsverhaltens
- Fehlsteuerung der Sinnes- und Bewegungskoordination
- Beeinträchtigung der psychischen Gesundheit
- Unfälle und unfallbedingte Verletzungen

Mit der Gesundheit der Lehrpersonen ist es nicht besser bestellt. Zwar zeichnen viele Befragungen ein Bild relativ großer Berufszufriedenheit. So gaben in einer Befragung der Universität Lüneburg von 360 befragten Lehrkräften 86 Prozent an, mit ihrem Beruf sehr zufrieden zu sein, 82 Prozent würden den Lehrerberuf wieder wählen und über 90 Prozent der Befragten macht der Beruf grundsätzlich Spaß. Zugleich gibt aber ein großer Teil dieser Befragten an, unter den hohen beruflichen Beanspruchungen zu leiden und krank zu sein (vgl. Nieskens & Sieland, 2008, S. 14).

Entgegen einem weit verbreiteten Vorurteil ist die Beanspruchung der Lehrkräfte im Unterricht offensichtlich sehr stark. Schaarschmidt kommt in seinen Untersuchungen zu dem Ergebnis, dass die psychischen Belastungen im Lehrerberuf im Vergleich mit Berufen wie Krankenpfleger oder Polizist besonders kritisch sind.

1.3 Gesundheit und Schulqualität

Viele Kinder und Jugendliche nehmen die Schule als krankmachend und wenig gesundheitsförderlich wahr – Tendenz steigend. Vor allem Lernschwierigkeiten und Leistungsprobleme führen zu spürbaren Beeinträchtigungen ihres Wohlbefindens und zu Auffälligkeits- und Belastungssymptomen.

Neben den Leistungsschwierigkeiten werden die Unterrichtsqualität, die Unterstützung der Schule und die Partizipationsmöglichkeiten als defizitär und krankmachend empfunden. Diese Faktoren werden zu einem großen Teil für den eingeschränkten Leistungsstatus der Schüler und damit für die niedrigen Rangplätze bei internationalen Schulleistungsvergleichen wie PISA oder TIMSS verantwortlich gemacht (vgl. Rolff 2005, S. 44 f.; Hurrelmann u. a. 2003, S. 267).

Lehrer leiden hingegen unter dem immer schwieriger werdenden Schüler-Lehrer-Verhältnis, unter Problemen mit Eltern, fehlender kollegialer Unterstützung, mangelhafter Kommunikation mit der Schulleitung, einem hohen Pflichtstundenanteil, hohen Klassenfrequenzen, einem hohen Verwaltungsaufwand und zu vielen Reformen. Indes steigt das Wohlbefinden, wenn die Lehrkräfte davon überzeugt sind, dass es sich bei ihrer Schule um eine gute Schule handelt, die sich um ein pädagogisches Profil und Gesundheitsförderung bemüht. Gesundheitsförderung und Prävention sind wesentliche Bausteine einer erfolgreichen Schul- und Qualitätsentwicklung.

1.4 Handlungsfelder des Gesundheitsmanagements

Ziel des Gesundheitsmanagements ist eine Schule, die in den qualitativen Grunddimensionen »Ergebnisqualität«, »Prozessqualität« und »Gesundheitsqualität« über ausgeprägte Stärken verfügt. Paulus bezeichnet eine solche Schule als »gute gesunde Schule«. Sie »verständigt sich über ihren Bildungs- und Erziehungsauftrag, setzt ihn erfolgreich um und leistet damit einen Beitrag zur Bildung für nachhaltige Entwicklung« (Paulus 2007, S. 5).

Das Gesundheitsmanagement in der Schule kann den Handlungsfeldern Arbeitssicherheit und Gesundheitsschutz einschließlich Unfallverhütung, Gesundheitsförderung sowie Krisen- und Notfallmanagement zugeordnet werden.

Arbeitssicherheit und Gesundheitsschutz

Der Arbeitsschutz hat eine pathogene Ausrichtung und umfasst alle technischen, organisatorischen und personellen Maßnahmen zur Verhütung von Arbeitsunfällen und arbeitsbedingten Erkrankungen. Im Einzelnen geht es darum,

- die Risiken und Gefährdungen am Arbeitsplatz zu analysieren, zu dokumentieren und zu beseitigen bzw. zu minimieren,
- die Beschäftigten und die Schüler über Risiken zu unterrichten,
- die Arbeit bzw. den Unterricht so zu gestalten, dass Risiken möglichst vermieden werden.

Zentrales Instrument des Arbeitsschutzes ist die Gefährdungsbeurteilung, die im Arbeitsschutzgesetz verpflichtend vorgeschrieben ist, d. h. sie muss von der Schulleitung regelmäßig und aus besonderen Anlässen durchgeführt werden.

Gesundheitsförderung

Während der Arbeits- und Gesundheitsschutz pathogen, d. h. auf Risiken und Gefährdungen ausgerichtet ist, verfährt die Gesundheitsförderung salutogen – sie konzentriert sich auf die Faktoren, die die Gesundheit fördern. Trotz oder gerade wegen dieser unterschiedlichen Ausrichtung ergänzen sich beide Handlungsfelder in ihren inhaltlichen Schwerpunkten. Häufig ist es in einem ersten Schritt erforderlich, die Risiken, Gefährdungen oder Stressoren zu beseitigen oder zu minimieren, um in einem zweiten Schritt Ressourcen aufzubauen bzw. zu verbessern.

Krisen- und Notfallmanagement

Das Krisen- und Notfallmanagement soll in akuten Fällen ein rasches, strukturiertes und koordiniertes Vorgehen sicherstellen und den Schaden so gering wie möglich halten. Notfälle und Krisen haben unterschiedliche Gefährdungsgrade. Sie reichen von Amoklauf über Mobbing und sexuelle Übergriffe bis hin zu kleinen Schlägereien oder Beleidigungen von Lehrkräften.

Das Krisen- und Notfallmanagement hat sowohl eine vorsorgende als auch eine nachsorgende Funktion. Es umfasst folgende Teilbereiche:

- Notfall- und Krisenprävention: Hierzu gehören die Gewaltprävention und der Umgang mit Verhaltensauffälligkeiten ebenso wie strukturelle Maßnahmen, etwa der Aufbau einer Erste-Hilfe-Organisation oder eines Krisenteams.
- Notfall- und Krisenintervention: In einer akuten Situation muss rasch, strukturiert und koordiniert gehandelt werden, um gefährdete Personen zu schützen und Folgeschäden zu minimieren. Die Maßnahmen reichen von der klassischen Erste-Hilfe-Maßnahme bis hin zur psychologischen Notfallhilfe, von der Situationsklärung bis hin zu den erforderlichen Medienkontakten.
- Krisennachsorge: Die Schulleitung muss darauf achten, dass möglichst die ganze Schule, aber auch einzelne Schüler keine Folgeschäden davontragen und die Qualität wiederhergestellt bzw. verbessert wird.

Personal-, Organisations- und Unterrichtsentwicklung

Gesundheitsmanagement in Schulen gelingt in der Regel nur dann nachhaltig, wenn es als Schulentwicklungsprozess, d. h. als Trias von personaler Entwicklung, Organisations- und Unterrichtsentwicklung gestaltet wird. Zu den gesundheitsbezogenen Aufgaben der Schulleitung bei der Organisationsentwicklung gehören:

- Strukturen und Voraussetzungen schaffen, um in Krisen und Notfällen wirksam handeln zu können (z. B. Erste-Hilfe-Organisation, Krisen- und Notfallplan, Krisenteam)

- Maßnahmen im Sinne des Carings entwickeln und implementieren (z. B. Frühstück und Mittagessen, Hausaufgabenbetreuung, Erholungspausen für Lehrkräfte)
- gesundheitsförderliche und bedürfnisgerechte Lehr-, Lern und Arbeitsbedingungen schaffen (z. B. Lärm und Raumklima, Bewegungs- und Entspannungsmöglichkeiten, Arbeitsplätze und Besprechungsmöglichkeiten für Lehrkräfte)
- die gesetzlich vorgeschriebene Gefährdungsbeurteilung
- Zuständigkeiten, Verantwortungen und Befugnisse festlegen und Beauftragte bestellen (z. B. Sicherheits- und Gefahrstoffbeauftragter)
- Kooperation und kollegiale Zusammenarbeit zwischen Schulleitung und Kollegium, unter Kollegiumsmitgliedern, zwischen Lehrkräften und Eltern sowie Lehrkräften und Schülern fördern

Bei der Personalentwicklung gehören zu den gesundheitsbezogenen Aufgaben:

- Unterstützungsmaßnahmen für das Personal entwickeln und umsetzen
- die individuelle Gesundheit und Gesundheitskompetenz fördern und zeigen, wie man mit beruflichen Belastungen umgeht
- angemessener Personaleinsatz unter Berücksichtigung der individuellen Kompetenzen und Ressourcen
- die Belastungen und Ressourcen der Beschäftigten erfassen, auch unter genderspezifischen Aspekten
- eine Balance von Aufgaben- und Mitarbeiterorientierung schaffen
- Unterweisungen zur Arbeitssicherheit und zum Gesundheitsschutz bei der Arbeit durchführen

Zu den Maßnahmen des Arbeitsschutzes und der Gesundheitsförderung gehören bei der Unterrichtsentwicklung folgende Aufgaben:

- kollegiale Reflexion initiieren und entsprechende Strukturen bereitstellen (Tandemarbeit, Triaden, professionelle Lerngemeinschaften, Qualitätszirkel); eigene Unterrichtsbesuche, -analysen, -bewertungen und -rückmeldungen durchführen
- Wissen über Unterricht und Gesundheit den Lehrkräften zur Verfügung stellen
- Aufbau einer (unterrichtsbezogenen) Feedback- und Evaluationskultur
- bei der Entwicklung und Festlegung von Kriterien für guten und gesunden Unterricht mitwirken
- die Voraussetzungen für eine systematische Fortbildung der Lehrkräfte in der gesundheitsbezogenen Unterrichtsentwicklung schaffen

Diese unvollständige Übersicht gesundheitsförderlicher und -präventiver Aufgaben macht deutlich, dass das Gesundheitsmanagement sehr schnell eine

Einzelperson überfordern kann. Insbesondere bei größeren Schulen ist es sinnvoll, die Arbeit auf mehrere Schultern zu verteilen.

Salutogenes Führungshandeln

Entscheidend für die Qualität des Gesundheitsmanagements ist nicht zuletzt das eigene Führungshandeln. Das Wohlbefinden und die Gesundheit aller Akteure hängen in einem sehr hohen Maß davon ab, wie Schulleiterinnen und Schulleiter sie fördern, ob sie ihnen Freiräume gewähren, welche Aufgaben sie stellen, wie sie motivieren, ob und wie sie mit ihren Beschäftigen und Schülern kommunizieren und ob ihr eigenes Verhalten als Vorbild dienen kann. Dabei ist der »Einfluss von Schulleitungen auf die Gesundheit der Lehrkräfte nicht nur unmittelbarer (Schulleitung-Lehrkräfte), sondern auch mittelbarer Natur (Schulleitung-Kollegium-Lehrkräfte), denn der Führungsstil dient als Modell für den Umgang im Kollegium« (Rosenbusch 2007, S. 231).

Salutogenes Führungshandeln beruht auf einer grundlegenden Werthaltung, die man mit den Merkmalen Klarheit, Vertrauen, Offenheit und Verlässlichkeit kennzeichnen und mit dem Satz »Man muss Menschen mögen« umschreiben kann. Diese positiven Werthaltungen einer Führungskraft müssen ihren gesamten Kommunikations- und Führungsstil auch in stressigen Situationen bestimmen. Salutogene Führung verlangt somit Können, Persönlichkeit und »softskills« wie Höflichkeit, Kooperationsfähigkeit, Vertrauen und Respekt, die Fähigkeit dazuzulernen, Leistungsbereitschaft, Selbstständigkeit und emotionale Intelligenz. Ein gewaltiges Repertoire an sozialen und emotionalen Talenten, die nicht nur »soft«, sondern spielentscheidend sind.

In der betrieblichen Gesundheitsförderung werden fünf Kriterien eines salutogenen Führungshandelns genannt, die ohne Abstriche auf Schulen übertragen werden können:

- Anerkennung und Wertschätzung (konstruktive Rückmeldung; freundlicher, anerkennender und wertschätzender Umgang; Schatzsuche statt Fehlersuche)
- Interesse und Kontakt (sensibel für Befindlichkeiten und Veränderungen sein; Präsenz im Schulleben)
- Einbeziehung und Partizipation (frühzeitig und kontinuierlich; Betroffene zu Beteiligten machen)
- Transparenz und Offenheit (Erwartungen, Entscheidungen und Begründungen kommunizieren)
- Respekt und Achtung (Gleichbehandlung von Mitarbeitern; keine Über- und Unterforderung; kein Druck; sachliche, abgewogene und gerechtfertigte Kritik)

Entscheidend ist nicht die Selbstwahrnehmung der Schulleitung, sondern die Fremdwahrnehmung der Adressaten, also der Lehrkräfte und Schüler. Für die gesundheitsförderliche Gestaltung des eigenen Führungsverhaltens empfiehlt es sich daher, Rückmeldungen der Beschäftigten einzuholen.

Salutogenes Führungshandeln und die Wahrnehmung gesundheitsrelevanter Aufgaben werden der Schulleitung nur gelingen, wenn auch die Arbeitsbedingungen der »Gesundheitsmanager« gesundheitsförderlich gestaltet sind und sie selbst auf ihre eigene Gesundheit achten. Deshalb gehört zu einem guten Gesundheitsmanagement auch ein gutes Selbstmanagement, d. h. die Fähigkeit, mit den Belastungen des Schulalltags so umzugehen, dass nach Möglichkeit keine gesundheitlichen Beeinträchtigungen entstehen.

1.5 Fazit

»Gesundheit ist nicht alles, aber ohne Gesundheit ist alles nichts.« Diese Erkenntnis Schopenhauers gilt auch für die moderne Schule: Zum einen wird die Gesundheit ihrer Akteure durch die Qualität wesentlich beeinflusst. Zum anderen ist Gesundheit eine Voraussetzung für die Qualität, Innovations- und Leistungsfähigkeit der Schule und somit Grundlage für die Entfaltungsmöglichkeiten jedes Schülers und jeder Lehrkraft. Voraussetzung hierfür ist, dass die Schulleitung das Gesundheitsmanagement als kontinuierliche Querschnittsaufgabe und Entwicklungsarbeit begreift.

1.6 Literatur

Bos, Wilfried/Rolff, Hans-Günter (2006): IFS-Lehrerumfrage, in: SchulVerwaltung Bayern 9/2006, S. 284.

Hurrelmann, Klaus/Klocke, Andreas/Melzer, Wolfgang/Ravens-Sieberer, Ulrike (Hrsg.) (2003): Jugendgesundheitssurvey. Internationale Vergleichsstudie im Auftrag der Weltgesundheitsorganisation (WHO), Weinheim und München: Juventa.

Nieskens, Birgit/Sieland, Bernhard (2008): Stress in der Schule. Was Lehrerinnen und Lehrer für ihre Gesundheit tun können, in: forum schule 1/2008, S. 14–19.

Paulus, Peter (2007): Die gute gesunde Schule. Mit Gesundheit gute Schule machen (hrsg. v. Barmer Ersatzkasse und Bertelsmann Stiftung).

Rolff, Hans-Günter (2005): Gesundheitsförderung und Schulqualität, in: Hundeloh, Heinz/Schnabel, Gerrit/Yurdatap, Nil (Red.): Gute und gesunde Schule, Moers, S. 42–58.

Rosenbusch, Heinz S./Braun-Bau, Susanne/Warwas, Julia (2006): Schulleitungstätigkeit an bayerischen Grund-, Haupt- und Realschulen – Bestandsaufnahme und Vorschläge für eine Neuorientierung, Bamberg.

Rosenbusch, Heinz S. (2007): Schulleitung – ihre Bedeutung und zukünftige Entwicklung, in: Schule NRW 05/2007, S. 231–234.

Schaarschmidt, Uwe/Kieschke, Ulf (Hrsg.) (2007): Gerüstet für den Schulalltag. Psychologische Unterstützungsangebote für Lehrerinnen und Lehrer, Weinheim und Basel: Beltz Verlag.

Weber, A./Weltle, D./Lederer, P. (2004): Führungskräfte im Schuldienst – zu krank für gesunde Schulen? In: Versicherungsmedizin 56, Heft 1, S. 17–24.

2. Forschung zu Belastung und Beanspruchung von Schulleitung

Stephan Gerhard Huber

Die Bedeutung von Schulleitungshandeln für die Qualität und Entwicklung von Schulen ist wissenschaftlich gut gestützt: Umfangreiche empirische Bemühungen der quantitativ ausgerichteten Schulwirksamkeitsforschung ergaben, dass die pädagogische Steuerung von Schule durch die Schulleitung ein zentraler Faktor für die Qualität einer Schule ist. Auch Studien zu Schulentwicklung bzw. Schulverbesserung betonen die Relevanz von Schulleitung, besonders in Hinblick auf den angestrebten kontinuierlichen Verbesserungsprozess in einer jeden Schule (vgl. u. a. Hallinger & Heck, 1998, 2010; Robinson, 2007; Leithwood & Riehl, 2003; Leithwood, Louis, Anderson & Wahlstrom, 2004; Leithwood, Day, Sammons, Harris & Hopkins, 2007; Marzano, McNulty & Waters, 2005; Witziers, Bosker & Kruger, 2003; Huber, 2008; Huber & Muijs, 2010).

Schulleiterinnen und Schulleiter sehen sich angesichts der bildungspolitischen Entwicklungen, darunter vor allem der Verlagerung von Management- und Führungsaufgaben sowie Entscheidungskompetenzen auf die Einzelschulen, neuen und erweiterten Anforderungen gegenüber (Huber, 2005a; Huber & Schneider, 2007). Auch infolge allgemeingesellschaftlicher Veränderungen sind die Anforderungen an Schulleitungen und somit auch die Komplexität der Schulleitungstätigkeit über die letzten Jahre gestiegen. In der internationalen Schulleitungsforschung gibt es bereits eine Vielzahl von unterschiedlichen Klassifizierungsvarianten von Schulleitungsaufgaben, die Schulleitungshandeln in Aufgabenbereiche bündeln und diesen Verantwortlichkeiten sowie Tätigkeiten zuordnen (vgl. Huber, 2003, 2004). Auch in der Schweiz wird der Kompetenzbereich von Schulleitungen immer mehr erweitert und ihnen werden zunehmend mehr Aufgaben übertragen, darunter die Verantwortung für Budgetierung oder Personalmanagement mit Lehrereinstellung, Beurteilung und Weiterbildungsplanung sowie für andere Aspekte der Schulentwicklung. Damit geht eine stärkere Rechenschaftspflicht einher, die mit der Durchführung von internen und externen Evaluationen verbunden ist. Rolle und Funktion von Schulleitung haben sich also – seit ihrer Etablierung – deutlich gewandelt (Huber, 2011a) und werden sich weiter verändern. Das bringt mit sich, dass Schulleitende größere Handlungsspielräume haben, was für sie die Wahrnehmung der Effektivität des eigenen Handelns erhöhen kann, aber auch zur Wahrnehmung von umfangreicheren Belastungen und zu einem erhöhten Beanspruchungserleben führen mag.

In der Arbeitspsychologie werden die Begrifflichkeiten Belastungsfaktoren (neutral gemeint) sowie Belastung – Beanspruchung (als negativ verstanden) benutzt. Zu überlegen wäre, ob nicht zugunsten einer besseren Anschlussfähigkeit an den Alltagssprachgebrauch insbesondere von Praktikern und auch auf die

Empfehlung von Bamberg, Busch und Ducki (2003) hin die Termini Stressoren für negative Belastungsfaktoren und Ressourcen für Unterstützungs- und Entlastungsfaktoren (Bamberg & Ostendorf, 2007; Oesterreich, 2001) verwendet werden sollten. In diesem Beitrag allerdings werden die Begrifflichkeiten der Arbeitswissenschaften beibehalten.

Der folgende Beitrag stellt knapp den aktuellen Forschungsstand zu Belastung und Beanspruchung von Schulleitung dar, aufbauend auf dem zu Lehrkräften. Dabei wird auf Vorarbeiten zurückgegriffen, die zusammen mit Falk Radisch, Christine Reinhardt und Selin Kilic recherchiert wurden. Abschließend wird das Allgemeine Rahmenmodell »Schulische Belastung« von Böhm-Kasper (2004) skizziert, das für die Schulleitungsstudie 2011/12 in Deutschland, Österreich, Liechtenstein und der Schweiz für Schulleitungshandeln adaptiert und operationalisiert wurde.

2.1 Forschung zu Belastung und Beanspruchung von Lehrkräften – ein knapper Überblick

In den letzten zwanzig Jahren wurden im deutschsprachigen Raum verschiedene Studien zum Thema schulischer Belastung durchgeführt, es ist ein wichtiges Thema innerhalb der empirischen Lehrerforschung geworden (vgl. Schaefers & Koch, 2000). Insbesondere Aspekte, Ursachen, Bedingungen sowie Folgen der Beanspruchung von Lehrpersonen wurden in einer Reihe von Studien untersucht (vgl. u. a. Terhart, Czerwenka, Ehrich, Jordan & Schmidt, 1994; van Dick, 1999, 2006; Wendt, 2001; Krause, 2002; Schönwälder et al., 2003; Böhm-Kasper, 2004; Schaarschmidt, 2005). Nach Schaarschmidt, Kieschke & Fischer (1999) gehören ca. 60 Prozent der Lehrkräfte zu einer Risikogruppe, welche Tendenzen zu psychischen Erkrankungen, wie z. B. dem Burnout-Syndrom, aufweist. Auch eine repräsentative berufsvergleichende Befragung in Deutschland zeigte, dass Lehrerinnen und Lehrer im Vergleich zu anderen Berufsgruppen häufiger unter Erschöpfung, Nervosität, Reizbarkeit, Schlafstörungen, Depressionen und Burnout leiden (Weber, Weltle & Lederer, 2004).

Laut der Studien von Wendt (2001) und Schaarschmidt (2005) sind für das Belastungsempfinden bei Lehrpersonen Störungen durch Schüler, mangelnde Erholung in den Pausen, Klassenstärke und Stundenanzahl relevant. Auch bei Forneck und Schriever (2001) stellte sich die Klassengröße als gemeinsamer Belastungsfaktor heraus. Bei allen anderen erhobenen Belastungsfaktoren von Primarschullehrkräften zeigten sich große Differenzen zu den Lehrpersonen aus anderen Schulstufen. Bereits nach Salm (1997) hatten sich statistisch signifikante Unterschiede zwischen den Schulstufen gezeigt, wobei Volksschullehrkräfte die größte Belastung aufweisen. Laut der Befunde der Studie von Ulich, Inversini und Wülser (2002) sind über alle Stufen hinweg das Verhalten von schwierigen Schülern, die Heterogenität der Klasse, administrative Pflichten und außerunterrichtliche Verpflichtungen zentrale Belastungsfaktoren. Auch Lehr (2011) konnte einen Einfluss der Anzahl schwieriger Schülerinnen und Schüler auf das Belastungserleben der Lehrkräfte feststellen, aber keinen Zusammenhang mit der Klassengröße nachweisen.

Durch die Ergebnisse einer Studie von van Dick (2006) werden als Belastungsquellen die Klassengröße, das Schülerverhalten, administrative Angelegenheiten, Probleme mit Kollegen und Eltern sowie die fehlende Anerkennung des Lehrerberufs in der Öffentlichkeit identifiziert.

Die gestiegene Anzahl an Forschungsarbeiten zu Lehrerbelastung lässt sich nach Nieskens, Rupprecht und Erbring (2012) auf die Entwicklung des Forschungsgebietes der Lehrergesundheit zurückführen. Krause und Dorsemagen (2011) schrieben beispielsweise über die Gesundheitsförderung für Lehrerinnen und Lehrer und erörterten, was diese krank macht und was sie gesund hält. Krause und Dorsemagen unterschieden dabei zwischen externen Ressourcen und internen Ressourcen wie Bewältigungsstrategien, Stressoren aus der Aufgabe, der Arbeitsorganisation oder aus den physischen, sozialen und organisatorischen Rahmenbedingungen.

Neben der Belastung von Lehrpersonen wurde auch die anderer schulischer Akteure analysiert. So wurden die zeitliche Belastung von Lehrpersonen, aber auch von Schülern (Döbrich, Huck & Schmidt, 1990; Caspar, Friedrich & Sikorski, 1994; Hübner & Werle, 1997; Döbrich, Plath & Trierscheidt, 1999), Schulangst (Helmke, 1983; Holtz, 1987; Brähler & Scheer, 1993, Schwarzer, 1993; Schnabel, 1998) oder die psychosomatischen Beschwerden schulischer Akteure (Engel & Hurrelmann, 1989; Holler-Nowitzki, 1994; Dick, Wagner & Petzel, 1999; Harazd, Gieske, Gerick & Rolff, 2009) untersucht.

Mit Blick auf die Analyse der Arbeitszeit als Bestandteil von objektiven Anforderungen verweist Herzog (2007) auf die Ergebnisse zweier Arbeiten zur Lehrerarbeitszeit. Interessant dabei ist folgende Feststellung: »Vieles spricht dafür, dass bereits auf einer quantifizierenden Beschreibungsebene – der Arbeitszeit – individuelle Unterschiede zu beobachten sind, die auch in Zusammenhang mit den Leistungsvoraussetzungen einer Lehrperson und der Redefinition ihres Auftrages stehen.« (S. 95) Es scheinen sich also in den unterschiedlichen Arbeitszeiten bei gleichen Tätigkeitsprofilen Rückkoppelungsprozesse der subjektiven Deutungsprozesse und auch der Belastungen zu manifestieren. Weitere Arbeiten jenseits der Betrachtung der Arbeitszeit implizieren ebenfalls oftmals kein wertfreies, sondern ein normativ aufgeladenes Verständnis von Belastungen (vgl. Pieren & Schärer, 1994; Vuille, Carvajal, Casaulta & Schenkel, 2004; Forneck & Schriever, 2001; Trachsler et al., 2003a, 2003b; Ulich et al., 2002). Zu beachten ist, dass auch positiv bewertete Situationen durchaus an sich zu einer Belastung beitragen können bzw. auch die Qualität anderer Belastungsfaktoren beitragen beeinflussen können.

2.2 Forschung zu Belastung und Beanspruchung von Schulleitung

Neben Lehrpersonen sind aber auch die Schulleiterinnen und Schulleiter großen Anforderungen aufgrund der veränderten gesellschaftlichen Erwartungen sowie komplexeren Aufgabenspektren ausgesetzt. Zur Belastung und Beanspruchung sowie auch zum gesundheitlichen Zustand von Schulleitungspersonen liegen bislang relativ wenige empirische Befunde vor (Borg & Riding, 1993; Ostermann & Saueressig, 1994; Döbrich, Huck & Schmidt, 1995: Dadaczynski, 2012), allerdings zeigten bereits einzelne ältere Studien ein erhöhtes Belastungsempfinden bei Schulleiterinnen und Schulleitern auf (Welch, I. D., Meideros, D. C. & Tate, 1982; Welch, Meideros & Tate, 1982; Wiederkehr, 1998).

Angloamerikanische Studien zeigten bereits auf, dass die alltäglichen Anforderungen des Berufs des Schulleitenden, unzureichende Schülerleistungen, schwindende Ressourcen und das Bild der Schulleitung in der Öffentlichkeit (Allison, 1997; Whitaker, 1996) eine zunehmende Ermattung sowie eine verminderte physische und psychische Gesundheit (Brock & Grady, 2002) verursachen und oftmals als Belastungsquellen und Ursachen von Stress angesehen werden können (Friedman, 1995). Es zeigte sich auch, dass Stress den wohl größten Einfluss auf Burnout (Torelli & Gmelch, 1992) aufweist. Diesbezüglich wurde in zahlreichen Studien (u. a. Byrne, 1994; Lee & Ashforth, 1993; Cooper & Marshall, 1978; Borg & Riding, 1993; Burke, 1988; Welch, Meideros & Tate, 1982; Cooper & Kelly, 1993; Chaplain, 2001; Mackler, 1996) versucht, anhand verschiedener Faktoren, wie der Arbeitsbelastung im Alltag, der Erwartungen an den Beruf, des Klimas im Kollegium, die Ursachen von Stress und Burnout zu identifizieren. Zusätzlich wurde neben demografischen Variablen auch der Einfluss von Persönlichkeitsmerkmalen, wie Kontrolliertheit, Einsatzbereitschaft oder die soziale Einbindung, untersucht. Als Ergebnis diese Studien zeigte sich, dass sowohl Faktoren auf der organisationalen als auch auf der persönlichen Ebene mit Burnout verbunden sind, allerdings berufs- und organisationsbedingte Einflüsse einen stärkeren Effekt auf Burnout haben als persönliche Faktoren (Torelli & Gmelch, 1992; Borg & Riding, 1993; Maslach, 1995). Gmelch und Gates (1998) verfolgten in ihrer Untersuchung drei zentrale Ziele. Sie identifizierten zuerst die personalen, fachlichen und organisationalen Prädiktoren von Burnout bei Schulleitungen und ermittelten dann den zentralen Einflussfaktor auf Burnout. Zusätzlich bestimmten sie noch die Rolle von sozialer Unterstützung hinsichtlich Burnout, Arbeitszufriedenheit und Leistung. Bezüglich der Befunde in der Literatur fasst Friedman (2002) die bedeutendsten organisationalen Stressoren zusammen: Beziehungen zu Arbeitskollegen und Vorgesetzten, Überbelastung, die eigene Rolle/mangelnde Rollenklarheit/Rollenkonflikte (vgl. Kerle, 2005; Binder, Trachsler & Feller, 2003; Friedman, 2002; Landert & Brägger, 2009; Nido, Ackermann, Ulich, Trachsler & Brüggen, 2008; Phillips, Sen & McNamee, 2007; Wiederkehr, 1998) innerhalb der Organisation, die Struktur der Organisation und das Arbeitsklima. Phillips, Sen & McNamee

(2007) untersuchten in ihrer Studie die Prävalenz und die Gründe von arbeitsbezogenem Stress bei Schulleiterinnen und Schulleiter und stellten die daraus gewonnenen Werte einer Normstichprobe der Allgemeinbevölkerung und den Werten einer Gruppe von Managern gegenüber.

Aus der Studie im Kanton Bern (Wiederkehr, 1998) ergab sich, dass u. a. als größte Belastungen die Vermittlungsposition zwischen Kollegium und Behörden, der Konflikt zwischen der Identität als Lehrperson und Schulleiterin bzw. Schulleiter sowie die Fülle der Aufgaben genannt werden. In der Studie von Weber, Weltle und Lederer (2005) zum krankheitsbedingten frühzeitigen Berufsausstieg von 408 befragten Führungskräften im Schuldienst zeigt sich, dass die Hauptursachen, die zur Dienstunfähigkeiten führten, psychische Erkrankungen wie depressive Störungen und das Burnout-Syndrom waren. Auch Combs, Edmonson und Jackson (2009) fanden in ihren Untersuchungen heraus, dass über ein Drittel der befragten Schulleitungen einen moderaten bis hohen Burnout-Level aufweisen.

Andererseits liegen Ergebnisse von Harazd und Kollegen (2009) zur Belastung von Schulleitungen und Lehrpersonen vor, welche zeigen, dass sich die Schulleitungen deutlich weniger emotional belastet fühlen und ein höheres Wohlbefinden als die Lehrkräfte aufweisen.

Ein Modell zur Arbeitsbewertung und Ressourcenerfassung für Schulleitungen und die Entwicklung eines Vorgehenskonzepts zur Umsetzung dieses Modells in der Praxis beschreiben Zaugg und Blum (2002). In ihrer Studie interviewten Behr, Valentin und Ramos-Weisser (2003) Grund- und Hauptschulleitungen zu ihrer Arbeitsbelastung und kamen zu dem Ergebnis, dass sich viele soziale Konflikte, große Schulen und ein hoher Ausländeranteil in der Schülerschaft stressfördernd auswirken. Binder, Trachsler und Feller (2003) evaluieren die Umsetzung der vorläufigen Empfehlungen zum Führungspensum und zu Entschädigungen für Schulleitungspersonen in der Volksschule des Kantons St. Gallen. Nido, Ackermann, Ulich, Trachsler & Brüggen (2008) untersuchen im Auftrag des Departements Bildung, Kultur und Sport (BKS, Kanton Aargau) Arbeitsbedingungen, Belastungen und Ressourcen von Lehrpersonen und Schulleitungen im Kanton Aargau. Wehner, Vollmer, Manser und Burtscher (2008) untersuchen im Rahmen ihrer Studie »Geleitete Schule« die Übereinstimmung von Aufgaben und Arbeitspensum von Führungsverantwortlichen und etwaigen Belastungsfaktoren, u. a. im Hinblick auf Schulgröße, Teamkonflikte etc. Bucher (2010) berichtet über das Projekt Belastung – Entlastung im Schulfeld. Die Erziehungsdirektion des Kantons Bern (2010) lässt eine Voranalyse zur Stärkung der Schulleitung erstellen und fasst die Belastung von Schulleitern anhand bereits bekannter Ergebnisse anderer Schweizer Studien zusammen (Wehner, Vollmer, Manser & Burtscher, 2008; Landert, 2009; Landert & Brägger, 2009; Nido, Ackermann, Ulich, Trachsler & Brüggen, 2008; Bucher,

2010). Zum einen spielt die zeitliche Belastung der unterschiedlichen Aufgabenbereiche eine wesentliche Rolle. Die Menge an Aufgaben, welche nur schwer an die Lehrpersonen (Wehner et al., 2008) bzw. an das Sekretariat abgegeben werden können (Landert, 2009), lassen kaum Zeit für die Kernaufgaben von Schulleitung übrig. Weiterhin erweisen sich eine klare Rollenverteilung hinsichtlich der einzelnen Aufgaben und Kompetenzen der schulischen Akteure, Führungskompetenzen und -qualitäten, eine effiziente Führung durch die Schulbehörden (Landert, 2009), Bildungsdirektionen und den Kanton (Bucher, 2010) sowie verbesserte Angebote in der Aus- und Weiterbildung von Schulleitung als notwendig (Hänni, Wenger, Röthlisberger & Beerli, 2010). Insbesondere der Faktor Zeit scheint eine entscheidende Rolle hinsichtlich der Belastung der Schulleiterinnen und Schulleiter zu spielen. Nach Bos und Rolff (2006) weisen Schulleitende bzw. Mitglieder der Schulleitung eine deutlich höhere zeitliche Belastung auf als Lehrkräfte. Ebenso zeigt eine Untersuchung der Schulleitungstätigkeit an Grund-, Haupt- und Realschulen in Bayern eine Summierung der Anzeichen von Stress u. a. aufgrund eines hohen Unterrichtsdeputats, fehlender personeller Ressourcen zur Unterstützung bei administrativen Tätigkeiten sowie mangelnder Anerkennung des Schulleitungsberufs (Rosenbusch, Braun-Bau & Warwas, 2006). Dass Schulleiterinnen und Schulleiter mit einer hohen Lehrverpflichtung sich besonders belastet zeigen, ergaben eine Reihe von Studien seit Ende der 1990er Jahre (vgl. Bucher, 2009; Dal Gobbo & Peyer-Siegrist, 2000; Kerle, 2005; Landert, 2004; Maag Merki & Büeler, 2002; Nido et al., 2008; Wiederkehr, 1998).

Bezüglich der Schulleitungstätigkeit gibt es mittlerweile einige Forschungsarbeiten. Dabei zeigt sich vor allem, dass Schulleitungshandeln sehr heterogen ist (vgl. Klassifizierungen von Morgan, Hall & Mackay, 1983; Jones, 1987; Leithwood & Montgomery, 1986; Glatter, 1987; Caldwell & Spinks, 1992; Esp, 1993; Jirasinghe & Lyons, 1996). Krause, Baeriswyl und Dorsemagen (2012) verweisen in ihrer Studie zur Gesundheit von Schulleitenden auf Büssing und Galser (1998) bzw. Ohm und Strohm (2001). Nach diesen Autoren leisten 63 Prozent der Führungskräfte ein Arbeitspensum zwischen 120 und 150 Prozent. Arbeitszeiten, welche über die vertraglich vereinbarte Zeit hinausgehen, sind also keine Besonderheit für die Schulleitungstätigkeit, sondern bei vielen Führungskräften zu finden. Für die Beschreibung des Tätigkeitsprofils von Schulleitenden existieren im deutschsprachigen Raum kaum empirisch orientierte Arbeiten. In der Schweiz analysierten etwa Pekruhl, Dorsemagen, Kölliker & Krause (2011) Tätigkeiten des Schulleitungshandelns und erfassten organisatorische Rahmenbedingungen. Dies taten sie anhand der Daten von Schulleitungen aus dem Kanton Basel-Landschaft. In Deutschland legte der Schulleitungsverband Niedersachsen ein von der Organisationsberatung Vogel und Partner erstelltes Gutachten zum Arbeitsaufwand von Schulleitenden vor (Schulleitungsverband Niedersachsen, 2005). Darin findet sich ein Aufgabenkatalog für Schulleiterinnen und Schulleiter, anhand dessen die Probanden jeweils den Zeitaufwand für diverse Tätigkeiten erfassen konnten. Grundlage dieses Katalogs waren vom Schulleiterverband zur Verfügung gestellte Dokumente, aber keine empirische Erhebung der tatsächlichen Tätigkeiten der Schulleitungspersonen. Ähnliches gilt für die Arbeit von Rosenbusch et al., 2006) zur Schulleitertätigkeit in Bayern. Ähnliche Aufstellungen anhand idealtypischer oder durch Verordnungen und Regelungen definierter Profile finden sich neben entsprechendem Informationsmaterial der Fachverbände und Kultusministerien (vgl. Allgemeiner Schulleitungsverband Deutschland e. V., 2005; Niedersächsisches Kultusministerium, 2002 sowie bei Huber 2005, 2007, Huber & Schneider, 2007).

Was empirische Ergebnisse zu individuellen Voraussetzungen als Aspekt der Belastungsfaktoren betrifft, so zeigt sich etwa bei Vuille et al. (2004) ein Effekt des Geschlechts und des Alters. Salm (1997) verweist beim Belastungsempfinden ebenfalls auf Geschlechterunterschiede, die sich aber in den unterschiedlichen Schularten nicht stringent nachweisen lassen. Freitag (1998) benennt als eher protektive individuelle Faktoren ein positives Selbstwertgefühl, optimistische Erwartung eigener Kompetenzen und eine positive Grundstimmung. Werle (2001) erfasste in seiner Studie bei 164 schulischen Leitungskräften die beruflichen Selbstkonzepte. Dabei stellte sich heraus, dass die Befragten sehr zufrieden sind mit ihrem Aufgabenfeld, die Arbeitsbedingungen und Entlohnung aber je nach Schulart unterschiedlich bewerten. Weiter bestand bei den meisten der Wunsch, als Kollege aufzutreten und so wahrgenommen zu werden, ein kooperativer Führungsstil wurde klar bevorzugt. Einen ähnlichen Ansatz verfolgte auch Bonsen (2003), als er das Organisations- und Führungsverständnis von Schulleitungen aus Nordrhein-Westfalen untersuchte. Languth (2006) widmete sich der Berufsauffassung von Schulleiterinnen und Schulleiter und klassifizierte anhand zweier Indikatoren – Selbsteinschätzung und Handlungsorientierung – fünf Typen von Schulleitungen: professionell, resignativ, programmatisch, skeptisch und pragmatisch. Warwas (2009) ging in ihrer Studie ähnlich vor und teilte die Schulleiterinnen und Schulleiter in verschiedene Leistungstypen ein: Generalist, Lehrkraft mit Verwaltungsaufgaben, pädagogische Führungskraft, Teamleiter und Vorgesetzter mit pädagogischer Verantwortung.

Die Forschungsliteratur zu Sozialbeziehungen im schulischen Kontext nimmt unter Aspekten des Schul-, Klassen- und Unterrichtsklimas einen breiten Raum in der Bildungsforschung ein. Besonders zur Bedeutung von Schüler-Schüler-Beziehungen, Schüler-Lehrperson-Beziehungen sowie Lehrperson-Lehrperson-Beziehungen existiert eine breite Forschungsliteratur. Auch die Bedeutung der Qualität (bzw. der geringen Qualität) der Sozialbeziehungen für Beanspruchungsreaktionen und -folgen wurde in einigen Arbeiten thematisiert (vgl. für eine Übersicht Böhm-Kasper, 2004). Die Studie von Behr, Valentin und Ramos-Weisser (2003) fokussierte Grund- und Hauptschulleitungen und deren Arbeitsbelastung. Dabei kamen sie zum Schluss, dass sich viele soziale Konflikte, aber auch große Schulen und ein hoher Ausländerinnen- und Ausländeranteil stressfördernd auswirken. Schmitz und Voreck (2006) untersuchten in ihrer Studie das Verhältnis von schulischen Leitungskräften zum pädagogischen Personal. Sie fokussierten dabei vor allem die Erwartungen von Schulleiterinnen und Schulleiter an das pädagogische Personal sowie auch die gegenseitige Wahrnehmung im Kollegium. Die Beziehungsqualität zu Lehrpersonen wie auch weiteren Interaktionspartnern und deren Wirkung auf die Gesundheit der Schulleitung untersuchten auch verschiedene andere Autoren (vgl. Wiederkehr, 1998; Friedman, 2002; Binder et al., 2003; Nido et al., 2008; Landert et al., 2009). Eine hohe Führungsspanne kann nach Krause et al. (2012) zu mehr Belastung führen (vgl. Bodor-Hurni & Ritz, 2006; Pekruhl et al., 2011; Rolff, 2009; Steger Vogt & Appius, 2011; Wehner et al., 2008).

Hinsichtlich empirischer Forschungsergebnisse zum Thema der Beanspruchungsreaktion findet sich etwa bei Herzog (2007, S. 103) folgende Aussage: »Die Messung kurzfristiger und unmittelbarer Beanspruchungsreaktionen findet innerhalb der Stressforschung allgemein große Beachtung (...), interessiert aber bezüglich kurzfristiger Beanspruchungsreaktionen von Lehrern nur selten.« Für Forschung zu Schulleitungen gilt dies noch stärker.

Anders sieht es mit mittel- bzw. langfristigen Beanspruchungsfolgen aus. Abgesehen von amtlichen Statistiken, die teilweise umfassend und detailliert etwa über den Grad der Frühpensionierung aus unterschiedlichen Gründen, den Krankenstand, häufige Krankheitsbilder usw. Auskunft geben, stehen vor allem negative »Überlastungsfolgen« oft im Mittelpunkt öffentlicher und fachwissenschaftlicher Diskussionen. Bereits Storath (1994) befasste sich mit dem Praxisschock bei neu ernanntem Schulleitungspersonal. Wichtige Erkenntnisse waren dabei, dass gesundheitliche Beeinträchtigungen infolge von Belastungen primär mit den Kategorien Erschöpfung, Anspannung, Nervosität und Stressempfinden umschrieben wurden.

2.3 Allgemeines Rahmenmodell »Schulische Belastung« von Böhm-Kasper (2004)

Hauptziel der theoretischen wie empirischen Analyse von Belastungen und Beanspruchungen muss zunächst eine differenzierte Rahmenkonzeption sein, auf deren Basis systematisch angelegte empirische Untersuchungen abgeleitet werden können. Dieser Prämisse folgend bietet das Modell von Böhm-Kasper (2004) einen guten Ausgangspunkt, um die komplexen Belastungs-Beanspruchungs-Zusammenhänge bei den verschiedenen schulischen Akteursgruppen modellhaft darzustellen und zu untersuchen, sowie eine fundierte theoretische Grundlage, um diese Zusammenhänge miteinander zu vergleichen und zueinander in Beziehung zu setzen. Im Folgenden wird das Modell knapp dargestellt. Insgesamt greift Böhm-Kasper (2004) auf vier Modelle aus unterschiedlichen Forschungsdisziplinen zurück. Zunächst stützt sich der Autor auf ein allgemeines modifiziertes Modell der Belastungs-Beanspruchungssequenz nach Scheuch (1986), das sich aus arbeitswissenschaftlicher Perspektive mit dem Phänomen beschäftigt. Dieses allgemeine Modell bietet den Gesamtrahmen für das zu entwerfende Modell. Daneben greift er auf drei der wenigen theoretisch ausgearbeiteten Modelle zurück, die sich explizit mit der Belastungs-Beanspruchungs-Sequenz im schulischen Bereich beschäftigen, allerdings jeweils auf nur eine Akteursgruppe bezogen (Rudow, 1990, 1994).

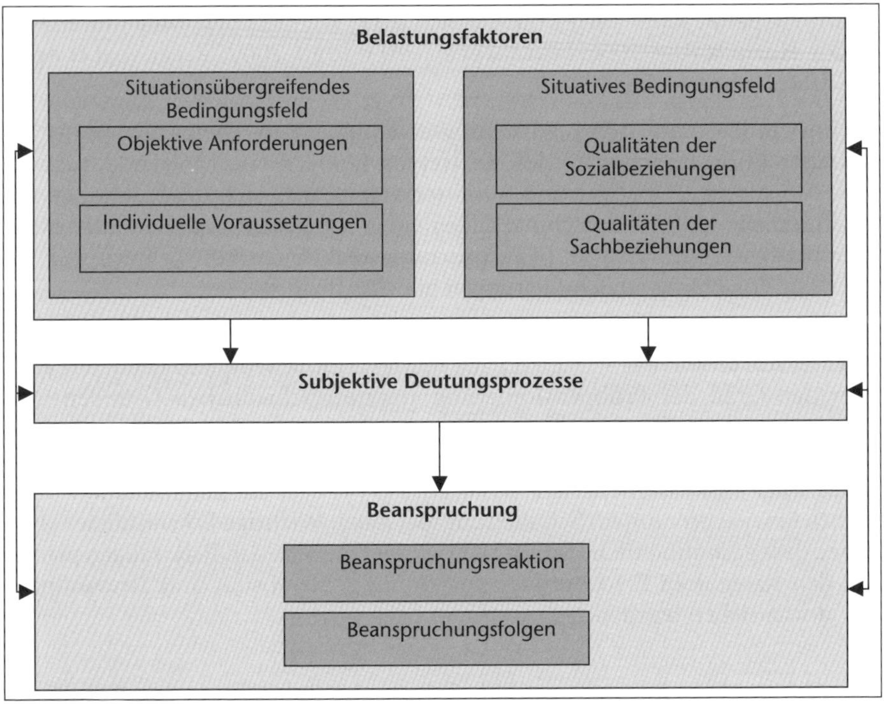

Abb. 1: Allgemeines Rahmenmodell »Schulische Belastung« nach Böhm-Kasper (2004)

Böhm-Kasper (2004) unterteilt das resultierende Modell in drei strukturelle Bereiche: Belastungen (und deren Bedingungen), subjektive Deutungsprozesse und Beanspruchungen. Diese Bereiche differenziert er weiter und setzt sie zueinander in Beziehung.

Wie aus der Abbildung 1 hervorgeht, berücksichtigt das Modell multiple Rückkopplungsmomente. Die Belastungs-Beanspruchungs-Sequenz stellt kein statisches Ablaufprogramm dar, sondern ist durch vielfältige dynamische Rückwirkungen geprägt.

Das Modell ist bewusst allgemein gehalten, um für die verschiedenen Akteursgruppen einen gemeinsamen Analyserahmen bilden zu können. Böhm-Kasper (2004) geht dabei zunächst von nur zwei Akteursgruppen – Schülerschaft und Lehrkörper – aus und konnte in seiner Arbeit eindrucksvoll nachweisen, dass sich das Modell für beide Gruppen als Rahmenmodell eignet (Böhm-Kasper, 2004, S. 240 ff.). Im Rahmen unserer Schulleitungsstudie wird versucht, die Perspektive auf eine dritte wichtige, aber bislang weitgehend unbeachtete Akteursgruppe – die Schulleitungen – zu erweitern. Zudem sollen die Belastungen für diese Gruppe fokussiert werden.

Böhm-Kasper (2004) subsumiert die vier Bereiche der Belastungen unter den von Landwehr, Fries und Hubler (1983) eingeführten Begriffen der situationsübergreifenden und situativen Bedingungsfelder. Dabei setzt er die beiden Bedingungsfelder zueinander in Beziehung (ebd., S. 72).

In den Bereich der situationsübergreifenden Bedingungsfelder fallen laut Böhm-Kasper (2004) die objektiven Anforderungen, die sich im Wesentlichen aus den akteursgruppenspezifischen Tätigkeitsmustern und -anforderungen zusammensetzen, die aber auch durch andere relativ stabile und überdauernde Rahmenbedingungen gebildet werden können. Für den zweiten Teil der situationsübergreifenden Bedingungen – die individuellen Voraussetzungen – nennt der Autor neben Merkmalen, »die sich einer willkürlichen Beeinflussung entziehen« (Böhm-Kasper, 2004, S. 73) – z. B. Alter, biologisches und soziales Geschlecht – auch zeitlich als relativ stabil zu betrachtende Persönlichkeitsmerkmale. Maßgeblich ist dabei, dass die Persönlichkeitseigenschaften »(...) noch vor dem Prozess der Bewertung belastender Situationen – die Qualität der Belastung allein durch ihr Vorhandensein (...) beeinflussen« (Böhm-Kasper, 2004, S. 73).

Der zweite große Bereich der Belastungen wird von situativen Bedingungen gebildet, die von Böhm-Kasper (2004) – wiederum in Anlehnung an Landwehr et al. (1983) – unterteilt werden in die Qualität von Sozial- und Sachbeziehungen. Der erste Teil wird von Faktoren gebildet, die sich aus den Beziehungen innerhalb und zwischen den einzelnen Akteursgruppen ergeben. Der zweite Bereich umschließt sachgebundene Faktoren im schulischen Kontext, etwa verschiedene sachbezogene Aspekte des Schulklimas, wie etwa den Leistungsdruck bzw. die Leistungsorientierung, das pädagogische (Selbst-)Verständnis, das Verhältnis der einzelnen Akteursgruppen zur Schule selbst und zu den vermittelten Inhalten usw.

2.4 Fazit

Wie deutlich wurde, liegen etliche Befunde zur Belastung und Beanspruchung von Schulleitung vor wie auch theoretische Modelle, die man adaptieren kann. Als klares Desiderat wäre eine größer angelegte Studie zu nennen, welche die verschiedenen diskutierten Konstrukte operationalisiert und in einen Gesamtzusammenhang stellt. Darüber hinaus müssten tätigkeitsspezifische Vorlieben und Belastungen und in diesem Zusammenhang generierte Handlungstypen in den Blick genommen werden. Durch einen Vergleich zwischen Bundesländern in Deutschland, Österreich und Schweizer Kantonen könnten Kontextanforderungen berücksichtigt werden. Dem geht unsere Schulleitungsstudie nach (Ergebnisse dieser Studie sind zusammengestellt in Huber, Wolfgramm und Kilic, 2012, 2013).

2.5 Literatur

Allgemeiner Schulleitungsverband Deutschlands (ASD) (2005). *Schulleitung in Deutschland 2005. Ein Berufsbild in Weiterentwicklung.* Stuttgart, Raabe.

Allison, D. G. (1997). Coping with stress in the principalship. *Journal of Educational Administration*, 35(1) S. 39–55.

Behr, M., Valentin, U. & Ramos-Weisser, C. (2003): Arbeitsbelastung von Schulleitungen- Zusammenhänge von Arbeitskontexten und Persönlichkeitsmerkmalen. *Pädagogische Führung, Zeitschrift für Schulleitung und Schulberatung*, 4, S. 210–213.

Binder, H. M., Trachsler, E. & Feller, R. (2003). *Führungspensum und Entschädigung für Schulleitungspersonen in der Volksschule des Kantons SG. Evaluation der Umsetzung der vorläufigen Empfehlungen zum Führungspensum und Entschädigung für Schulleitungspersonen in der Volksschule.* Luzern: INTERFACE./St. Gallen: Erziehungsdepartement. http://www.schule.sg.ch/home/volksschule/leitung_verwaltung/schulleitung/publikationen.Par.0014.DownloadListPar.0007.File.tmp/Schlussbericht_30_10_2003.pdf. Verifiziert am 13. 1.11

Bodor-Hurni, R. & Ritz, A. (2006). Wirkungsorientierte Führungsstrukturen zur Umsetzung von New Public Management an Schulen – Fallbeispiel Kantonsschule Zürcher Unterland. In N. Thom, A. Ritz & R. Steiner (Hrsg.), *Effektive Schulführung – Chancen und Gefahren des Public Management im Bildungswesen* (2. Auflage). Bern: Haupt.

Böhm-Kasper, O. (2004). *Schulische Belastung und Beanspruchung. eine Untersuchung von Schülern und Lehrern am Gymnasium.* Münster: Waxmann. (Pädagogische Psychologie und Entwicklungspsychologie Bd. 43).

Borg, M. G. & Riding, R. J. (1993). Occupational stress and job satisfaction among school administrators. *Journal of Educational Administration*, 31(1), S. 4–21.

Bos, W. & Rolff, H.-G. (2006). IFS-Lehrerumfrage. *Schulverwaltung*, 9, S. 284.

Brähler, E. & Scheer, J. (1993). Der Gießener Beschwerdebogen (GBB). In G. Jehle & P. Krause (Hrsg.). *Berufsbezogene Angst von Lehrerinnen und Lehrern: Eine epidemologische Pilotstudie* (S. 127–142). Frankfurt a. M.: Deutsches Institut für Internationale Pädagogische Forschung.

Brock, B. L. & Grady, M. L. (2002). *Avoiding burnout: A principal's guide to keeping the fire alive.* Thousand Oaks, CA: Corwin Press, Inc.

Bucher, B. (2009). *Projekt »Belastung – Entlastung im Schulfeld«. Zwischenbericht.* Zürich: Bildungsdirektion des Kantons Zürich.

Bucher, B. (2010). *Projekt Bildungsdirektion. Schlussbericht Belastung – Entlastung im Schulfeld.*

Burke, Ronald J. (1988). Sources of managerial and professional stress in large organizations. In Cary L. Cooper & Roy Payne (Eds.), *Causes, coping and consequences of stresses at work.* Chichester: Wiley.

Byrne, Barbara M. (1994). Burnout: Testing for the validity, replication and invariance of causal structures across elementary, intermediate, and secondary teachers. *American Educational Research Journal*, 31, 645–673.

Caldwell, B. J. & Spinks, J. M. (1992). *Leading the Self-Managing School.* London: Falmer.

Caspar, R., Friedrich, R. & Sikorski, P. B. (1994). *Zeitliche Beanspruchung von Schuelern. Untersuchung des Zeitaufwands für die Schule.* Stuttgart: Landesstelle für Erziehung und Unterricht.

Chaplain, Ronald P. (2001). Stress and job satisfaction among primary headteachers. *Educational Management & Administration*, 29, 197–215.

Combs, J., Edmonson, S. L. & Jackson, S. H. (2009). *Burnout among elementary school principals.* ASSA Journal of Scholarship and Practice, 5, 10–15.

Cooper, Cary L. & Kelly, Mike (1993). Occupational stress in head teachers: A national UK study. *British Journal of Educational Psychology*, 63, 130–143.

Cooper, Cary L. & Marshall, Judi (1978). Sources of managerial and white-collar stress. In Cary L. Cooper & Roy Payne (Eds.), *Stress at work.* Chichester, England: Wiley; S. 99–136.

Dadaczynski, K. (2012). Die Rolle der Schulleitung in der gesunden Schule. In: DAK-Gesundheit & Unfallkasse NRW (Hrsg.). Handbuch Lehrergesundheit. Impulse für die Entwicklung guter gesunder Schulen. Köln. Carl Link.

Dal Gobbo, S. & Peyer-Siegrist, V. (2000). *Schulleitungsrealität an Volksschulen der Deutschschweiz. Projektarbeit.* Luzern: Hochschule für Wirtschaft.

Dick, R. van (1999). *Stress und Arbeitszufriedenheit im Lehrerberuf. Eine Analyse von Belastung und Beanspruchung im Kontext sozialpsychologischer, klinisch-psychologischer und organisationspsychologischer Konzepte.* Dissertation, Universität, Fachbereich Psychologie, Marburg.

Dick, R. van (2006). *Stress und Arbeitszufriedenheit bei Lehrerinnen und Lehrern. Zwischen »Horrorjob« und Erfüllung.* Marburg: Tectum Verlag.

Dick, R. van, Wagner, U., Petzel, T., Lenke, S. & Sommer, G. (1999). Arbeitsbelastung und Soziale Unterstützung: Erste Ergebnisse einer Untersuchung von Lehrerinnen und Lehrern. *Psychologie in Erziehung und Unterricht*, 46, S. 55–64.

Döbrich, P., Huck, W. & Schmidt, G. (1990). *Zeit für Schule: Bundesrepublik Deutschland!* Deutsche Demokratische Republik. Köln, Wien.

Döbrich, P., Huck, W. & Roth, S. (1995). Zur Belastung von Schulleiterinnen und Schulleitern. Frankfurt a. M.: Deutsches Institut für Internationale Pädagogische Forschung.

Döbrich, P., Plath, I. & Trierscheidt, H. (1999). *Arbeitsplatzuntersuchungen mit Hessischen Schulen. Zwischenergebnisse 1998*. Frankfurt a. M.: Deutsches Institut für Internationale Pädagogische Forschung.

Engel, U. & Hurrelmann, K. (1989). *Psychosoziale Belastungen im Jugendalter. Empirische Befunde zum Einfluss von Familie, Schule und Gleichaltrigengruppe*. Berlin: de Gruyter.

Esp, D. (1993). *Competences for school managers*. London: Kogan Page.

Forneck, H. J. & Schriever, F. (2001). *Die individualisierte Profession. Belastungen im Lehrberuf*. Basel: hep-Verlag.

Freitag, M. (1998). *Was ist eine gesunde Schule? Einflüsse des Schulklimas auf Schüler- und Lehrergesundheit*. Weinheim, München, Juventa.

Friedman, I. A. (1995). School Principal Burnout: The Concept and Its Components. *Journal of Organizational Behavior*, 16(2), S. 191–198.

Friedman, I. A. (2002). Burnout in school principals: role related antecedents. *Social Psychology of Education*, 5(3), S. 229–251.

Glatter, R. (1987). Tasks and Capabilities. In N. E. Stegö et al. (Hrsg.). *The role of school leaders in school improvement* (S. 113–121). Leuven: ACCO.

Gmelch, W. H. & Gates G. (1998). The impact of personal, professional and organizational characteristics on administrator burnout. Journal of Educational Administration, 36, 146–159.

Hallinger, P. & Heck, R. H. (1998). Exploring the principal's contribution to school effectiveness: 1980–1995. *School Effectiveness and School Improvement*, 9, 157–191.

Hallinger, P. & Heck, R. H. (2010) Leadership for learning: Does collaborative leadership make a difference? *Educational Management Administration & Leadership*, 38(6). 654- 678.

Hänni, P., Wenger, B., Röthlisberger, H. & Beerli, D. (2010). *Projekt »Stärkung der Schulleitung« – Voranalysebericht*. Bern: Erziehungsdirektion des Kantons Bern.

Harazd, B., Gieske, M., Gerick, J. & Rolff, H.-G. (2009). Lehrergesundheit und Schulleitung: Ergebnisse des Forschungsprojektes. In B. Harazd, M. Gieske & H.-G. Rolff (Hrsg.), Gesundheitsmanagement in der Schule. Lehrergesundheit als neue Aufgabe der Schulleitung. Köln: Link Luchterhand.

Helmke, A. (1983). *Schulische Leistungsangst: Erscheinungsformen und Bedingungen*. Frankfurt a. M.: Petersberg.

Herzog, S. (2007). *Beanspruchung und Bewältigung im Lehrerberuf*. Münster: Waxmann (Pädagogische Psychologie und Entwicklungspsychologie Bd. 58).

Holler-Nowitzki, B. (1994). *Psychosomatische Beschwerden im Jugendalter. Schulische Belastungen, Zukunftsangst und Stressreaktionen*. Weinheim: Juventa.

Holtz, K.-L. (1987). Stress, Angst und Burn-Out im Lehrerurteil. In U. Haeberlein & C. Amrein (Hrsg.). *Forschung und Lehre für die sonderpädagogische Praxis. Wie schlagen wir in der Ausbildung die Brücke.* Die Beiträge der 23. Arbeitstagung der Dozenten für Sonderpädagogik in deutschsprachigen Ländern (S. 218–227). Bern: Paul Haupt.

Huber, S. G. (2005). Anforderungen an Schulleitung: Überlegungen aufgrund der Veränderungen in den Bildungssystemen vieler Länder. In A. Bartz, J. Fabian, S. G. Huber, C. Kloft, H. Rosenbusch, H. Sassenscheidt (Hrsg.). *Praxis-Wissen Schulleitung* (10.23). München: Wolters Kluwer.

Huber, S. G. (2007). Leadership an Schulen – Anforderungen und Professionalisierung aus internationaler Perspektive. In G. Schweizer, U. Iberer, H. Keller (Hrsg.). *Lernen am Unterschied. Bildungsprozesse gestalten – Innovationen vorantreiben* (S. 53–69). Bielefeld: Bertelsmann Verlag.

Huber, S. G. (2008). Steuerungshandeln schulischer Führungskräfte aus Sicht der Schulleitungsforschung. In R. Langer (Hrsg.). *»Warum tun die das?« Governanceanalysen zum Steuerungshandeln in der Schulentwicklung* (S. 95–126). Wiesbaden: VS.

Huber, S. G. (2008b). School Development and School Leader Development: New Learning Opportunities for School Leaders and their Schools. In J. Lumby, G. Crow & P. Pashiardis (Hrsg.). *International Handbook on the Preparation and Development of School Leaders* (S. 173–175). New York: Routledge.

Huber, S. G. (2010a) (Hrsg.). *School Leadership – International Perspectives.* Dordrecht: Springer.

Huber, S. G. (2010b). New Approaches in Preparing School Leaders. In: Peterson, P., Baker, E. & McGaw, B. (Hrsg.). *International Encyclopedia of Education.* Vol. 4, (S. 752–761). Oxford: Elsevier.

Huber, S. G. (2011a). School Governance in Switzerland: Tensions between New Roles and old Traditions. *Educational Management Administration Leadership,* 39(4), 469–485.

Huber, S. G. & Schneider, N. (2007). Anforderungen an Schulleitung: Was wird in den Ländern von pädagogischen Führungskräften in der Schule erwartet? In A. Bartz, J. Fabian, S. G. Huber, C. Kloft, H. Rosenbusch, H. Sassenscheidt (Hrsg.), *PraxisWissen Schulleitung* (10.24). München: Wolters Kluwer.

Huber, S. G. & Muijs, D. (2010). School Leadership Effectiveness The Growing Insight in the Importance of School Leadership for the Quality and Development of Schools and their Pupils. In S. G. Huber (Hrsg.). *School Leadership – International Perspectives.* Dordrecht: Springer

Huber, S. G., Wolfgramm, C. & Kilic, S. (2012). Schulleitungsstudie 2011/2012 in Deutschland, Österreich, Liechtenstein und der Schweiz: Vorlieben und Belastungen im Schulleitungshandeln. Zug: IBB, PHZ Zug.

Huber, S. G., Wolfgramm, C. & Kilic, S. (2013). Vorlieben und Belastungen im Schulleitungshandeln: Ausgewählte Ergebnisse aus der Schulleitungsstudie 2011/2012 in Deutschland, Österreich, Liechtenstein und der Schweiz. In

S. G. Huber (Hrsg.), Jahrbuch Schulleitung 2013. Befunde und Impulse zu den Handlungsfeldern des Schulmanagements (S. 259–271). Köln: Wolters Kluwer.

Hübner, P. & Werle, M. (1997). Arbeitszeit und Arbeitsbelastung Berliner Lehrerinnen und Lehrer. In S. Buchen, U. Carle, P. Döbrich, H.-G. & Schönwälder (Hrsg.). *Jahrbuch für Lehrerforschung*, Band 1. Weinheim: Juventa, S. 203–226.

Jirasinghe, D. & Lyons, G. (1996). *The Competent Head. A Job Analysis of Heads' Tasks and Personality Factors.* London: Falmer Press.

Jones, A. (1987). *Leadership for tomorrow's schools.* Oxford: Basil Blackwell.

Kerle, U. (2005). Geleitete Schulen im Kanton Graubünden. Bestandesaufnahme und Handlungsorientierung. Chur: Südostschweiz Buchverlag.

Kline, R. B. (2005). *Principles and Practice of Structural Equation Modeling.* New York: The Guilford Press (2. Aufl.).

Krause, A. (2002). *Psychische Belastungen im Unterricht – Ein aufgabenbezogener Untersuchungsansatz: Analyse der Tätigkeit von Lehrerinnen und Lehrern.* Dissertation. Universität Flensburg.

Krause, A. & Dorsemagen, C. (2011). Gesundheitsförderung für Lehrerinnen und Lehrer. In E. Bamberg, A. Ducki & A.-M. Metz (Hrsg.), Gesundheitsförderung und Gesundheitsmanagement in der Arbeitswelt. Göttingen: Hogrefe.

Krause, A., Baeriswyl, S. & Dorsemagen, C. (2012). Schulleitung und Gesundheit an Volksschulen des Kantons Aargau. Projektbericht für die Departemente Bildung, Kultur und Sport (BKS) sowie Gesundheit und Soziales (DGS) des Kantons Aargau. Projektbericht für die Departemente Bildung, Kultur und Sport (BKS) sowie Gesundheit und Soziales (DGS) des Kantons Aargau. Olten.

Landert C. (2009). *Arbeitssituation der Schulleitungen im Kanton Thurgau. Evaluation.* Im Auftrag des Departements Erziehung und Kultur des Kantons Thurgau, Amt für Volksschule.

Landert, C. & Brägger, M. (2009). LCH Arbeitszeiterhebung 2009 (AZE '09): Bericht zur Erhebung bei 5.000 Lehrpersonen im Zeitraum Oktober 2008 – September 2009. Dachverband Schweizer Lehrerinnen und Lehrer LCH.

Landwehr, N., Fries, O. & Hubler, P. (1983). Schulische Belastung – Problemstellung und theoretisches Konzept. *Bildungsforschung und Bildungspraxis*, 5, S. 125–145.

Languth, M. (2006), Schulleiterinnen und Schulleiter im Spannungsverhältnis zwischen programmatischen Zielvorgaben und alltäglicher Praxis. Eine empirische Untersuchung zur Berufsaufassung von Schulleiterinnen und Schulleitern. Diss., Universität Göttingen.

Lazarus, R. S. & Folkman, S. (1984). Stress, Appraisal, and Coping. New York: Springer.

Lee, Raymond T. & Ashforth, Blake E. (1993). A further examination of managerial burnout: Toward an integrated model. *Journal of Organizational Behavior*, 14, 3–20.

Lehr, D. (2011), Belastungen und Beanspruchung im Lehrerberuf in der personenbezogenen Forschung. Gesundheitliche Situationen und Evidenz für Risikofaktoren. In E. Terhart, H. Bennewitz & M. Rothland (Hrsg.). Handbuch der Forschung zum Lehrerberuf (S. 757–773). Münster: Waxmann.

Leithwood, K., Day, C., Sammons, P., Harris, A. & Hopkins, D. (2007). *Seven strong claims about successful school leadership*. DfES London and NCSL, Nottingham.

Leithwood, K., Louis, K. S., Anderson, S. & Wahlstrom, K. (2004). *Review of research: how leadership influences student learning*. Wallace Foundation. Downloaded from http://www. wallacefoundation.org/NR/rdonlyres/E3BCCFA5-A88B-45D3–8E27–973732283C9/0/Review ofResearchLearningFromLeadership.pdf on December 19, 2007.

Leithwood, K. A. & Montgomery, D. J. (1986). *Improving principal effectiveness: The principal profile*. Toronto: OISE Press.

Leithwood, K. A. & Riehl, C. (2003). *What do we already know about successful school leadership?* AERA Paper Task Force on Developing Research in Educational Leadership.

Maag Merki, K. & Büeler, X. (2002). Schulautonomie in der Schweiz: Eine Bilanz auf empirischer Basis. In H.-G. Rolff, H. G. Holtappels, K. Klemm, H. Pfeiffer & R. Schulz-Zander (Hrsg.), *Jahrbuch der Schulentwicklung: Daten, Beispiele und Perspektiven. Band 12*. Weinheim: Juventa.

Mackler, Jill (1996). A survivor's guide to the principalship: Overcoming the challenges. *NASSP Bulletin*, *80*(577), 84–89.

Marzano, R. J., McNulty, B. A. & Waters, T. (2005). *School leadership that works: from research to results*. Alexandra, VA: Association for Supervision and Curriculum Development.

Maslach, C. & Jackson, S. E. (1981). The Measurement of Experienced Burnout. Journal of Occupational Behavior, 2, S. 99–113.

Maslach, C. (1995). *Progress in understanding teacher burnout: A commentary*. Talk prepared for the conference on »Teacher Burnout«. Schloss Marbach.

McGormick, J. & Solman, R. (1992). Teachers' attributions of responsibility for occupational stress and satisfaction: An organizational perspective. Educational Studies, 18, S. 201–222.

Morgan, C., Hall, V. & Mackay, H. (1983). *The selection of secondary school headteachers*. Open University Press: Milton Keynes.

Nido, M. & Ackermann, K. & Ulich, E. & Trachsler, E. & Brüggen, S. (2008). *Arbeitsbedingungen, Belastungen und Ressourcen von Lehrpersonen und Schulleitungen im Kanton Aargau 2008*. Ergebnisse der Untersuchung im Auftrag des Departements Bildung, Kultur und Sport (BKS, Kanton Aargau).

Niedersächsisches Kultusministerium (2002). *Neue Wege entstehen beim Gehen – Gewaltprävention an einer Berufsbildenden Schule, Erfahrungen der Axel-Bruns-Schule Celle.* Broschüre.

Nieskens, B., Rupprecht, S., Erbring, S. (2012). Was hält Lehrkräfte gesund? Ergebnisse der Gesundheitsforschung für Lehrkräfte und Schulen. In: DAK-Gesundheit & Unfallkasse NRW (Hrsg.). Handbuch Lehrergesundheit. Impulse für die Entwicklung guter gesunder Schulen. Köln. Carl Link.

Ohm, S. & Strohm, O. (2001). Arbeits-, Führungs- und Gesundheitsrealitäten im Management. Wirtschaftspsychologie, 4, 52–61.

Ostermann, J. & Saueressig, K. (1994). Objektive Bedingungen schulischer Erziehungshilfe und subjektiv erlebte Belastungen von Schulleiterinnen und Schulleitern. *Sonderpädagogik,* 24(2), S. 76–80.

Pekruhl, U., Dorsemagen, C., Kölliker, A. & Krause, A. (2011). Arbeitszeit und Arbeitsorganisation der Schulleitungen an den Volksschulen des Kantons Basel-Landschaft. Projektbericht für die Bildungs-, Kultur- und Sportdirektion Basel-Landschaft. Olten: Fachhochschule Nordwestschweiz.

Phillips, S. J., Sen, D. & McNamee, R. (2007). Prevalence and causes of self-reported work-related stress in head teachers. Occupational Medicine, 57, 367–376.

Pieren, F. & Schärer, A. (1994). Lehrer- und Lehrerinnenbelastungen. Eine Untersuchung an Erst- und Viertklasslehrkräften im Kanton Bern. *Bildungsforschung und Bildungspraxis – Education et Recherche,* 16(2), S. 185–210.

Robinson, V. M. J. (2007). *The impact of leadership on student outcomes: making sense of the evidence. The Leadership Challenge: Improving Learning in Schools.* Conference Proceedings of the ACER Research Conference 2007, ›The Leadership Challenge: Improving learning in schools‹, 12–14 August, Melbourne, Australian Council for Educational Research (ACER), Camberwell, S. 12–16, www.acer.edu.au/research_conferences/2007.html.

Rolff, H.-G. (2009). Schulleitung im Wandel – neue Konzepte von Führung, Management und Steuerung. In B. Harazd, M. Gieske & H.-G. Rolff (Hrsg.), *Gesundheitsmanagement in der Schule. Lehrergesundheit als neue Aufgabe der Schulleitung.* Köln: LinkLuchterhand.

Rosenbusch, H. S., Braun-Bau, S. & Warwas, J. (2006). *Schulleitungstätigkeit an bayerischen Grund-, Haupt- und Realschulen. Bestandsaufnahme und Vorschläge für eine Neuorientierung.* Bamberg: Universitätsdruck.

Rudow, B. (1990). Konzepte zur Belastungs- und Beanspruchungsanalyse im Lehrerberuf. *Zeitschrift für Pädagogische Psychologie,* 4, S. 1–12.

Rudow, B. (1994). *Die Arbeit des Lehrers. Zur Psychologie der Lehrertätigkeit, Lehrerbelastung und Lehrergesundheit.* Bern: Huber.

Salm, E. (1997). Einstellung und Verhalten im Zusammenhang mit der Fortbildungsverpflichtung. Amt für Bildungsforschung der Erziehungsdirektion des Kantons Bern. In P. Sammons, J. Hillman, J. & P. Mortimore (Hrsg.).

Key characteristics of effective schools: A review of school effectiveness research. London: OFSTED.

Schaarschmidt, U. (Hrsg.) (2005). *Halbtagsjobber? Psychische Gesundheit im Lehrerberuf – Analyse eines veränderungsbedürftigen Zustandes.* 2. Auflage, Weinheim, Basel: Beltz Verlag.

Schaefers, C. & Koch, S. (2000). Neue Veröffentlichungen zur Lehrerforschung. *Zeitschrift für Pädagogik*, 46, 601–623.

Scheuch, K. (1986). *Stress – Gedanken, Theorien, Probleme.* Berlin: Volk und Gesundheit.

Schmitz, E. & Voreck, P. (2006). Schulleiter – Lehrer – Relation. Berichte aus dem Lehrstuhl für Psychologie der TU München. Lehrstuhl für Psychologie. Technische Universität München.

Schnabel, K. U. (1998). *Prüfungsangst und Lernen: Empirische Analysen zum Einfluss fachspezifischer Leistungsängstlichkeit auf schulischem Lernfortschritt.* Münster: Waxmann.

Schulleitungsverband Niedersachsen (2005). *Arbeitsaufwand von Schulleitern zur Leitung einer Schule.* Gutachten. Solingen.

Schwarzer, R. (1993). *Stress, Angst und Handlungsreaktion.* Stuttgart: Kohlhammer.

Steger Vogt, E. & Appius, S. (2011). *Personalentwicklung als Führungsaufgabe von Schulleitungen. Bericht zur Befragung der Schulleitungen Kanton Luzern.* St. Gallen: Pädagogische Hochschule.

Storath, R. (1994). »Praxisschock« bei Schulleitern? Eine qualitativ ausgerichtete Befragung zur Rollenfindung neu ernannter Schulleiter an Volksschulen in Bayern. Diss., Universität Bamberg.

Terhart, E., Czerwenka, K., Ehrich, K., Jordan, F. & Schmidt, H. J. (1994). *Berufsbiographien von Lehrern und Lehrerinnen.* Frankfurt/M.: Lang.

Torelli, J. A. & Gmelch, W. H. (1992, April). *Occupational stress and burnout in educational administration.* Paper präsentiert im Rahmen der Tagung der American Educational Research Association (AERA) vom 7.–11. April 2006 in San Francisco, USA.

Trachsler, E., Luginbühl, D., Schöni, H. & Weber, B. (2003a). *Forschung an der Pädagogischen Hochschule Thurgau. Unterlagen für Planung und Umsetzung.* Kreuzlingen: Pädagogische Hochschule Thurgau.

Trachsler, E., Ulich, E., Inversini, S. & Wülser, M. (2003b). *Arbeitsbedingungen, Belastungen und Ressourcen der Volksschullehrkräfte in der Thurgauer Volksschule angesichts der laufenden Bildungsoffensive.* Bericht und Materialband. Kreuzlingen: Pädagogische Hochschule Thurgau.

Ulich, E., Inversini, S. & Wülser, M. (2002). *Arbeitsbedingungen, Belastungen und Ressourcen der Lehrkräfte des Kantons Basel-Stadt.* Basel: Erziehungsdepartement des Kantons Basel-Stadt.

Vuille J., Carvajal M., Casaulta F. & Schenkel M. (2004). *Die gesunde Schule im Umbruch. Wie eine Stadt versucht, eine Idee umzusetzen und was die Menschen davon spüren*. Zürich, Chur: Verlag.

Weber, A., Weltle, D. & Lederer, P. (2004). Frühinvalidität im Lehrerberfu. Sozial- und arbeitsmedizinische Aspekte. Deutsches Ärzteblatt. 101, A850-A859.

Weber, A., Weltle, D. & Lederer, P. (2005). Ill health and early retirement among school principals in Bavaria. International Archives of Occupational and Environmental Health, 78, 325–331.

Wehner, T. Vollmer, A., Manser, T. & Burtscher, M. (2008). *Projekt: Geleitete Schule.* Im Auftrag der Bildungsdirektion des Kantons Zürich. Volksschulamt, Zürich: ETHZ, Zentrum für Organisations- und Arbeitswissenschaften.

Welch, I. D., Meideros, D. C. & Tate, G. A. (1982). *Beyond Burnout, Prentice-Hall.* New York: Englewood Cliffs.

Welch, Ira D., Meideros, Donald C. & Tate, George A. (1982). *Beyond burnout.* Englewood Cliffs, N. J.: Prentice-Hall.

Wendt, W. (2001). *Belastung von Lehrkräften. Fakten zu Schwerpunkten, Strukturen und Belastungstypen. Eine repräsentative Befragung von Berliner Lehrerinnen und Lehrern.* Landau: Verlag Empirische Pädagogik.

Werle, P. (2001): Zum beruflichen Selbstkonzept des Schulleiters. Eine Untersuchung zum beruflichen Selbstbild und Selbstverständnis von Schulleiterinnen und Schulleiter sowie deren Bedürfnisse und Erwartungen an die Schulleiterfortbildung. Saarbrücken: Conte.

Whitaker, K. S. (1996). Exploring causes of principal burnout. *Journal of Educational Administration*, 34(1), S. 60–71.

Wiederkehr, R. (1998). *Belastung von Schulleiterinnen und Schulleitern. Studie im Auftrag der Vereinigung Schulleitungsbeauftragter Schweiz.* Universität Bern, Institut für Pädagogik.

Witziers, B., Bosker, R. & Kruger, M. (2003). Educational leadership and student achievement: the elusive search for an association. *Educational Administration Quarterly*, 39(3), 398–425.

Zaugg, Robert J. & Blum, Adrian (2002): *Anforderungen an Schulleitungen analysieren und bewerten. Arbeitsbewertung und Beanspruchungsanalyse von Schulleitungen.* In: Journal für Schulentwicklung, 6(2), S. 42–51.

Zinnbauer, Markus & Eberl, Markus (2005): Überprüfung der Spezifikation und Güte von Strukturgleichungsmodellen. In: *WiSt*, 34(10), S. 566–572.

3. Die Arbeits- und Gesundheitssituation von Schulleitungen

Befunde und Thesen zu situativen und personalen Ressourcen

ANDREAS KRAUSE, SOPHIE BAERISWYL & COSIMA DORSEMAGEN

Über die Arbeits- und Gesundheitssituation von Schulleitungen ist erstaunlich wenig bekannt. Während Lehrpersonen in den letzten vier Jahrzehnten umfassend untersucht wurden (Krause & Dorsemagen, 2011), liegen für Schulleitungen sehr viel weniger Studien vor, die die Arbeitssituation unter Berücksichtigung der Gesundheit fokussieren. Unser Ziel war, auf Basis kantonaler bzw. nationaler Studien in der Schweiz (z. B. Nido, Trachsler, Ackermann, Brüggen & Ulich, 2008), in Deutschland (z. B. Warwas, 2009), in den deutschsprachigen Ländern (Huber, Wolfgramm & Kilic, 2012, 2013) und in weiteren Ländern (z. B. Phillips, Sen & McNamee, 2007) jene Faktoren abzuleiten, welche für Schulleitungen nachweislich gesundheitsrelevant und bei Initiativen zur betrieblichen Gesundheitsförderung an Schulen zu berücksichtigen sind. Eine Auswahl der Erkenntnisse wird im Folgenden vorgestellt und kann bei Interesse vertieft werden (Bariswyl, Dorsemagen & Krause, 2013).

Aus einem umfangreichen Bericht des Forschungsstands[1] werden für das vorliegende Jahrbuch in folgendem Beitrag, aufbauend auf Huber (2013), die Ergebnisse zu den situativen und personalen Ressourcen detaillierter vorgestellt. Die Mehrzahl der vorgestellten Ergebnisse sind international gültig. Zudem sind einzelne schweizspezifische Befunde enthalten, die beispielsweise mit der besonderen Bedeutung der Schulpflege zusammenhängen. Im letzten Abschnitt ziehen wir ein Fazit mit Blick auf den bestehenden Handlungsbedarf zur Gesundheitsförderung an Schulen unter Berücksichtigung der Gesundheit von Schulleitungen.

3.1 Arbeitspsychologische Perspektive

Um die Erkenntnisse aus empirischen Studien mit ganz unterschiedlichen theoretischen Grundannahmen und methodischen Zugängen sinnvoll zusammenzufassen, haben wir die arbeitspsychologische Perspektive nach Bamberg, Busch und Ducki (2003) eingenommen. Wir unterscheiden zwischen den einwirkenden Arbeitsbedingungen und den individuellen Merkmalen der Person, die in ihrem Wechselspiel gesundheitliche Auswirkungen (*Beanspruchungsfolgen*) haben. Darüber hinaus werden die Arbeits*bedingungen* differenziert in

1 Der vorliegende Beitrag basiert auf der Bibliographie »Schulleitung und Gesundheit« für die Departemente Bildung, Kultur und Sport (BKS) sowie Gesundheit und Soziales (DGS) des Kantons Aargau (Baeriswyl, Dorsemagen & Krause, 2013).

die drei Kategorien Anforderungen, (Fehl-)Belastungen[2] und Ressourcen, die sich in ihren Auswirkungen auf die Gesundheit systematisch unterscheiden:

(1) *Anforderungen* beschreiben *neutral* die Leistungsvoraussetzungen, die mit der Ausübung einer Tätigkeit verbunden sind und auch in einer Stellenbeschreibung enthalten sein könnten, also z. B. Kompetenzen und Einstellungen, die aus dem Berufsauftrag abgeleitet werden können. Anforderungen ermöglichen *Lernprozesse* und verändern sich im Laufe eines Berufslebens.
(2) *Fehlbelastungen* sind Merkmale der Arbeitssituation, die im Falle des Auftretens mit erhöhter Wahrscheinlichkeit *negative* Auswirkungen auf die Gesundheit haben. Synonym zu Fehlbelastungen können die Begriffe Belastungen und Stressoren verwendet werden (Bamberg & Ostendorf, 2007; Oesterreich, 2001).
(3) *Situative Ressourcen* wie soziale Unterstützung sind Merkmale der Arbeitssituation, die mehrheitlich *positive* Auswirkungen auf die Gesundheit haben, da sie die arbeitende Person im erfolgreichen Umgang mit den Belastungen und Anforderungen unterstützen. Synonym kann von Unterstützungs- und Entlastungsfaktoren gesprochen werden.

All diese Bedingungen bzw. Situationsmerkmale sind zu unterscheiden von individuellen Bewältigungsstilen (z. B. sich von Problemen in der Arbeit distanzieren) sowie Persönlichkeitsmerkmalen und Einstellungen (z. B. Humor), die ebenfalls eine positive Auswirkung auf die Gesundheit haben, jedoch als *innere (individuelle, personale)* Ressourcen zu kennzeichnen sind.

Die Ergebnisse der Literaturrecherche zur Arbeits- und Gesundheitssituation von Schulleitungen wurden entsprechend der angeführten Kategorien Anforderungen, Fehlbelastungen, situative Ressourcen, personalen Ressourcen sowie Beanspruchungsfolgen ausführlich bei Baeriswyl, Dorsemagen und Krause (2013) dargestellt. Wenn übereinstimmende Ergebnisse in mehreren Studien zum Vorschein kamen, wurde diese als *Befunde* aufgenommen. Auffällige, für die Zukunft interessante Hinweise, die allerdings bislang zu selten empirisch untersucht wurden, wurden als *These* formuliert.

3.2 Personale und situative Ressourcen von Schulleitungen

Ein zentrales Ergebnis – sozusagen der rote Faden zum vertieften Verständnis der Arbeits- und Gesundheitssituation von Schulleitungen – lautet: Im Sinne des *New Public Management* (in Deutschland häufig als das *Neue Steuerungsmodell* und in der Schweiz als *Wirkungsorientierte Verwaltungsführung* bezeichnet)

2 In der Arbeitswissenschaft dominiert das Belastungs-Beanspruchungskonzept, bei dem Belastungen *neutral* verstanden werden. Oesterreich (2001) empfiehlt jedoch, von *Bedingungen* und nicht von Belastungen zu sprechen, wenn neutrale Einflüsse gekennzeichnet werden sollen. *Psychische* Belastungen sind nach Oesterreich (2001) nicht neutral, sondern umfassen nur die potenziell *negativen* Einflüsse wie etwa Zeitdruck und Arbeitsunterbrechungen.

geht die Bildungsverwaltung zunehmend zu einer Output-Steuerung anhand von Zielvorgaben und Qualitätskontrollen über, was mit der Erwartung einer gesteigerten Selbstständigkeit und Verantwortung seitens der Schulen und insbesondere der Schulleitungen einhergeht. Gleichzeitig werden die Spielräume der Schulleitungen durch Vorgaben eingeschränkt. Dieses Spannungsfeld einer gesteigerten Verantwortlichkeit auf der einen und eingeschränkten Spielräumen auf der anderen Seite spielt bei der Entstehung von Belastungen bei Schulleiterinnen und Schulleitern eine zentrale Rolle. Hinzu kommt ein höherer zeitlicher Aufwand für Kooperation innerhalb der Schulteams, da beispielsweise ein verbindliches Leitbild entwickelt werden soll, Kokonstruktion bei der Unterrichtsgestaltung gefordert wird (z. B. Team-Teaching), verpflichtender integrativer Unterricht eine höhere Vielfalt an Schülerinnen und Schülern zusammenführt, so dass die bisherigen Unterrichtsmethoden hinterfragt und geändert werden müssen usw. Diese Entwicklung erhöht die Arbeitszeit für Kooperationsabsprachen, Schulentwicklung etc., was von Lehrpersonen sehr unterschiedlich bewertet und teilweise auch boykottiert wird, was wiederum Konfliktpotenzial zwischen Lehrpersonen sowie zwischen Schulleitung und Lehrpersonen zur Folge hat. Interventionen zur betrieblichen Gesundheitsförderung an Schulen müssen auf einem vertieften Verständnis dieser Veränderungen aufbauen, wenn sie sich durch eine langfristige Wirksamkeit auszeichnen sollen (Krause & Dorsemagen, 2011).

Im Folgenden beschränken wir uns auf die Befunde zu situativen und personalen Ressourcen. In der rechten Spalte der Tabelle 1 werden die Quellen, d. h. besonders relevante Studien hinterlegt. Wer sich für die weiteren acht Thesen und 14 Befunde zu Anforderungen, Fehlbelastungen und Beanspruchungsfolgen von Schulleitungen interessiert, kann diese in Baeriswyl, Dorsemagen und Krause (2013) nachlesen.

Tabelle 1: Situative und personelle Ressourcen von Schulleitungen

Befund 1	Hohe Selbstwirksamkeit ist für Schulleitungen eine wichtige personale Ressource.	Nido et al., 2008; Warwas, 2008
Befund 2	Das soziale Miteinander im Kollegium wird von vielen Schulleitungen als positiv und entlastend wahrgenommen.	Nido et al., 2008; Pekruhl et al., 2011; Phillips et al., 2007
Befund 3	Qualifizierte Führung der Schulleitungen durch Vorgesetzte bietet Unterstützung und Entlastung. In der Schweiz besteht weiter Klärungsbedarf, wie die Führung der Schulleitungen erfolgen soll. Derzeit werden viele Schulleitungen von sich aus aktiv, um Austausch und Unterstützung zu organisieren.	Gmelch & Gates, 1998; Herren et al., 2007; Maag Merki & Büeler, 2002; Nido et al., 2008; Pekruhl et al., 2011; Steger Vogt & Appius, 2011

Befund 4	Schulleitungssekretariate entlasten Schulleitungen und könnten noch stärker ausgebaut werden.	Albrecht, Johns, Mounsteven & Olorunda, 2009; Kerle, 2005; Lambert, McCarthy, O'Donnell & Wang, 2009; Dal Gobbo & Peyer-Siegrist, 2000; Landert & Brägger, 2009; McEwen et al., 2002; Nido et al., 2008; Pekruhl et al., 2011
Befund 5	Viele Schulleitungen sehen ihre Handlungs- und Entscheidungsspielräume im Zuge der teilautonomen Schule als unzureichend an.	Dal Gobbo & Peyer-Siegrist, 2000; Gabitow & von Saldern, 2010; Herren et al., 2007; Nido et al., 2008; Pekruhl et al., 2011; Wehner et al., 2008
These 1	Schulleitungen finden sich in einem Spannungsfeld wieder: Einerseits wünschen sie sich erweiterte Handlungs- und Entscheidungsspielräume, um die Entwicklung der eigenen Schule voranzutreiben; andererseits haben Schulleitungen Mühe, eigenständige Entscheidungen gegenüber Gemeinde und Kollegium durchzusetzen.	Kerle, 2005; Kuster & Isenring, 2011

Ressourcen sind Faktoren, welche die Ausführung der Arbeitstätigkeit unterstützen und sich positiv auf Gesundheit und Wohlbefinden auswirken. Neben diesem direkten Effekt können Ressourcen auch indirekt wirken, indem sie die potenziell negativen Wirkungen von Belastungen abpuffern und so die physische und psychische Gesundheit der Betroffenen erhalten helfen. Im Modell von Bamberg et al. (2003) werden personale und situative Ressourcen unterschieden. Personale Ressourcen sind in der Person selbst begründet, während situative Ressourcen aus der Aufgabe, der Arbeitsorganisation, den sozialen und/oder organisatorischen Bedingungen erwachsen.

Hinter dem Ressourcen-Begriff stehen salutogene Gesundheitsmodelle, welche sich in erster Linie daran orientieren, wie Gesundheit entsteht und wie sie erreicht werden kann. Ein prominenter Vertreter des salutogenen Paradigmas ist Aaron Antonovsky (1987). Im Zentrum von Antonovskys Ausführungen steht das *Kohärenzgefühl* als relativ überdauerndes Konstrukt, das wesentlich für den Umgang mit Belastungen ist und eine Grundhaltung darstellt, die Umwelt zusammenhängend und sinnvoll zu erleben. Das Kohärenzgefühl setzt sich nach Antonovsky aus drei Komponenten zusammen (vgl. auch Gieske & Harazd, 2009):

1. Ein *Gefühl von Verstehbarkeit* stellt sicher, dass Informationen aus der Umwelt geordnet und konsistent verarbeitet werden können. Dieses Gefühl wird beispielsweise durch verständliche und strukturierte Anweisungen, gute Kommunikationsstrukturen und Transparenz gefördert.

2. Ein *Gefühl von Bewältigbarkeit* drückt sich aus in der Überzeugung eines Individuums, geeignete Ressourcen zu Verfügung zu haben, um den Anforderungen des Alltags zu begegnen. Unterstützt wird dieses Gefühl durch das Wissen um die Unterstützung von Arbeitskolleginnen, -kollegen und/oder Vorgesetzten oder eine ökonomische Gestaltung von Arbeitsabläufen.
3. Ein *Gefühl von Bedeutsamkeit* als die Überzeugung, dass es auftretende Anforderungen und sich stellende Probleme wert sind, dass man sich für sie einsetzt. Bedeutsamkeit wird dann erlebt, wenn Anweisungen und Ziele begründet sind und das Leitbild der Schule im Alltag vom ganzen Schulteam gelebt wird.

Personale Ressourcen

Zum schützenden Effekt personaler Ressourcen gibt es zahlreiche empirische Studien, welche eine Vielfalt an Erkenntnissen aus unterschiedlichsten beruflichen Settings bieten. Allerdings sind Untersuchungen, welche sich explizit auf Schulleitungen beziehen, nur vereinzelt vorhanden. Nichtsdestotrotz kann angenommen werden, dass die berichteten Erkenntnisse eine gewisse Allgemeingültigkeit besitzen und deshalb auch für Schulleitungen von Bedeutung sind. Krause und Dorsemagen (2011) unterscheiden bei den personalen Ressourcen zwischen Bewältigungsstrategien und Persönlichkeitsmerkmalen.

Stressbewältigung (Coping) meint, dass nicht nur die Belastungssituation selbst, sondern auch die Art und Weise, wie man mit ihr umgeht, bestimmt, wie sie sich auswirkt (Semmer & Udris, 2007). Coping wird als Bemühung definiert, die erlebten Belastungen zu mildern, abzuändern oder zu beenden, und zwar unabhängig davon, ob diese Bemühungen von Erfolg gekrönt sind. Im Rahmen transaktionaler Stresskonzepte wird der Einschätzung der eigenen Bewältigungsmöglichkeiten eine zentrale Bedeutung zugeschrieben. Lazarus und Folkman (1984) unterscheiden dabei zwischen instrumentellen (problembezogenen) und palliativen (emotionsbezogenen) Bewältigungsstrategien. Emotionsbezogenes Coping richtet sich nicht direkt auf die Belastungsquelle, sondern kennzeichnet das Bemühen, mit den durch die Belastungssituation ausgelösten Emotionen umzugehen. Dabei können Entspannungs- und Beruhigungstechniken oder auch sportliche Aktivitäten eingesetzt werden. Demgegenüber streben problemorientierte Bewältigungsstrategien eine Änderung bzw. Neuinterpretation der Problemursachen an, indem beispielsweise Prioritäten gesetzt werden oder eine genaue Problemanalyse vorgenommen wird. In der Regel deuten Untersuchungen darauf hin, dass instrumentelles Coping effektiver ist als palliatives. Bei der Beurteilung der Wirksamkeit von Coping-Strategien sollte allerdings auch die konkrete Situation bzw. die Art der Belastungen berücksichtigt werden: Es hat sich gezeigt, dass problemorientierte Strategien nur in jenen Situationen effizient sind, in denen die Betroffenen über Einflussmöglichkeiten verfügen. In

Situationen ohne Kontrollmöglichkeiten können emotionsbezogene Strategien situationsadäquater sein.

Neben der Bedeutung von Verhaltensstrategien wird häufig auch die Relevanz von *Persönlichkeitsmerkmalen* im Zusammenhang mit der Ressourcenfrage betont. Viel diskutierte Ressourcen sind in diesem Zusammenhang die Fähigkeit zum Umgang mit Unsicherheit (Ambiguitätstoleranz), Resilienz und Selbstwirksamkeit. Die positive Wirkung dieser Persönlichkeitsfaktoren konnte sowohl für den Lehrerberuf wie auch für andere berufliche Tätigkeiten aufgezeigt werden, wobei insbesondere die Bedeutung der *Selbstwirksamkeit* hervorgehoben wurde. Der Ursprung der »Self-Efficacy« (wie die Selbstwirksamkeit in der englischsprachigen Literatur genannt wird) geht auf Bandura (1977) zurück. »Self-Efficacy« kann vereinfachend als Vertrauen in die eigene Leistungsfähigkeit beschrieben werden (Brandstätter, 2007). Vor allem im Zusammenhang mit der Lehrertätigkeit wird gelegentlich zwischen individueller und kollektiver Selbstwirksamkeit unterschieden, wobei unter individueller Selbstwirksamkeit das Vertrauen in die eigene Fähigkeit verstanden wird, so handeln zu können, dass man mit sich stellenden Aufgaben bzw. Problemen fertig werden kann, während sich die kollektive Selbstwirksamkeitsüberzeugung auf die Handlungsfähigkeit einer Gruppe bezieht (Nido et al., 2008). Empirische Untersuchungen sprechen dafür, dass eine hohe Selbstwirksamkeitsüberzeugung gerade im Rahmen des Lehrerberufs eine wichtige personale Ressource darstellt (Caprara, Barbaranelli, Borgogni & Steca, 2003). In einer Längsschnittuntersuchung von Candová (2005) zeigen sich bei Mathematiklehrerinnen und -lehrern unterschiedlicher deutscher Schulen mittelstarke Zusammenhänge zwischen der berufsbezogenen Selbstwirksamkeit und dem Belastungs- und Beanspruchungserleben der Betroffenen: Lehrerinnen und Lehrer mit einer höheren Selbstwirksamkeitserwartung berichteten geringere lehrerspezifische Belastungen und Beschwerden. Bei Lehrpersonen aus Nordrhein-Westfalen übt die Selbstwirksamkeitserwartung unter den personalen Faktoren den bedeutsamsten Einfluss auf das Belastungserleben aus. Lehrkräfte, die sich mehr zutrauen, erleben die Belastungen geringer (Harazd et al., 2009). Ein Untersuchungsergebnis von Warwas (2008), wonach Selbstwirksamkeit in einem signifikanten (negativen) Zusammenhang mit physischer und psychischer Beeinträchtigung steht, deutet darauf hin, dass eine hohe Selbstwirksamkeit nicht nur für Lehrpersonen sondern auch für Schulleitungen eine bedeutsame personale Ressource darstellt.

Befund 1: Eine hohe Selbstwirksamkeit ist für Schulleitungen eine wichtige personale Ressource.

Gemäß den Untersuchungsergebnissen von Nido und Kollegen (2008) verfügen die Schulleitungen im Kanton Aargau über eine hoch ausgeprägte Selbstwirksamkeitserwartung: Rund 90 bzw. 95 Prozent der befragten Schulleiterinnen und Schulleiter schätzen die wahrgenommene individuelle bzw. kollektive

Selbstwirksamkeit als ziemlich oder sehr hoch ein. In die gleiche Richtung zeigt ein Untersuchungsergebnis aus Deutschland: Im Rahmen einer Untersuchung von 861 schulischen Führungskräften aus Bayern berichtet Warwas (2008) mit einem Mittelwert von 4.2 auf einer sechsstufigen Skala insgesamt über eine hohe Selbstwirksamkeitserwartung bei Schulleiterinnen und Schulleitern.

Neben der Selbstwirksamkeit wird häufig Resilienz (zu verstehen als Widerstandsfähigkeit angesichts bestehender Belastungen) als persönliche Ressource thematisiert. In der Fachliteratur wird Resilienz vielfach synonym zu Begriffen wie Psychische Robustheit, Widerstandskraft oder Stressresistenz sowie als positives Gegenstück zur Vulnerabilität (Verletzlichkeit) verwendet (Elle, Elkeles & Scharnhorst, 2010). Ähnlich wie bei Antonovsky steht dabei die Frage im Vordergrund, was Menschen gesund hält. Seit den 70er Jahren wird intensiv zur Resilienz geforscht, wobei in den Anfängen Kinder und Jugendliche als Zielgruppe im Zentrum standen. Empirische Studien zu Resilienz oder Hardiness (wie Resilienz im englischen Sprachgebrauch häufig genannt wird) bei Erwachsenen sprechen dafür, dass Resilienz 1) in einer negativen Beziehung steht zu Belastungen, negativen Beanspruchungsfolgen und ungünstigem Coping und 2) in einer positiven Beziehung steht zu sozialer Unterstützung, aktivem Bewältigungsverhalten und Leistung (Eschleman, Bowling & Alarcon, 2010). Empirische Untersuchungen zu Resilienz bei Lehrpersonen und Schulleitungen sind indes selten. Schaarschmidt, Kieschke und Fischer (1999) sehen in der Distanzierungsfähigkeit einen wichtigen Bestandteil der Resilienz. Zur Distanzierungsfähigkeit gehört beispielsweise die Fähigkeit zum Abschalten, also in der Freizeit nicht mehr über berufliche Probleme nachzudenken und fortlaufend zu grübeln. Nach den Untersuchungsergebnissen aus dem Kanton Aargau scheinen sich die befragten Schulleiterinnen und Schulleiter nur mäßig von der eigenen Arbeit distanzieren zu können: Ein Viertel der Schulleitungen schätzt die eigene arbeitsbezogene Distanzierungsfähigkeit als eher schlecht bis schlecht ein (Nido et al., 2008).

Ressourcen der sozialen Bedingungen

Mehr schulleitungsspezifische Befunde als bei den personalen Ressourcen sind im Zusammenhang mit situativen Ressourcen verfügbar. Als eine der wichtigsten Quellen situativer Ressourcen gelten soziale Beziehungen. *Soziale Unterstützung, gemeinsame pädagogische Vorstellungen* und das *soziale Klima* an einer Schule können unter diesen weit gefassten Begriff subsumiert werden. Die sozialen Rahmenbedingungen an der eigenen Schule scheinen auch für Schulleiterinnen und Schulleiter vielfach eine entlastende Funktion zu haben (Nido et al., 2008; Pekruhl et al., 2011; Phillips et al., 2007). Im Kanton Aargau schätzt ein Großteil der befragten Schulleitungen das Klima an der eigenen Schule als gut ein. Insbesondere die Tatsache, dass zwischen den Lehrpersonen und den Schulleitungen ein freundlicher und vertrauensvoller Umgang besteht (95 Prozent beurteilen diese Aussage als ziemlich bis sehr zutreffend) und dass es zwischen den Schulleitungen und den Lehrpersonen bzw. im Kollegium selten zu Spannungen kommt (91 bzw. 87 Prozent beurteilen diese Aussage als eher bis sehr zutreffend), schätzen die Schulleitungen (Nido et al., 2008). Gemäß der Untersuchung von Pekruhl und Kollegen (2011) gehen bei den Schulleiterinnen und Schulleitern des Kantons Basel-Land gemeinsame pädagogische Vorstellungen mit einer als positiv und entlastend wahrgenommenen kollegialen Zusammenarbeit einher und in der Studie von Wiederkehr (1998) erachten 60 Prozent der Schulleitungen die Zusammenarbeit im gesamten Team als einen motivierenden Aspekt der eigenen Tätigkeit. Auch im Kanton Zürich wird das soziale Klima in der Schule von den Schulleiterinnen und Schulleitern als wenig belastend und positiv wahrgenommen (Wehner et al., 2008).

Befund 2: Das soziale Miteinander im Kollegium wird von vielen Schulleitungen als positiv und entlastend wahrgenommen.

Es ist naheliegend, dass Schulleitungen die Zusammenarbeit im Kollegium als Ressource für die Schule und als Notwendigkeit für die Qualität »ihrer« Schule erkennen und fördern. Allerdings ist die Ressource der kollegialen Zusammenarbeit für viele Lehrpersonen, die hohe Eigenständigkeit gewohnt sind, etwas Neues und vielfach wird auch die Kehrseite der Medaille gesehen. Denn Teamarbeit bedeutet in der Regel auch zeitlichen Mehraufwand. Schulleitungen obliegt die anspruchsvolle Aufgabe, diese Zusammenarbeit zu etablieren und zu stärken.

In einer Stichprobe von 656 Schulleiterinnen und Schulleitern aus den USA erwies sich die *Unterstützung durch die vorgesetzte Person* als gesundheitsförderlich, da sie die Problematik der Rollenambiguität und Rollenkonflikte zu lindern vermag und einen positiven Einfluss auf die Stressbewältigung und die Arbeitszufriedenheit der Schulleitungen hat (Gmelch & Gates, 1998). In der Schweiz treten Belastungen wie Rollenkonflikte bei Schulleitungen besonders häufig auf, da Schulleitungen in der Regel erst seit wenigen Jahren bestehen und im Verlauf der aktuellen weitreichenden Veränderungen zahlreiche Fragen und Widersprüche auftauchen: Was meint Teilautonomie im Arbeitsalltag für die einzelne Schule ganz genau? Wie kann die Schulleitung die richtigen Prioritäten setzen? Wie können Effektivität und Effizienz an der Schule verbessert werden? Was passiert, wenn eine Schulleitung Führungsaufgaben wie das Führen von Mitarbeitendengesprächen und die Klärung des Berufsauftrags nicht wahrnimmt? Auch wenn Schulleitungen die Autonomie grundsätzlich sehr schätzen, besteht derzeit noch ein Risiko zu geringer Orientierung. Dies wird durch ein Zitat aus der Untersuchung von Landert und Kollegen (2009) veranschaulicht, in der ein Schulleiter aus dem Kanton Thurgau die folgende Aussage macht: »*Dass der SL (Schulleiter) geführt werden muss und Leitplanken benötigt, um effizient und effektiv arbeiten zu können, wird von der Behörde unterschätzt. An dieser Schnittstelle geht sehr viel Energie verloren!*« Gemäss den Angaben von Schulleiterinnen und Schulleitern aus dem Kanton Aargau funktioniert die Zusammenarbeit mit und die Unterstützung durch die lokale Schulbehörde nicht reibungslos: 20 Prozent der befragten Schulleitungen sind weitgehend bis eher unzufrieden mit der Führung und der Unterstützung durch die Schulpflege. Die Schulpflege wird nur von knapp einem Drittel der befragten Schulleiterinnen und Schulleitern als relativ stark oder sehr stark entlastend wahrgenommen (Nido et al., 2008). Wie die Führung von den betroffenen Stellen erlebt wird, scheint (zumindest in der Stadt Zürich) stark von der jeweiligen Person des Schulpräsidenten abzuhängen (Ernst & Young, 2009). Ein einheitliches Führungsverständnis existiert nicht. Ein ambivalentes Bild ergeben die Aussagen der Schulleitungen aus dem Kanton Luzern: Auf die Frage, ob die lokale Schulbehörde sie unterstützt, antworten die befragten Schulleiterinnen und Schulleiter mit einem Mittelwert von 3.4 auf einer Skala von 1–5 zurückhaltend positiv (Steger Vogt & Appius, 2011). Mehrere Autoren sehen die Gründe für das z. T. problematische Führungsverhältnis zwischen der lokalen Schulbehörde und den Schulleitungen bzw. die Gründe der nicht immer reibungslos funktionierenden Zusammenarbeit der beiden Stellen in einem Kompetenzgefälle zwischen den lokalen Schulbehörden als Laienbehörden und den Schulleitungen als professionelle Fachkräfte begründet (Herren et al., 2007; Maag Merki & Büeler, 2002; Nido et al., 2008). Im Zuge der Umsetzung von Bildungsreformen stehen meist die Schulleiterinnen und Schulleiter im Zentrum. Entsprechend hat sich die Spannweite ihrer Aufgaben und Verantwortlichkeiten im Laufe der letzten Jahrzehnte kontinuierlich erweitert. Diese Veränderungen konnten und können nur deshalb fruchten, weil sie mit einer Professionalisierung der Schulleitungsfunktion einhergingen. Die lokale Schulbehörde blieb bei diesen Professionalisierungsbestrebungen nicht selten außen vor, was eine kompetente Führung und Unterstützung erschwert. Vor diesem Hintergrund stellt sich die Frage, wie eine fachlich und pädagogisch qualifizierte Führung der Schulleitungen in der Schweiz erfolgen sollte. Schulleitungen organisieren bereits vielfach selbstständig den Austausch und fachliche Unterstützung. So gilt in Basel-Land, dass 86 Prozent der Schulleitungen Gefäße zum Austausch mit anderen Schulleitungen nutzen, knapp jede/r Fünfte ist in Intervisionsgruppen organisiert und jede/r Vierte nutzt externe Supervision und Coachings (Pekruhl et al., 2011).

Befund 3: Qualifizierte Führung der Schulleitungen durch Vorgesetzte bietet Unterstützung und Entlastung. In der Schweiz besteht weiter Klärungsbedarf, wie die Führung der Schulleitungen erfolgen soll. Derzeit werden viele Schulleitungen von sich aus aktiv, um Austausch und Unterstützung zu organisieren.

Ressourcen der Arbeitsorganisation

Unterstützung bei der Erledigung administrativer Aufgaben wird von Lehrpersonen als wichtige Ressource der Arbeitsorganisation erachtet (Albrecht, Johns, Mounsteven & Olorunda, 2009; Lambert, McCarthy, O'Donnell & Wang, 2009). Angesichts der zeitlichen Überlastung von Schulleitungen aufgrund der Fülle an administrativen Aufgaben muss angenommen werden, dass Unterstützung im administrativen Bereich auch für Schulleiterinnen und Schulleiter eine zentrale arbeitsorganisatorische Ressource darstellt. Der Kern der zeitlichen Belastung scheint vielfach in einem hohen Anteil administrativer Routinetätigkeiten begründet zu sein; entsprechend fühlen sich Schulleitungen entlastet, wenn sie einen Teil der administrativen Routinearbeit z. B. an ein Sekretariat delegieren können (Landert et al., 2009). In der Untersuchung von Nido et al. (2008) im Kanton Aargau wird das Schulsekretariat von allen erfragten Faktoren als am stärksten entlastend beurteilt: Von den Schulleiterinnen und Schulleitern, die über ein Schulsekretariat verfügen, schätzen 54 Prozent das Sekretariat als relativ stark bis sehr stark entlastend ein. Ein erhöhtes Sekretariatspensum geht zudem mit einer stärker empfundenen Entlastung einher. Die Zahl der Schweizer Schulen mit einem (Schulleitungs-)Sekretariat hat sich in den letzten Jahren deutlich erhöht.

Zahlreiche Studien aus dem In- und Ausland sprechen dafür, dass diese zum heutigen Zeitpunkt verfügbare Unterstützung durch Schulleitungssekretariate (noch) nicht ausreicht (Dal Gobbo & Peyer-Siegrist, 2000; Herren et al., 2007; McEwen et al., 2002; Landert & Brägger, 2009; Nido et al., 2008; Pekruhl et al., 2011; Wiederkehr, 1998). Viele Schulleiterinnen und Schulleiter wünschen sich, einen höheren Anteil der administrativen Routinetätigkeiten an entsprechende Fachpersonen delegieren zu können (Dal Gobbo & Peyer-Siegrist, 2000; McEwen et al., 2002; Nido et al., 2008).

Befund 4: Schulleitungssekretariate entlasten Schulleitungen und könnten noch stärker ausgebaut werden.

Nicht nur hinsichtlich der Sekretariate, sondern auch hinsichtlich der Lehrpersonen scheinen die bestehenden *Delegationsmöglichkeiten* ausbaufähig zu sein (Nido et al., 2008; Pekruhl et al., 2011; Steger Vogt & Appius, 2011). In der Untersuchung von Nido und Kollegen geben von den 918 im Jahr 2008 im Kanton Aargau befragten Lehrpersonen nur 36 an, eine Spezialfunktion im Rahmen des Qualitätsmanagements inne zu haben. Im Kanton Luzern sind knapp ein Viertel bzw. 38 Prozent der befragten Schulleitungen der Meinung, dass die finanziellen Mittel (eher) nicht ausreichen, um Zusatzaufgaben an Lehrpersonen delegieren zu können (Steger Vogt & Appius, 2011) bzw. dass die Aufgaben außerhalb der Klasse (Teamarbeit, Sitzungen, Arbeitsgruppen etc.) für einige Lehrpersonen neben der Unterrichtsarbeit zeitlich (zu) belastend sind (Hess & Roos, 2006). Durch die Schaffung bzw. die Erweiterung von Delegationsmöglichkeiten könnten demnach vorhandene Ressourcen gestärkt oder neue Ressourcen geschaffen werden.

Allerdings scheint das Potenzial vorhandener Delegationsmöglichkeiten von den Schulleiterinnen und Schulleitern nicht immer voll genutzt zu werden. Bei den von Nido und Kollegen (2008) befragten Schulleitungen steht das Pensum der Sekretariate in keinem Zusammenhang zum Ausmaß an administrativen und organisatorischen Tätigkeiten, welche von den Schulleitungen selbst ausgeführt werden. Durch ein höheres Sekretariatspensum konnte der Anteil dieses Aufgabenbereichs an der Schulleitungstätigkeit also nicht zwingend gesenkt werden. Die Erweiterung der Delegationsmöglichkeiten müsste entsprechend mit einer erhöhten Delegationsbereitschaft bzw. -fähigkeit einhergehen, um die Schulleiterinnen und Schulleiter in ihrer Führungstätigkeit auch tatsächlich unterstützen zu können.

Ressourcen der Arbeitsaufgabe

Neben den sozialen Beziehungen und der Arbeitsorganisation kann die *Arbeitsaufgabe* selbst eine wichtige Ressource sein und gesundheitsförderliche Wirkung entfalten. In diesem Kontext stehen meist die *Handlungs- und Entscheidungsspielräume* von Arbeitstätigen im Fokus der Aufmerksamkeit. Arbeitsbezogene Entscheidungsspielräume (oder »decision latitude« in der englischsprachigen Literatur) werden im Job-Demand-Control Modell von Karasek (1979) als zentrale Ressource gehandelt. Im Modell postuliert Karasek, dass psychische Beanspruchungsfolgen nicht aus einem einzelnen Aspekt der Arbeit resultieren; statt dessen wird das Zusammenwirken der arbeitsbezogenen Belastungen und des Entscheidungsspielraumes im Hinblick auf die Beanspruchungsreaktionen der Beschäftigten als der entscheidende Faktor angesehen. Das höchste Gefährdungspotenzial liegt demnach in einer Kombination aus hoher Arbeitsbelastung und geringen Entscheidungsspielräumen (sogenannten »high strain jobs«). Gleichzeitig können gemäß Karasek ausgeprägte Entscheidungsspielräume die negativen Auswirkungen hoher arbeitsbezogener Belastungen ausgleichen und so zu gesundheits- und zufriedenheitsfördernden »active jobs« beitragen (siehe Abbildung 1). Angesichts der Reformbemühungen im Bildungssystem, welche in Richtung erweiterter schulischer Gestaltungsspielräume im Sinne teilautonomer Schulen zielen, müsste angenommen werden, dass diese Spielräume seitens der Schulleitungen in den letzten Jahren gewachsen sind. Dieser Erwartung stehen Einschätzungen von Schulleitungen und anderen Fachpersonen entgegen, wonach Autonomie und Kontrollmöglichkeiten trotz weitreichender Verantwortlichkeiten seitens der Schulleitungen nur eingeschränkt vorhanden sind (Bucher, 2009; Dal Gobbo & Peyer-Siegrist, 2000; Herren et al., 2007; Nido et al., 2008; Pekruhl et al., 2011; Wiederkehr, 1998). In die gleiche Richtung zeigen auch die Ergebnisse der TALIS-Befragung in Deutschland, wonach die Möglichkeiten für autonomes Handeln an deutschen Schulen im Vergleich zu den internationalen Verhältnissen teilweise (insbesondere bezüglich Personalverantwortung) eingeschränkt sind (Gabitow & von Saldern, 2010).

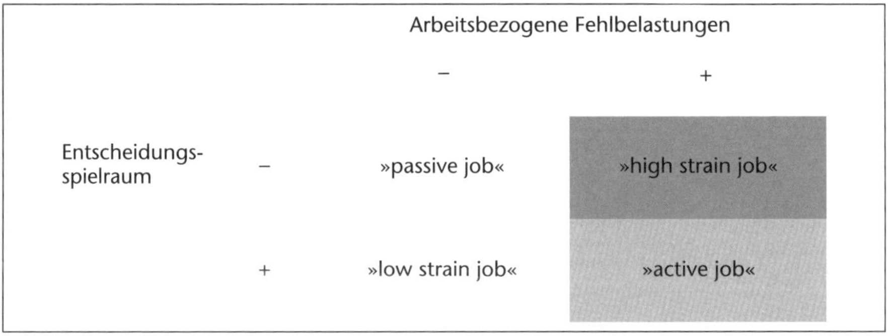

Abb. 1: Das Job-Demand-Control Modell von Karasek (1978)

Schulleitungen aus den Kantonen Zürich und Basel-Land sehen ihre Autonomie durch kommunale bzw. kantonale Entscheidungen und Vorgaben gefährdet (Pekruhl et al., 2011; Wehner et al., 2008). Auch im Kanton Aargau sind Indizien einer aus Sicht der Schulleitungen unzureichenden Umsetzung der Teilautonomie an den Schulen feststellbar: Im Jahr 2006 wurde gemäß den Analysen von Herren und Kollegen (2007) ein Großteil der Entscheidungen durch die Schulpflege gefällt und auch zwei Jahre später bemängeln über zwei Drittel der im Projekt von Nido und Kollegen (2008) befragten Schulleitungen die mangelnden Einflussmöglichkeiten auf kantonal vorgegebene Veränderungen. Mehr Entscheidungsspielräume werden insbesondere in den Bereichen Budget (Dal Gobbo & Peyer-Siegrist, 2000; Herren et al., 2007; Pekruhl et al., 2011) und bei der Anstellung von Lehrpersonen (Dal Gobbo & Peyer-Siegrist, 2000; Herren et al., 2007) bzw. der Personalführung generell (Binder et al., 2003; Landert et al., 2009) gewünscht.

Befund 5: Viele Schulleitungen sehen ihre Handlungs- und Entscheidungsspielräume im Rahmen der teilautonomen Schule als unzureichend an.

In Zusammenhang mit dem Befund 5 überrascht ein aktuelles Untersuchungsergebnis von Kuster und Isenring (2011) aus dem Kanton Aargau, wonach eine Mehrheit der Schulleitungen sich für die Beibehaltung der Schulpflege ausspricht. In der Schweiz obliegt in den meisten Kantonen der Schulpflege die strategische Führung einer Schule, wobei die Mitglieder der Schulpflege aus Stimmberechtigten der jeweiligen Gemeinde gewählt werden. Im Milizsystem der Schweiz wird für solche nebenberuflichen öffentlichen Aufgaben keine bestimmte Qualifikation im Bildungsbereich vorausgesetzt. Ein Führungsmodell mit einer gestärkten Schulpflege wird von den Schulleiterinnen und Schulleitern auch gegenüber einem Modell bevorzugt, wo die Schulleitungen selber deutlich erweiterte Kompetenzen und Entscheidungsbefugnisse erwarten könnten. Dieses Ergebnis kann vermutlich teilweise dadurch erklärt werden, dass die Schulpflege eine wichtige Puffer-Funktion an der Schnittstelle zur Gemeinde einnimmt. Doch auch innerhalb des Kollegiums müssen eigene Entscheidungen kommuniziert und allenfalls durchgesetzt werden. Wir interpretieren das Untersuchungsergebnis von Kuster und Isenring (2011) im Sinne der These 1:

These 1: Schulleitungen finden sich in einem Spannungsfeld wieder: Einerseits wünschen sie sich erweiterte Handlungs- und Entscheidungsspielräume, um die Entwicklung der eigenen Schule voranzutreiben; andererseits haben Schulleitungen Mühe, eigenständige Entscheidungen gegenüber Gemeinde und Kollegium durchzusetzen.

Erweiterte Handlungs- und Entscheidungsspielräume sind in der Regel mit einer größeren Verantwortung verbunden. Schulleitungen müssen eigenständige Entscheidungen treffen, diese im Kollegium durchsetzen und schließlich auch die Konsequenzen tragen. Die damit verbundene Verantwortung kann durchaus als belastend empfunden werden, wie ein Ergebnis der Untersuchung von Kerle (2005) zeigt: Die Schulleitungen aus dem Kanton Graubünden bemerken, dass die mit der (Teil-)Autonomie an Schulen verbundenen Freiheiten Vor- und Nachteile haben und würden sich teilweise mehr klare und verbindliche Vorschriften wünschen. Die Situation dürfte auch durch die Tatsache erschwert werden, dass die Schulleitungen (gemäß den Ausführungen weiter oben) vielfach noch immer in einem »Akzeptanzfindungsprozess« im Kollegium begriffen sind. Die Führungsrolle der Schulleitung wird an vielen Schulen noch immer nicht als selbstverständlich angesehen, so dass sich die Schulleiterinnen und Schulleiter immer wieder von neuem beweisen müssen. Insbesondere vor diesem Hintergrund dürfte es für viele Schulleitungen nach wie vor einfacher und angenehmer sein, gemeinsam mit der Schulpflege gefällte Entscheidungen denn völlig eigenständige und eigenverantwortliche Beschlüsse dem Kollegium oder der Gemeinde zu kommunizieren.

3.3 Diskussion und Ausblick

Die Stärkung der Schulleitungen als Führungskräfte und »Chef/-in der Schule« ist international eine wesentliche Stoßrichtung der Bildungsreformen der letzten zwanzig Jahre. Die Schulleitungen übernehmen die operative Führung und sollen die Ergebnisverantwortung für die Leistungen der Schule tragen (Maag Merki & Büeler, 2002; Thom & Ritz, 2006), während die Bildungsverwaltung sowie (insbesondere in der Schweiz) die lokale Schulbehörde für die strategische Führung zuständig sind und sich auf die Output-Steuerung anhand von Zielvorgaben und Qualitätskontrollen beschränken sollen.

Die beschriebenen Reformbemühungen im Bildungssystem gehen mit weitreichenden Veränderungen in der Steuerung von Schulen einher. Schulleitungen sollen zwar verstärkt selbst Entscheidungen treffen und letztlich auch die Verantwortung für die Ergebnisse ihrer Schule übernehmen. Gleichzeitig werden die Handlungsspielräume der Schulleitungen durch enge Vorgaben und Regeln vielfach eingeschränkt. Dieses Spannungsfeld einer hohen Autonomie aufgrund gesteigerter Verantwortlichkeit und Selbstständigkeit auf der einen und eingeschränkten Handlungsspielräumen sowie Widerständen innerhalb des Schulteams gegen Veränderungen (z. B. gegen den zeitlichen Aufwand für Kooperationsabsprachen, Qualitätsmanagement und Schulentwicklung) auf der anderen Seite spielt bei der Entstehung von Belastungen bei Schulleiterinnen und Schulleitern eine zentrale Rolle. Soll nachhaltig wirksame Gesundheitsförderung betrieben werden, so setzt dies eine vertiefte Auseinandersetzung sowohl der Schulleitungen, der Lehrpersonen als auch des Unterstützungssystems mit den oben skizzierten Veränderungen und ihren Konsequenzen voraus. Nur ein *gemeinsamer* Umgang von Schulleitung und Lehrpersonen mit den Reformen und mit der zunehmenden Arbeitsmenge kann eine breite gesundheitsförderliche Wirkung entfalten. Als zentrale politische Forderung leiten wir aus den Ergebnissen zudem ab, dass die für Bildungsreformen verantwortlichen Personen ihr Augenmerk auf ein stringentes langfristiges Konzept legen sollten, bei dem die Reformen aus einem Guss gestaltet werden, Spielräume der Schulleitungen weiter erhöht und für die besonderen Reformvorhaben auch finanzielle und personelle Ressourcen bereitgestellt werden, damit die Schulleitungen handlungsfähig bleiben.

Als Fazit plädieren wir für die Umsetzung eines betrieblichen Gesundheitsmanagements an Schulen, das *explizit* einen Beitrag zur ressourcenorientierten Gestaltung der derzeitigen und künftigen Veränderungen im Schulsystem leistet und die derzeitig auftretenden Überlastsituationen und Gesundheitsrisiken (auch bei den Schulleitungen) angemessen berücksichtigt. Der Rahmen für das betriebliche Gesundheitsmanagement und nutzbare Unterstützungsangebote sollten von »oben« festgelegt werden, um Gesundheitsförderung als Führungsaufgabe zu etablieren und eine gesundheitsförderliche Schulentwicklung zu ermöglichen. Um Schulleitungen als wichtigste Motoren einer gesundheitsförderlichen Schulentwicklung zu gewinnen, muss es in einer frühen Phase darum gehen, die Arbeits- und Gesundheitssituation der Schulleitungen selbst zum Thema zu machen und geeignete Interventionen anzubieten (Dadaczynski

& Paulus, 2011; Franke, Vincent & Felfe, 2011; Krause & Dorsemagen, 2011; Strittmatter & Ender, 2010).

3.4 Literatur

Albrecht, S., Johns, B., Mounsteven, J. & Olorunda, O. (2009). Working conditions as risk or resiliency factors for teachers of students with emotional and behavioral disabilities. *Psychology in the Schools*, 46, 1006–1022.

Antonovsky, A. (1987). *Unraveling the the mystery of health – How people manage stress and stay well.* San Francisco: Jossey-Bass.

Baeriswyl, S., Dorsemagen, C. & Krause, A. (2013). *Schulleitung und Gesundheit. Eine kommentierte Bibliographie mit 19 Befunden und 9 Thesen. Projektbericht für die Departemente Bildung, Kultur und Sport (BKS) sowie Gesundheit und Soziales (DGS) des Kantons Aargau.* Olten: FHNW.

Bamberg, E., Busch, C. & Ducki, A. (2003). *Stress- und Ressourcenmanagement: Strategien und Methoden für die neue Arbeitswelt.* Bern: Huber.

Bamberg, E. & Ostendorf (2007). Dienstunfähigkeit von Lehrerinnen und Lehrern im Spiegel personalärztlicher Gutachten. In A. Krause, H. Schüpbach, E. Ulich & M. Wülser (Hrsg.), *Arbeitsort Schule. Organisations- und arbeitspsychologische Perspektiven* (S. 335–364). Wiesbaden: Gabler.

Bandura, A. (1977). Self-efficacy: Toward a unifying theory of behavioral change. *Psychological Review*, 94, 191–215.

Binder, H.-M., Trachsler, E. & Feller-Länzlinger, R. (2003). *Führungspensum und Entschädigung für Schulleitungspersonen in der Volksschule des Kantons St. Gallen. Evaluation der Umsetzung der »Vorläufigen Empfehlungen« zum Führungspensum und Entschädigung für Schulleitungspersonen in der Volksschule.* Luzern: Institut für Politikstudien.

Brandstätter, H. (2007). Persönliche Verhaltens- und Leistungsbedingungen. In H. Schuler (Hrsg.), *Lehrbuch Organisationspsychologie* (4. aktualisierte Auflage). Bern: Huber.

Bucher, B. (2009). *Projekt »Belastung – Entlastung im Schulfeld«. Zwischenbericht.* Zürich: Bildungsdirektion des Kantons Zürich.

Candová, A. (2005). *Determinanten der beruflichen Belastung bei jungen Lehrerinnen und Lehrern: Eine Längsschnittstudie.* Erlangen-Nürnberg: Friedrich-Alexander-Universität.

Caprara, G. V., Barbaranelli, C., Borgogni, L. & Steca, P. (2003). Efficacy beliefs as determinants of teachers' job satisfaction. *Journal of Educational Psychology*, 95, 821–832.

Dadaczynski, K. & Paulus, P. (2011). Psychische Gesundheit aus Sicht von Schulleitungen. Erste Ergebnisse einer internationalen Onlinestudie für Deutschland. *Psychologie in Erziehung und Unterricht*, 58, 306–318.

Dal Gobbo, S. & Peyer-Siegrist, V. (2000). *Schulleitungsrealität an Volksschulen der Deutschschweiz. Projektarbeit.* Luzern: Hochschule für Wirtschaft.

Elle, M., Elkeles, T. & Scharnhorst, J. (2010). Resilienz und Gesundheit. *Prävention*, 1, 6–9.

Ernst & Young (2009). *Zwischenbericht Ist-Analyse. Organisationsanalyse der Behörden- und Verwaltungsstrukturen im Volksschulwesen der Stadt Zürich*. Zürich: Ernst & Young.

Eschleman, K. J., Bowling, N. A. & Alarcon, G. M. (2010). A Meta-Analytic Examination of Hardiness. *International Journal of Stress Management*, 17, 277–307.

Franke, F., Vincent, S. & Felfe, J. (2011). Gesundheitsbezogene Führung. In E. Bamberg, A. Ducki & A.-M. Metz (Hrsg.), *Handbuch Gesundheitsförderung und Gesundheitsmanagement in der Arbeitswelt*. Göttingen: Hogrefe.

Gabitow, S. & von Saldern, M. (2010). Profil der Lehrkräfte, Schulleiterinnen und Schulleiter sowie der Schulen. In M. Demmer & M. von Saldern (Hrsg.), *»Helden des Alltags«. Erste Ergebnisse der Schulleitungs- und Lehrkräftebefragung (TALIS) in Deutschland*. Münster: Waxmann.

Gieske, M. & Harazd, B. (2009). Theoretischer Hintergrund und Forschungsstand zur Lehrergesundheit. In B. Harazd, M. Gieske, und H.-G. Rolff (Hrsg.), *Gesundheitsmanagement in der Schule. Lehrergesundheit als neue Aufgabe der Schulleitung*. Köln: Wolters Kluwer.

Gmelch, W. H. & Gates G. (1998). The impact of personal, professional and organizational characteristics on administrator burnout. *Journal of Educational Administration*, 36, 146–159.

Harazd, B., Gieske, M., Gerick, J. & Rolff, H.-G. (2009). Lehrergesundheit und Schulleitung: Ergebnisse des Forschungsprojektes. In B. Harazd, M. Gieske & H.-G. Rolff (Hrsg.), *Gesundheitsmanagement in der Schule. Lehrergesundheit als neue Aufgabe der Schulleitung*. Köln: LinkLuchterhand.

Hess, K. & Roos, M. (2006). *Schlussbericht. Wissenschaftliche Schlussevaluation des Projektes »Schulen mit Profil«, Kanton Luzern*. Zug: PHZ Zug, Institut für Bildungsmanagement und Bildungsökonomie.

Herren, M., Criblez L. & Quesel, C. (2007). *Schulorganisation in Aargauer Schulgemeinden. Handlungsspielräume, Kosten und Qualität – ein Vergleich*. Aarau: Pädagogische Hochschule FHNW.

Huber, S. G. (2013). Forschung zu Belastung und Beanspruchung von Schulleitung. In S. G. Huber (Hrsg.), Jahrbuch Schulleitung 2013. Köln: Wolters Kluwer.

Huber, S. G. & Kilic, S. (2013). Vorlieben und Belastungen im Schulleitungshandeln: Ausgewählte Ergebnisse aus der Schulleitungsstudie 2011/2012 in Deutschland, Österreich, Liechtenstein und der Schweiz. In S. G. Huber (Hrsg.), Jahrbuch Schulleitung 2013. Köln: Wolters Kluwer.

Huber, S. G., Wolfgramm, C. & Kilic, S. (2012). Schulleitungsstudie 2011/2012 in Deutschland, Österreich, Liechtenstein und der Schweiz: Vorlieben und Belastungen im Schulleitungshandeln. Zug: IBB, PHZ Zug.

Huber, S. & Schneider, S. (2007). Anforderungen an Schulleitung: Was wird in den Ländern von den pädagogischen Führungskräften in der Schule erwartet? In A. Bartz, M. Dammann, S. Huber, T. Klieme, C. Kloft & M. Schreiner (Hrsg.), *Praxiswissen Schulleitung.* München: Wolters Kluwer.

Karasek, R. A. (1979). Job demands, job decision latitude, and mental strain: Implications for job design. *Administrative Science Quarterly,* 24, 285–308.

Kerle, U. (2005). *Geleitete Schulen im Kanton Graubünden. Bestandesaufnahme und Handlungsorientierung.* Chur: Südostschweiz Buchverlag.

Krause, A. & Dorsemagen, C. (2011). Gesundheitsförderung für Lehrerinnen und Lehrer. In E. Bamberg, A. Ducki & A.-M. Metz (Hrsg.), *Gesundheitsförderung und Gesundheitsmanagement in der Arbeitswelt.* Göttingen: Hogrefe.

Kuster, J. & Isenring, M. (2011). *Kommunale Führungsstruktur der Volksschule im Kanton Aargau. Denkbare Optimierungsansätze aus der Sicht der involvierten Akteurgruppen auf Gemeindeebene. Bericht im Auftrag der Abteilung Volksschule, Departement für Bildung, Kultur und Sport des Kantons Aargau.* Zürich: Hanser und Partner AG.

Lambert, R. G., McCarthy, C., O'Donnell, M. & Wang, C. (2009). Measuring elementary teacher stress and coping in the classroom: Validity evidence for the classroom appraisal of resources and demands. *Psychology in the Schools, 46,* 973–988.

Landert, C. & Brägger, M. (2009). *LCH Arbeitszeiterhebung 2009 (AZE '09). Bericht zur Erhebung bei 5.000 Lehrpersonen im Zeitraum Oktober 2008–September 2009 im Auftrag des Dachverbandes Schweizer Lehrerinnen und Lehrer LCH.* Zürich: Landert Partner.

Landert, C., Riedo, V. & Brägger, M. (2009). *Arbeitssituation der Schulleitungen im Kanton Thurgau – Evaluation. Im Auftrag des Departements Erziehung und Kultur des Kantons Thurgau, Amt für Volksschule.* Zürich: Landert und Partner.

Lazarus, R. S. & Folkman, S. (1984). *Stress, appraisal and coping.* New York: Springer.

Maag Merki, K. & Büeler, X. (2002). Schulautonomie in der Schweiz: Eine Bilanz auf empirischer Basis. In H.-G. Rolff, H. G. Holtappels, K. Klemm, H. Pfeiffer & R. Schulz-Zander (Hrsg.), *Jahrbuch der Schulentwicklung: Daten, Beispiele und Perspektiven. Band 12.* Weinheim: Juventa.

McEwen, A., Carlisle, K., Knipe, D., Neil, P. & McClune, B. (2002). Primary school leadership: Values and actions. *Research Papers in Education, 17,* 147–163.

Nido, M., Trachsler, E., Ackermann, K., Brüggen, S. & Ulich, E. (2008). *Arbeitsbedingungen, Belastungen und Ressourcen von Lehrpersonen und Schulleitungen im Kanton Aargau 2008: Ergebnis der Untersuchung im Auftrag des Departements Bildung, Kultur und Sport (BKS, Kanton Aargau).* Aarau: Departement Bildung, Kultur und Sport.

Oesterreich, R. (2001). Das Belastungs-Beanspruchungskonzept im Vergleich mit arbeitspsychologischen Konzepten. *Zeitschrift für Arbeitswissenschaft*, 55, 162–170.

Pekruhl, U., Dorsemagen, C., Kölliker, A. & Krause, A. (2011). *Arbeitszeit und Arbeitsorganisation der Schulleitungen an den Volksschulen des Kantons Basel-Landschaft. Projektbericht für die Bildungs-, Kultur- und Sportdirektion Basel-Landschaft.* Olten: Fachhochschule Nordwestschweiz.

Phillips, S. J., Sen, D. & McNamee, R. (2007). Prevalence and causes of self-reported work-related stress in head teachers. *Occupational Medicine*, 57, 367–376.

Schaarschmidt, U., Kieschke, U. & Fischer, A. (1999). Beanspruchungsmuster im Lehrerberuf. *Psychologie in Erziehung und Unterricht, 46*, 244–268.

Semmer, N. K. & Udris, I. (2007). Bedeutung und Wirkung von Arbeit. In H. Schuler (Hrsg.), *Lehrbuch der Organisationspsychologie* (4., aktualisierte Auflage). Bern: Verlag Hans Huber.

Steger Vogt, E. & Appius, S. (2011). *Personalentwicklung als Führungsaufgabe von Schulleitungen. Bericht zur Befragung der Schulleitungen Kanton Luzern.* St. Gallen: Pädagogische Hochschule.

Strittmatter, A. & Ender, B. (2010). *Personalführung an Schulen – Gewährleisten. Unterstützen. Entwickeln.* Bern: Schulverlag plus AG.

Thom, N. & Ritz, A. (2006). Innovation, Organisation und Personal als Merkmale einer effektiven Schulführung. In N. Thom, A. Ritz & R. Steiner (Hrsg.), *Effektive Schulführung – Chancen und Gefahren des Public Management im Bildungswesen* (2. Auflage). Bern: Haupt.

Warwas, J. (2008). Belastungserleben schulischer Führungskräfte – welche Rolle spielt das individuelle Zeitmanagement? In J. Warwas & D. Sembill (Hrsg.), *Zeitgemäße Führung – zeitgemäßer Unterricht.* Baltmannsweiler: Schneider Verlag Hohengehren.

Warwas, J. (2009). Berufliches Selbstverständnis und Beanspruchung in der Schulleitung. *Zeitschrift für Erziehungswissenschaften*, 12, 475–498.

Wehner, T., Vollmer, A., Manser, T. & Burtscher, M. (2008). *Qualitative und quantitative Befunde zum Führungssystem »Geleitete Schule« im Kanton Zürich. Abschlussbericht.* Zürich: ETH.

Wiederkehr, R. (1998). *Belastungen von Schulleiterinnen und Schulleitern. Broschüre.* Bern: Institut für Pädagogik der Universität Bern.

4. Vorlieben und Belastungen im Schulleitungshandeln: Ausgewählte Ergebnisse aus der Schulleitungsstudie 2011/2012 in Deutschland, Österreich, Liechtenstein und der Schweiz

Stephan Gerhard Huber, Christine Wolfgramm & Selin Kilic

Schulleiterinnen und Schulleiter sehen sich angesichts der aktuellen Entwicklungen, nämlich der Verlagerung von Aufgaben in die Einzelschule hinein, neuen und erweiterten Anforderungen gegenüber. Rolle und Funktion der Schulleitung haben sich deutlich gewandelt und werden sich weiter verändern (Huber & Schneider, 2007). Dass Schulleitungshandeln für die Qualität wie auch Entwicklung von Schulen große Bedeutung hat, ist wissenschaftlich gut gestützt (Huber, 2008, 2009b, Huber & Muijs, 2010). Vor diesem Hintergrund wurde in einer internationalen Studie in Deutschland, Österreich, Liechtenstein und der Schweiz Schulleitungshandeln untersucht.

In dieser Studie geht es darum, wissenschaftliche Erkenntnisse über die Arbeitssituation von Schulleiterinnen und Schulleitern zu gewinnen. Ziel ist es, aufzuzeigen, was Schulleiterinnen und Schulleiter aus dem Spektrum ihrer Tätigkeiten gern ausüben (Vorlieben) und was sie belastet (Belastungen). Ferner sollen aufgrund der Vorlieben und Belastungen Handlungstypen ermittelt werden sowie Zusammenhänge zwischen dem Belastungsempfinden und individuellen Faktoren (z. B. berufsbiografischen Aspekten) bzw. institutionellen Faktoren (z. B. Arbeitssituation) ermittelt werden. Zur Operationalisierung wurde das Modell zum Schulleitungshandeln von Huber (2009a, 2012) verwendet und das Rahmenmodell schulischer Belastung von Böhm-Kasper (2004) auf den spezifischen Kontext der Schulleitung adaptiert.

Die Schulleitungsstudie gliedert sich in mehrere Phasen: Eine Sondierungsstudie mit 20 Einzelgesprächen mit Schulleiterinnen und Schulleitern aller Schulformen diente dazu, relevante Faktoren zu identifizieren, die in den schriftlichen Erhebungen erfragt werden sollten. Für die zweite Phase, die Durchführung einer umfangreichen quantitativen Studie, über die hier berichtet wird, konnten Schulleiterinnen und Schulleiter gewonnen werden, die die Entwicklung des Fragebogens begleiteten. Die Befragung wurde zwischen Herbst 2010 und Januar 2012 durchgeführt. Gegenstand war u. a. die Berufsbiografie, der schulische Arbeitskontext sowie allgemeine und spezifische Belastungssituationen. In der dritten Phase wurden mittels eines elektronischen Tagebuchs über drei Arbeitswochen hinweg die Tagesaktivitäten von Schulleiterinnen und Schulleiter erfasst. In einer vierten Phase wurden Interviews mit Schulleiterinnen und Schulleiter geführt: zum einen zu Spannungsfeldern im Schulleitungshandeln, die zu starker Belastung führen können, zum anderen über die Zusammenhänge von Belastungskonstellationen von besonders stark belasteten Schulleiterinnen und Schulleitern. In einer weiteren Phase wurden/werden Anforderungsanalysen durchgeführt, was staatlich oder kantonal von Schulleiterinnen und Schulleitern erwartet wird.

In diesem Beitrag werden ausgewählte Ergebnisse der zweiten Phase der Studie berichtet.

In Deutschland wurden Schulleiterinnen und Schulleiter aus den Bundesländern Baden-Württemberg, Nordrhein-Westfalen, Sachsen-Anhalt und Hessen befragt. In Österreich wurden Daten in Vorarlberg, Tirol und Niederösterreich erhoben und in der Schweiz in allen deutschsprachigen Kantonen außer Appenzell Innerrhoden, da dieser Kanton noch keine Schulleitungsfunktion vorsieht.

Teilgenommen haben insgesamt 5394 Schulleiterinnen und Schulleiter, 2213 Frauen und 2354 Männer. Davon sind 3764 Schulleiterinnen und Schulleiter aus Deutschland, 741 aus Österreich und 889 der Schulleiterinnen und Schulleiter aus der Schweiz. Die Stichprobe aus Liechtenstein wurde bei der Schweizer Stichprobe subsummiert. Die Schulleiterinnen und Schulleiter sind zwischen 25 und 66 Jahre alt ($M = 52{,}45$; $SD = 7{,}75$) und sind im Mittel seit etwa neun Jahren ($M = 9{,}78$, $SD = 7{,}02$) Jahren als Schulleiterin bez. Schulleiter tätig. (Ausführlicher wird das Forschungsdesign in Huber, Wolfgramm und Kilic (2012) vorgestellt.)

Im Folgenden wird das spezifische Belastungserleben bezüglich konkreter Tätigkeiten, Tätigkeitsarten und Handlungsbereichen vorgestellt. Darüber hinaus wird ein knapper Ausblick auf weitere Befunde gegeben.

4.1 Spezifisches Belastungserleben bei konkreten Tätigkeiten

Um genauer zu analysieren, welche Tätigkeiten von den Schulleiterinnen und Schulleitern als Belastung empfunden werden und mit welchem Grad an Belastung wurde ein theoretisches Modell zum Schulleitungshandeln operationalisiert. Aus rund 250 Tätigkeiten wurde aufgrund von verschiedenen Vorstudien ein Inventar entwickelt, das 75 konkrete Tätigkeiten umfasst, die Schulleitungshandeln in seinem gesamten Spektrum erfassen. In Tabelle 1 sind die Ergebnisse dargestellt, welche als die zehn belastendsten Tätigkeiten eingeschätzt wurden. In Tabelle 2 sind Ergebnisse dargestellt, welche als die zehn beliebtesten Tätigkeiten eingeschätzt wurden.

Was das spezifische Belastungserleben bezüglich konkreter Tätigkeiten betrifft, wird deutlich, dass in allen drei Ländern Tätigkeiten im Bereich von Verwaltung und Organisation als besonders belastend empfunden werden. Am stärksten ist dieser Trend für die Schulleiterinnen und Schulleiter in Deutschland festzustellen, etwas weniger ausgeprägt jedoch auch für die Schulleiterinnen und Schulleiter in Österreich, am wenigsten für diejenigen in der Schweiz. Die Schweizer Schulleiterinnen und Schulleiter empfinden zudem, im Gegensatz zu den Schulleiterinnen und Schulleitern der anderen beiden Länder, Aufgaben im Bereich des Vermittelns und Konfliktmanagements als besonders belastend. Pädagogische Tätigkeiten sowie beratende Tätigkeiten rund um den kollegialen Austausch können als beliebt bezeichnet werden.

Tabelle 1: Die zehn belastendsten Tätigkeiten für deutsche, Schweizer und österreichische Schulleiter/-innen im Vergleich

	Deutschland	Schweiz	Österreich
1	Schulreformen des Ministeriums umsetzen (M = 3,75; SD = 0,94)	Schulreformen des Ministeriums umsetzen (M = 3,53; SD = 1,02)	Berichte für Behörden verfassen (M = 3,13; SD = 1,07)
2	Berichte für Behörden verfassen (M = 3,63; SD = 1,03)	Mit Lehrpersonen Konfliktlösegespräche führen (M = 3,26; SD = 1,07)	Akten sichten (M = 3,12; SD = 1,13)
3	Schulstatistik führen (M = 3,56; SD = 1,17)	Zwischen Eltern und Lehrpersonen bei Konflikten vermitteln (M = 3,23; SD = 1,11)	Schulreformen des Ministeriums umsetzen (M = 3,07; SD = 0,96)
4	Rechts- und Verwaltungsvorschriften sichten (M = 3,42; SD = 1,06)	Evaluationen durchführen (M = 3,16; SD = 1,00)	Schulstatistik führen (M = 3,07; SD = 1,16)
5	Evaluationen durchführen (M = 3,4; SD = 0,99)	Berichte für Behörden verfassen (M = 3,08; SD = 1,05)	Dienstliche Beurteilungen vornehmen (M = 3,04; SD = 1,06)
6	Schulsponsoring betreiben (sämtliche Finanzmittel einwerben) (M = 3,39; SD = 1,15)	Rechts- und Verwaltungsvorschriften sichten (M = 3,00; SD = 1,07)	Rechts- und Verwaltungsvorschriften sichten (M = 3,03; SD = 1,06)
7	Ablage/Archivierung der Verwaltungsvorgänge kontrollieren (M = 3,37; SD = 1,09)	Schulsponsoring betreiben (M = 2,95; SD = 1,25)	Ablage/Archivierung der Verwaltungsvorgänge kontrollieren (M = 3,03; SD = 1,14)
8	Akten sichten (M = 3,31; SD = 1,03)	Mitarbeiter/-innen in schwierigen Situationen unterstützen (M = 2,93; SD = 1,13)	Schulsponsoring betreiben (sämtliche Finanzmittel einwerben) (M = 3,03; SD = 1,21)
9	Der Schulaufsicht Rechenschaft geben (M = 3,22; SD = 1,05)	Ordnungsmaßnahmen durchsetzen (M = 2,91; SD = 1,02)	An Untersuchungen zu Schülerleistungen mit der Schule teilnehmen (Leistungsvergleichsuntersuchungen: PISA, TIMSS, IGLU, VERA) (M = 2,9; SD = 1,06)
10	Instandhaltungsmaßnahmen der Schulgebäude organisieren (M = 3,21; SD = 1,08)	Mit Eltern Gespräche über Erziehungsfragen führen (M = 2,88; SD = 1,07)	Den Unterricht der Lehrkräfte bewerten (M = 2,9; SD = 1,04)

Farblegende:
Dunkelgrau: In allen drei Ländern unter den zehn belastendsten Tätigkeiten
Grau: In der Schweiz und Deutschland unter den zehn belastendsten Tätigkeiten
Hellgrau: In Deutschland und Österreich unter den zehn belastendsten Tätigkeiten

Tabelle 2: Die zehn beliebtesten Tätigkeiten für deutsche, Schweizer und österreichische Schulleiter/-innen im Vergleich

	Deutschland	Schweiz	Österreich
1	Sich mit Experten beraten (M = 4,18; SD = ,695)	Selbst in der Klasse unterrichten (M = 4,47; SD = ,808)	Mit anderen Schulleiter/-innen über konkrete Themen sprechen (M = 4,49; SD = ,764)
2	Gäste an der Schule begrüßen und Gastgeber sein (M = 4,16; SD = ,759)	Sich mit Experten beraten (M = 4,3; SD = ,722)	Mit Kollegen Fachthemen diskutieren (M = 4,36; SD = ,684)
3	Mit Kollegen Fachthemen diskutieren (M = 4,13; SD = ,675)	Mit Kollegen Fachthemen diskutieren (M = 4,29; SD = ,661)	Selbst in der Klasse unterrichten (M = 4,36; SD = ,813)
4	Mit der Steuer(ungs)gruppe zusammenarbeiten (M = 4,1; SD = ,734)	Sich in Fortbildungskursen mit aktuellen Herausforderungen auseinandersetzten (M = 4,26; SD = ,738)	Verbesserungs/Optimierungsprozesse initiieren (M = 4,33; SD = ,667)
5	Sich über die neusten Erkenntnisse im pädagogischen Bereich informieren (M = 4,08; SD = ,755)	Fortbildungsveranstaltungen besuchen (M = 4,22; SD = ,753)	Sich über die neusten Erkenntnisse im pädagogischen Bereich informieren (M = 4,3; SD = ,708)
6	Verbesserungs/Optimierungsprozesse initiieren (M = 4,05; SD = ,696)	Gäste an der Schule begrüßen und Gastgeber sein (M = 4,19; SD = ,757)	Arbeit im Team initiieren (M = 4,29; SD = ,699)
7	Sich in Fortbildungskursen mit aktuellen Herausforderungen auseinandersetzten (M = 4,04; SD = ,799)	Mit der Steuer(ungs)gruppe zusammenarbeiten (M = 4,16; SD = ,706)	Sich mit Experten beraten (M = 4,25; SD = ,722)
8	Arbeit im Team initiieren(M = 4,02; SD = ,704)	Sich mit aktuellen Schulleitungsthemen auseinandersetzten (M = 4,16; SD = ,723)	Den eigenen Unterricht vorbereiten (M = 4,25; SD = ,757)
9	Fortbildungsveranstaltungen besuchen (M = 3,99; SD = ,831)	Sich über die neusten Erkenntnisse im pädagogischen Bereich informieren (M = 4,09; SD = ,805)	Gäste an der Schule begrüßen und Gastgeber sein (M = 4,24; SD = ,826)
10	Bei der Erstellung des Schulprogramms mitwirken (M = 3,96; SD = ,794)	Verbesserungs/Optimierungsprozesse initiieren (M = 4,03; SD = ,691)	Fächerübergreifende Projekte mit Lehrkräften anregen (M = 4,23; SD = ,729)

Farblegende:		
	Dunkelgrau:	In allen drei Ländern unter den zehn beliebtesten Tätigkeiten
	Grau:	In der Schweiz und Deutschland unter den zehn beliebtesten Tätigkeiten
	Hellgrau:	In Deutschland und Österreich unter den zehn beliebtesten Tätigkeiten

4.2 Spezifisches Belastungserleben bei Tätigkeitsarten

Neben den einzelnen konkreten Tätigkeiten wurde zudem die Belastung durch verschiedene Tätigkeitsarten erfasst. Diese wurden in Deutschland und der Schweiz erhoben, nicht in Österreich. Auch hierzu wurden die Mittelwerte nach Land (hier nur Deutschland und Schweiz) gebildet und miteinander verglichen (Abb. 1).

In der Unterscheidung der Tätigkeitsarten *Unterlagen kontrollieren* und *E-Mails und Briefe schreiben* zeigt sich zwischen den Ländern die größte Differenz und ein höchst signifikanter Unterschied. Die Tätigkeitsart *mit anderen Zusammenarbeiten* wird von allen als am wenigsten belastend empfunden.

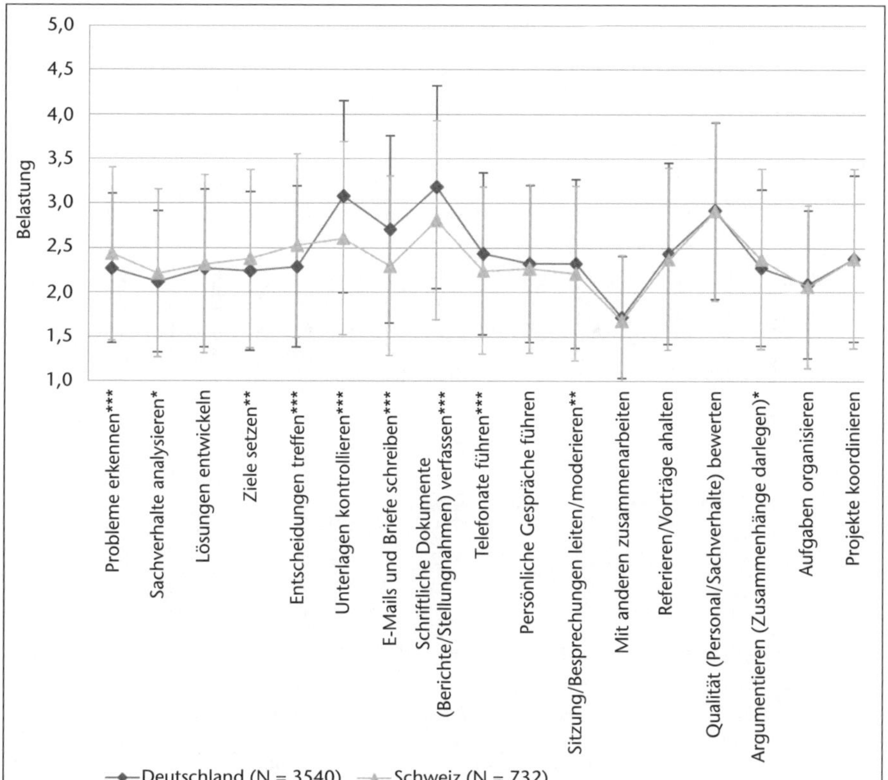

Abb. 1: Mittelwerte und Standardabweichungen für Belastung durch verschiedene Tätigkeitsarten von deutschen und Schweizer Schulleiterinnen und Schulleitern
** signifikanter Unterschied zwischen den Gruppen (p <,05), ** hoch signifikanter Unterschied (p <,01), ** höchst signifikanter Unterschied (p <,001)*

Bei den Vorlieben der einzelnen Tätigkeitsarten zeigt sich ein beinahe spiegelverkehrtes Bild zu den Belastungen. Besonders gerne werden Tätigkeitsarten, die auf kollegialem Austausch und Zusammenarbeit basieren, ausgeführt. Administrative und verwaltende Tätigkeitsarten werden weniger gern ausgeführt. Die Unterschiede bei den Vorlieben sind im Vergleich der Länder Deutschland und Schweiz deutlich geringer als die Unterschiede zwischen den Belastungen durch die verschiedenen Tätigkeitsarten.

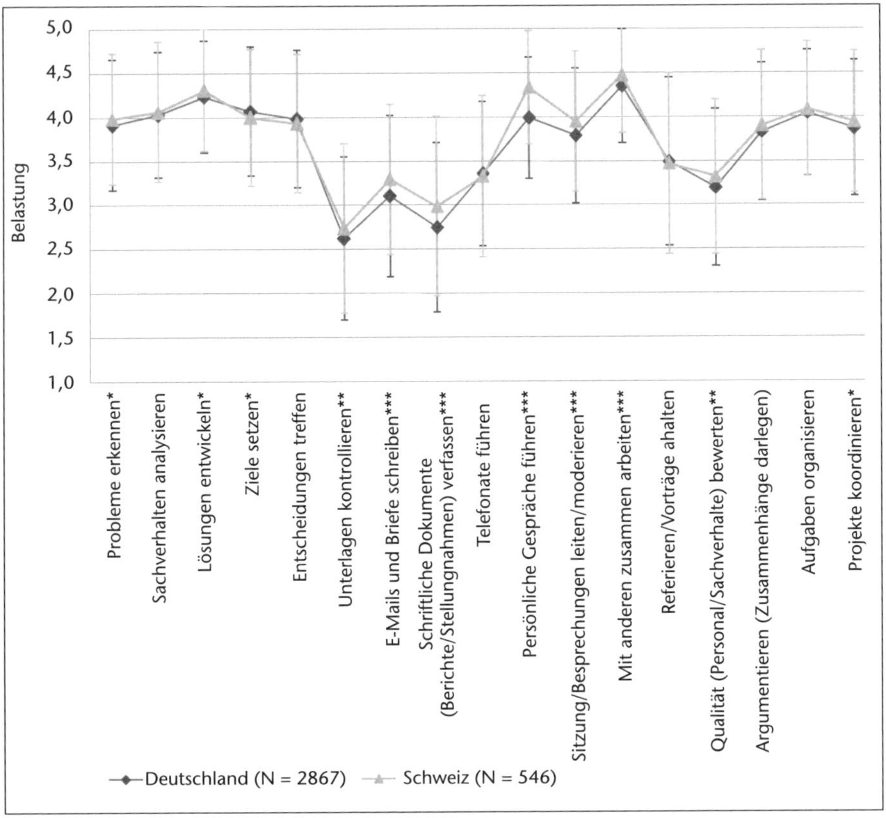

Abb. 2: Mittelwerte und Standardabweichungen für Vorlieben für verschiedene Tätigkeitsarten von deutschen und Schweizer Schulleiterinnen und Schulleitern
** signifikanter Unterschied zwischen den Gruppen (p < ,05), ** hoch signifikanter Unterschied (p < ,01), ** höchst signifikanter Unterschied (p < ,001)*

Auch bei den Tätigkeitsarten lässt sich gut erkennen, dass administrative und verwaltende Tätigkeitsarten von den Schulleiterinnen und Schulleitern in beiden Ländern als besonders belastend empfunden werden und dementsprechend wenig beliebt sind. Die deutschen Schulleiterinnen und Schulleiter zeigen sich durch die verschiedenen Tätigkeitsarten stärker belastet als ihre Schweizer Kolleginnen und Kollegen. Nur in den Tätigkeitsarten *Probleme erkennen, Sachverhalte analysieren, Ziele setzen* und *Entscheidungen treffen* zeigen sich die deutschen im Vergleich zu den Schweizer Schulleiterinnen und Schulleitern signifikant weniger belastet. Die Tätigkeitsart *mit anderen zusammenarbeiten* wird von allen als am wenigsten belastend bewertet und im Schnitt auch sehr gerne ausgeführt.

4.3 Spezifisches Belastungserleben in Handlungsbereichen

Die 75 konkreten Tätigkeiten des Handlungsinventar zum Schulleitungshandeln wurden entsprechend ihrer Ähnlichkeit mit statistischen Verfahren (explorativen und konfirmatorischen Faktorenanalysen gruppiert. Daraus ergeben sich neun Handlungsbereiche (Abb. 3).

Die Mittelwerte der erlebten Belastung durch die verschiedenen Handlungsbereiche der deutschen und österreichischen Schulleiterinnen und Schulleiter wurden mit denjenigen der Schweizer verglichen und die Unterschiede auf ihre statistische Signifikanz geprüft. Die deutschen und österreichischen Schulleiterinnen und Schulleiter unterscheiden sich von den Schweizer in den Handlungsbereichen *Personal, Erziehung, Kooperation, Qualitätssicherung, eigener Unterricht* und *eigene Fortbildung*, wobei sich die Belastung der Schweizer Schulleiterinnen und Schulleiter jeweils im Mittelfeld zwischen derjenigen der deutschen und österreichischen befindet. Der Handlungsbereich *Qualitätssicherung* wird von allen Schulleiterinnen und Schulleitern als besonders belastend angesehen, wobei dies bei den deutschen Schulleiterinnen und Schulleitern am stärksten zum Ausdruck kommt. Der *eigene Unterricht* und das *Repräsentieren* der Schule nach außen werden hingegen in allen drei Ländern als wenig belastend erlebt. Insgesamt ist die Höhe der Mittelwerte moderat, keines der Handlungsbereiche hat einen Mittelwert über 3,5. Auch bei den am stärksten belastenden Handlungsbereichen ist die Belastung im mittleren Bereich.

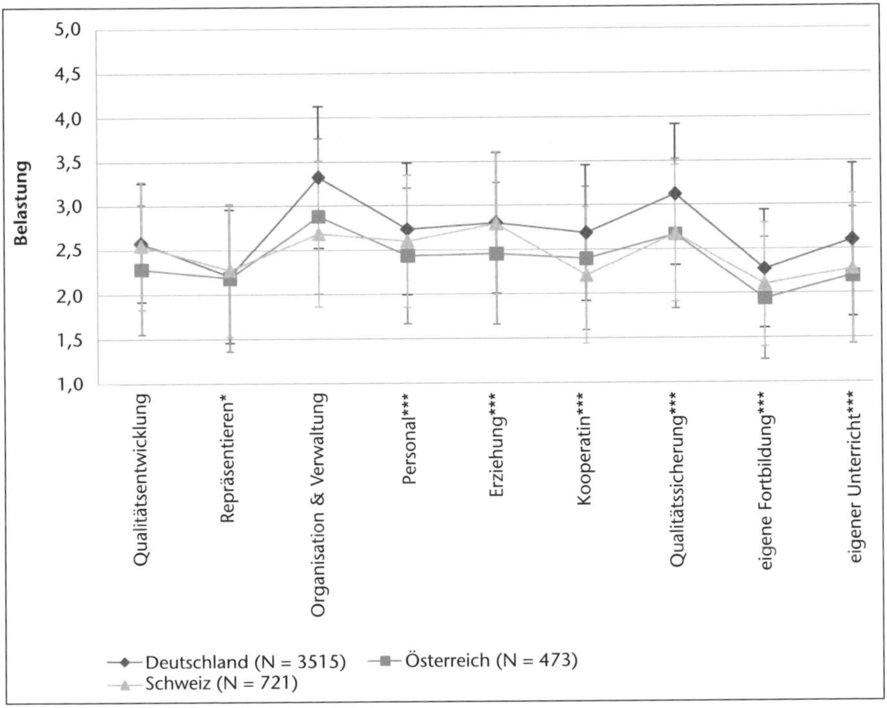

Abb. 3: Mittelwerte und Standardabweichungen für die Belastung durch verschieden Handlungsbereiche, alle Schweizer Kantone im Vergleich zur deutschen und österreichischen Stichprobe
** signifikanter Unterschied zwischen den Gruppen (p <,05), ** hoch signifikanter Unterschied (p <,01), ** höchst signifikanter Unterschied (p <,001)*

Im Vergleich von Vorliebe und Belastung der einzelnen Handlungsbereiche in Deutschland, Österreich und der Schweiz wird deutlich, dass Handlungsbereiche, die als weniger belastend empfunden werden, auch lieber ausgeführt werden. Dies lässt sich vor allem bei der *Qualitätsentwicklung* und der *eigenen Fortbildung* erkennen. Der Bereich *Organisation und Verwaltung* ist der einzige, bei dem die Mittelwerte der Belastung aller Länder höher sind als die Mittelwerte der Vorliebe. Organisatorische und verwaltende Tätigkeiten werden im Schnitt von allen Schulleiterinnen und Schulleitern als am belastendsten empfunden und auch am wenigsten gerne ausgeübt.

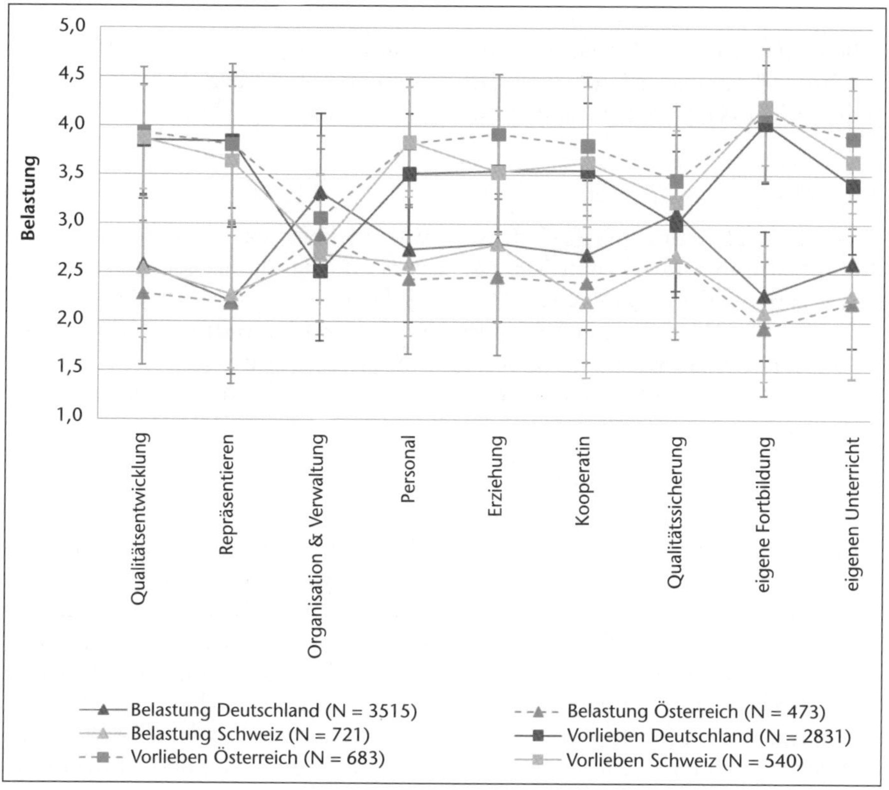

Abb. 4: Mittelwerte und Standardabweichungen für Belastung und Vorlieben verschiedener Handlungsbereiche nach Land

Insgesamt fällt auf, dass die Angaben zur Vorliebe und Belastung der einzelnen Handlungsbereiche sehr gut korrespondieren: Wer eine Tätigkeit gern ausübt, findet sie auch weniger belastend und auch umgekehrt, wer eine Tätigkeit als belastend empfindet, übt sie nicht gerne aus. Vergleicht man die Übereinstimmung von Vorliebe und Belastung der verschiedenen Handlungsbereiche miteinander, gibt es etwas größere Abweichungen bei den Handlungsbereichen *Kooperation*, *Qualitätssicherung* und eigener *Unterricht*. Bei diesen drei Handlungsbereichen ist der Anteil derer, die die Tätigkeit trotz einer als relativ hoch empfundenen Belastung gerne tun, größer als derer, die dies zwar ungern tun, aber dennoch nicht als belastend empfinden. Es gilt für diese drei Handlungsbereiche mehr als für die anderen: wenn ungern, dann belastend, aber wenn belastend, nicht zwingend ungern.

Die Ergebnisse zu den Handlungsbereichen bestätigen diejenigen zu den einzelnen Tätigkeiten: *Eigene Fortbildung*, *Qualitätsentwicklung* und *Repräsentieren* werden von den Schulleiterinnen und Schulleitern als wenig belastend und eher beliebt eingeschätzt, *Organisation und Verwaltung* dagegen als am stärksten belastend und am wenigsten beliebt. Bei diesem Handlungsbereich liegt als einzigem der Mittelwert der Belastung höher als derjenige der Vorliebe.

4.4 Fazit

In der Analyse des spezifischen Belastungserlebens, das heißt der Belastung durch bestimmte Tätigkeiten, Tätigkeitsarten und Handlungsbereiche erweisen sich organisatorische und verwaltende Tätigkeiten als besonders belastend und unbeliebt. Der Handlungsbereich *Organisation und Verwaltung* ist der einzige, dessen Mittelwert der Belastung höher ist als der der Vorliebe. In allen drei Ländern (Deutschland, Österreich und Schweiz) wird das *Umsetzen von Schulreformen* als die größte Belastung erlebt. Die Ranglisten der zehn belastendsten Tätigkeiten für Deutschland und Österreich sind relativ ähnlich. In der Schweiz stehen im Gegensatz zu den anderen beiden Ländern zudem pädagogische Angelegenheiten wie *mit Lehrpersonen Konfliktlösegespräche führen* oder *zwischen Eltern* und *Lehrpersonen bei Konflikten vermitteln* unter den »Top Ten« der belastendsten Tätigkeiten. Pädagogische Tätigkeiten, wie *selbst in der Klasse unterrichten, mit Schülerinnen und Schüler sprechen, wie auch der kollegiale Austausch* und *die eigene Fortbildung* werden sehr gerne ausgeübt und als wenig belastend empfunden, in Deutschland und Österreich, etwas weniger ausgeprägt auch in der Schweiz. Ebenfalls finden sich auf der Rangliste der zehn beliebtesten Tätigkeiten Aktivitäten für die *eigene Fortbildung* und der *fachliche Austausch mit Arbeitskolleginnen und Kollegen.* Dies zeigt ein großes Interesse der Schulleiterinnen und Schulleiter an ihrer Arbeit und weist ebenfalls auf die Wichtigkeit, mit anderen Schulleiterinnen und Schulleitern zu sprechen und Probleme diskutieren zu können, hin.

Dasselbe Muster findet sich auch bei der Analyse der Tätigkeitsarten: Von allen Schulleiterinnen und Schulleitern werden Tätigkeiten, die stärker pädagogisch, näher am Unterricht und auf kollegialen Austausch ausgerichtet sind, als weniger belastend empfunden. Schweizer Schulleiterinnen und Schulleiter finden *Probleme erkennen, Entscheidungen treffen und Ziele setzen*, als belastender als ihre deutschen Kolleginnen und Kollegen.

Allgemein kann gesagt werden, wer eine Tätigkeit als belastend empfindet, übt sie weniger gern aus, und wer sie als weniger belastend empfindet, übt sie auch lieber aus. Die Gesamtmittelwerte der Skalen für Belastung nach Handlungsbereichen liegen allerdings auch für die stark belastete Gruppe in einem moderaten Bereich. Daraus schließen wir, dass Schulleiterinnen und Schulleiter insgesamt gut mit ihren erweiterten Anforderungen zurechtkommen. Dennoch wird deutlich, dass Aufgaben, die traditionell zum Aufgabenbereich von Lehrpersonen gehören, tendenziell lieber ausgeübt werden und als weniger belastend empfunden werden als Aufgaben, die erst seit kurzem zum Aufgabenbereich von Schulleitungen dazu kamen.

Weitere Befunde der Schulleitungsstudie sind äußert interessant: Wie werden ausgewählte persönliche und institutionelle Belastungsfaktoren eingeschätzt? Wie sind die Unterschiede bezüglich Schulformen? Wie unterscheiden sich die Einschätzungen im jeweiligen Landeskontext bzw. auch im internationalen Vergleich? Welche Unterschiede zeichnen sich ab zwischen verschiedenen Berufsgruppen auch außerhalb des Schulumfelds? Was sind Prädiktoren von allgemeiner Arbeitszufriedenheit, vom allgemeinen Belastungserleben sowie von emotionaler Erschöpfung?

Hier können nur knapp als Ausblick einige wenige Befunde skizziert werden, weitere Befunde finden Sie im Laufe der nächsten Zeit unter www.Bildungsmanagement.net/SL-BB.

Die deutschen Schulleiterinnen und Schulleiter haben im Vergleich mit den Schweizer Schulleiterinnen und Schulleitern eine geringere *Arbeitszufriedenheit* sowie eine höhere *berufliche Belastung* und *emotionale Erschöpfung*. Die Analyse der Bedingungsfaktoren von *Arbeitszufriedenheit*, *Arbeitsbelastung* und *emotionaler Erschöpfung* zeigte die stärksten Effekte für die *persönliche Stressresistenz* sowie die *soziale Unterstützung im Kollegium*: Je höher die *Stressresistenz* und je größer die *Unterstützung im Kollegium*, desto geringer werden die eigene *Arbeitsbelastung* und *emotionale Erschöpfung* empfunden und desto höher ist die *Arbeitszufriedenheit* der Schulleiterinnen und Schulleiter.

Um längerfristige Effekte dieser Belastungen feststellen zu können und empirisch kausale Zusammenhänge nachzuweisen, wären Längsschnittdaten, das heißt eine wiederholte Befragung notwendig und wünschenswert. Zudem sollte die genaue Wirkweise der Belastungen in qualitativen Interviews vertieft analysiert werden. Diese zusätzlichen Analysen werden von den Autor/-innen in den weiteren Phasen der Studie angestrebt.

Angesichts der Ergebnisse und der Komplexitätszunahme von Schulleitungsaufgaben sind Überlegungen notwendig, wie Schulleitungen die an sie als Führungskräfte gestellten Schulmanagement-Herausforderungen erfolgreich bewältigen können. Welche Ansätze können hier hilfreich sein?

Professionalisierung von Schulleitung: Von zentraler Bedeutung für die erfolgreiche Bewältigung der Komplexität ist Professionalisierung von Lehrkräften, von Schulleitung und auch von Schulaufsicht. Die Professionalisierung von Schulleitung sollte sich in drei wesentlichen Handlungsbereichen des Personalmanagements niederschlagen: in einer qualifizierten Ausbildung für dieses Amt, einer den Anforderungen gerechten Auswahl sowie in Maßnahmen der Weiterqualifizierung bzw. in einer systematischen Personalentwicklung. Darüber hinaus muss die Dienststellung angemessen sein. Letztendlich beinhaltet Professionalisierung noch, auf entsprechende Unterstützungssysteme zurückgreifen zu können, schulintern und extern.

Kooperation und kooperative Führung: Anders als in der Wirtschaft ist Kooperation in Schulen sowohl Mittel als auch Ziel an sich. Aufgabe aller Lehrkräfte und besonders der Schulleitung ist, Voraussetzungen und konkrete Möglichkeiten zu schaffen, durch Kooperation Entwicklungsprozesse in Gang zu setzen, die die Problemlösungsfähigkeit und Leistungsfähigkeit der Schülerinnen und Schüler sowie die der Schule insgesamt zu erhöhen versprechen. Kooperation ist aber nicht nur intendierte Arbeitsform für Lernende und Lehrkräfte, sondern betrifft ganz maßgeblich auch die Schulleitung: Die Schulleitung schafft Rahmenbedingung und unterstützt die Umsetzung an der Schule und ist zudem Vorbild für kooperatives Handeln.

Ein integratives Führungskonzept: Ein integratives Führungskonzept geht von einer klaren Zielorientierung aus. Gemäß der Führungskonzeption eines »organisationspädagogischen Managements« (vgl. Rosenbusch, 2005) ist es pädagogischen Werten verpflichtet. Es weist Verwaltungsaspekten die klare Funktion zu, Instrumente zum Erreichen genuin pädagogischer Zielvorstellungen zu sein, zeigt also eine deutliche pädagogische Zielorientierung. Diese Zieljustierung an pädagogischen Prämissen verbindet es mit einer Integration verschiedener Rollen, wie sie die einzelne Schulleiterin oder der einzelne Schulleiter in ihrer Person leisten müssen, und einer Integration aller an Schule Beteiligten, wie sie kooperative Führung umsetzt. Das »Feintuning« des Schulleitungshandelns in einem solchen integrativen Führungskonzept bringt der Kontext mit sich: Führungshandeln ist kontextspezifisch.

4.5 Literatur

Böhm-Kasper, O. (2004). *Schulische Belastung und Beanspruchung. eine Untersuchung von Schülern und Lehrern am Gymnasium.* Münster: Waxmann. (Pädagogische Psychologie und Entwicklungspsychologie Bd. 43).

Huber, S. G. (2008). Steuerungshandeln schulischer Führungskräfte aus Sicht der Schulleitungsforschung. In R. Langer (Hrsg.). *»Warum tun die das?« Governanceanalysen zum Steuerungshandeln in der Schulentwicklung* (S. 95–126). Wiesbaden: VS.

Huber, S. G. (2009). Steuergruppen – eine Einführung. In S. G. Huber (Hrsg.), *Handbuch für Steuergruppen. Grundlagen für die Arbeit in zentralen Handlungsfeldern des Schulmanagements* (S. 1–10). Köln: LinkLuchterhand.

Huber, S. G. (2009b). Schulleitung. In: S. Blömeke, T. Bohl, L. Haag, G. Lang-Wojtasik & W. Sacher, Werner (Hrsg.). *Handbuch Schule Theorie – Organisation – Entwicklung.* (S. 502–511). Bad Heilbrunn: Verlag Julius Klinkhardt.

Huber, S. G. (2012). Schulleitung – eine Einführung. In S. G. Huber (Hrsg.), *Jahrbuch Schulleitung 2012. Befunde und Impulse zu den Handlungsfeldern des Schulmanagements* (S. 1–8). Köln: Wolters Kluwer Deutschland.

Huber, S. G. & Muijs, D. (2010). School Leadership Effectiveness The Growing Insight in the Importance of School Leadership for the Quality and Development of Schools and their Pupils. In S. G. Huber (Hrsg.). *School Leadership – International Perspectives.* Dordrecht: Springer.

Huber, S. G. & Schneider, N. (2007). Anforderungen an Schulleitung: Was wird in den Ländern von pädagogischen Führungskräften in der Schule erwartet? In A. Bartz,. J. Fabian, S. G. Huber, C. Kloft, H. Rosenbusch, H. Sassenscheidt (Hrsg.), *PraxisWissen Schulleitung* (10.24). München: Wolters Kluwer.

Rosenbusch, Heinz S. (2005): Organisationspädagogik der Schule. Grundlagen pädagogischen Führungshandelns. München, Neuwied: Luchterhand.

5. Salutogenes Leitungshandeln

Hans-Günter Rolff

Seit längerem ist ein Zusammenhang zwischen Schulleitungshandeln zum einen und Fluktuation, Absentismus sowie Krankenlagen zum anderen bekannt und durch Forschung belegt. Auch konnte gezeigt werden, dass das Erleben sozialer Unterstützung durch Schulleitung mitentscheidend für die Bewertung und Bewältigung der Arbeitsbedingungen durch Lehrkräfte ist. Unklar blieb indes, wie konkretes Leitungshandeln auf das Belastungsempfinden des Kollegiums wirkt. Um hier mehr Klarheit zu gewinnen, haben wir ein Forschungsprojekt durchgeführt und vor diesem Hintergrund ein neues Leitungskonzept entwickelt, das wir salutogene Leitung nennen.

Beim Forschungsprojekt kooperierte das Institut für Schulentwicklungsforschung (IFS) mit der Dortmunder Akademie für Pädagogische Führungskräfte (DAPF). Das dreijährige Projekt startete im März 2007 und wurde von der Unfallkasse NRW sowie der Technischen Universität Dortmund finanziert. Einbezogen waren 125 Schulen in NRW (Berufskollegs, Gymnasien, Gesamtschulen und Grundschulen) mit ca. 3500 Lehrpersonen und 118 Schulleitern.

5.1 Zentrale Ergebnisse des Forschungsprojekts

Die Lehrkräfte wurden befragt, wie belastend sie bestimmte Arbeitsbedingungen an ihrer Schule einschätzen:

- Am stärksten belastend wurden Aspekte der Reform- und Verwaltungsarbeit, des Unterrichtsgeschehens und der unterrichtlichen Rahmenbedingungen erlebt.
- Immerhin 24% der Lehrkräfte fühlten sich durch die Schulleitung belastet, aber deutlich mehr, nämlich 52% empfinden sie als entlastend (22% weder/noch).

Die Schulleiterinnen und Schulleiter, die nach den Aussagen der Lehrpersonen entlastend wirken, haben uns besonders interessiert, weswegen wir deren Handeln genauer analysiert haben. Dabei stießen wir auf das Konzept salutogener Leitung. Salutogene Handlungsweisen werden den Schulleitern von 44% der Lehrkräfte attestiert; an Grundschulen ist dies am stärksten ausgeprägt.

5.2 Was heißt Salutogenese?

Unter salutogenem Leitungshandeln verstehen wir ein gesundheitsförderliches Leitungshandeln, das sich darauf konzentriert, Ressourcen zu stärken und Belastungen nachhaltig zu reduzieren. Zu Grunde liegt bei der Begriffsbildung das Modell der Salutogenese von Anton Antonovsky (salus: lat. Wohlbefinden, Zufriedenheit; griech. Genesis: Entstehung, Herkunft). *Salutogene Ansätze* stellen die Frage, was Menschen gesund erhält, bzw. welche Bedingungen zu schaffen sind, um das Leben dauerhaft bewältigen zu können.

Zentraler Aspekt bildet dabei die Stärkung einer allgemeinen positiven Erwartungshaltung, vor allem das sogenannte *Kohärenzgefühl*. Dies ist wesentlich für den Umgang mit Belastungen und stellt eine Grundhaltung dar, die Lebensumwelt zusammenhängend und sinnvoll zu erleben.

Das Kohärenzgefühl setzt sich vor allem zusammen aus den Komponenten

- **Gefühl von Verstehbarkeit** (sense of comprehensibility):
  Fähigkeit von Individuen, auch unbekannte Stimuli geordnet, konsistent und strukturiert verarbeiten zu können.
- **Gefühl von Bewältigbarkeit** (sense of manageability):
  Überzeugung eines Individuums, geeignete Ressourcen zur Verfügung zu haben, um Anforderungen zu begegnen.
- **Gefühl von Bedeutsamkeit** (sense of meaningfulness):
  Ausmaß, indem man das Leben als emotional sinnvoll empfindet und die Überzeugung, dass Anforderungen willkommene Herausforderungen darstellen.

Die meisten Konzepte der Gesundheitsförderung beziehen sich auf Antonovsky. Sie unterstreichen dabei verhältnis- und verhaltensorientierte Maßnahmen. Verhältnisorientierte Maßnahmen umfassen die gesundheitsstabilisierende Gestaltung der Arbeitssituation (z. B. ergonomische Verbesserungen, Verbesserung der Organisationsstruktur). Verhaltensorientierte Maßnahmen orientieren sich an der Gesundheit einzelner Individuen durch Entwicklung personenbezogener Ressourcen (z. B. durch Kompetenztrainings).

Von großer Praxisrelevanz ist, dass an Schulen mit geringerem Belastungserleben nach unseren Erkenntnissen eher die folgenden **verhältnisorientierten** Maßnahmen durchgeführt werden:

- Gesundheitsförderung wird als Teil der eigenen Schulentwicklung betrieben
- Gesundheitsförderung ist im Leitbild sowie Schulprogramm verankert
- An der Schule gibt es ein Bewusstsein für die Erhaltung und Förderung der Gesundheit
- Lehrkräfte werden schulweit bei Disziplinproblemen oder Unterrichtsproblemen unterstützt
- Die Arbeitssituation an der Schule wird systematisch zu verbessern versucht.

An Schulen mit geringerem Belastungserleben werden eher die folgenden **verhaltensorientierten** Maßnahmen durchgeführt:

- Lehrer werden für gesundheitsrelevante Themen wie Bewegung oder Selbstmanagement sensibilisiert
- Die Entwicklung gesundheitsförderlicher Verhaltensweisen von Lehrern wird befördert
- Betroffenen wird vermittelt, mit Belastungssituationen umzugehen.

5.3 Tipps für die Schulleitung

Auf Basis des salutogenen Ansatzes wirft Gesundheitsförderung für die Schulleitung die folgenden Fragen auf:

1. Was kann **ich** tun, um das Gefühl von Verstehbarkeit, Bewältigbarkeit und Bedeutsamkeit zu stärken?
2. Wie sollte die Arbeitsumgebung gestaltet sein, um das Gefühl von Verstehbarkeit, Bewältigbarkeit und Bedeutsamkeit zu stärken?

Zur Beantwortung der ersten Frage könnten drei Gruppen gebildet werden, die je eine der drei folgenden Teilfragen zu bearbeiten hätten:

Was fördert

- Verstehbarkeit,
- Handhabbarkeit und
- Bedeutsamkeit

im Schulalltag? Die folgenden Ergebnisse, die individuelle Erarbeitungen der einzelnen Gruppen nicht vorwegnehmen sollen, sind in unterschiedlichen Kontexten schon einmal vorgekommen:

Dimensionen	Handlungsmöglichkeiten
Verstehbarkeit	⇒ Transparenz in Verantwortungsregelung/Entscheidungen ⇒ Informationsfluss fördern ⇒ Aufgabenklarheit ⇒ Verständliche Erklärungen
Bewältigbarkeit	⇒ Passung von Aufgabe und Person ⇒ Selbstwert fördern durch Anerkennung und Rückmeldung ⇒ Individuelle Stärken und Schwächen berücksichtigen ⇒ Optimale Arbeits- und Organisationsstrukturen schaffen ⇒ Kooperationsgelegenheiten ermöglichen ⇒ Materialaustausch fördern
Bedeutsamkeit	⇒ Zielorientiertes Handeln ⇒ Vermitteln von Visionen ⇒ Gemeinsame Zielsetzung ⇒ Handlungen erläutern/Zielklarheit

Oder auch:

Dimension	Kommunikation	Struktur
Verstehbarkeit	Drücke ich mich verständlich und strukturiert aus?	Verfügt die Schule über gute Kommunikationsstrukturen und ist Transparenz gegeben?
Bewältigbarkeit	Wissen die Lehrkräfte, dass sie meine Unterstützung haben?	Sind die Arbeitsabläufe ökonomisch gestaltet und werden Ressourcen optimal eingesetzt?
Bedeutsamkeit	Habe ich eine Begründung gegeben bzw. die Bedeutsamkeit aufgezeigt?	Haben wir ein gemeinsames Ziel bzw. eine Vision, auf die wir zielstrebig hinarbeiten?

Wichtig ist, bei der Auswertung heraus zu arbeiten, dass die drei Aspekte zusammen gehören und erst insgesamt das Kohärenzgefühl abbilden.

5.4 Zusammenfassung

Das salutogene Leitungshandeln hängt mit der erlebten Beanspruchung zusammen. Zeigen Schulleiterinnen/Schulleiter ein bewusstes salutogenes Leitungshandeln, indem sie darauf achten, dass in der Kommunikation und in der Zusammenarbeit mit Lehrkräften die Verstehbarkeit, Bewältigbarkeit und Bedeutsamkeit von Aufgaben oder Aufträgen gefördert wird, erleben Lehrkräfte geringe Beanspruchung in der Schule. Die Schulleitung stärkt damit das Gefühl der Lehrkräfte, über genügend Kapazitäten zu verfügen, um die Arbeit zu »meistern«. Dies trägt dazu bei, dass die Arbeit tatsächlich als weniger belastend empfunden wird.

5.5 Literatur

Harazd, B./Gieske, M./Rolff, H. G.: Gesundheitsmanagement in der Schule. Lehrergesundheit als Aufgabe der Schulleitung. Köln: LinkLuchterhand 2009.

6. Für sich selbst sorgen lernen statt Aufopferung

Professionelle Lehrer-Selbstentwicklung und die Rolle der Schulleitung

Anton Strittmatter

Professionelle Selbstsorge gehört nicht zu unseren traditionellen Antworten auf die unbestreitbar hohen Belastungen im Lehrerberuf. Unter dem Anspruch der Professionalisierung wird sie aber mehr und mehr zur Berufspflicht. Wer das für sich angenommen hat, wird eigene Ressourcen und die von der Schule angebotenen Möglichkeiten produktiver nutzen. Es geht um die Frage: »Wie halte ich es mit meiner Selbstsorge?«

6.1 »Be a hero, be a teacher!« – Anmerkungen zur Identität von Lehrkräften

Zumindest wenn man – wie der Autor – schon etwas älter, männlich, Lehrer und in der Schweiz aufgewachsen ist, tut man sich schwer mit der Selbstsorge. Eher herrscht das Bild vor vom sich aufopfernden Pädagogen wie Pestalozzi, der mitten in den Kriegstrümmern die Waisenkinder unterrichtet, noch verziert mit etwas Willhelm Tell (»Der Starke ist am mächtigsten allein«), Winkelried (1386 in der Schlacht bei Sempach todesgewiss eine Bresche in die Österreicher Phalanx schlagend) und Henri Dunant, den Rotkreuzgründer auf dem Schlachtfeld von Solferino. Ähnliche Aufopferungs-Mythen finden sich natürlich auch in den anderen deutschsprachigen Ländern.

Beispielsweise in dem vielzitierten Satz von Friedrich Adolph Wilhelm Diesterweg: *»Mit Recht wünscht man ihnen (den Lehrern) die Gesundheit und die Kraft eines Germanen, den Scharfsinn eines Lessing, das Gemüth eines Hebel, die Begeisterung eines Pestalozzi, die Klarheit eines Tillich, die Beredsamkeit eines Salzmann, die Kenntnisse eines Leibnitz, die Weisheit eines Sokrates und die Liebe Jesu Christi.«* (Diesterweg 1844, S. XII). Einzelne der bemühten Vorbilder legen nahe, dass da nicht nur deren Weisheit und Liebe gemeint sind, sondern auch deren Leidensfähigkeit. *»Verzage nicht, deutscher Lehrer!«* fügt Diesterweg auch gleich an und kündet die »Mission« einer liberalen Volksbildung als möglicherweise undankbares Martyrium wider den Zeitgeist an, das viel aufopfernde Kraft und Mut erfordere. Und für den Fall von Anfechtungen: *»Bleibe eines guten, wenn es sein muss, eines besseren Loses würdig!«* Da klingt ein Stück Trost am Jenseits an. Solche Sätze, üblich bei der Aussendung von Missionaren in gefährliche Gefilde, finden sich wiederholt in der zitierten Schrift.

Fast 150 Jahre später macht der Text »Nicht einfach, eine Klasse zum Fliegen zu bringen« des Gymnasiallehrers Valentin Herzog die Runde an Anschlagbrettern deutschsprachiger Lehrerzimmer:

»*Wahrscheinlich gibt es nicht viele Berufe, an die die Gesellschaft so widersprüchliche Anforderungen stellt: Gerecht soll er sein, der Lehrer, und zugleich menschlich und nachsichtig; straff soll er führen, doch taktvoll auf jedes Kind eingehen; Begabungen wecken, pädagogische Defizite ausgleichen, Suchtprophylaxe und Aids-Aufklärung betreiben, auf jeden Fall den Lehrplan einhalten, wobei hochbegabte Schüler gleichermaßen zu berücksichtigen sind wie begriffsstutzige. Mit einem Wort: Der Lehrer hat die Aufgabe, eine Wandergruppe mit Spitzensportlern und Behinderten bei Nebel durch unwegsames Gelände in nordsüdlicher Richtung zu führen, und zwar so, dass alle bei bester Laune und möglichst gleichzeitig an drei verschiedenen Zielorten ankommen.*« (Herzog 1988, S. 77)

Neben verklärenden Tugendkatalogen und Lobreden auf das segensreiche Wirken der Lehrerpersonen ist die Identitätsgeschichte unseres Berufsstandes immer auch geprägt gewesen von Bildern der Selbstaufopferung. Mit sarkastischer Rhetorik »*Be a hero, be a teacher*!« lässt sich auch heute noch bei Lehrerversammlungen nach Belieben Szenenapplaus herstellen …

Heroische Selbstaufopferung gilt in unserer Kultur noch immer als deutlich edleres Muster als die Zelebrierung von Zufriedenheit und Genuss. Die Kehrseite besteht darin, dass professionelle Coping-Strategien so nicht ins Blickfeld kommen und vor allem, dass Schüler mit chronisch leidenden Lehrpersonen ziemlich schlecht bedient sind.

6.2 Hirte und Herde: Sich nicht länger als Schäfchen behandeln lassen

Eine Szene aus einer Schulkonferenz: Die Schulleitung hat den Entwurf eines Führungsleitbilds zur Diskussion gestellt. Ein wesentlicher Aspekt darin ist, dass sich die Schulleitung für die Personalentwicklung an der Schule einsetzen will. Ein erfahrener Lehrer steht auf, zeigt erregt mit dem Finger auf den Schulleiter: »Habe ich richtig gehört, Bruno? *Du* willst *mich* fördern? Wie kommst Du darauf!?« Beide sind frustriert – Bruno, weil sein Angebot nicht ankommt, und der erfahrene Lehrer, der sich nach zwanzig Dienstjahren zum Förderfall »befördert« wähnt.

Die zweite Szene ist aus einer Schulleitungsweiterbildung: Eine Schulleiterin erzählt mit sichtlichem Stolz von der »familiären Atmosphäre« in ihrem Kollegium, sie sei vor allem Hausmutter, was vom Kollegium sehr geschätzt werde. Zwei Stunden später beklagt sie sich dann bitter über die Unselbstständigkeit sehr vieler Lehrkräfte, die würden sich oft »wie kleine Kinder« verhalten …

Das in den Fallbeispielen zu Tage tretende spannungsvolle Verhältnis zwischen Selbstdefinition des Subjekts und den pädagogischen Förder- und Kontrollbestrebungen der Institutionen (Kirche, Schule, Politik, Strafvollzug) hat der große französische Machtphilosoph Michel Foucault ideengeschichtlich untersucht. In seinem Begriff der »Pastoralmacht«, der die unterschiedlichen Beziehungsformen zwischen Hirte und Herde abbildet, findet sich das Dilemma von Selbstbestimmung und Kontrollbestrebung wieder, das die beiden Szenen ansprechen.

Foucaults Ansatz der »Pastoralmacht« kann man gut für eine Analyse der Personalführung und Personalentwicklung in der Schule nutzen. Im Moment zeichnet sich eine interessante Dynamik ab: Noch gibt es »Gute Hirten« (die ihre Schäfchen beim Namen kennen, bei Gefahr keines im Stich lassen, aber gleichzeitig ihren disziplinierenden Stock und den Herdenhund mit sich führen) aus der Zeit der herkömmlichen Schulaufsichtspersonen. Teils sind sie aber schon beseitigt und nicht ersetzt worden (höchstens durch distanziertere »Fachstellen für externe Schulevaluation«). Die ganze Thematik hat sich stattdessen verlagert auf die Schulleitung. Diese kann nun – wie der Lehrer im Bruno-Beispiel befürchtet – entweder

- in eine fürsorgliche Belagerung der Lehrpersonen durch ausgeklügelte Personalentwicklungsanstrengungen (mit ständigen Mitarbeiterbeurteilungen, jährlichen Zielvereinbarungen, hierarchisch kontrollierten Portfolios etc.) umschlagen
- oder aber einen »postpastoralen« (Junge, 2009) Weg der Unterstützung professioneller Selbstführung einschlagen.

Die Vielfalt heute beobachtbarer Führungskulturen an Schulen (Strittmatter, 2010, S. 127–134) lässt noch keine Prognose zu, welcher Weg sich durchsetzen wird. Umso mehr scheint geboten, den Anspruch professioneller Selbstentwicklung und die Rolle der Institution unter diesem Anspruch näher zu beleuchten.

6.3 Drei gute Gründe für den Vorrang der Selbstentwicklung

Die Erfahrung mit ungenügend für sich selbst sorgenden Lehrpersonen verführt Schulleitungen zur pastoralen Fremdführung der Lehrerschaft. Die Professionalität der Lehrpersonen wird aber mit Sicherheit nicht gestärkt, wenn sie »gemanagt« werden. Selbstentwicklung muss man also nicht nur »fördern«, sondern man muss sie auch zwingend einfordern und schützen. Dafür gibt es mindestens drei starke Gründe:

1. Wenn es zum Kern des Bildungsauftrags gehört, Schüler zu befähigen, zunehmend selbstständiger zu lernen, zunehmend für sich selbst sorgen zu können, dann setzt das letztlich Lehrpersonen voraus, die ihrerseits über eine reife Selbstsorgefähigkeit verfügen.

2. Es gehört zu den normalen arbeitsrechtlichen Pflichten, sich um die eigene berufliche Fitness zu bemühen. Ausgeschlafen zur Arbeit zu kommen, genügt nicht in einem Beruf, der besondere Belastungen und Gefährdungen birgt, da braucht es auch ein aktives Bemühen um die eigenen Bewältigungsstrategien. Die anvertrauten Schüler haben ein Recht darauf, von Lehrpersonen »bedient« zu werden, denen es gut geht.
3. Wer Professionalität als Anspruch hat (und entsprechende Bezahlung und Respekt), verbittet sich nicht nur unnötige Einmischung in das berufliche Alltagshandeln, sondern auch in die eigene Entwicklung. Fürsorgliche Belagerung durch Vorgesetzte ist vielleicht bei hilflosen Angestellten angezeigt, nicht aber bei Professionellen.

6.4 Mit Widerständen rechnen

Auch wenn die Argumente für Selbstführung und Selbstsorge logisch erscheinen, so ist doch auch mit Widerständen dagegen zu rechnen.

Da gibt es diejenigen Kolleginnen und Kollegen, die Selbstführung aus Kalkül nicht wollen: »Sollte ich mal Probleme bekommen, zum Sorgenfall werden, will ich nicht auch noch selbst verantwortlich dafür sein. Wenn die Hauptverantwortung für meine Qualität und Entwicklung beim Chef liegt, hat der im Problemfall seine Sorgepflicht bei mir nicht erfüllt und ist zumindest mitschuldig an der Misere.«

Da sind die eingefleischten Altruisten, die sich in leidender Selbstaufopferung gut eingerichtet haben und damit viel Empathie und Pflegeleistung der Umgebung einheimsen. Das würden sie verlieren und vermissen, wenn sie plötzlich in Selbstsorge und Wohlbefinden versetzt würden.

Auch das gegenteilige Selbstkonzept reagiert abwehrend: »Ich bin doch voll o. k.; was soll das Geschwätz von Selbstsorge, das stempelt mich doch zum pflegebedürftigen potenziellen Sorgenfall, der ich nicht bin!«

Ähnlich die Zeitgenossen mit dem »Tell-Syndrom«: Sie orten zwar für sich schon einige Probleme, verweigern aber die Auseinandersetzung darüber, wollen Probleme nicht in einem institutionellen Konzept von Selbstsorge verortet wissen. Das geht niemanden etwas an, denn »Der Starke ist am mächtigsten allein«.

Manchmal stehen die Rahmenbedingungen einer Institution einer professionellen Übernahme von Selbstsorge entgegen, z. B. wenn der Betrieb laufend Double Binds im Sinne paradoxer Handlungsaufforderungen aussendet:

- Führe Dich selbst und befolge alle tausend Seiten Dienstvorschriften.
- Betreibe eine professionelle persönliche Weiterbildung und sitze Hunderte von Stunden in schulinternen Belehrungsveranstaltungen ab.

- Entwickle Dich autonom und formuliere brav jährliche Zielvereinbarungssätzchen für das Mitarbeitergespräch beim Schulleiter.

Und schließlich treffen kompetente Selbstsorger(innen) in ihrer sozialen Umgebung oft auf skeptische Reaktionen: Wer gut zu sich schaut und sich auch mal abgrenzt gegen Zumutungen, wird leicht des Egoismus bezichtigt, als unkollegial hingestellt, als Weichei und Verräter(in) am Selbstaufopferungsideal.

Es gehört zur Kunst der Personalführung, die Menschen in ihren unterschiedlichen Kompetenzen, Bedürfnissen und Widerständen wahrzunehmen und abzuholen. Standort- und Perspektivengespräche zwischen Schulleitung und Lehrperson (Strittmatter/Ender 2009) sind eine gute Möglichkeit, um Selbstsorge zu stärken.

6.5 Hilfreiche mentale Modelle

Selbstsorge beginnt bei einem selbst, in der Auseinandersetzung mit sich selbst: Man muss sich Selbstsorge überhaupt mal erlauben, sich der eigenen Ressourcen gewahr werden und meistens auch Aktivitäten und Anstrengungen zur Steigerung und Verteidigung der eigenen Selbstsorge-Kompetenz unternehmen.

Selbstsorge als Vertragspflicht annehmen

Selbstsorge muss als Vertragsangelegenheit begriffen werden. Im privaten Bereich mögen Motive wie Verwöhnung oder Askese angehen; berufliche Selbstsorge liegt jenseits solcher Vorlieben. In der beruflichen Selbstsorge geht es um Pflichten, die sich ergeben aus dem Kern von Bildung, aus der Perspektive der von Lehrpersonen betroffenen Schülern, aus dem betrieblichen Anspruch an leistungsfähige Mitarbeitende und aus dem Anspruch Professionalität. Wo Lehrpersonen die Pflege oder Vernachlässigung von Selbstsorge als Privatsache betrachten, sind sie kollegial oder durch die Schulleitung an ein reiferes Vertragsverständnis heranzuführen.

Arbeit an der eigenen Fähigkeit für sich zu sorgen

Selbstsorge ist nicht nur eine Willensangelegenheit, sondern auch eine Fähigkeit. Hilfreich erscheinen hier Ansätze aus der Resilienzforschung, beispielsweise das auf drei Persönlichkeitsmerkmale verdichtete Kohärenz-Modell von Aaron Antonovsky (1979). »Kohärente« Menschen – die unter Belastung nicht gleich auseinanderfallen – weisen demnach vor allem drei stärkende Merkmale auf:

- Sie pflegen eine gute Sinngebung, sie wissen, weshalb und wozu sie da sind, diesen Beruf ausüben, sie antworten auf Erfahrungen der Sinnlosigkeit mit aktiver Sinnkonstruktion.

- Sie haben die Fähigkeit zu verstehen, was passiert. Sie sind intelligent und informiert genug, sich die Vorgänge um sie herum und bei sich selbst erklären zu können, haben keine Lust, lange im Nebel herumzutappen.
- Sie haben und pflegen eine gute Selbstwahrnehmung, bemühen sich um positive Selbstwirksamkeits- und Kontrollüberzeugungen. Konkret: Sie sorgen für eine produktive Feedbackumgebung und tun alles, bei wahrgenommener Bevormundung die Selbststeuerung zurückzugewinnen.

Die Verantwortlichkeiten klären

Altruistische Angehörige von Sozialberufen neigen dazu, auch unter eigentlich unverantwortlichen Arbeitsbedingungen dienstfertig zu funktionieren. Professionelle tun das nicht, sie achten auf eine stimmige Vertrags- beziehungsweise Verantwortungssituation gemäß dem klassischen Führungsdreieck von Auftrag/ Aufgabe – Ressourcen – Durchsetzungsmacht:

- **Auftrag/Aufgabe:**
  Verantwortung braucht einen Auftrag. Verantwortlich handeln heißt zunächst, den Auftrag genau zu kennen oder sich nötigenfalls (z. B. bei überladenen oder widersprüchlichen Aufträgen) um Klärung und Anpassung des Auftrags zu kümmern.
- **Ressourcen:**
  Die Erfüllung eines Auftrags erfordert die entsprechenden Mittel, die entsprechenden Werkzeuge (z. B. Lehrmittel, diagnostische Instrumente), das passende Know-how, die zeitlichen und räumlichen Voraussetzungen (z. B. für gute Vor- und Nachbereitung, für Absprachen, für individualisierende Unterrichtsmethodik). Verantwortung darf nur übernommen werden, wenn die Ausrüstung dafür stimmt. Sonst ist entweder die Ressourcenseite nachzubessern oder der Auftrag den verfügbaren Mitteln anzupassen.
- **Durchsetzungsmacht:**
  Auch wenn der Auftrag klar und die Ressourcen stimmig sind, braucht es dann noch die Erlaubnis, die Auftragserfüllung auch gegen Widerstände oder Einmischung durchzusetzen. Wer in seinem Tun, im Vollzug des Auftrags unfrei ist, wer in Führungsentscheiden nicht gestützt oder gar sabotiert wird, nicht die nötige Autorität hat, der kann die Verantwortung nicht einlösen.

Wer Macht ohne entsprechenden Auftrag und bei fehlenden Ressourcen nimmt, handelt unethisch. Professionelle Selbstsorge bedeutet also, bei Schieflagen im Verantwortungsdreieck nicht einfach zu »wursteln«, daran zu leiden und zum Dank dann für das Misslingen gerügt zu werden, sondern entweder bessere Stimmigkeit zu verlangen oder die Situation zu verlassen.

6.6 Literatur

Antonovsky, Aaron (1979): Health, stress and coping. San Francisco.

Diesterweg, Adolph Wilhelm (1844): Wegweiser zur Bildung für deutsche Lehrer. Essen.

Herzog, Valentin (1988): Nicht einfach, eine Klasse zum Fliegen zu bringen. In: Die Weltwoche H. 22/1988, S. 77.

Junge, Torsten (2009): Selbstführung als postpastorale Macht. In: Gruber, Malte-Christian/Ziemann, Sascha (Hg.): Die Unsicherheit der Väter. Zur Herausbildung paternaler Bindungen. Berlin, S. 305 ff.

Strittmatter, Anton (2010): Führen als Vertrag. Mentale Modelle und erprobte Instrumente für die Leitung von Schulen und anderen Organisationen. Bern.

Strittmatter, Anton/Ender, Bianca (2009): Personalführung an Schulen. Bern.

Anmerkung:

Der Beitrag ist in leicht veränderter Fassung zuerst erschienen in der Zeitschrift PÄDAGOGIK, Heft 4/2012, S. 10 ff. Schwerpunkt dieser Ausgabe ist das Thema: Lehren gemeinsam verbessern. Das Heft ist zum Preis von € 6,50,– zu beziehen beim Pädagogische Beiträge Verlag Hamburg, Rothenbaumchaussee 11, 20148 Hamburg. Bestellformular unter www.redaktion-paedagogik.de oder per E-Mail unter paedagogik-einzelheft@web.de.

7. Selbstmanagement

Jörg Schett

Im Selbstmanagement können grundsätzlich zwei verschiedene Ausrichtungen unterschieden werden. Die eine versteht Selbstmanagement als Methode, das eigene Verhalten durch den Einsatz von Strategien und Instrumenten zu steuern bzw. zu verändern. Beispiele dafür sind Zeit-, Stress- und Wissensmanagement, Selbst- und Arbeitsorganisation u. a. m. Die andere Dimension stellt die Entwicklung der ganzen Persönlichkeit in den Vordergrund und betrachtet Selbstmanagement als Steuerung menschlichen Verhaltens durch übergeordnete Ziele, Haltungen und Sinnfragen. Daraus resultiert als logische Folge ein bestimmtes situationsbezogenes Verhalten und Handeln.

7.1 Einleitung: Fragen zur Selbstreflexion

Wann haben Sie das letzte Mal darüber nachgedacht, was Sie eigentlich wirklich wollen? Ihre Antwort »keine Zeit dazu« gilt nicht, Zeit haben Sie ohnehin zu wenig. Vielleicht helfen Ihnen ein paar der folgenden Fragen, Ihren Wünschen, Bedürfnissen und Notwendigkeiten für ein zufriedenes Leben nachzuspüren:

- Haben Sie oft den Eindruck, dass Ihnen die Zeit für das Wesentliche im Leben fehlt? Wenn ja, was würden Sie gerne öfter tun?
- Suchen Sie Ihren Arbeitsplatz manchmal mit Beklemmung auf? Denken Sie manchmal schon am Sonntagnachmittag mit Unbehagen an den kommenden Arbeitstag? Welche Gefühle kommen bei Ihnen auf?
- Erledigen Sie Ihre Arbeiten ruhig und gelassen, oder fühlen Sie sich oft unter Zeitdruck? Wenn ja, was für Gefühle sind damit verbunden?

(Nach Kretschmann, 2001)

7.2 Drei Schritte zu neuem Handeln

Werden Sie danach gefragt, was Sie verändern wollen, damit Sie gesund bleiben und sich wohlfühlen können, stellen Sie möglicherweise fest, dass Veränderungen auch unangenehm sein und eine Kette von Umorganisationen nach sich ziehen können. Unter Umorganisieren verstehen wir im Selbstmanagement das Erlernen neuer Haltungen und abgeleitet davon neue Handlungsmöglichkeiten. Dieser Prozess erfolgt in drei Schritten:

1. **Schritt: Das Ziel klären**
2. **Schritt: Das gewählte Ziel als logisch und sinnhaft angehen**
3. **Schritt: Das Ziel bewusst verfolgen und in Handlungen umsetzen**

7.3 Schritt 1: Das Ziel klären

Die psychologische Forschung gibt konkrete Hinweise, wie ein Ziel beschaffen sein muss, damit die Wahrscheinlichkeit steigt, dass dieses in Handlungen umgesetzt werden kann. Maja Storch und Frank Krause (2006) raten in ihrem »Zürcher Ressourcenmodell (ZRM)« dazu, Ziele möglichst allgemein – als Haltungen, Einstellungen oder Werte – zu fassen, da solche stärker zum eigenen Selbst gehörend erlebt werden als spezifizierte Handlungsabsichten und außerdem mit starken Emotionen verbunden sind. Anstatt: »Ich möchte mich weniger über das undisziplinierte Verhalten der Schüler und Schülerinnen im Sportunterricht aufregen«, zum Beispiel: »Ich bleibe ruhig und gelassen«.

Dieses Beispiel entspricht auch den folgenden drei ZRM-Kriterien für ein erfolgversprechendes handlungswirksames Ziel.

Drei Kriterien für gute Haltungsziele

a) Das Ziel soll **positiv formuliert** sein, d. h. es soll einen Zustand beschreiben, der als erstrebenswert empfunden wird und welchem man sich mit Energie und Einsatz annähern will. Solche Ziele werden als Annäherungsziele bezeichnet. Der Gegensatz dazu sind Vermeidungsziele, d. h. die Absicht, einen unerwünschten Zustand durch Formulierungen wie zum Beispiel »weniger, nicht mehr usw.« zu vermeiden.
b) Das Ziel muss im **eigenen Kontrollbereich** liegen. Dies bedeutet, dass die Erreichung des Zieles weder von anderen Personen noch von äußeren Umständen abhängig sein darf.
c) Das Ziel soll **motivierend**, d.h mit einem »guten« Gefühl verbunden sein.

Die Zielformulierung ist ein kreativer Sprachakt. Je nach Temperament kann das Ziel sachlich kognitiv oder spielerisch emotional formuliert werden. Es ist alleiniges Eigentum des Schöpfers, der Schöpferin und nur er bzw. sie muss es verstehen.

Beispiele für Haltungsziele:

- Mein Vulkan sprüht rote Funken (Stärkung des Selbstbewusstseins)
- Ich atme im Fluss des Lebens (Umgang mit Belastungen und Stress)
- Ich starte durch und packe an (Überwindung von Startschwierigkeiten)
- Ich wende mich der Sonne zu (Gefühle regulieren können)
- Ich steure mein Lebensschiff und bin der Kapitän (Erhöhung der Selbstwirksamkeit)

7.4 Schritt 2: Das gewählte Ziel als logisch und sinnhaft angehen

Der Neuropsychologe Antonio Damasio (2004) stellte als erster die Theorie auf, dass sämtliche Erfahrungen, welche ein Mensch im Laufe seines Lebens macht, in einem emotionalen Erfahrungsgedächtnis gespeichert werden. Dieses teilt sich über positive oder negative Körpersignale, sogenannte somatische Marker, mit. Sowohl positive somatische Marker wie zum Beispiel »Schmetterlinge im Bauch; es wird einem warm ums Herzen«, als auch negative wie »einen Kloß im Hals haben; es schnürt mir die Kehle zu« sind im alltäglichen Sprachgebrauch seit jeher bekannt. Ihre wissenschaftliche Nachweisbarkeit haben sie jedoch erst durch moderne bildgebende Verfahren erhalten. Somit verfügt der Mensch neben dem bewussten System der rationalen Vernunft über ein weiteres, unbewusst vorhandenes Bewertungssystem. Dieses beurteilt die emotionale Sinnhaftigkeit einer bestimmten Situation. Beide Systeme arbeiten unabhängig voneinander und können unterschiedliche Ergebnisse liefern.

	Verstand	Somatische Marker
Arbeitstempo	langsam	schnell
Kommunikationsmittel	Sprache (präzise Argumente)	Körpersignale (diffuse Gefühle)
Bewertungskategorien	richtig/falsch	mag ich/mag ich nicht

Wenn das gewählte Ziel als »richtig« und »mag ich« bewertet werden kann, ist die Wahrscheinlichkeit also groß, dass es auch tatsächlich realisiert und in wirksame Handlungen umgesetzt werden kann. Ein Ziel, welches als »richtig« aber »mag ich nicht« eingestuft wird, braucht für die Realisierung eine hohe Selbstkontrolle. Diese bedeutet, dass man sich immer wieder verstandesmäßig zwingen muss, etwas zu tun bzw. nicht zu tun. Denken wir dabei zum Beispiel an den nächsten Zahnarztbesuch. Der Verstand sagt, dass dieser wichtig und notwendig sei, während der somatische Marker dazu mit »Pfui, das tut doch weh« reagiert. Die Selbstkontrolle kann über kurze Zeit aufrechterhalten werden, je länger dieser Prozess jedoch dauert, desto größer wird die Wahrscheinlichkeit des Scheiterns. Ein sich ständiges Zwingen zu etwas, das man eigentlich gar nicht tun möchte, führt zu psychischem Unwohlsein und beeinträchtig letztlich die psychische und physische Gesundheit. Stress und Burnout haben ihre Ursachen oft in der Inkongruenz von Verstand und Gefühl.

7.5 Schritt 3: Das Ziel bewusst verfolgen und in Handlungen umsetzen

Sich eine neue Haltung anzueignen und diese in wirksame Handlungsoptionen umzusetzen ist ein Lernprozess. Aus der Neuropsychologie weiss man, dass Lernen mit der Bildung neuer neuronaler Netze, d. h. der Verknüpfung der Nervenzellen im Hirn, zu tun hat. Für das gewünschte neue Haltungsziel ist deshalb im Gehirn ein entsprechendes Netzwerk zu schaffen. Jede Aktivierung hat eine kürzere Verschaltung zur Folge; das neue neuronale Netz wird dadurch stabiler und macht den Inhalt schneller und flexibler verfügbar. Der Neurologe Gerald Hüther (2006) hat zum Verständnis dieses Vorgangs das Bild eines Weges durch unwegsames Gelände geschaffen, der durch ständige Benutzung breiter und begehbarer wird bis er schließlich zu einer Straße und einer Autobahn, einem Automatismus, ausgebaut wird.

Erinnerungshilfen und Primes

Automatismen können bewusst und unbewusst gebildet werden. Bewusst entwickeln sie sich durch häufige Wiederholung, wie zum Beispiel beim Trainieren eines bestimmten Bewegungsablaufs oder beim Üben eines Musikstückes. Der zweite Weg führt über eine bestimmte Form des unbewussten Lernens, das sogenannten Priming (Deutsch: Bahnung). Darunter wird die unbewusste Aktivierung eines neuronalen Netzes als Folge eines vorgängigen Sinneseindrucks (Stimulus) verstanden.

> In einem Versuch wies Gary Latham, Professor an der Universität Toronto, die Wirkung des Primings nach, indem er einer Gruppe ein Foto einer 5000-Meter-Läuferin zeigte, wie sie freudestrahlend als Siegerin ins Ziel einläuft. Die beiläufige Präsentation dieses Fotos führte dazu, dass offensichtlich ein unbewusstes Leistungsziel ausgelöst wurde, denn die Befragten, denen das Foto gezeigt wurde, schnitten in einer Kreativitätsaufgabe besser ab. In einer weiteren Teilstudie äußerten sogar nur Personen unter der Foto-Bedingung viele leistungsrelevante Gedanken.

Um das neu zu bildende neuronale Netz bewusst oder unbewusst möglichst häufig zu aktivieren, verwendet man Erinnerungshilfen oder sogenannte Primes. Als Erinnerungshilfen kommt alles in Frage, was einen positiven Sinneseindruck auslöst. Da das Hirn Bilder besser speichert als zum Beispiel Texte, eignet sich als Erinnerungshilfe ein Bild hervorragend. Dazu lohnt sich ein Besuch in einem Buchladen, in welchem Kartenständer stehen. Sicher findet man ein Bild oder eine Foto, das zum Ziel passt und einen positiven somatischen Marker auslöst. Kopiert, vergrößert, verkleinert oder mit dem Computer bearbeitet, findet das Bild an allen möglichen Orten in der Schule oder zu Hause einen Platz. Als Erinnerungshilfen oder Primes eignen sich jedoch auch Dinge wie zum Beispiel ein Schlüsselanhänger, ein besonders schöner Stein, eine eigens für das Ziel ausgewählte CD, eine bestimmte Blume, ein Parfüm oder ganz einfach eine Farbe – alles, was einen unserer Sinne anspricht.

Der Körper als Ressource

Neben seinen Arbeiten im Zusammenhang mit somatischen Markern befasste sich Antonio Damasio auch mit der Wechselwirkung von Körper und Hirn und belegte durch zahlreiche Befunde, dass die während Jahrhunderten angenommene Trennung zwischen Körper und Geist ein Irrtum sei. Über Körperhaltungen lassen sich also Emotionen beeinflussen und umgekehrt können Emotionen die Körperhaltung beeinflussen. Charlie Brown demonstriert dies eindrücklich in einem Comicstrip, in welchem er sinngemäß die folgende ironisch gemeinte Aussage macht: »Wenn du etwas von deiner Niedergeschlagenheit haben willst, ist es ungeheuer wichtig, dass du den Kopf und die Schultern hängen lässt. Das Verkehrteste, was du tun kannst, ist aufrecht und mit erhobenem Kopf dazustehen, weil du dich dann sofort besser fühlen würdest.«

Im Selbstmanagement nutzen wir die Wirkung des Körpers auf das Denken, indem wir eine unserem Ziel angepasste Körperhaltung ausprobieren und einüben.

Checkliste zum Vorgehen:

Vergegenwärtigen Sie sich nochmals Ihr Ziel. Wie verändert sich Ihr Körper, wenn er in Kontakt mit Ihrem Ziel kommt? Probieren Sie es zuerst im Stehen aus, dann, wenn erforderlich, auch im Sitzen:

- Stand, Stellung der Füße
- Waden, Knie, Oberschenkel
- Becken, Bauch, Brustraum
- Rücken, Schultern, Hände
- Kopfhaltung, Blick

Da es in bestimmten, zum Beispiel öffentlichen, Situationen nicht möglich ist, das Ziel durch die Einnahme der vollumfänglichen Körperhaltung (Makroversion) zu aktivieren, wird daraus eine reduzierte Mikroversion abgeleitet. Diese »Mini-Geste« kann eine einfache Bewegung der Hand, des Kopfes, der Füße usw. sein. Die »Mini-Geste« führt zum gleichen Ergebnis wie die vollständige Version.

Vorsätze als Hilfe zur Zielerreichung

Im bisherigen Ablauf des Selbstmanagements haben wir uns ausführlich mit der Zielfindung und der Zielimplementierung befasst. Dies ist insofern wichtig und bedeutsam, als dass ein gutes und verinnerlichtes Ziel der zentrale Schlüssel für ein erfolgreiches Selbstmanagement darstellt.

Im letzten Schritt des Selbstmanagementprozesses geht es darum, das Ziel in konkrete neue Handlungen umzusetzen. Die beiden Motivationsforscher Gabrielle Oettingen und Peter Gollwitzer (2002) haben dazu das Konzept der Handlungskontrolle durch Vorsatzfassung entwickelt. Während das Ziel beinhaltet, was jemand erreichen will, sind Vorsätze einfache Pläne, die festlegen, wann, wo und auf welche Art und Weise dieses in einer bestimmten Situation handlungswirksam werden soll. Verschiedene Forschungsergebnisse belegen, dass Vorsätze in der Form »Wenn die Situation X eintritt, dann werde ich das Verhalten Y ausführen« zu besseren Erfolgen führen als wenn Vorsätze allgemein formuliert werden. Diese **»Wenn-dann-Pläne«** als mentale Vorbereitung des Reagierens in bestimmten Situationen werden analog den Erinnerungshilfen und Primes durch häufige Wiederholungen automatisiert. Das bedeutet, dass dieses Verhalten unverzüglich, effizient und ohne bewusstes Wollen ausgelöst wird, sobald die im Vorsatz spezifizierte Situation eintritt. Diese rasche Auslösung des zielgerichteten Verhaltens ist besonders in Druck- und Belastungssituationen von Vorteil. Dadurch werden kognitive Ressourcen geschont und stehen für andere Aktivitäten zur Verfügung. Ein weiterer Vorteil der »Wenn-dann-Pläne« liegt darin, dass sie jederzeit gelöscht und durch andere ersetzt werden können.

Beispiel eines »Wenn-dann-Planes«:

Studenten haben 10 Minuten Zeit, um sehr schwierige Aufgaben zu lösen:

Gruppe 1: Ich löse so viele Aufgaben richtig wie möglich.
Gruppe 2: Ich löse so viele Aufgaben richtig wie möglich und **wenn** ich eine neue Aufgabe beginne, **dann** sage ich mir: Ich kann sie lösen.

Gruppe 1: löste im Durchschnitt **2,80** Probleme richtig.
Gruppe 2: löste im Durchschnitt **4,30** Probleme richtig.

7.6 Fazit

Selbstmanagement bedeutet: wissen was man will und das Gewollte in Handlungen umsetzen. Um zu wissen, was man will, braucht jede und jeder seine persönliche Vorstellung über ein erfülltes und erfolgreiches Leben und die daraus abgeleiteten Wertehaltungen und Einstellungen. Diese werden in ein Ziel gefasst, das sowohl vernunfts- als auch gefühlsmäßig als wichtig und erstrebenswert beurteilt wird. Um das Ziel zu implementieren, werden Ressourcen auf der Ebene des Denkens, der Emotionen und des Körpers bereitgestellt und genutzt. Zielorientierte Vorsatzpläne ermöglichen den Transfer des Ziels auf konkretes Handeln in schwierigen Situationen. Und schlußendlich gehört zum erfolgreichen Selbstmanagement das Vertrauen in sich selbst und das Vertrauen darauf, dass man das schafft, was man will. Dies im Sinne des römischen Philosophen Senecas der sagt: »Kein Mensch kann glücklich sein, der sich nicht selbst dafür hält.«

7.7 Literatur

Bayer, U., Gollwitzer, P. (2007). Boosting scholastic test scores by willpower: the role of implementation intensions. *Self Identity, 43.*

Damasio, A. (2004). *Decartes' Irrtum, Fühlen, Denken und das menschliche Gehirn.* Ullstein: Taschenbuchverlag.

Hüther, G. (2006). *Bedienungsanleitung für das menschliche Gehirn.* Göttingen: Vandenhoeck & Ruprecht.

Kretschmann, R. (2001). *Schulleitung: Stresspotenziale und Stressprävention.* Abgerufen am 20. Oktober 2010 von http//home.arcor.de/rudolf.kretschmann.

Latham, G. (2009). *Unbewusste Ziele.* Abgerufen am 08. Oktober 2010 von http://www.wirtschaftspsychologie-aktuell.de/lernen/lernen_20090625_Gary_Latham_Unbewusste_Ziele.html.

Margraf, J., Schneider, S. (2009). *Lehrbuch der Verhaltenstherapie,* Band 1. (3. Aufl.). Heidelberg: Springer.

Oettingen, G., Gollwitzer, P. (2002). Zielpsychologie. In D. Frey, M. Irle (Hrsg.) *Theorie der Sozialpsychologie, Band III.* Bern: Hans Huber.

Storch, M., Cantieni, C., Hüther, G., Tschachter, W. (2010). *Embodiment, Die Wirkung von Körper und Psyche verstehen und nutzen* (2. Aufl.). Bern: Hans Huber.

Storch, M. (2000). Das Zürcher Ressourcen Modell ZRM. *Beiträge zur Lehrerbildung, 18* (3).

Storch, M. (2010). *Machen Sie doch was Sie wollen. Wie ein Strudelwurm den Weg zu Zufriedenheit und Freiheit zeigt.* Bern: Hans Huber.

Storch, M., Krause F. (2007). *Selbstmanagement – ressourcenorientiert, Grundlagen und Trainingsmanual für die Arbeit mit dem Zürcher Ressourcen Modell ZRM* (4. Aufl.). Bern: Hans Huber.

Storch, M., Krause F. (2006). Ressourcenorientiert Coachen mit dem Zürcher Ressourcen Modell-ZRM, *Psychologie Österreich 26/1.*

8. Burnout – die Leiden der Gesunden

Frank Döbler

»Ich hätte nie gedacht, dass ich mal so werden könnte wie die säuerlichen alten Kollegen, die die Kinder bloß anschreien und Strafarbeiten aufgeben. Inzwischen haue ich auch dazwischen, anders kommt man einfach nicht durch. Der einzige Zweck des Unterrichts sind nun einmal die Zeugnisse.« So die erschreckende Aussage einer jungen Lehrerin nach nur einem Jahr im Schuldienst (zitiert nach: Burisch, 1994, S. 1).
Mit einer relativen Sicherheit lässt sich konstatieren, dass diese Kollegin in recht kurzer Zeit in einen Zustand geraten ist, der sowohl für die Adressaten ihrer Leistung – die Schülerinnen und Schüler – als auch für ihr persönliches Wohlbefinden in höchstem Maße bedenklich ist und schließlich deshalb auch für Schulleitungen ein Thema sein muss. Und recht wahrscheinlich ist auch, dass wir diesen Fall dem Phänomen »Burnout-Syndrom« zurechnen können.
Wie ist aber ein derartiges Umkippen von Enthusiasmus, von Idealen und Engagement zu Verdrossenheit und Pessimismus, Resignation und Hilflosigkeit zu erklären? Wie kann dieser Prozess erkannt werden – und vor allem – was ist dagegen zu tun? Auf einige Aspekte, die der Beantwortung dieser Fragen dienen, wollen wir in diesem Beitrag eingehen.

8.1 »Diagnose: Burnout«?

Schlappheit und chronische Müdigkeit, Konzentrationsstörungen, Muskel- und Kopfschmerzen verbunden mit depressiven Verstimmungen, Gereiztheit und Schlafstörungen – das sind typische Symptome für das, was die Mediziner »Chronisches Erschöpfungssyndrom« (CFS) nennen und für das sich auch der Begriff »Burnout-Syndrom« eingebürgert hat. Diese Symptome sind vergleichbar mit dem Befinden kurz vor dem Ausbruch einer Grippeerkrankung, haben allerdings keine organischen Ursachen. Und hier beginnt bereits das Problem. Die zuweilen zu findende Formulierung von »Burnout als Leiden der Gesunden« verweist auf die Tatsache, dass es sich um eine nicht eindeutig zu diagnostizierende Erkrankung handelt. Psychische und psychosomatische Symptome fallen dabei in sehr individueller Art und Weise zusammen. Das vor allem macht es schwierig, Burnout im Verlaufsprozess zu erkennen und auf dieser Basis rechtzeitig zu intervenieren. Nicht selten werden Betroffene von ihrer Umwelt als übersensibel oder als überemotional eingestuft, die sich »nur mal ein wenig zusammenreißen« müssten. Trifft eine solche Einschätzung auf ein entsprechendes Selbstbild, kann der Prozess des Ausbrennens dramatische Folgen für die psychische und schließlich auch für die physische Gesundheit haben.

Für unsere Thematik müssen wir davon ausgehen, dass der klinische Zustand des Burnout-Syndroms das (vorläufige) Endstadium eines längerfristigen Prozesses ist, der in erster Linie *psycho-sozial* zu erklären ist.[1]

Bei der Einschätzung der Zahl der Betroffenen ist man auf Schätzungen angewiesen. Experten gehen von bis zu 1,5 Millionen Menschen in Deutschland aus, die von der Burnout-Sympotmatik betroffen sind. Für den Bereich der Schule nennt der »DAK-Report Berufsschullehrer« (2004) die Zahl von 38 Prozent der Kolleginnen und Kollegen, die psychisch beeinträchtigt sind. Eine andere Untersuchung kommt zu dem Ergebnis, dass 35 Prozent der Lehrkräfte unter dem Burnout-Syndrom leiden (Bauer, 2004).

Relative Einigkeit herrscht inzwischen darin, dass das Burnout verstärkt bei Menschen auftritt, die in helfenden oder vergleichbaren Berufsfeldern mit anderen Menschen zu tun haben und in dieser Beziehung vor allem als Gebende tätig sind: Sozialarbeiter, Pflegekräfte, Seelsorger – und eben auch Lehrerinnen und Lehrer, aber auch Schulleiterinnen und Schulleiter.

Diese Charakteristik des »Gebenden« scheint ein wesentlicher Schlüssel für das Verständnis von Burnout, für die Ursachenfindung und auch für die Benennung von Lösungsansätzen in Prophylaxe und Intervention zu sein: *Kern des Burnout-Syndroms ist ein Ungleichgewicht in der Energiebilanz in unserer Psyche.*

Aus der Ernährungsberatung kennen wir eine einfache Regel: Wer sein Körpergewicht halten will, darf nicht mehr Energie zu sich nehmen, als er durch Bewegung und körperliche Betätigungen verbraucht. Wird dem Körper mehr Energie zugeführt, als er verbrauchen kann, lagert er diese Überschüsse als Reserven für den Notfall ein; ist die Energiebilanz negativ, greift der Körper auf die eigenen Energiereserven zurück und wir nehmen ab.

Was für den Körper gilt, gilt im Prinzip auch für die Psyche – hier allerdings hinsichtlich des Erstrebenswerten mit umgekehrten Vorzeichen: Wird mehr psychische Energie abgegeben als aufgenommen, schaltet die Psyche ebenfalls auf »Reserve«, der »Akku« wird leer – und irgendwann sind die Energiereserven aufgebraucht, verbrannt – ausgebrannt ...

Die Beschäftigung mit dem Thema »Burnout« im Lehrerberuf muss deshalb zwei Aspekte erfassen:

- zum einen die Suche nach den »Energieräubern«, also nach jenen Belastungen, die unsere psychische Energie verbrauchen und

1 In die psychologische Fachliteratur fand der Begriff Anfang der 70er-Jahre Eingang. Freudenberger beschrieb mit diesem Begriff die Wandlung aufopferungsvoller, pflichtbewusster und engagierter Helfer zu reizbaren Mitarbeitern mit zynischen Einstellungen ihren Kollegen gegenüber und deutlich sichtbaren psychischen und physischen Erschöpfungszuständen. Zwischenzeitlich ist auch die Zahl der Definitionsversuche auf psychologischem und psychotherapeutischem Feld kaum noch überschaubar. Eine – nicht vollständige – Übersicht der unterschiedlichen Ansätze findet sich in: Burisch, M. – Das Burnout-Syndrom. Theorie der inneren Erschöpfung. Springer Verlag 1994, S. 11–43.

- zum anderen die Beantwortung der Frage nach der »Energietankstelle«, nach dem »Ladegerät« für unseren Akku.

Die Vergeudung von Energie zu vermeiden und den Energieverbrauch ausgleichen – das sind die beiden wesentlichen Aspekte einer wirksamen Burnout-Prophylaxe und -Intervention.

8.2 Ursachen für Burnout – im Umfeld und in der Persönlichkeit

Woraus resultiert das eben genannte Ungleichgewicht in der Energiebilanz, gerade bei Mitarbeiterinnen und Mitarbeitern in pädagogischen und anderen helfenden Berufen?

Ohne Zweifel haben Be- und Überlastungssituationen einen großen Anteil am Entstehen von Burnout. Die spezifischen Belastungsfaktoren gerade auch im Setting Schule führen aber nicht zwangsläufig und nicht automatisch zu Burnout. Welche sind dann aber jene Faktoren, die das Ausbrennen begünstigen oder auch erst möglich machen?

Grundsätzlich handelt es sich stets um ein Bündel sich gegenseitig verstärkender Faktoren, wobei persönlichkeitsspezifische und organisationsbezogene Aspekte zu beachten sind.

Zu den *organisationsbezogenen* Aspekten zählen vor allem

- die Arbeitsbedingungen selbst,
- das soziale Gefüge in der Einrichtung und nicht zuletzt
- das Führungsverhalten.

Wir wollen uns ergänzend hierzu auf die *persönlichkeitsbezogenen* Faktoren konzentrieren. Auf der persönlichen Ebene scheint vor allem die Diskrepanz zwischen den eigenen Erwartungen und der Realität hinsichtlich der zu realisierenden Ziele und Aufgaben für den Burnout-Prozess wesentlich zu sein (Burisch, 1994).

Vorliegende Untersuchungen verweisen dabei vor allem auf die folgenden beiden Aspekte:

- *Unrealistische Zielstellungen*: Dieses Problem beginnt bereits im Kleinen bei der Unterrichts- und Stundenplanung: Zu viele Inhalte in ein zu geringes Zeitvolumen gepresst führen nicht nur zu permanentem Zeitdruck, sondern eben auch notwendigerweise immer wieder zu Misserfolgen. Aber auch selbst formulierte Ansprüche an das eigene pädagogische Tun oder die Mitarbeiterführung können so hoch gesteckt sein, dass sie entweder gar nicht oder nur durch einen übermäßigen Energieeinsatz erreicht werden können.
- *Probleme mit der Akzeptanz von fremdbestimmten Aufgaben und Zielen*: Gerade im Schulalltag sehen sich Lehrerinnen und Lehrer sowie in besonderem

Maße natürlich die Schulleitungen immer wieder in Situationen gebracht, in denen sie Zielstellungen realisieren oder Aufgaben erfüllen müssen, die sie nicht oder nicht in vollem Umfang akzeptieren – seien es nun schulpolitische Entscheidungen mit den daraus resultierenden Forderungen und Aufgaben, die von der Schulaufsicht an die Schulen übertragen werden, aber auch Anforderungen, die sich aus den Entscheidungen von Eltern beziehungsweise Sorgeberechtigten ergeben.

Daneben und verstärkend wirken einige Verhaltensmuster und Persönlichkeitsmerkmale begünstigend auf das Einsetzen von Burnout-Prozessen. Besonders gefährdet sind offensichtlich

- *Personen mit einem Hang zum Perfektionismus:* Was nicht hundertprozentig gelingt, gilt bereits als Versagen. Überforderungssituationen und häufige Misserfolgserlebnisse sind damit fast zwangsläufig vorprogrammiert.
- *Personen mit einem geringen Selbstwertgefühl, die dazu neigen, sich bei Misserfolgen* wie bei Erfolgen selbst abzuwerten: Erfolge werden als »Glück« oder »Zufall«, jedenfalls nicht als Ergebnis eigener Leistung, Misserfolge dagegen als Bestätigung der eigenen Unzulänglichkeit negativ um- beziehungsweise überbewertet.
- *Stark leistungs- und erfolgsorientierte Personen*, die ihre Bestätigung vorrangig im Arbeitsprozess suchen, sich demgemäß dauerhaft immer mehr auf die Schultern laden: Sobald der Erfolg ausbleibt oder die Aufopferung nicht genügend gewürdigt wird, sind diese Personen anfällig für Enttäuschungen.
- *Personen, die ihre eigenen Wünsche und Bedürfnisse nicht ernst nehmen:* Diese Menschen neigen dazu, körperliche und psychische Warnsignale nicht wahrzunehmen oder zu ignorieren.

8.3 Die Phasen des Burnout-Prozesses – wie man sie erkennt und wie man eingreifen kann

Ebenso vielfältig und individuell differenziert wie die Ursachen ist der Verlauf des Burnout-Prozesses. Allgemein lassen sich vier Phasen unterscheiden:

Die »Enthusiastische Phase«

Bei ambitionierten Berufsanfängern oder bei der Übernahme von neuen Aufgaben finden wir Anfangsenthusiasmus, gepaart mit einem Stück Idealismus. Zeit spielt keine Rolle, persönliche und private Interessen und Bedürfnisse stehen hinten an. Auch Fehlschläge bremsen den Elan nicht, sie werden mit einem verstärkten Einsatz korrigiert oder kompensiert. Mit der Zeit werden die eigenen Grenzen – psychische, physische, organisationsspezifische – immer deutlicher sichtbar. Weicht der Enthusiasmus einer realistischen Einstellung, verbunden mit der Entwicklung der Fähigkeit, eigene Ressourcen zielstrebig und ökonomisch einzusetzen, kann sich eine produktive Arbeitszufriedenheit entwickeln. Gelingt dies jedoch nicht, machen sich mehr und mehr Zweifel an der eigenen Person und an der Sinnhaftigkeit des eigenen Tuns breit.

Die »Stagnationsphase«

Die »Stagnationsphase« setzt mit einer allgemeinen, aber kaum zu fassenden Unzufriedenheit, verbunden mit Schwankungen im Arbeitsengagement ein. Das dauerhafte Zurückbleiben der erreichten Ergebnisse hinter den eigenen Ansprüchen führt zu einem permanenten Gefühl der Hilflosigkeit und mündet in die nächste Phase.

Die »Frustrationsphase«

Die Berufsentscheidung wird zunehmend grundsätzlich infrage gestellt. Spätestens hier schaltet der Körper den Energieverbrauch für die Realisierung der Aufgaben auf ein Minimum um. Das Engagement wird auf das Unvermeidbare im Sinne von »Dienst nach Vorschrift« reduziert.

Die »Apathische Phase«

Das relative Endstadium dieses Prozesses bildet die »Apathische Phase«, bei der die berufliche Erfüllung gänzlich verloren gegangen ist. Zu beobachten sind Gleichgültigkeit, Leere und Antriebslosigkeit, verbunden mit einem deutlichen sozialen Rückzug. Menschen, die diese Phase des Ausbrennens erleiden, benötigen unbedingt professionelle Hilfe; Selbsthilfe ist hier regelmäßig nicht mehr möglich, und auch die soziale Unterstützung im Kollegen- oder Freundeskreis stößt hier an ihre Grenzen.

Warnsignale frühzeitig erkennen

Für die unterschiedlichsten medizinischen Probleme steht uns inzwischen eine ganze Reihe einfach zu handhabender Hilfsmittel zur Verfügung: das Fieberthermometer, Blutdruckmessgeräte, einfache Verfahren zur Bestimmung des Blutzuckerspiegels für Diabetiker und vieles andere mehr. Ein Messgerät, mit dessen Hilfe wir den Verlauf eines möglichen Burnout-Prozesses messen können, gibt es leider noch nicht und kann es wohl auch nicht geben. Aber es gibt einige typische Symptome, die allgemein als Warnsignale für einen in Gang gekommenen und vorangeschrittenen Burnout-Prozess verstanden werden können:

- Solche Warnsignale auf der *psychischen Ebene* können negative Emotionen wie das Gefühl des Versagens oder Schuldgefühle, wahrgenommene und wachsende Frustration und Gleichgültigkeit, aber auch Konzentrationsstörungen und nervöse Ticks sein. Hierzu gehören aber auch Stereotypisierung von Schülerinnen und Schülern oder Sarkasmus und Zynismus in der Bewertung der eigenen Tätigkeit.

- Ebenso zu beachten sind die bekannten *psychosomatischen Beschwerden*: andauernde Müdigkeit und Schlafstörungen, häufige Erkältungen und grippale Infekte, Kopfschmerzen und Magen-Darm-Beschwerden, Herz-Kreislauf-Probleme, Bluthochdruck und anderes mehr.
- Auf der *Verhaltensebene* kann eine wachsende Gereiztheit und Aggressivität, aber auch ein gesteigerter Konsum von Nikotin, Alkohol oder Medikamenten als Warnsignal gelten.
- Auf der Ebene der *sozialen Beziehungen* sind es Tendenzen der Selbstisolierung und des Rückzugs sowie wachsende Schwierigkeiten, sich auf Schülerinnen und Schüler, aber auch auf Kolleginnen und Kollegen zu konzentrieren und ihnen zuzuhören.

8.4 Mit Belastungssituationen umgehen können

Auf individueller Ebene scheinen vor allem die folgenden vier Aspekte von entscheidender Bedeutung zu sein, um mit Belastungssituationen auf eine gleichermaßen leistungs- wie gesundheitsförderliche Art und Weise umzugehen (vgl. Schaarschmidt, 2004).

Die Fähigkeit, Distanz zu finden

Die Fähigkeit, sich psychisch von der Arbeit zu erholen, vor allem ab- und umzuschalten, ist gerade für Menschen mit ausgeprägtem beruflichen Ehrgeiz, die ihrer Arbeit eine hohe persönliche Bedeutsamkeit zumessen, wesentlich. Fehlt diese Fähigkeit, von der Arbeit loszulassen, dann führt die praktisch ununterbrochene gedankliche Beschäftigung mit arbeitsbezogenen Fragen fast zwingend zu Überlastungssituationen mit den entsprechenden Folgen psychischer und physischer Art. Bei Schwierigkeiten damit ist es erforderlich, gezielt und systematisch (täglich) Entspannungstechniken und Abgrenzungsrituale einzusetzen.

Der Umgang mit Misserfolgen

Wichtig ist der Erwerb der Fähigkeit, Misserfolge und Niederlagen zwar nicht zu ignorieren, aber auch nicht zu dramatisieren, sondern vielmehr als Ansporn zu betrachten, es beim nächsten Mal besser zu machen. Ungünstig ist es, nach derartigen Situationen lange und auf Dauer selbstzerstörerisch nach den Ursachen zu grübeln. Entscheidend ist demnach bei der Auseinandersetzung mit Misserfolgen nicht vergangenheitsorientiert (»Hätte ich doch lieber ...«), sondern stets zukunftsorientiert (»Was muss ich beim nächsten mal beachten ...?«) zu denken.

Die offensive Problem- und Konfliktbewältigung

Ein offenes Zugehen auf Kolleginnen oder Kollegen, auf Eltern oder andere Personen, die uns durch ihr Verhalten ein Problem bereiten, ist nicht nur für die rasche und konstruktive Lösung dieses Problems, sondern auch für die Erhaltung der psychischen Gesundheit günstiger, als »um des lieben Friedens willen« klein beizugeben. Konstruktives Konfliktmanagement ist somit ein wesentlicher Aspekt der Burnout-Prophylaxe. Es gilt zu lernen, die eigenen Bedürfnisse und Interessen selbstbewusst zu vertreten und im Konfliktfall auch rechtzeitig zu artikulieren. Auch wenn nicht in jedem Fall eine optimale Lösung erreicht werden kann, klären sich doch zumindest die Spielräume, die ausgeschöpft werden können.

Das Erleben sozialer Unterstützung

Lehrerinnen und Lehrer sind bekanntermaßen eher »Einzelkämpfer«. Trotzdem oder vielleicht gerade deshalb bilden erlebtes Verständnis und Rückendeckung durch die Familie, den Freundeskreis oder andere nahestehende Menschen sowie die Möglichkeit, sich bei Schwierigkeiten und Problemen jederzeit Rat und Hilfe holen zu können, eine wesentliche Basis für das Bewältigen von Belastungssituationen. Fehlen diese Akzeptanz, Rücksichtnahme und Unterstützung, kann das Gefühl, allein gelassen zu sein, problematisch sein und auf Dauer eben krank machen.

Für die Prophylaxe ist es daher wichtig, selbst kontinuierlich auf ein gutes, das heißt stabiles und tragfähiges Netz sozialer Beziehungen in und außerhalb des Berufslebens zu achten. In der Krisensituation selbst ist es wichtig zu lernen, die eigenen Bedürfnisse an die Familie und den Freundeskreis eindeutig zu formulieren.

8.5 Was können und was sollten Schulleitungen tun?

Enttabuisieren und Thematisieren

Die Gefahr des Ausbrennens im Lehrerberuf ist real. Wie am Anfang des Beitrages dargestellt ist das »Burnout-Syndrom« eben keine eingebildete Krankheit, die nur übersensible und zartbesaitete Personen trifft. Es handelt sich um ein ernst zu nehmendes Problem und als solches muss es auch behandelt werden. Deshalb sollten Schulleitungen das Gespräch im Kollegium und mit einzelnen Kolleginnen und Kollegen zu dieser Problematik nicht nur zulassen, sondern anregen und initiieren. Pädagogische Tage, schulinterne Lehrerfortbildungen oder außerhalb der Schule angebotene Weiterbildungen können und sollten genutzt werden, um Erfahrungen und Befinden auszutauschen.

Prävention institutionalisieren

Ebenso wie es mittlerweile an vielen Schulen selbstverständlich ist, dass einige Kolleginnen oder Kollegen als Vertrauens- oder Beratungslehrer für Schülerinnen und Schüler zur Verfügung stehen, sollten auch Lehrerinnen und Lehrer einen persönlichen Ansprechpartner für ihre Probleme finden können. Was spricht eigentlich dagegen, einen Kollegen oder eine Kollegin, die bereit, geeignet und gegebenenfalls zusätzlich qualifiziert ist, im Einvernehmen mit dem Kollegium für eine solche Aufgabe im Interesse aller Kolleginnen und Kollegen zu gewinnen?

Begleitung von Berufsanfängern

Besondere Aufmerksamkeit sollten Schulleitungen der Begleitung von neuen Kolleginnen und Kolleginnen widmen, vor allem in der Zeit des Referendariats und in den ersten ein bis zwei Jahren nach dem Zweiten Staatsexamen. Der viel zitierte »Praxisschock« kann eben in recht kurzer Zeit gerade bei engagierten Berufsanfängern der Einstieg in einen schleichenden Burnout-Prozess sein. Regelmäßige Gespräche, die gegebenenfalls auch an erfahrene Kolleginnen und Kollegen im Sinne einer Mentorenschaft delegierbar sind, helfen ebenso wie die aktive Einbindung der neuen Kolleginnen und Kollegen in die Aktivitäten des Kollegiums.

8.6 Literatur

Bauer, Joachim: Interview »Ein Lehrer kann seine Schüler nicht einfach entlassen, wenn sie ihm nicht passen«. In: Psychologie Heute, Januar 2004, S. 34.

Burisch, Matthias: Das Burnout-Syndrom. Theorie der inneren Erschöpfung. Berlin, Heidelberg, New York, 1994.

In diesem Standardwerk gibt der Autor einen anschaulichen und ausführlichen Überblick über den Stand der wissenschaftlichen Diskussion sowie die unterschiedlichen Denkansätze bei der Auseinandersetzung mit der Thematik und begründet die ganzheitliche Herangehensweise an die praktische Beschäftigung mit der Burnout-Problematik.

Cherniss, Cary: Jenseits von Burnout und Praxisschock. Hilfen für Menschen in lehrenden, helfenden und beratenden Berufen. Weinheim, Basel, 1999.

Neben einer ausführlichen Darstellung zu Ursachen und Verlauf des Burnout-Prozesses bei Angehörigen helfender Berufe schildert die Autorin an zahlreichen Beispielen, wie Betroffene zu ihrem Engagement und zu ihrer Leistungsfähigkeit zurückgefunden haben.

Hagemann, Wolfgang: Burnout bei Lehrern. Ursachen, Hilfen, Therapien. München, 2003.

Umfassend setzt sich der Autor mit strukturellen Problemen des Schulsystems und deren Folgen für die Gesundheit von Lehrerinnen und Lehrern auseinander. Aus der Analyse der aktuellen Situation zieht er Schlussfolgerungen ebenso für die Ausbildung des Lehrernachwuchses wie auch für die Gestaltung der sozialen Beziehungen im Kollegium.

Schaarschmidt, Uwe (Hrsg.): Halbtagsjobber – Psychische Gesundheit im Lehrerberuf. Weinheim/Basel, 2004.

Eine ausführliche Darstellung des von Schaarschmidt et al. entwickelten Modells der »Arbeitsbezogenen Verhaltens- und Erlebensmuster« (AVEM) mit gleich lautendem Selbsteinschätzungsbogen.

9. Dem Stress-Dreieck »mehr – schnell – perfekt« entgehen

Wie Schulleiter ihre Selbstkompetenz gegen überzogene Ansprüche entwickeln

Helmut Lungershausen

Schulleitungen üben einen interessanten und vielseitigen Beruf aus. Sie haben mit Menschen, Interessengruppen, Institutionen und Organisationen zu tun. Diese Abwechslung und die vielfältigen Arbeitskontakte werden einerseits geschätzt, andererseits kommt es dadurch zu Erwartungen und Ansprüchen an die Schulleitung, die der Sache nicht immer angemessen sind.

Hinzu kommt die in allen Bereichen erkennbare Arbeitsverdichtung, von der auch die Schulleitungen betroffen sind. Deshalb finden sich viele Schulleitungen in der Situation, immer **mehr** Arbeiten möglichst **schnell** und am besten **perfekt** erledigen zu müssen.

Schulleitungen sehen sich zurzeit häufig in einer wenig komfortablen Situation. Durch die Eigenverantwortung der Schulen wurden ihnen zusätzliche Aufgaben übertragen, die sie nur mit der Hilfe und Unterstützung des Kollegiums umfassend und zufriedenstellend erfüllen können. Das Kollegium lässt sich aber nur zu geringen Teilen in entsprechende Arbeitsaufgaben einspannen, weil es zum einen durch die gesteigerten Ansprüche an Unterricht selbst belastet ist und zum anderen dem Prozess der Arbeitsverlagerung »von oben nach unten« mit Vorsicht oder Vorbehalten begegnet.

Es gibt deshalb immer wieder Situationen oder Phasen, in denen sich Schulleiterinnen und Schulleiter einem hohen Anspruchsdruck von mehreren Seiten ausgesetzt fühlen und das Gefühl entwickeln, nicht allen Anforderungen gerecht werden zu können. Eine solche Situation führt zu negativem Stress und kann die Arbeitsfähigkeit auf Dauer gefährden. Deshalb stellt sich die Frage, wie man mit diesen Ansprüchen selbstbewusst und professionell umgeht.

9.1 Mehr

Wer die Schulleitungsaufgaben von vor zehn Jahren mit den heutigen vergleicht, wird eine erhebliche Zunahme der Aufgaben in den Bereichen Organisationsentwicklung und Personalentwicklung registrieren. Dabei geht es um die Erweiterung von Aufgabenfeldern (z. B. bei der Ausbildung und Beurteilung von Referendaren), um die Übertragung von Kompetenzen aus dem Bereich der Schulbehörde (z. B. Auswahl und Einstellung von Bewerbern), um die Ausweisung von völlig neuen Arbeitsbereichen (z. B. Qualitätsmanagement), um Neuerungen (z. B. bei den öffentlichen Haushalten – Schulbudget) sowie um Zusatzaufgaben oder vorübergehende Beauftragungen (z. B. bei Prüfungen, Fortbildung etc.).

Mit der Ausweitung der Arbeitsfelder nimmt die Arbeit doppelt zu: Zur Einarbeitung und Erledigung der neuen Aufgaben kommt das Konfliktpotenzial, das mit der neuen Arbeits- und Kompetenzverteilung verbunden ist. Das gilt insbesondere für die erweiterte Vorgesetzten-Rolle, aus der sich eine Menge an Kommunikations- und Vermittlungsbedarf ergibt, weil sich viele Lehrkräfte mit einer/m dienstlichen Vorgesetzten an der Schule nur schwer abfinden können.

Ein Hinweis auf die umfangreichen Anforderungen bieten auch die Profile und Curricula von Kursen für die Qualifizierung von Schulleitern, in denen fachliche, kommunikative, soziale, organisationale, juristische und wirtschaftliche Kompetenzen beschrieben werden. Schulleiter sollen sich auskennen im Qualitätsmanagement, im Haushaltsrecht, im Change Management, in der Krisenbewältigung und der Konfliktbearbeitung, in der Personalentwicklung u. v. m. Dabei ist das Auskennen nur der erste Schritt, das Planen, Vermitteln, Umsetzen, Evaluieren und Verbessern schließen sich an.

Diese Feststellungen decken sich mit den subjektiven Wahrnehmungen vieler Schulleitungen, die ihre Arbeit als verdichteter, anspruchsvoller, aufreibender und umfangreicher als vor zehn Jahren beschreiben. Das ist mit längeren Arbeitszeiten am Nachmittag/Abend und in den Ferien verbunden, aber auch mit dem Wegfall von Pausen oder Entspannungsphasen.

9.2 Schnell

Es ist nicht nur das subjektive Gefühl, dass der Zeitdruck im Gegensatz zu früher zugenommen hat. Insbesondere die Informationstechnologie hat zur objektiven Beschleunigung und Verdichtung der Arbeit beigetragen. Ein brieflicher Austausch benötigte allein für die Beförderung mindestens einen Tag, Erstellung und Fertigstellung zum Versand ebenfalls. So dauerte es mindestens vier Tage, um einen Brief zu schreiben und darauf Antwort zu erhalten. Im E-Mail-Verkehr sind aus den vier Tagen vier Minuten geworden. Ebenso ist das Telefonieren durch Nummern-Speicherung, Wahlwiederholung und Mailbox beschleunigt worden. Texte können mithilfe einer Spracherkennungssoftware schnell und fast fehlerfrei erstellt werden, ein Anbieter wirbt mit dem Argument: »Dreimal schneller als Tippen.«

Die Organisation der Arbeit hat diesen Möglichkeiten Rechnung getragen und ist auf schnellere und effektivere Abläufe eingestellt. »Just in time« war ursprünglich ein industrielles Modell, um Zuliefer-Bauteile nicht mehr lagern zu müssen. Sie sollen genau dann da sein, wenn sie erforderlich werden. Mittlerweile scheint für viele Menschen daraus eine Lebenseinstellung oder Arbeitshaltung geworden zu sein: Informationen sind jederzeit verfügbar und lassen sich abrufen, wenn man sie benötigt. Das Blättern in Lexika oder der Besuch einer Bibliothek sind überflüssig geworden. Der Urlaub kann »last minute« gebucht werden, »Fast Food« kommt auf Anruf ins Haus und Bestellungen per Internet können schon am nächsten Tag geliefert werden.

Entsprechend haben die Ansprüche angezogen, so dass eine »Sofort- und Jetzt-Mentalität« entstanden ist, die sogar das Warten zum Stress werden lässt. Hatte man früher noch das Gefühl, in Wartezeiten mit Entspannung und Muße eine Auszeit zu nehmen, so bekommt man heute dabei ein schlechtes Gewissen, weil man so unrationell mit seiner Zeit umgeht.

Die Kommunikationspartner der Schulleitung vermitteln diese Ansprüche durch entsprechende Erwartungen: Statistische Werte oder Stellenbeschreibungen sollen innerhalb kürzester Frist gemeldet werden, der Schulträger macht zeitlichen Druck bei Haushaltsunterlagen oder Beschaffungen, Elternvertreter erwarten ein unverzügliche Reaktion auf ihre Anliegen. Häufig werden Fristen mit einer »Deadline« gesetzt, so dass in manchem Schulleitungsbüro das Licht noch lange brennt, wenn etwas dringend erledigt werden soll.

9.3 Perfekt

»Nobody is perfect!« Die Einsicht, dass menschliche Arbeit immer mit Unzulänglichkeiten verbunden ist, scheint bei manchen Anforderungen ausgeklammert zu sein. Das lässt sich besonders gut am Beispiel des Qualitätsmanagements verdeutlichen, zu dem alle Schulleitungen verpflichtet sind. Die meisten dieser Modelle sind am »Total Quality Management« orientiert, ein Anspruch, den man erheben kann, wenn es um die Erstellung eines materiellen Produkts geht. Hat man es aber wechselseitig mit Menschen zu tun (z. B. im Unterricht, in der Personalentwicklung, in einer Konferenz), so wird die Forderung nach totaler Qualität zu einer frustrierenden Überforderung, weil man nie das Gefühl hat, allen Ansprüchen gerecht werden zu können.

In Publikationen wurden gute Beispiele für die Arbeit an Schulen unter der Rubrik »best practice« als vorbildlich angepriesen. Häufig wurden sie allerdings – wenn überhaupt – sehr reserviert zur Kenntnis genommen, weil sich Pädagogen nicht ständig an den Besten messen lassen wollen. Bei solchen Vergleichen sieht man selbst meistens schwach aus, weil »best practice« fast immer unter einmaligen Bedingungen als besondere Leistung erzeugt wurde. Als Konsequenz dieser Einsicht wurde in einigen Veröffentlichungen aus dem Superlativ »best« bereits ein schlichtes »good practice«.

Natürlich wäre fehlerfreie Arbeit schön, und z. B. Textverarbeitungsprogramme gaukeln vor, mit ihrem Korrekturmodul für Fehlerfreiheit zu sorgen, aber wir wissen, dass diese mit der deutschen Kommasetzung immer noch ihre Probleme haben. Fehlerfreie Arbeit gibt es nicht, dennoch sehen sich viele unter dem Druck, Ergebnisse ohne Fehler liefern zu müssen. Schulleitungen verinnerlichen häufig den Anspruch auf fehlerfreie = perfekte Arbeit, weil sie in einem Umfeld von Pädagogen arbeiten, für die das Aufspüren von Fehlern eine berufliche Attitüde ist, die sich nicht nur gegenüber den Schülern, sondern auch gegenüber anderen Menschen (und besonders Vorgesetzten) zeigt.

9.4 Das »unmögliche« Anspruchsdreieck

Betrachtet man das Anspruchstrio »mehr – schnell – perfekt« im Zusammenhang (s. Abb. 1), so wird deutlich, dass ein solcher Anforderungszusammenhang kaum auf Dauer aufrechtzuerhalten ist.

Es ist einleuchtend:

- Wenn mehr erledigt werden muss, geht das nicht schnell.
- Wenn etwas schnell erledigt werden soll, geht das nicht perfekt.
- Wenn perfekte Arbeit geliefert werden soll, kann man nicht mehr machen.

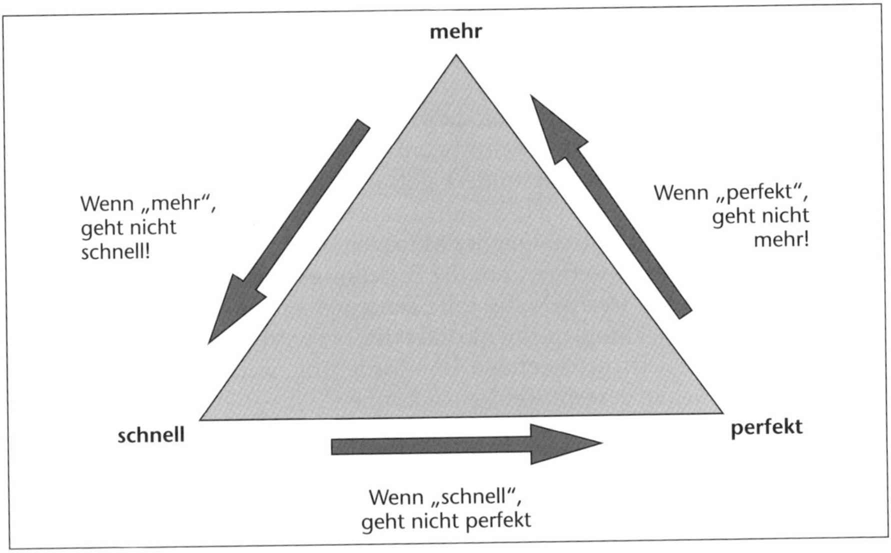

Abb. 1: Das Anspruchsdreieck »mehr – schnell – perfekt«

Wer sich diesem dreifachen Anspruch an seine Arbeit stellt, befindet sich schnell in der Rolle des Hasen, der gegen den vermeintlichen schnelleren Igel nie eine Chance bekommt. Ein größeres Arbeitspensum unter Zeitdruck und mit Perfektionsanspruch ist allenfalls über kurze Zeit durchzuhalten, durch Dauerbelastung und Stress bleiben Arbeitsmotivation und Gesundheit mittel-

oder langfristig auf der Strecke. Es ist daher sinnvoll, den bewussten Ausstieg aus dem Stress-Dreieck zu vollziehen, um Burnout und Krankheit vorzubeugen.

Der Ausstieg geht über die drei Schritte:

- Arbeitsumfang kontrollieren.
- Arbeitsprozesse entschleunigen.
- Arbeitsperfektion relativieren.

Mit welchem der drei Schritte Sie beginnen, ist nicht von Bedeutung. Wichtig ist allerdings, dass Sie beginnen. Wirkungsvoll ist es, wenn Sie die anderen Schritte anschließend tun und die Arbeitsorganisation der Schule im Blick haben.

9.5 Arbeitsumfang kontrollieren

Sie können Ihren Arbeitsumfang einschränken, wenn Sie rechtzeitig und deutlich »Nein« sagen können. Häufig werden Ansprüche an Sie herangetragen, die Sie akzeptieren, weil Sie nicht unhöflich und ablehnend erscheinen wollen. Wenn Sie Schwierigkeiten haben, schnell ein deutliches Nein zu sagen, empfehle ich Ihnen folgenden Trick. Antworten Sie in etwa so: »Ich habe verstanden, was Sie von mir möchten. Ich muss aber dazu erst mal in Ruhe überlegen und meine Termine checken. Ich melde mich in spätestens einer Stunde bei Ihnen.« Eine halbe Stunde später telefonieren oder mailen Sie: »Tut mir leid, ich kann es leider nicht möglich machen!« Dies kann die erste Maßnahme zur Verringerung Ihres Arbeitsumfangs sein.

Bei Ihren verschiedenen Aufgaben lohnt es sich aufzuräumen und Prioritäten zu setzen. Trotz meiner umfangreichen Kontakte zu Schulleitungen ist mir keine Person bekannt, die alle ihre Aufgaben, die sich aus Recht und Amt ergeben, vollständig erfüllt. Es ist aber von Bedeutung, sich klar zu machen, was Vorrang hat und was liegen bleiben kann. Erstellen Sie deshalb für Ihre Vorgesetzten einen Masterplan, in dem die wesentlichen Vorhaben skizziert und in eine zeitliche Reihenfolge gebracht werden. Anhand eines solchen Plans wird deutlich, wo Sie Prioritäten sehen und wo Sie vorerst den kalkulierten Mut zur Lücke haben.

Sie können den Umfang Ihrer Arbeit auch einschränken, wenn Sie sich von bestimmten Vorhaben verabschieden. Häufig laden wir uns selbst Ansprüche auf, von denen wir uns selbst nicht mehr befreien können. Ein Schulleiter hat darüber geklagt, dass er im nächsten Halbjahr schwer belastet sein werde, weil er die Festschrift zum Schuljubiläum erstellen müsse. Auf die Nachfrage, wer denn eine Festschrift erwarte, stellte sich heraus, dass er selbst meinte, zum Jubiläum gehöre eine Festschrift. Der Vorschlag, auf die Festschrift zu verzichten, wenn nur er sie vermisse, brachte ihm eine spürbare Entlastung.

Viele Arbeiten oder Aufgaben lassen sich übertragen oder delegieren. Hierzu höre ich öfter als Gegenargument, das ginge nicht, denn diese Arbeit sei so wichtig, dass man sich selbst darum kümmern müsse. Versteckt sich hinter diesem Argument nicht eine gewisse Überbewertung der eigenen Person oder ein Misstrauen gegenüber den Mitarbeitern? Mitarbeiter können nur lernen, eine Sache gut zu machen, wenn man sie mit entsprechenden Aufgaben betraut.

9.6 Arbeitsprozesse entschleunigen

Die zeitliche Struktur eines Schulleiter-Arbeitstages entspricht wahrscheinlich nicht den Biorhythmen der meisten Menschen, die diesen Job ausfüllen. Es ist deshalb sinnvoll, die eigene »Zeitkompetenz« zu entwickeln. Dazu gehört zunächst, sich über die eigenen Bedürfnisse hinsichtlich Geschwindigkeit, Pausen und Arbeitsrhythmus klar zu werden. Ein Teil der Arbeit lässt sich entsprechend dieser Bedürfnisse gestalten und verlagern, aber durch die erforderliche Präsenz während des größten Teils des Schultages sind diese Möglichkeiten beschränkt. Die Beanspruchungsphase nach dem Unterrichtsschluss fällt fast immer in die Siesta-Zeit, bei der die meisten Menschen das Verlangen nach Mahlzeit und Ruhe entwickeln. Durch einige Maßnahmen können Sie dennoch Ihren zeitlichen Spielraum gestalten.

Richten Sie an Ihrer Schule eine Mittagspause für sich und das Sekretariat ein. Haben Sie keine Bedenken, die Tür nach dem mittäglichen Ansturm für 45 Minuten zu schließen. Stellen Sie in dieser Zeit den Anrufbeantworter an, der freundlich Auskunft gibt: »Sie rufen in unserer Mittagspause an. Bitte haben Sie Verständnis, dass wir diese Verschnaufpause benötigen. Ab 14 Uhr sind wir wieder für Sie da!«

Vereinbaren Sie für Ihre Arbeiten Fristen mit einem angemessenen Zeitpuffer. Nehmen Sie keine Terminsetzungen entgegen, wenn Ihnen im Vorhinein schon klar ist, dass Sie dadurch unter Zeitdruck kommen. Setzen Sie auch unter dem Zeitgesichtspunkt Prioritäten: Was können Sie ersatzlos wegfallen lassen, delegieren oder zeitlich eingrenzen?

Ein Hilfsmittel für den Zeitgewinn ist ein Kurzzeitwecker auf dem Schreibtisch. Begrenzen Sie die Zeit, die Sie für weniger wichtige Arbeiten aufbringen wollen. Stellen Sie den Wecker entsprechend ein und lassen Sie sich an das Ende der Frist erinnern. Gewinnen Sie dadurch Zeit für die Aktivitäten, die Ihnen wichtiger erscheinen.

Besonders wichtig ist die Zeit für sich selbst. Eine Schulleiterin hat in ihrem Kalender jede Woche einen festen Zwei-Stunden-Termin »TMMS« eingetragen. Die Abkürzung bedeutet »Termin mit mir selbst« und wird von ihr für ganz persönliche Anliegen genutzt.

9.7 Arbeitsperfektion relativieren

Menschen, die arbeiten, machen Fehler.
Menschen, die viel arbeiten, machen viele Fehler.
Es gibt Menschen, die nie Fehler machen.

Verstehen Sie diesen Spruch nicht als Aufforderung, Ihre Arbeit mit weniger Sorgfalt zu erledigen. Aber vielleicht kann er dazu beitragen, dass Fehler nicht so stark gewichtet werden. Als Pädagoge wissen Sie, dass Fehler beim Lernen eine wichtige Rolle spielen. Überdenken Sie unter diesem Gesichtspunkt Perfektionsansprüche, die andere und Sie selbst an Ihre Arbeit stellen.

Häufig wird aus Gewohnheit oder Ehrgeiz viel Mühe verwendet, um Arbeitsergebnisse perfekt zu gestalten, obwohl der Aufwand sich gar nicht lohnt. So hat z. B. ein Schulleiter alle seine Aktennotizen und Aufzeichnungen von der Sekretärin »ordentlich« schreiben und ablegen lassen. Auf Nachfrage räumte er ein, später nur in seltenen Fällen darauf zurückzugreifen. Die handschriftlichen Notizen hätten dafür ausgereicht. Vielleicht entdecken Sie bei sich selbst ähnliche Fälle, bei denen weniger Perfektion völlig folgenlos bleibt.

In manchen Fällen geht die Identifikation des Schulleiters mit »seiner« Schule über das positive Maß hinaus. Wer sich für alles verantwortlich fühlt und alles unter Kontrolle halten will, praktiziert schnell einen Totalitätsanspruch, der kontraproduktiv ist. Bei aller Gesamtverantwortung ist es auch erforderlich, Aufgaben abgeben, Dinge laufen lassen und mit weniger perfekten Lösungen leben zu können.

9.8 Arbeitsorganisation verbessern

Auch ein Blick auf die Arbeitsorganisation lohnt sich, um unter dem Blickwinkel der drei Anforderungen zu prüfen, was sich durch strukturelle Maßnahmen verbessern lässt.

Lassen sich die Aufgabenverteilung und der tägliche »Zuschnitt« der Arbeiten den Gegebenheiten besser anpassen? Wie sind die Mitarbeiterinnen des Sekretariats beteiligt und eingebunden? Kann bei größeren Schulen eine »mittlere Führungsebene« aktiviert und in die Leitung eingebunden werden? Kann die Arbeit der Funktionsträger durch eine Schulung in Projektmanagement verbessert werden? Können wiederkehrende Arbeitsabläufe durch Prozessbeschreibungen definiert und bekannt gemacht werden? Können durch DV-Programme bestimmte Arbeiten vereinfacht oder verkürzt werden? Kann die Schriftgutverwaltung durch eine Neuorganisation und einen Aktenplan effektiver gestaltet werden? Können Konferenzen durch eine gute Planung und Vorbereitung kürzer und effizienter gestaltet werden?

Diese Fragen können Sie in Ihrer erweiterten Schulleitung zur Sprache bringen. Einige Verbesserungsvorschläge werden aus dieser Runde kommen, andere lassen sich durch den Besuch von Fortbildungen gewinnen und häufig ist es sinnvoll, den Rat von Experten hinzuzuziehen.

9.9 Balance finden

Schließlich erscheint es mir wichtig, sich über das Leben neben und nach der Schule Gedanken zu machen. Den Modebegriff »work-life-balance« finde ich nicht angemessen, denn auch die Arbeit in der Schule und für die Schule ist Leben. Aber der Appell, die Arbeit nicht zum alles dominierenden Faktor werden zu lassen, hat große Bedeutung. Wer Bestätigung, Rückhalt und Erfüllung nur in seinem Beruf sucht, wird Schwierigkeiten bekommen, auf Dauer sein inneres Gleichgewicht zu finden. Wer in seinem Privatleben einen motivierenden Faktor (Beziehung, Kinder, Hobby, Ehrenamt etc.) pflegt, kann die beruflichen Anforderungen relativieren und findet dadurch leichter den erforderlichen Ausgleich.

9.10 Fazit

Schulleitungen sehen sich durch die Erweiterung und Verdichtung ihrer Arbeit häufig gefangen in dem Anspruchsdreieck »mehr – schnell – perfekt«. Dieses Trio stellt ein Dilemma dar, weil man auf Dauer nicht allen drei Ansprüchen genügen kann. Der Versuch, damit fertig zu werden, führt zu Überlastung, negativem Stress und Krankheit. Es ist deshalb erforderlich, die Selbstkompetenz so zu entwickeln, dass man sich dem Anspruchsdreieck entziehen kann. Auch eine Überprüfung und Verbesserung der Arbeitsorganisation kann zur Unterstützung der drei Punkte beitragen.

9.11 Literatur

Hatzelmann, Elmar, u. Held, Martin: Vom Zeitmanagement zur Zeitkompetenz. (Beltz) Weinheim u. Basel 2010.

Lungershausen, Helmut: Der Masterplan als Führungsinstrument der Schulleitung. In: Schulverwaltung Niedersachsen 10/2008, S. 262 ff. und in Schulverwaltung Bayern 1/2009, S. 18 ff.

Lungershausen, Helmut, u. Messner, Annette: Die eigene Person im Blick behalten. In: Lunershausen, Helmut (Hrsg.): Neu in der Schulleitung. Ein Wegweiser für den erfolgreichen Start. (Carl Link) Köln 2011.

Sieland, Bernhard: Mentale Modelle für gesundheitsbezogenes Handeln. In: Paulus, Peter, u. Brückner, Gerhard (Hrsg.): Wege zu einer gesünderen Schule. (dgvt-Verlag) Tübingen 2000, S. 65.

IX. Praxishilfen

Praxishilfen

Adolf Bartz

Die in diesem Kapitel aufgenommenen Praxishilfen sollen die vorangegangenen Autorenbeiträge durch Instrumente wie Checklisten, Ablaufplanungen, Methoden und Konzepte ergänzen. Sie sind so gestaltet, dass sie auf die Bedürfnisse der eigenen schulischen Leitungspraxis angepasst werden können. Alle Praxishilfen finden sich auch unter www.schulleitung.de/jahrbuch-schulleitung bzw. www.bildungsmanagement.net/Jahrbuch-Schulleitung.

(Quelle: Bartz, A., Dammann, M., Huber, S. G., Kloft, C., Schreiner, M., PraxisWissen SchulLeitung, Köln: Carl Link Wolters Kluwer Deutschland, 2005 ff.)

1. Führung und Management von Schule

Führung und Management

Führung ist die ziel- und ergebnisorientierte, wechselseitige und aktivierende soziale Beeinflussung zur Erfüllung gemeinsamer Aufgaben in und mit einer strukturierten Arbeitssituation. Sie unterscheidet sich vom Management als administrativem Organisationshandeln. Führung bezieht sich auf die Frage: »Tun wir die richtigen Dinge?« (Effektivität), Management auf die Frage: »Tun wir die Dinge richtig?« (Effizienz).

Aufgaben der Schulleitung – Führung im Team

Die Fülle der Aufgaben von Schulleitung (PH 101301) ist nicht allein von einer oder zwei Personen zu bewältigen. Führung muss deshalb als Team wahrgenommen werden. Dafür ist eine klare Aufgabenverteilung durch einen Geschäftsverteilungsplan eine notwendige, aber keine hinreichende Bedingung (PH 801504). Denn sie muss dadurch ergänzt werden, dass das Führungsteam Ziele, Normen und Werte einheitlich vertritt und die Weiterentwicklung der Schule durch geteilte Visionen als gemeinsame Führungskoalition fordert und unterstützt.

Wertschätzung als Führungshaltung

Ob Führung Gelingen ermöglicht, ist weniger eine Frage der Führungsmethoden und -techniken wie z. B. der Gesprächsführung oder der Besprechungsleitung, sondern eine Frage der inneren Haltung. Wie Beziehungen gestaltet sind, entscheidet darüber, welche Motivationen und Energien geweckt und in welchem Maß professionelles Lernen ermöglicht wird. Wesentlich ist dafür der Grundsatz der Wertschätzung: Die Schulleitung achtet die einzelnen Lehrerinnen und Lehrer als Menschen mit einzigartiger Individualität und Eigensinn und sie führt diese Menschen zugleich so zusammen, dass sie gemeinsame Ziele erreichen wollen und können. Sie mutet Anforderungen zu, weil sie sie den Lehrpersonen auch zutraut, und sie schafft eine Kultur des Vertrauens als Voraussetzung für Kooperation. Dabei ist sie zu einer kritischen Selbstreflexion in der Lage (PH 671404). Diese hilft auch dabei, sich die eigenen Glaubenssätze und ihre Ausprägung im beruflichen Handeln bewusst zu machen.

1.1 Selbstreflexion

Praxishilfe 671404: Sich der eigenen Glaubwürdigkeit vergewissern

Wenn ich mein Führungshandeln als Modell für das, was ich von den Lehrkräften im Umgang mit den Schülerinnen und Schülern erwarte, glaubwürdig gestalten will, muss ich mich vergewissern, ob ich glaubwürdig wirke. Dazu kann ich das Instrument des Führungsfeedbacks nutzen. Ich kann meine Glaubwürdigkeit selbst einschätzen oder im Schulleitungsteam anhand der folgenden Checkliste überprüfen lassen.

Selbsteinschätzungsbogen	**trifft zu**	**trifft eher zu**	**trifft eher nicht zu**	**trifft nicht zu**
Ich verwirkliche glaubwürdig folgende Haltungen, Werte und Normen:				
Ich orientiere die Lehrkräfte durch Zielvorgaben und Qualitätsansprüche und sorge für Ziele, die subjektiv bedeutsam und sinnvoll erscheinen.				
Ich stelle hohe und zugleich realistisch erreichbare Anforderungen an das Kollegium, an Lehrergruppen und einzelne Lehrkräfte.				
Ich vermittle Anforderungen durch Vorgaben des Gesetzgebers und des Schulministeriums als Auftrag an die Lehrkräfte und als ihr Problem und ihre Aufgabe, so dass sie wissen, welche Anforderungen und Ziele sie erreichen sollen.				
Ich berücksichtige bei Anforderungen die unterschiedliche Leistungsfähigkeit und Belastbarkeit der einzelnen Lehrkräfte und akzeptiere, dass nicht alle Lehrkräfte die gleichen (guten) Leistungen erbringen können.				
Ich mute den Lehrkräften hohe Anforderungen zu und ich traue ihnen zugleich zu, die Anforderungen zu bewältigen.				
Ich vertraue darauf, dass die Lehrkräfte so gut, wie es ihnen möglich ist, ihre pädagogische Arbeit leisten und die Ziele der Schule erreichen wollen.				

Selbsteinschätzungsbogen	**trifft zu**	**trifft eher zu**	**trifft eher nicht zu**	**trifft nicht zu**
Ich verbinde Vertrauen und Kontrolle und gestalte Kontrolle als Wertschätzung der pädagogischen Arbeit und ihrer Qualität.				
Ich höre Kritik am Führungshandeln und Beschwerden durch Lehrkräfte an und nehme sie als Feedback ernst – Ich sorge für ein Klima der Angstfreiheit, in dem die Lehrkräfte Kritik und Bedenken offen und angemessen äußern können.				
Ich begleite Lehrkräfte individuell und zeige Interesse an ihrer Arbeitszufriedenheit, ihrer Gesundheit und ihren Problemen.				
Ich setze die Lehrkräfte mit ihren Stärken ein und versuche ihre Schwächen so gut wie möglich zu kompensieren.				
Ich erkunde die Motivationen und Interessen der Lehrkräfte und nutze sie für die Schul- und Unterrichtsentwicklung.				
Ich stärke die Motivation und das Selbstvertrauen der Lehrkräfte durch Aktivierung, Erfolgserwartungen und die Vermittlung von Erfolgserlebnissen.				
Ich handle verlässlich und sage nur zu, was ich gegenüber den Lehrkräften auch einhalten kann.				
Ich erzwinge keinen Konsens unter Einsatz der hierarchischen Positionsmacht, sondern lasse Dissens im Kollegium und zwischen einzelnen Lehrkräften und der Schulleitung als unterschiedliche Sichtweisen zu – Ich sorge dafür, dass der Dissens geklärt und transparent gemacht wird.				
Ich sorge für Verbindlichkeit bei der Umsetzung von Aufträgen und Vereinbarungen.				
Ich lasse Fehler zu und erwarte, dass die Lehrkräfte aus Fehlern lernen – Ich stelle Lehrkräfte bei Fehlern und Schwächen nicht bloß und wirke einer Bloßstellung durch andere entgegen.				
Ich handle den Lehrkräften gegenüber fair, verteile Zuwendung und Privilegien nicht nach Sympathie und Gunst und mache deutlich, wenn ich Lehrkräfte ungleich behandle (z. B. wegen unterschiedlicher Stärken und Schwächen oder unterschiedlicher Aufgaben und Verantwortlichkeiten).				
Ich gestalte die Interaktion mit den Lehrkräften reversibel, empathisch, authentisch, berechenbar und wertschätzend.				
Ich biete bei Bedarf den Lehrkräften Unterstützung an, zwinge sie aber nicht auf.				

Mein Schulleitungshandeln und die Gestaltung der Arbeitsprozesse zeichnen sich glaubwürdig aus durch ...	**trifft zu**	**trifft eher zu**	**trifft eher nicht zu**	**trifft nicht zu**
Ich sorge für Regeln und klare Abläufe in der Schule.				
Bei Regelverstößen interveniere ich rechtzeitig und setze – wenn erforderlich – Sanktionen durch.				
Bei Problemen und Konflikten im Kollegium setze ich geeignete Problemlösungs- und Schlichtungsstrategien ein.				
Ich gestalte die Schule und den Umgang mit dem Personal konfliktpräventiv.				
Ich gestalte Konferenzen zielorientiert und strukturiert.				
Ich sehe in Konferenzen Gruppenarbeitsphasen vor.				
Ich ermögliche Arbeits- und Kooperationszusammenhänge der Lehrkräfte und steuere sie durch Aufträge.				
Ich führe Schulentwicklungsvorhaben als Projekt durch und richte Projektgruppen ein.				
Ich sorge für die Dokumentation und den Austausch von Wissen (z. B. Unterrichtsmaterialien) im Kollegium.				
Ich bearbeite Vorgänge/Anträge von Lehrkräften zügig und fristgerecht.				
Ich beteilige die Lehrkräfte an den für sie bedeutsamen Entscheidungen und fordere dazu Beiträge an.				
Ich beteilige die Lehrkräfte an der Verlaufssteuerung von Konferenzen und Schulentwicklung.				
Ich unterstütze die Lehrkräfte gemäß ihrem individuell unterschiedlichen Bedarf und kläre dabei, zu welchen Gegenleistungen sie (z. B. durch die Nutzung der Unterstützung für die Verbesserung ihrer pädagogischen Arbeit) bereit sind.				
Ich führe individuelle Beratungsgespräche mit den Lehrkräften.				
Ich konfrontiere unangemessenes Lehrerverhalten durch Kritikgespräche.				
Ich gebe den Lehrkräften ein Leistungsfeedback.				
Ich beurteile die Leistung der Lehrkräfte unter Beachtung des Dienstrechts und sorge für Transparenz der Anforderungen und Beurteilungskriterien.				
Ich verbinde die Beurteilung mit den Perspektiven der Weiterentwicklung der professionellen Kompetenzen durch die Lehrkraft.				

Mein Schulleitungshandeln und die Gestaltung der Arbeitsprozesse zeichnen sich glaubwürdig aus durch ...	**trifft zu**	**trifft eher zu**	**trifft eher nicht zu**	**trifft nicht zu**
Ich hole nach einer Lehrerkonferenz Feedback durch die Lehrkräfte ein.				
Ich hole Führungsfeedback durch Lehrkräfte und Eltern ein.				

(Aus: Adolf Bartz, Schulleitungshandeln als Modell: Das Führungshandeln von Schulleitung und Lehrkräften gestalten, 67.14)

1.2 Aufgaben von Schulleitung

Praxishilfe 101301: Klassifizierung von Schulleitungsaufgaben (Auszüge)

In der internationalen Schulleitungsforschung gibt es bereits eine Vielzahl von unterschiedlichen Klassifizierungsvarianten von Schulleitungsaufgaben, die Schulleitungshandeln in Aufgabenbereiche bündeln und diesen Verantwortlichkeiten sowie Tätigkeiten zuordnen. Es folgen die Klassifizierungen von Glatter, 1987 und Jirasinghe & Lyons, 1996:

- Glatter, R. (1987). Tasks and capabilities. In N. E. Stegö, K. Gielen, R. Glatter & S. M. Hord (Hrsg.), The role of school leaders in school improvement (S. 113–121). Leuven: ACCO.

Eine langfristige Perspektive einnehmen Einführung (Definition von Schulentwicklungsaufgaben und Mobilisierung interner und externer Unterstützung) Implementierung (Unterstützung der Entwicklung von zweckmäßigen Methoden und Fertigkeiten) Institutionalisierung (Integration der Schulentwicklungsmaßnahmen in den Schulalltag)
Vorgeben der Richtung Entwickeln eines Leitbildes und einer Vision Festlegen handhabbarer Ziele Einbeziehen des nationalen und lokalen Kontexts zugunsten der Schulverbesserung Initiieren einer kooperativ getragenen pädagogischen Gesamtstrategie und zur aktiven Beteiligung »animieren«
Integration und Ausgewogenheit erreichen Finden einer Balance zwischen den Anforderungen, die die geplanten Innovationen an die Zeit und Kraft der Beteiligten stellen, und den Anforderungen, die aus der Aufrechterhaltung der beizubehaltenen Aktivitäten resultieren Gewinnen von Klarheit darüber, ob und wie bestimmte Initiativen fest etabliert werden können Unterstützen und konkrete Hilfestellungen geben

Den externen Kontext managen Etablieren effektiver Arbeitsbeziehungen/-formen Kennen der externen Umgebung und Berücksichtigen dieser als Quelle von Bedürfnissen, aber auch von Chancen

- Jirasinghe, D. & Lyons, G. (1996). The competent head: A job analysis of heads' tasks and personality factors. London: The Falmer Press.

Planen Planen langfristiger Ziele Erstellen des notwendigen Budgets Planen kurzfristiger Ziele
Motivieren Schaffen eines positiven Gruppenklimas Anregen von Kooperation Gewinnen bereitwilliger Kooperation
Unterstützen und helfen Wahrnehmen und Integrieren der Bedürfnisse der Kinder Wahrnehmen und Integrieren emotionaler Bedürfnisse Unterstützen bei Lernschwierigkeiten
Personalbeurteilung und -evaluation, Personalentwicklung Bewerten der Bedürfnisse des Personals Vertrauen schaffen Beurteilung im Hinblick auf Beförderung und Auswahl
Implementierung und Koordinierung Ressourcen organisieren eine effiziente Koordination sicherstellen Ressourcen zuteilen

<u>Entscheiden</u> Entscheidungsfindung – mit anderen Entscheiden nach Evaluation Entscheidungen mit Wirkung auf das Allgemeinwohl
<u>Controlling und Leitung</u> Controlling der menschlichen Ressourcen Leitung der Implementierung von Verfahren Sicherstellen der Einhaltung verbindlicher Übereinkommen
<u>PR und Entwicklung von Beziehungen</u> Schaffen günstiger Arbeitsbeziehungen – Gruppe/Arbeitseinheit Aufrechterhalten guter PR Etablieren eines Netzwerks an Kontakten
<u>Beraten</u> Beraten bei Arbeitsprozessen Beraten bei personellen Problemen Beraten bei interpersonalem Verhalten
<u>Beeinflussen und Beraten</u> den Schulbeirat beraten sich klar für Anliegen aussprechen Anliegen geschickt und erfolgreich in Gremien vertreten
<u>Lernen und Forschen</u> bei neueren Entwicklungen auf dem Laufenden bleiben Lernen neuer Systeme, Methoden etc. informelle Weiterbildungsmöglichkeiten nutzen
<u>Bewerten und Evaluieren</u> Evaluieren von Ergebnissen Einen logischen und effektiven Evaluationsprozess implementieren Alternativen evaluieren

(Aus: Stephan G. Huber, Merkmale erfolgreicher Führung, 10.13)

1.3 Schulleitung als Team

Praxishilfe 801504: Klärung des Kooperationsverständnisses in Ihrer Leitungsgruppe (Auszug)

Gerade im Bereich Kooperation gilt: The proof of the pudding is in the eating! D. h. wie Ihre Kooperation in der neuen Leitungsgruppe funktioniert, finden Sie erst zuverlässig in der Praxis heraus. Dennoch ist es gut, einige Grundsatzfragen zu Beginn zu klären.

Das Kooperationsverständnis klären – Verfahrensvorschlag für eine Schulleitungssitzung
1. Arbeitsschritt (schriftlich), 10 Minuten Definieren Sie jeder für sich: Was heißt für mich Teamarbeit? Welche drei Aspekte sind mir bei Teamarbeit am wichtigsten? Welche Rolle habe ich in meiner bisherigen Berufsbiographie in Teams eingenommen: Teamleiter/-in, Protokollant/-in, Zeitwächter/-in, Ideenlieferant/-in, Versorger/-in, Prozessbeobachter/-in.
2. Arbeitsschritt Tauschen Sie sich über Ihre Ergebnisse aus. Decken sich Ihre Definitionen und Ihre Erwartungen? Sind möglichst viele der benannten Rollen bei Ihnen besetzt?
3. Arbeitsschritt Klären Sie ehrlich untereinander: Ist die Person, die offiziell Schulleiter/-in ist, grundsätzlich bereit, ihre besondere Stellung zugunsten einer Teamarbeit einzuschränken und Mehrheitsentscheidungen der Leitungsgruppe zu akzeptieren? Oder hat sie/er das Selbstverständnis, dass gute Zusammenarbeit herrschen soll, aber sie/er doch immer mit ihrer/seiner Position den Ausschlag gibt? Mogeln Sie sich nicht um diese Frage herum – eine unklare Antwort wird Sie sonst viel Zeit und Motivation kosten!
4. Arbeitsschritt Erstellen Sie eine erste Liste derjenigen Themen, bei denen Sie sicher sind: a) diese werden komplett arbeitsteilig bearbeitet, d. h. einzelne von Ihnen sind vollständig verantwortlich b) diese müssen wegen ihrer Bedeutung im gesamten Team bearbeitet werden.
Pflegen Sie diese Liste, ergänzen oder streichen Sie Punkte. Diese Liste ist extrem wichtig, damit Sie keine Leitungszeit vergeuden durch gemeinsame Bearbeitung von Dingen, die besser eine/r allein erledigt – und umgekehrt, damit nicht einzelne Leitungsmitglieder unabgestimmt zentrale Weichenstellungen vornehmen, die Sie womöglich später korrigieren müssen.

(Aus: Maja Dammann, Die Leitungsgruppe ist neu zusammengesetzt, 80.15)

2. Schulische Erziehung

Die Balance von Ordnungsrahmen und Eigensinn

Erziehung ist die Einflussnahme von Erwachsenen (Eltern, Erzieher/-innen und Lehrpersonen) auf Kinder und Jugendliche mit dem Ziel, Werte als Grundlage eines sozial verträglichen Handelns zu entwickeln und sich an entsprechenden sozialen Normen zu orientieren. Soll Erziehung gelingen, muss sie eine Balance zwischen den gesellschaftlichen Erwartungen und Normen sowie dem schulischen Ordnungsrahmen auf der einen und der Autonomie und dem Eigensinn der Kinder und Jugendlichen auf der anderen Seite gewährleisten.

Inklusion

Das Gelingen setzt die Wahrnehmung und Anerkennung von Heterogenität in der Klasse voraus: jedes Kind so annehmen, wie es ist, und ihm soziale Erfahrungen, insbesondere Zugehörigkeit und Anerkennung, bieten, die sein Motivationssystem aktivieren und ihm ermöglichen, seine Begabung und sein Potenzial zu entfalten. In diesem Sinn bezieht sich das Leitbild der Inklusion nicht nur auf die Förderung von Schülerinnen und Schülern mit Behinderungen an allgemeinen Schulen, sondern auf die gesamte Diversität unterschiedlicher Interessen und Begabungen, sozialer, kultureller und religiöser Hintergründe (PH 672001). Inklusion ist deshalb mit der Anforderung verbunden, den für jedes Kind spezifischen Förderbedarf zu erkunden und in der Schule als Lern- und Lebensraum die Bedingungen für die Entfaltung der kognitiven, sozialen und Selbstkompetenzen zu gewährleisten (PH 672204).

Orientierung und Unterstützung

Eine angemessene Einflussnahme auf die Wert-, Normen- und Verhaltensentwicklung von Kindern und Jugendlichen setzt voraus, dass die Lehrpersonen als Erzieher/-innen zwei Rollen wahrnehmen, die der Orientierung (PH 433503) und die der Unterstützung. Dabei achten sie auf eine altersangemessene Teilung der Verantwortung für das Gelingen der individuellen Entwicklungsprozesse. Sie sind für Klarheit und Transparenz im Hinblick auf die gesellschaftlichen Erwartungen an die Kinder und Jugendlichen, für die Schaffung einer entwicklungsförderlichen und anregenden Lernumgebung und Beteiligungsmöglichkeiten bei der Gestaltung von Schulkultur und Schulleben verantwortlich; sie können aber den Kindern und Jugendlichen nicht die Verantwortung dafür abnehmen, was diese aus den Lern- und Entwicklungsangeboten für sich machen und nutzen. Denn Menschen können nicht entwickelt werden, sie können sich nur selbst entwickeln.

Das Klassenmanagement

Erziehung in der Schule vollzieht sich vorrangig nicht in der individuellen Schüler-Lehrer-Beziehung, sondern als Interaktion von Erwachsenen mit Schülergruppen und damit als Klassenmanagement. Sein Ziel ist, durch Störungs- und Konfliktprävention die Notwendigkeit von Interventionen zu reduzieren und den Unterricht möglichst störungsfrei und damit lernförderlich zu gestalten (PH 432701). Auf diese Weise sorgt es zugleich dafür, dass die Schülerinnen und Schüler sich in ihrer Klasse und der Schule wohl fühlen können, weil sie günstige Lernbedingungen vorfinden und durch ein Klima wechselseitigen Respekts die Anerkennung ihrer individuellen Einzigartigkeit erfahren. Merkmale des Lehrerhandelns mit dem Ziel eines guten Klassenmanagements sind eine hohe Präsenz durch Körpersprache, Blickkontakt und die Positionierung und Bewegung im Klassenraum, eine klare und knappe Äußerung von Anweisungen, die reibungslose Gestaltung der Abläufe und die effektive Nutzung der Unterrichtszeit.

2.1 Inklusion

Praxishilfe 672001: Index für Inklusion (Auszug)

Inklusion in Erziehung und Bildung bedeutet

- die gleiche Wertschätzung aller Schüler/-innen und Mitarbeiter/-innen,
- die Steigerung der Teilhabe aller Schüler/-innen an (und den Abbau ihres Ausschlusses von) Kultur, Unterrichtsgegenständen und Gemeinschaft ihrer Schule,
- die Weiterentwicklung der Kulturen, Strukturen und Praktiken in Schulen, so dass sie besser auf die Vielfalt der Schüler/-innen ihres Umfeldes eingehen,
- den Abbau von Barrieren für Lernen und Teilhabe aller Schüler/-innen, nicht nur solcher mit Beeinträchtigungen oder solcher, denen besonderer Förderbedarf zugesprochen wird,
- die Anregung durch Projekte, die Barrieren für Zugang und Teilhabe bestimmter Schüler/-innen überwinden und mit denen Veränderungen zum Wohl vieler Schüler/-innen bewirkt werden konnten,
- die Sichtweise, dass Unterschiede zwischen den Schüler(n)/-innen Chancen für das gemeinsame Lernen sind und nicht Probleme, die es zu überwinden gilt,
- die Anerkennung, dass alle Schüler/-innen ein Recht auf wohnortnahe Bildung und Erziehung haben,
- die Verbesserung von Schulen nicht nur für die Schüler/-innen, sondern auch für alle anderen Beteiligten,
- die Betonung der Bedeutung von Schulen dafür, Gemeinschaften aufzubauen, Werte zu entwickeln und Leistungen zu steigern,
- den Auf- und Ausbau nachhaltiger Beziehungen zwischen Schulen und Gemeinden,
- den Anspruch, dass Inklusion in Erziehung und Bildung ein Aspekt von Inklusion in der Gesellschaft ist.

(http://www.inklusionspaedagogik.de/content/blogcategory/19/58/lang,de/)

(Aus: Manfred Schreiner/Adolf Bartz, Herausforderung Inklusion, 67.20)

Praxishilfe 672204: Checkliste Schulentwicklung (Inklusion)

Bearbeiten Sie in der Schulleitungsgruppe einzeln die Checkliste. Ergänzen Sie dabei ggf. Qualitätsindikatoren, die Ihnen wichtig erscheinen. Nehmen Sie eine subjektive Gesamtbewertung des Entwicklungsbereichs vor.

Vergleichen Sie in einem zweiten Schritt die Bewertungen in der Gruppe und einigen Sie sich auf zwei Bereiche, die im kommenden Schuljahr schwerpunktmäßig weiterentwickelt werden sollen.

Leitbildentwicklung	☺	😐	☹
Die Schule verfügt über ein Leitbild.			
Das Leitbild der Schule bietet Anschlussmöglichkeiten für inklusive Prämissen.			
Leitbildarbeit ist dem Kollegium vertraut.			
Gesamtbewertung			
Teamentwicklung	☺	😐	☹
Die Mehrzahl der Kolleginnen und Kollegen … … arbeitet kooperativ und aufgeschlossen miteinander.			
… ist offen für kollegiale Hospitationen.			
… arbeitet regelhaft in wechselnden Teams oder Projekten zusammen.			
… unterstützt sich klassenübergreifend in Problemsituationen.			
Es gibt klare Vorgaben und Zeitfenster zur Teamkoordination.			
Gesamtbewertung			
Personalentwicklung	☺	😐	☹
Das Kollegium verfügt zum überwiegenden Teil über ausreichende Basiskompetenzen zur Individualisierung.			
Die speziellen Fachkenntnisse der Mitarbeiter werden voll ausgeschöpft.			
Es gibt eine koordinierende Qualifizierungsplanung für das Kollegium.			
Gesamtbewertung			

Netzwerkarbeit	☺	😐	☹
Lokale Gruppierungen und Stadtteilinstitutionen sind in die Arbeit der Schule einbezogen.			
Die Ressourcen im Umfeld der Schule sind bekannt und werden koordiniert genutzt.			
Die Schule ist in Qualitätsnetzwerken mit anderen Schulen eingebunden.			
Vertreter der Schule pflegen den Kontakt zu anderen Schulen.			
Gesamtbewertung			
Wissensmanagement	☺	😐	☹
Die Mitarbeiter tauschen gern und oft Kenntnisse und Material aus.			
Neue Mitarbeiter werden gezielt in die Struktur und Arbeitsweise der Schule eingeführt.			
Alle Mitarbeiter wissen, an wen sie sich bei Fragen wenden können. Die Zuständigkeiten für alle Fragen sind veröffentlicht.			
Gesamtbewertung			
Ausstattung der Schule	☺	😐	☹
Die Gebäude und Räume der Schule sind weitgehend barrierefrei auch für gehbehinderte Personen.			
Die Bedürfnisse von Menschen mit Seh- und Hörbehinderungen werden berücksichtigt.			
Es gibt eine regelmäßige Prüfung der Gebäude.			
Gesamtbewertung			

(Aus: Regina Kühn-Ziegler, Unterwegs zur inklusiven Schule, 67.22)

2.2 Schulregeln

Praxishilfe 433503: Regel-Check

Im Sinne einer (Neu-)Bestimmung des Selbstverständnisses als Lehrerin/Lehrer gilt es – beispielsweise in einer pädagogischen Konferenz – zu reflektieren: Mit welcher Haltung will ich als Pädagoge meinen Erziehungsauftrag umsetzen? Der dargestellte Kreislauf bietet Orientierung bei der gemeinschaftlichen Vergewisserung und Prüfung der vereinbarten Grundsätze.

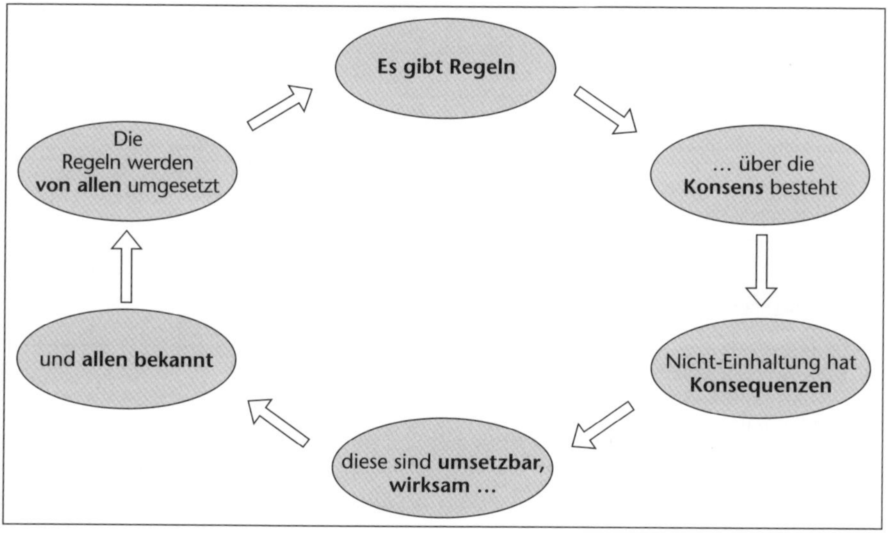

(Aus: Siegfried Schölzel/Alfons Döhler, Pädagogische Geschlossenheit – Konsens beim Regelwerk stärkt die Kooperation im Kollegium, 43.35)

2.3 Klassenmanagement

Praxishilfe 432701: Beobachtungsbogen zur Klassenführung (Auszug)

Der Beobachtungsbogen dient zur Standortbestimmung und persönlichen bzw. kollegialen Unterrichtsentwicklung. Er ist vor allem wichtig, um den Blick auf Unterricht zu schärfen. Er kann aber auch dazu dienen, im Anschluss an kollegiale Hospitationen eine Auswertung der Stunde vorzunehmen.

Beobachtungsbogen zur Klassenführung (Störungsvorbeugender Unterricht)	Stimmt gar nicht	Stimmt wenig	Stimmt ziemlich	Stimmt genau	keine Angabe
Lehrerverhalten	👎			👍	
1. Die Lehrperson achtet darauf, dass alle ruhig und aufmerksam sind, wenn sie selbst spricht.	○	○	○	○	○
2. Die Lehrperson achtet darauf, dass alle ruhig und aufmerksam sind, wenn Schüler in der Klasse etwas vorstellen.	○	○	○	○	○
3. Die Lehrperson ist offensichtlich immer im Bilde darüber, was im Klassenraum vor sich geht.	○	○	○	○	○
4. Die Lehrperson unterbindet während des Unterrichts *sehr schnell* alle Nebenaktivitäten der Schüler/-innen.	○	○	○	○	○
5. Die Lehrperson regelt vieles mit *kurzen Blicken und knappen Gesten.*	○	○	○	○	○
6. Bei Störungen gibt die Lehrperson ein klares Stopp-Signal.	○	○	○	○	○
Unterrichtsgestaltung	Stimmt gar nicht	Stimmt wenig	Stimmt ziemlich	Stimmt genau	keine Angabe
7. Der Unterricht ist so gestaltet, dass die Vortragsphasen der Unterrichtenden kurz und die Aktivitätsphasen der Schüler lang sind.	○	○	○	○	○
8. Der Unterricht hat viele Phasen, in denen alle Schüler gleichzeitig arbeiten.	○	○	○	○	○
9. Der Unterricht ist erkennbar strukturiert, z. B. durch Denken – Austauschen – Vorstellen oder durch Einstieg – Erarbeitung – Zusammenfassung	○	○	○	○	○
10. Für die Schüler ist transparent, warum sie sich mit den Unterrichtsgegenständen beschäftigen (Sinnstiftung).	○	○	○	○	○

Nutzung der Unterrichtszeit	Stimmt gar nicht	Stimmt wenig	Stimmt ziem-lich	Stimmt genau	keine Angabe
11. Der Unterrichtsbeginn steuert direkt auf die Sache zu, dient dem Aufbau einer Motivation für das Unterrichtsthema und wird nicht durch organisatorische Hinweise entwertet.	○	○	○	○	○
12. Notwendige Geräte und Materialien liegen bereit.	○	○	○	○	○
13. Im Unterrichtablauf wird keine Zeit vertrö-delt.	○	○	○	○	○
14. Die gesamte Unterrichtszeit wird für fachliche Themen verwendet.	○	○	○	○	○
15. Organisatorische Fragen bzw. Ablauffragen werden schnell geklärt.	○	○	○	○	○
Regeln und Routinen	Stimmt gar nicht	Stimmt wenig	Stimmt ziem-lich	Stimmt genau	keine Angabe
16. Es wird deutlich, dass in der Klasse zentrale Verhaltensregeln vereinbart und Routinen eingeübt sind.	○	○	○	○	○
17. Wiederkehrende Abläufe (Material holen, Toilette) sind durch Routinen geklärt und verlangen keine weitere Kommunikation.	○	○	○	○	○
18. Wichtige Regeln sind in der Klasse jederzeit sichtbar (z. B. auf einem Poster oder Plakat).	○	○	○	○	○
19. Die Lehrperson besteht darauf, dass verein-barte Regeln oder Routinen eingehalten werden.	○	○	○	○	○
20. Es ist für alle Schüler offensichtlich klar geregelt, wie man sich zu Wort melden soll.	○	○	○	○	○
21. Es ist für alle Schüler offensichtlich klar geregelt, was geschieht, wenn jemand die Regeln nicht einhält.	○	○	○	○	○

(Aus: Ludger Brüning, Schulmanagement als Voraussetzung erfolgreichen Klassenmanagements, 43 27)

Weiterentwicklung auf der Grundlage von: www.iqesonline.net, Autor: Andreas Helmke unter Mitarbeit von Gerold Brägger und Wolfgang Wagner (2008)

3. Lernen und Unterricht

Lern- und Unterrichtsdiagnose

Der Unterricht dient dazu, das Lernen der Kinder und Jugendlichen zu fördern. Das setzt in zweifacher Weise eine Diagnose voraus: Die Diagnose der Lernvoraussetzungen und des Lernstands ermöglicht, bei der Gestaltung der Anforderungen, Aufgaben und der Lernprozesse an die unterschiedlichen Fähigkeiten der Schülerinnen und Schüler anzuknüpfen und eine Über- oder Unterforderung und die Demotivation als deren Folge zu vermeiden. Die Unterrichtsdiagnose hat die Funktion, sich der Wirksamkeit der Unterrichtskonzepte und der Lernprozessgestaltung zu vergewissern (vgl. Helmke et al., Jahrbuch Schulleitung 2012, S. 133 ff.).

Kompetenz- und Standardorientierung

Ob die Wirkungen des Unterrichts für die Lernförderung den gesellschaftlichen Erwartungen entsprechen, wie sie normativ in den Zielen der Schulgesetze festgelegt sind, kann überprüft werden, indem der Unterricht an diesen normativen Zielen gespiegelt wird. Werden diese als kognitive, soziale und Selbstkompetenzen beschrieben, die die Schülerinnen und Schüler am Ende einer Schulstufe oder eines Schuljahres erreicht haben sollen, bietet die Kompetenzorientierung des Unterrichts einen lerngruppen- und schulübergreifenden Maßstab, an dem sowohl die Qualität und Wirksamkeit des Unterrichts wie der individuelle Lernstand gemessen werden können (PH 242205). Die Kompetenzorientierung ist insoweit eine notwendige, aber keine hinreichende Bedingung für eine hohe Lernwirksamkeit des Unterrichts.

Unterrichtsentwicklung

Die Kompetenzorientierung bietet ein Maß; sie klärt aber nicht, wie dieses Maß erreicht werden kann. Dazu bedarf es einer innerschulischen Verständigung über Unterrichtskonzepte und Unterrichtsqualität auf der Grundlage von Kenntnissen der empirischen Schulforschung zur Qualität und Wirksamkeit von Unterricht. Bei der innerschulischen Unterrichtsentwicklung geht es darum, sich auf ein gemeinsames Bild von gutem Unterricht zu verständigen, seine Wirksamkeit zu evaluieren und das, was sich als lernwirksamer Unterricht bewährt, gleichsinnig umzusetzen. Eine solche Weiterentwicklung des Unterrichts erfordert kollegiale Kooperation und kollegialen Austausch. Die Vergewisserung, in welchem Maß die Weiterentwicklung des Unterrichts zu einer Verbesserung der Lernförderung geführt hat, wird dann zum Motor für die Unterrichtsentwicklung als kontinuierliche Kernaufgabe der Lehrkräfte.

3.1 Lern- und Leistungsdiagnostik

Praxishilfe 341112: Phasen des Entwicklungsprozesses im Kollegium (Stufenmodell)

			Routineentwicklung und Integration diagnostischen Handelns in den Unterricht
		Verbesserung der diagnostischen Kompetenzen der einzelnen Lehrpersonen	z. B. durch • Weiterentwicklung diagnostischer Verfahren • Umsetzung eines Diagnostikkonzepts an der Schule • Arbeit mit und Entwicklung von Förderplänen • Entwicklung von Lehrmitteln • Evaluation der Unterrichtsqualität • Weiterentwicklung der Lernkultur in der Schule
	Explizit- und Bewusstmachen der diagnostischen Tätigkeiten im Kollegium	z. B. durch • Tandem- bzw. Teamarbeit • Unterrichtsentwicklung: diagnostizierbare Lernumgebungen gestalten • Fachinputs via Texte, Vorträge, Diskussionen • Weiterbildung zum Thema Lernen oder Diagnostik oder bestimmten Verfahren, z. B. zum Thema Lerntagebuch oder Portfolio	
Kompetenzentwicklung und -erweiterung im Leitungsbereich der Schule	z. B. durch • Austausch der subjektiven Methoden • Diskussion der impliziten Verfahren • Selbstreflexion des individuellen Kompetenzstands hinsichtlich Lernen und Diagnostik • Erprobung verschiedener Diagnoseinstrumente (Beobachtungsmethoden, Aufgabenentwicklung, Lerntagebücher, Fragebögen)		
z. B. durch • Reflexion eigener Diagnosekompetenz • Weiterbildung • Exploration von Methoden und Instrumenten im eigenen Unterricht (Beobachtungsverfahren, Aufgabenentwicklung, Lerntagebücher, Fragebögen)			
Vorstufe	**Stufe 1**	**Stufe 2**	**Stufe 3**

(Aus: Tina Hascher, Diagnostizieren in der Schule, 34.11)

Praxishilfe 341203: Ansätze zum Aufbau einer altersgemäßen Selbstbeurteilung

Bewusstsein für die eigene Befindlichkeit wecken

- Wie geht es mir im Moment?
- Wie ist es mir in einer bestimmten Situation ergangen?
- Was mache ich gern und was nicht?

Momentane Befindlichkeit ausdrücken lernen

- Symbole/Bilder
- Pantomime
- Gespräch

Sich selbst beobachten

- Was habe ich der Reihe nach gemacht?
- Wie lange habe ich wofür gebraucht?
- Wie oft habe ich um Hilfe gebeten?

Beobachtungen vergleichen und interpretieren

- Habe ich weniger lange gebraucht als beim letzten Mal? Weshalb?
- Konnte ich an diesem Arbeitsplatz ungestörter arbeiten als am Gruppentisch?
- Bin ich mit weniger Hilfe ausgekommen als bei der letzten Aufgabe?

Eigenes Produkt in Bezug zu Kriterien setzen

- Welche Kriterien sind bei meinem Produkt erfüllt?
- Was hätte ich anders lösen müssen, um die Kriterien besser zu erfüllen?

Eigenes Verhalten überdenken

- Wie habe ich mich in welcher Situation verhalten?
- Welche Faktoren haben mein Verhalten beeinflusst?
- Was hat mein Verhalten bewirkt?

Eigenes Verhalten in Bezug zu Normen setzen

- War mein Verhalten in dieser Situation richtig?
- Welches Verhalten war für unsere Zusammenarbeit förderlich?

Eigene Leistung in Bezug zu Zielen setzen

- In welchen Bereichen habe ich das Ziel erreicht und in welchen nicht?
- Was muss ich tun, um in einem bestimmten Bereich das Ziel zu erreichen?
- Sind die Ziele meiner Leistungsfähigkeit angemessen oder muss ich mir andere (schwierigere oder einfachere) Ziele setzen?

(Aus: Gabriele Schiff, Unterrichten heißt Fördern – Umgang mit heterogenen Lernvoraussetzungen mittels prozessbegleitender Diagnostik, 34.12)

3.2 Kompetenzorientierung und Kompetenzentwicklung

Praxishilfe 242205: Selbsteinschätzung für Lehrende

	Stimmt genau		Stimmt nicht	
	4	3	2	1
Mir gelingt es, den Kompetenzstand einzelner Schülerinnen und Schüler zu bestimmen.	☐	☐	☐	☐
Ich lasse Schülerinnen und Schüler ihre Kompetenzen häufig selbst einschätzen.	☐	☐	☐	☐
Ich weiß Bescheid über die Grundvorstellungen meiner Schülerinnen und Schüler.	☐	☐	☐	☐
Mir gelingt es, die Fehlermuster bei einzelnen Schülern zu entdecken.	☐	☐	☐	☐
Ich setze häufig Aufgaben ein, die auf unterschiedlichem Niveau bearbeitet werden können.	☐	☐	☐	☐
Mein Unterricht enthält regelmäßig individuelle und gemeinsame Reflexionsphasen von Schülern.	☐	☐	☐	☐
Ich schaffe häufig Unterrichtssituationen, in denen die Schüler eigene Produkte erstellen.	☐	☐	☐	☐
Mein Unterricht lässt häufig unterschiedliche Lerntempi zu.	☐	☐	☐	☐
In meinem Unterricht trenne ich Lern- und Leistungsbewertungssituationen.	☐	☐	☐	☐

Benennen Sie im Blitzlicht im Anschluss an die Selbsteinschätzung ein bis zwei Bereiche, in denen Sie gute Erfahrungen gemacht haben, und ein bis zwei Bereiche, an denen Sie im Projekt arbeiten möchten.

(Aus: Michael Katzenbach, Bildungsstandards als Chance: verbesserte individuelle Förderung aller Schülerinnen und Schüler, 24.22, SINUS – Landestagung Schleswig-Holstein, 11.05.2007)

4. Organisation

Schule als Organisation

Die Schule ist als Behörde Teil eines Verwaltungssystems, das durch generelle Vorschriften gesteuert wird. Diese Steuerung soll ein gleichsinniges Verwaltungshandeln gewährleisten. Zugleich ist jede Einzelschule eine Organisation. Ihr wesentliches Merkmal sind Regeln, die die alltäglichen Abläufe, die Aufgabenverteilung und die hierarchischen Weisungsbefugnisse festlegen. Wie die Menschen in einer Organisation dann mit diesem Regelwerk umgehen, beeinflusst die Organisationskultur und wird umgekehrt von ihr beeinflusst.

Innovation und Schulentwicklung

Die Stabilität, die durch die Organisationsregeln gewährleistet sein soll, erweist sich im Leben von Organisationen als Illusion. Denn der Ordnungsrahmen steht in einem Spannungsverhältnis zum Eigensinn der Organisationsmitglieder. Zudem zwingen Problemerfahrungen, Veränderungen im Umfeld, neue Aufträge und innerorganisatorische Initiativen zu einem permanenten Erneuerungsprozess, bei dem es um eine Optimierung der Regeln und tief greifender um eine Revision der Ziele und eine Transformation der Werte geht (PH 671501).

Wissensmanagement

Insbesondere für wissensbasierte Organisationen wie die Schule ist das Wissensmanagement von grundlegender Bedeutung (PH 631107). Wer Wissen vermitteln will, muss über Wissen verfügen, und wer Lernen fördern will, muss selbst ein professioneller Lerner sein. Voraussetzung für das Wissensmanagement ist eine breite Information über die relevanten Bezugswissenschaften und ihre aktuellen Forschungsergebnisse sowie eine offene Kommunikation, indem Wissen im Austausch angeeignet und mit den eigenen Erfahrungen abgeglichen wird.

Schule in multiprofessionellen Netzwerken

Die Veränderung der Schülervoraussetzungen und der gesellschaftlichen Erwartungen an die Schulen hat die Folge, dass das innerschulische Wissensmanagement nicht ausreicht, um mit der Vielfalt der Anforderungen klar zu kommen. Die professionelle Expertise der Lehrerinnen und Lehrer muss durch die Expertise anderer Professionen ergänzt werden. Um das zu ermöglichen, müssen die Schulen in ihrer Region ein multiprofessionelles Netzwerk initiieren und sich an vorhandenen Netzwerken beteiligen (PH 902503). Dabei geht es zum einen um die Zusammenarbeit mit anderen Schulen, insbesondere bei der Gestaltung der Übergänge zwischen den Schulstufen. Insbesondere aber geht es um die Zusammenarbeit mit all den Personen, Gruppen und Institutionen, die die Entwicklung von Kindern und Jugendlichen begleiten und unterstützen, z. B. Jugendhilfe und (Schul-) Sozialarbeit, kulturelle und sportliche Einrichtungen und Vereine, Beratungsstellen, Kinderärzte und -psychologen oder auch Arbeitsagentur und Polizei. Solche Netzwerke sind nur dann tragfähig, wenn für alle Beteiligten ihr Nutzen höher ist als der Aufwand und wenn die Grundsätze der Kooperation klar vereinbart sind.

4.1 Wissensmanagement

Praxishilfe 631107: Wissensmanagement in der Schule

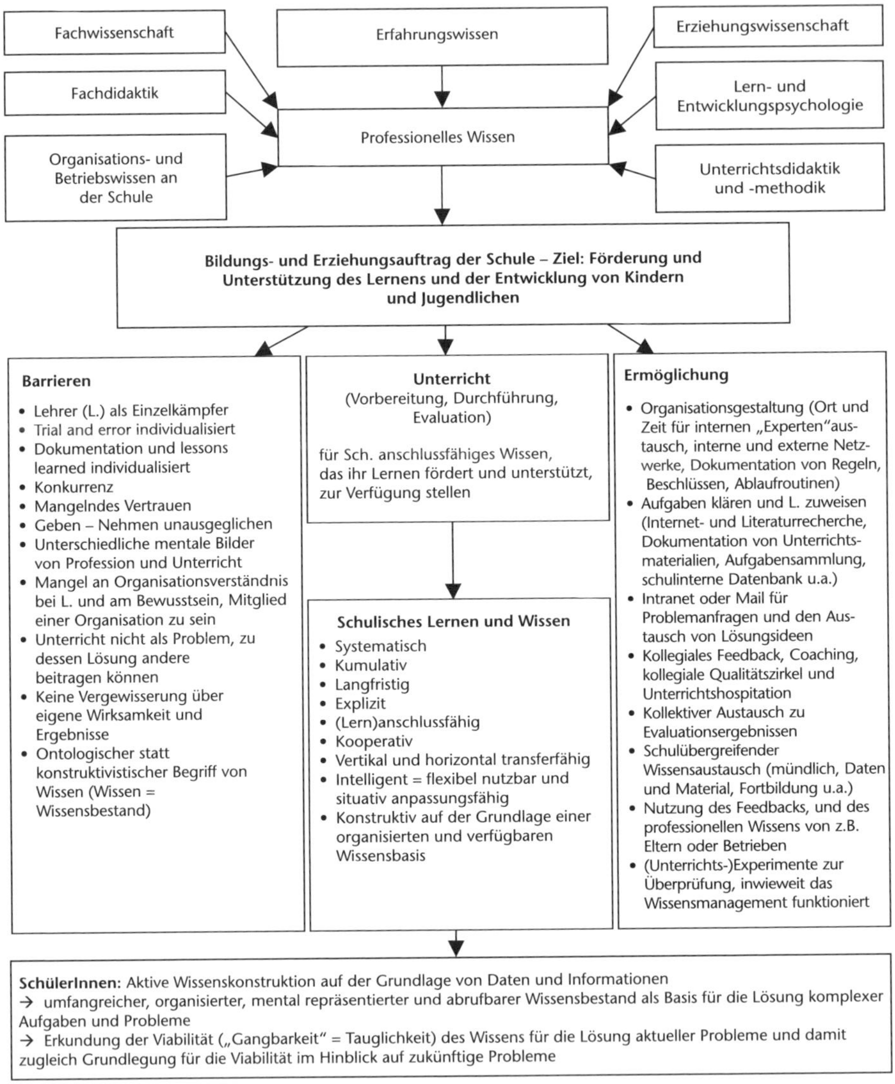

(Aus: Adolf Bartz, Das Informations- und Kommunikationssystem unterstützt die pädagogische Arbeit, 63.11)

4.2 Innovation

Praxishilfe 671501: Indikatorenanalyse

Leitidee klären

- Ziel – Was ich erreichen möchte/was wir erreichen möchten.
- Wunsch – Wie sich das Lernen verbessern würde.
- Realitätssinn – Was ich/wir besonders beachten werde(n).

Gegenstand eingrenzen

- Welche Teilziele stehen an?
- In welchem Lernbereich oder Projektschwerpunkt?
- Worum geht es in dem Lernbereich oder Projektschwerpunkt?

Indikatoren bezeichnen

- Woran ist der Erfolg abzulesen?
- Wie ist er zu bewerten?
- Wie gut wurde das Ziel erreicht?
- Was wurde nicht erreicht?

A ... Wer kann oder soll
B ... zu welchen Zeitpunkten
C ... wie und woran ablesen,
D ... inwieweit das Ziel/das Teilziel
E ... erreicht wurde?

(Aus: Uwe Hameyer, Innovation und Schulentwicklung – Erreichtes im Organisationsgedächtnis der Schule verankern, 67.15)

4.3 Netzwerk

Praxishilfe 902503: Grundsätze der Netzwerkorganisation und der Netzwerkarbeit (Überarbeitung)

Eine Netzwerkorganisation setzt die Eigenverantwortung und Eigenständigkeit der Netzwerkpartner voraus, die im Netzwerk im Sinne einer Verantwortungsgemeinschaft mitarbeiten, und orientiert sie zugleich an gemeinsamen Zielen, Regeln und Vorhaben der Zusammenarbeit. Dafür können folgende Grundsätze hilfreich sein:

Leistungsvereinbarung

Grundlage für die Zusammenarbeit ist eine Leistungsvereinbarung zwischen den beteiligten Schulen und der Leitung des Netzwerkes: Die Schulen stellen dar, welche Leistungen sie für das Netzwerk erbringen (wollen) und die Leitung sagt – soweit möglich – die dafür erforderliche Unterstützung (Information, Beratung, Ressourcen) zu.

Leitung des Netzwerkes

Die Leitung des Netzwerks wird aus dem Kreis der Beteiligten gewählt. Damit sie die Zusammenarbeit steuern kann, müssen die Beteiligten über ihre Arbeitsplanung und ihren Arbeitsstand im Rahmen der Verantwortungsgemeinschaft informieren. Diese Information ist zudem die Voraussetzung für die Klärung, welche Unterstützung die Netzwerkleitung für die einzelnen Beteiligten und ihren Beitrag zum Netzwerk zur Verfügung stellt.

Mitglieder des Netzwerkes

Die Beteiligten stellen ihre Erfahrungen, Ergebnisse und Produkte allen anderen im Netzwerk zur Verfügung. Für die Kommunikation zwischen den Netzwerkpartnern steht eine gemeinsame Intranetplattform zur Verfügung. Alle Netzwerkpartner informieren sich regelmäßig über den Gesamtstand der Arbeit in der Verantwortungsgemeinschaft.

Projektgruppen

Für die Mitarbeit im Netzwerk sollten in den beteiligten Schulen Projektgruppen gebildet werden. Diese brauchen eine verantwortliche Leitungsperson, die für die Koordination, die Einladung zu Dienstbesprechungen, den Abgleich der Arbeitsplanung mit dem Arbeitsstand und die Kommunikation mit der Schulleitung und der Netzwerkleitung sorgt.

Freiwilligkeit und Verbindlichkeit

Eine Netzwerkorganisation beruht auf Freiwilligkeit der Teilnahme und ist weniger stabil als eine Linienorganisation. Deshalb ist es wichtig, für Verbindlichkeit durch Selbstverpflichtung und durch die Vereinbarung von klaren (Verfahrens-)Regelungen zur Kooperation im Netzwerk zu sorgen. Erfolgreich ist eine Netzwerkorganisation nur dann, wenn alle Teilnehmenden das Verhältnis von Geben und Nehmen als fair erleben und die Mitarbeit im Netzwerk für alle bedeutet, wirksamer arbeiten zu können, als wenn man die Aufgaben allein erledigen würde. Kommt es hier zu Störungen bei einzelnen Teilnehmenden, müssen Zeit und Raum für eine Klärung gegeben sein. Voraussetzung dafür sind Vertrauen sowie die Bereitschaft zur Offenheit und zum wechselseitigen (auch kritischen) Feedback.

Effektives Sitzungsmanagement

Sitzungen der innerschulischen Projektgruppen sowie der Koordinations- oder Steuergruppe stärken das Netzwerk nur dann, wenn sie als effektiv erlebt werden und das Verhältnis von (Zeit-)Aufwand und Nutzen positiv erlebt wird. Dies setzt voraus, dass die Tagesordnungspunkte zielorientiert und strukturiert bearbeitet werden. Deshalb sollte bei jedem TOP immer geklärt sein, was das Ziel der Besprechung ist und was das Ergebnis sein soll (Beratung oder Entscheidung/Beschluss), und zu jedem TOP sollten die erforderlichen Unterlagen (Information/Material, Beschlussvorlage) zur Verfügung stehen. Wichtig ist außerdem, die Besprechungsphasen, insbesondere die Ideensammlung und die Ideenbewertung, deutlich zu trennen und bei allen Themen zu prüfen, ob und wie sie in eine Handlungsplanung umgesetzt werden können. Das Protokoll sollte entsprechend bei allen Absprachen zu Arbeitsschritten und -vorhaben festhalten: Wer macht was bis wann und berichtet darüber wann?

Die Sitzungen der Projektgruppen und der Koordinations- oder Steuergruppe brauchen eine Besprechungsleitung. Sie hat neben der Moderation die Aufgabe, auf die Zielorientierung und Strukturierung bei der Bearbeitung der einzelnen Tagesordnungspunkte zu achten.

Die Sitzungen haben eine Tagesordnung. Zu ihr gehört üblicherweise:

1) Bericht der Leitung und der Gruppenmitglieder

Leitfragen:

- Was hat sich zwischenzeitlich im Projekt und im Netzwerk ergeben?
- Was wurde von einzelnen Mitgliedern oder in Arbeitsgruppen (an den beteiligten Schulen) abgearbeitet?
- Was ist aus ihrer Sicht abgeschlossen?
- Wobei sind Probleme aufgetreten?

2) Absprachen zu Arbeitsaufträgen und -vorhaben

Leitfragen:

- Welche Arbeitsschritte stehen für das gesamte Netzwerk, welche Arbeitsschritte stehen in einzelnen Schulen an?
- Wer erledigt die Arbeitsschritte und Aufgaben bis wann?
- Wer stellt ggf. Unterstützung/Beratung zur Verfügung?
- Wann wird wie über die Erledigung und ggf. die Erprobungserfahrungen bei der Umsetzung von Konzepten in Unterricht und Schulleben berichtet?
- Wer überwacht die Erledigung?

3) Weitere offene Themen

Leitfragen:

- Gibt es noch weitere Themen und Punkte, die bearbeitet werden sollten?
- Deuten sich Probleme an, die bearbeitet werden müssen?

Entsprechende Punkte werden in die LOP (Liste offener Punkte) aufgenommen.

4) Festlegung des Termins für die nächste Sitzung, Vorlesen der LOP

5) Abschluss – Sonstiges

(Aus: Adolf Bartz, Schulen kooperieren als Verantwortungsgemeinschaft, 90.25)

5. Personal

Personalmanagement

Personalmanagement hat zum Ziel, dass in der Schule die Lehrkräfte und das weitere Personal in der erforderlichen Anzahl, mit den erforderlichen Qualifikationen und Kompetenzen zum richtigen Zeitpunkt und am richtigen Ort zur Verfügung stehen. Dazu dienen die Personalplanung (Bestand und Bedarfsanalyse), die Personalauswahl, der Personaleinsatz, die Personalbeurteilung, die Personalführung, die Personalentwicklung und die Personalfreisetzung. In der Regel sind die Schulleitung und die Schulen in der Lage, diese Aufgaben im Zusammenwirken mit der Schulaufsicht regelhaft angemessen zu bearbeiten. Wenn es aber um die Qualität und Wirksamkeit der pädagogischen Arbeit durch Unterricht und Erziehung geht, sind andere Faktoren wie die Lehrerkooperation und der Umgang mit Schlechtleistungen, Beziehungsstörungen und kollegialen Konflikten bedeutsamer und für die Schulleitung heikler und schwieriger.

Teamarbeit und Teamentwicklung

Lehrerkooperation setzt die Bildung von temporären Projektgruppen und von Teams voraus, die dauerhaft ihre pädagogischen Alltagsaufgaben bearbeiten. Wie gelingt nun der Schule, aus Einzelkämpfern Teamarbeiter zu machen? Wie gelingt es, dem Eigensinn als Quelle von Motivation und Energie einen breiten Raum zu geben und gleichzeitig für eine Orientierung auf gemeinsame Vorhaben und Ziele zu sorgen? Organisationsstrukturen und Aufträge reichen dafür nicht aus. Teamarbeit braucht eine gute Teambildung, klare Grundsätze und die Unterstützung durch Teamtraining (PH 801203). Sie wird dann erfolgreich sein, wenn die Teammitglieder die Erfahrung machen: Das Team erledigt Aufgaben, die keiner allein geschafft hätte. Es sorgt für psychische Entlastung durch den Beistand, den alle im Team geben und bekommen, und es stärkt alle durch das Gefühl der Selbstwirksamkeit.

Umgang mit schwierigen Lehrerinnen und Lehrern

Die übliche Reaktion von Schulleiterinnen und -leitern auf schwierige Lehrerinnen und Lehrer ist die Klage darüber, dass man sie nicht – wie im Unternehmensbereich – entlassen könne. Nun ist gewiss der Blick in die Waffenkammer von Sanktionen und Disziplinarrecht und die Drohung mit diesen Waffen im Interesse einer klaren Konfrontation von Fehlverhalten einzelner Lehrkräfte sinnvoll. Wenn es aber um Lehrpersonen geht, die abwertend mit ihren Schülerinnen und Schülern und mit ihren Kolleginnen und Kollegen umgehen und permanent schlechte Stimmung verbreiten, hilft der Blick in die Waffenkammer wenig. Hilfreich kann hier die Frage sein: Besetzen diese Kolleginnen und Kollegen nicht möglicherweise einen Platz in der Kollegiumsgruppe, der nach ihrem Ausscheiden sogleich von anderen eingenommen würde?

Für die Schulleitung heißt das, bei ihrer Intervention nicht nur die Betroffenen, sondern immer auch das Kollegium im Blick zu haben. Werden die Beziehungsstörungen und Konflikte im Kollegium einseitig von den schwierigen Lehrpersonen verursacht oder haben auch das Handeln und die Dynamik der Kollegiumsgruppe daran einen Anteil? Und es heißt, bei der Intervention gegenüber der Einzelperson in der Konfrontation klar zu sein, in Verantwortung zu nehmen und zugleich zu klären, wie die soziale Eingebundenheit, an der es offensichtlich mangelt, wieder hergestellt werden kann (PH 732101). Wichtig zudem: aus jeder Intervention lernen, um in der Zukunft weitere Interventionen durch eine gute Prävention zu vermeiden. Wenn dies gelingt, ist es ein Indikator für einen erfolgreichen Umgang mit schwierigen Lehrpersonen. Weitere Indikatoren sind die Wirkungen auf das Kollegium: Gelingt es zu verhindern, dass bei den anderen Lehrkräften der Eindruck entsteht, Qualität sei an ihrer Schule gleichgültig? Gelingt es, der Stimmungsmache so entgegenzuwirken, dass keine schlechte Stimmung mit der Folge von Demotivation entsteht und die Aufbruchstimmung durch das Anstreben attraktiver Zielzustände und das Erleben von Selbstwirksamkeit nicht im Keim erstickt wird?

5.1 Teamarbeit und Teamentwicklung

Praxishilfe 801203: Rollen in erfolgreichen Teams

Typ	Kürzel	Typische Eigenschaften	Positive Qualitäten	Wer in diesem Team kann diese Rolle übernehmen?
Der Stratege/ die Strategin (Strategist)	St	Weitblickend, mutig, tatkräftig, ideenreich, konzeptionell	Denkt über den Tellerrand hinaus, erkennt Kraftfelder in Systemen, Interesse an Erneuerung	
Der Ideengeber/ die Ideengeberin (Plant)	Id	Individuell, ernsthaft, unorthodox, vom Herkömmlichen abweichend	Innovative Begabung, Vorstellungskraft, Intellekt, Wissen, visionär	
Der Aktivierer/ die Aktiviererin (Ressource-Investigator)	Ak	Extrovertiert, enthusiastisch, neugierig, wissbegierig, kommunikativ	Besitzt die Eigenschaft, Kontakt zu Personen aufzunehmen und alles Neue zu erforschen; kann Herausforderungen annehmen	
Der Gestalter/ die Gestalterin (Shaper)	Ge	Geht aus sich heraus, dynamisch, zielorientiert, setzt sich durch	Hat den Willen und die Bereitschaft, die Trägheit, Ineffektivität, Selbstgefälligkeit oder Selbsttäuschung zu bekämpfen	

Typ	Kürzel	Typische Eigenschaften	Positive Qualitäten	Wer in diesem Team kann diese Rolle übernehmen?
Der Moderator/ die Moderatorin (Chairman/ Co Ordinator)	Mo	Ruhig, selbstsicher, beherrscht, defensiv steuernd	Besitzt die Eigenschaft, potenzielle Mitarbeiter mit ihren Werten und Verdiensten ohne Vorurteile aufzunehmen, einzubinden und mit ihnen umzugehen, starke Wahrnehmung für objektive Gegebenheiten	
Der Teamworker/ die Teamworkerin (Teamworker)	Tw	Sozial, orientiert, freundlich	Besitzt die Fähigkeit, auf Menschen und Situationen einzugehen und den Teamgeist zu fördern	
Der Qualitätssicherer/die Qualitätssicherin (Completer),	Qu	Sorgfältig, gewissenhaft, fleißig, eifrig	Besitzt die Eigenschaft, Dinge durchzuziehen, Perfektionismus, Liebe zum Detail	
Der Systematiker/ die Systematikerin (Monitor Evaluator)	Sy	Nüchtern, besonnen, vorsichtig, logisch	Beurteilung, Diskretion, Nüchternheit, Praxis, stabile Klarheit	
Der Zuverlässige/ die Zuverlässige (Company Worker/ Implementer)	Zu	Konservativ, vorsichtig, loyal, pflichtbewusst	Organisieren, praktischer gesunder Menschenverstand, hart arbeitend, selbstdiszipliniert, verantwortlich	

(Aus: Elmar Philipp, Teamentwicklung: Was brauchen Teams und wie können sie einen Selbst-Check machen?, 80.12)

5.2 Schwierige Kolleginnen und Kollegen

Praxishilfe 732101: Checkliste für die Selbstdiagnose und Selbstreflexion

Schlechtleistungen zu identifizieren und zu konfrontieren setzt auch die Fähigkeit und Bereitschaft zu Selbstreflexion und Selbstdiagnose voraus.Eine solche Selbstdiagnose kann durch einen Austausch im Schulleitungsteam unterstützt werden. Sie kann zudem zu einer Klärung beitragen, ob die Schulleitung in angemessener Weise konfliktfähig ist.

1. Warum habe ich den Eindruck von einer Schlechtleistung?

- Worauf stützt sich der Eindruck?
- Welche Einblicke habe ich bisher in die pädagogische Arbeit und das dienstliche Verhalten der Lehrkraft genommen?
- Stützen sich die Eindrücke eher auf Hörensagen, Beschwerden u. Ä., also die Eindrücke Dritter, oder habe ich mir selbst einen Einblick verschafft?

- Was sind meine Ansprüche und Standards, an denen gemessen ich die Lehrerleistung für schlecht halte? Sind diese Ansprüche – z. B. durch Richtlinien und Lehrpläne sowie das Schulprogramm – legitimiert?

2. *Wie habe ich meinen Eindruck der Lehrkraft vermittelt?*

- Weiß die Lehrkraft, was ich von ihrer Unterrichtsqualität und ihrem dienstlichen Verhalten halte?
- Habe ich mit der Lehrkraft bereits Kritikgespräche geführt?
- Habe ich ihr gegenüber klar Position bezogen und meine Erwartungen und Ansprüche deutlich gemacht oder habe ich meine Eindrücke und mein Feedback eher diplomatisch-verdeckt geäußert?
- Ist es mir gelungen, mein Problem mit der Lehrkraft zum Problem der Lehrkraft zu machen?

3. *Welchen Änderungsbedarf und welche Änderungsbereitschaft und -fähigkeit nehme ich bei der Lehrkraft wahr?*

- Welches Bild habe ich von der Person der Lehrkraft entwickelt? Sehe ich nur Schwächen, oder gibt es Stärken, die gegebenenfalls auch die Grundlage für eine wirksame Verhaltensänderung sein können?
- Gibt es Handlungsbereiche, in denen die Lehrkraft Stärken aufweist und an denen sie Interesse hat?
- Über welche persönlichen Potenziale verfügt die Lehrkraft, die es ihr ermöglichen könnten, ihr pädagogisches Handeln zu verbessern?
- Gibt es in der Vergangenheit Beispiele dafür, dass die Lehrkraft Kritik in eine Verhaltensänderung umgesetzt hat?
- Sieht die Lehrkraft selbst (zumindest teilweise) ihre Schwächen? Wenn ja: Übernimmt sie Verantwortung dafür, mit diesen Schwächen umzugehen und an ihnen zu arbeiten, oder sieht sie sich als Opfer der Umstände (schwierige Schülerinnen und Schüler, mangelnde Unterstützung durch Eltern und Kolleginnen bzw. Kollegen, Medienkonsum der Kinder u. Ä.)?
- Hat die Lehrkraft in ihrer gesamten Berufsbiografie eher Schwächen als Stärken gezeigt oder gibt es Entwicklungsbrüche (hohes Engagement früher, Resignation heute; Kränkungen, weil z. B. sie bei einer Beförderungsstelle nicht berücksichtigt wurde oder weil ihr Aufgaben entzogen wurden, die ihr wichtig waren, u. Ä.)?
- Gibt es Hinweise darauf, dass die Lehrkraft demotiviert ist? Wenn ja: Beruht die Demotivation auf dem Gefühl mangelnder Anerkennung oder ist sie die Folge überhöhter Ansprüche und Selbstüberforderung mit der Folge, dass sie ihre Arbeit und deren Ergebnisse nicht (mehr) als zufriedenstellend erlebt?

4. *Welche Emotionen ruft die schlechte Leistung bei mir als Schulleiterin oder Schulleiter hervor?*

- Wie gehe ich mit meinem Ärger um?
  - Lasse ich ihn zu oder würge ich ihn ab?
  - Spreche ich mit anderen (beruflich oder privat) über meinen Ärger?
  - Bin ich eher ärgerlich auf die Lehrkraft oder auf mich, weil ich nicht die Schritte unternehme, die ich eigentlich für erforderlich halte?
- Welche Sorgen machen mir die negativen Folgen der Schlechtleistung für das Ansehen und das Image der Schule bei den Eltern und in der Öffentlichkeit?
  - Gibt es für diese Sorgen konkrete Anlässe und Indikatoren (z. B. Beschwerden; Druck von Eltern, die Lehrkraft nicht in der Klasse ihres Kindes einzusetzen; abwertendes Gerede über die Lehrkraft)?
- Habe ich Angst vor der Konfrontation mit der Lehrkraft?
  - Welche Erfahrungen habe ich bei bisherigen Versuchen, die Lehrkraft zu konfrontieren, gemacht?
  - Was könnte bei einer klaren Konfrontation schlimmstenfalls passieren (Worst-Case-Szenario)? Kann ich es aushalten, wenn das passiert?
- Habe ich Angst davor, dass eine klare Konfrontation der Lehrkraft mit ihrer Schlechtleistung zu einer Solidarisierung mit der Lehrkraft gegen die Leitung führen kann?
  - Wie haben sich andere Lehrerinnen und Lehrer bisher über die Lehrkraft geäußert?
  - Welche Erwartungen haben sie an die Schulleitung im Umgang mit der Schlechtleistung?

- Habe ich Angst davor, dass meine Konfrontation folgenlos bleibt?
  - Gibt es dafür Indikatoren aus der Vergangenheit? Wenn ja: War die Folgenlosigkeit eher darauf zurückzuführen, dass die Lehrkraft nicht änderungsbereit und -fähig ist oder dass ich mein Änderungsverlangen nicht nachgehalten und die Lehrkraft mit Konsequenzen konfrontiert habe?
  - Verfüge ich über Konsequenzen, die ich der Lehrkraft androhen und die ich dann auch umsetzen kann?

5. Was habe ich bisher getan und was sind meine nächsten Schritte, mit der Schlechtleistung umzugehen?

- Inwieweit und wie habe ich bisher die Lehrkraft konfrontiert und welche Erfahrungen habe ich dabei gemacht?
  - Welche Konsequenzen habe ich ihr angedroht?
  - Habe ich die angedrohten Konsequenzen dann auch umgesetzt? Wenn ja: mit welcher Wirkung?
  - Habe ich bei der Schulaufsicht sondiert und mit ihr beraten, welche Interventionen sie für möglich hält und auf welche Unterstützung ich mich verlassen kann?
  - Habe ich von der Schulaufsicht solche Interventionen klar eingefordert?
- Habe ich die Lehrkraft eher geschont oder habe ich ihr ermöglicht, für die Folgen ihres Handelns (z. B. Beschwerden) selbst die Verantwortung zu übernehmen?
- Möchte ich als nächsten Schritt zunächst die Schlechtleistung sondieren und mir ein besseres Bild von den Mängeln verschaffen (z. B. durch Unterrichtsbesuche, den Einblick in Korrekturen von Klassenarbeiten, Gespräche mit Eltern und Schülerinnen/Schülern, Tätigkeitsberichte über die Lehrkraft aus anderer Sicht, insbesondere der anderer Schulleitungsmitglieder, Einblick in Klassenbücher und Kursmappen mit den Lehrberichten, Vorlage von Unterrichtsplanungen)?
- Möchte ich ein Kritikgespräch führen?
  - Habe ich noch die Wertschätzung, um der Lehrkraft eine Änderung ihres Verhaltens zuzumuten und zuzutrauen?
  - Kann ich die Kritik und das Änderungsverlangen klar äußern?
  - Welche Kritikpunkte möchte ich vorrangig ansprechen?
  - Bei welchen Kritikpunkten sehe ich bei der Lehrkraft am ehesten das Potenzial für eine wirksame Verhaltensänderung?
  - Welche Konsequenzen kann ich realistisch androhen (und dann auch umsetzen)?
  - Welche Unterstützung kann ich anbieten, wenn sie die Lehrkraft im Kritikgespräch anfordert?

(Aus: Adolf Bartz, Schlechte Lehrerleistung: konfrontieren, Unterstützung anbieten und für Verbindlichkeit sorgen, 73.21)

6. Qualitätsmanagement

Das Qualitätsmanagement dient der Erfassung, Sicherung und Verbesserung der pädagogischen Qualität mit Hilfe systematisch eingesetzter Instrumente und Verfahren. Grundlage sind die Klärung und Festlegung der Qualitätsziele. Aus ihrem Abgleich mit dem erreichten Qualitätsstand ergibt sich der Entwicklungsbedarf.

Funktionen des Qualitätsmanagements

Das Qualitätsmanagement einer Schule dient der Information und Rechenschaft nach außen und der Vergewisserung über die Wirksamkeit der pädagogischen Arbeit nach innen. Daraus lassen sich folgende Funktionen ableiten: Die Legitimation gegenüber der Öffentlichkeit und die interne Kontrolle und Steuerung als Grundlage für die Weiterentwicklung der einzelnen Schule. Die Ergebnisse vertiefen die Kenntnis der eigenen Schule und regen zur Reflexion über die Wirksamkeit der eigenen Arbeit an. Ihre Rechtfertigung findet das Qualitätsmanagement nur dann, wenn es nicht nur deutlich macht, in welchen Bereichen und mit welcher Zielrichtung die Schule ihre Weiterentwicklung gestalten muss, sondern wenn die Schule sie dann auch in Maßnahmen für die Verbesserung der Schulqualität umsetzt.

Voraussetzungen für das Qualitätsmanagement

Damit das Qualitätsmanagement dieses Ziel erreicht und soziale Akzeptanz in der Schule findet, müssen zwei Bedingungen gewährleistet sein (PH 204101):

- Transparenz: Die Qualitätsmaßstäbe müssen durch Kriterien und Indikatoren klar beschrieben und den gesellschaftlichen Erwartungen an die Schule, wie sie etwa in den Schulzielen des Schulgesetzes oder im Referenzrahmen Schulqualität der Schulinspektion zum Ausdruck kommen, entsprechen. Für die Durchführung stehen geeignete Instrumente für die Sammlung und Auswertung der Daten zur Verfügung. Die Ablaufplanung ist für alle transparent.
- Kommunikation: Es findet in der Schulgemeinde eine breite Diskussion und Beratung über die Schulqualität statt. Sie führen zu einer Verständigung auf ein gemeinsames Bild von guter Schule und gutem Unterricht, zur Vereinbarung des QM-Konzepts und zum Austausch über die Ergebnisse. Dabei muss schon zu Beginn klar sein, dass das eigentliche Ziel des Qualitätsmanagementprozesses die Umsetzung der Ergebnisse in Maßnahmen zur Verbesserung der Schulqualität ist – und dass (möglichst) alle bereit sind, die Ergebnisse in diesem Sinne ernst zu nehmen und sich an ihrer Umsetzung zu beteiligen.

Schulklima und Feedback

Ob eine solche Kommunikation gelingt, hängt wesentlich vom Schulklima und der Schulkultur ab, die zugleich ein wesentliches Qualitätsmerkmal darstellen (PH 602105). Denn Kommunikation und Verständigung sind nur in einem Klima wechselseitigen Respekts sinnvoll und möglich. Dabei äußert sich die Wertschätzung nicht darin, sich und andere zu schonen – das wäre eine Haltung der Abwertung. Deshalb ist das wechselseitige Feedback als ein grundlegendes Merkmal einer guten Schulkultur immer auch – wenn dies notwendig ist und weiterbringt – ein kritisches Feedback (PH 753506). Und diese Kritik beschämt nicht, sondern öffnet konstruktiv neue und bessere Wege – und allen Beteiligten ist klar, dass sie diese Wege nur gemeinsam finden können.

6.1 Pädagogisches Qualitätsmanagement

Praxishilfe 204101: Analyse und Bewertung der Gelingensbedingungen für ein erfolgreiches Qualitätsmanagement (Checkliste zur Selbsteinschätzung für die Schulleitung)

	Was ist bereits vorhanden? (Ist)	Was gelingt gut?	Was braucht es noch an Optimierung? (Soll)	Wie kann das erreicht werden?	Welche Hindernisse sind zu erwarten?	Wie kann auf Hindernisse reagiert werden? Was kann präventiv getan werden?
Gemeinsames Verständnis von Qualität						
Kompetenzen						
Motivation						
Konzeptionelle Passung: pädagogische Zieljustierung						
Soziale Passung: Akzeptanz						
Transparenz						
Unterstützung						
Qualitätsmanagement und Schulevaluation sind nicht Selbstzweck						
Kultur des Vertrauens						

(Aus: Stephan Gerhard Huber, Aufgabe von Schulleitung: Gelingensbedingungen für ein erfolgreiches Qualitätsmanagement schaffen, 20.41)

6.2 Schulklima

Praxishilfe 602105: Kulturelle Energiebilanz

Tragen Sie Ihre Zufriedenheit mit Kulturfaktoren in Ihrem Team oder Ihrer Einrichtung in das Polaritätenprofil ein. Die Diskussion kann sich dann an folgenden Fragen orientieren:

→ Wie zeigt sich das Bild im Alltag? In welchen Situationen?
→ Was daran würden Sie gern bewahren? Warum?
→ Was davon würden Sie gern anders haben? Warum?
→ Was müsste sein, damit ...?
→ Wer hat das in der Hand?
→ Wie könnten erste Schritte aussehen?

Abwesenheit, Zerstreutheit — **»Sei präsent!«** Gegenwärtigkeit

--   -   -/+   +   + +

Schuldzuweisung — **»Wähle deine Einstellung!«** Selbstverantwortung

--   -   -/+   +   + +

Gleichgültigkeit, Missgunst — **»Mache anderen eine Freude!«** Zusammenhalt

--   -   -/+   +   + +

Verbissenheit, Schwere — **»Spiele!«** Leichtigkeit/Inspiration

--   -   -/+   +   + +

Positive Energie/Commitment

Negative Energie bzw. Erschöpfungsgrad

(Aus: Jürgen Fabian, Organisationskultur erkennen, verstehen, gestalten, 60.21)

6.3 Feedback in Schulentwicklungsprozessen

Praxishilfe 753506: Regeln für das Feedback-Geben und -Nehmen

Feedback-Geben
• Beschreiben Sie das jeweilige Verhalten so konkret wie möglich. • Knüpfen Sie möglichst an zeitnahe Situationen an. • Beschränken Sie sich auf Verhaltensweisen, die im Zusammenhang mit der Arbeit stehen. • Geben Sie Feedback möglichst auf der Basis von eigenen Beobachtungen oder benennen Sie die (Art der) Quelle. • Sprechen Sie in eigenem Namen, vermeiden Sie Formulierungen wie »wir«, »man« ... • Benennen Sie Ihre eigenen Empfindungen und Reaktionen im Zusammenhang mit dem Verhalten Ihres Gesprächspartners (»Ich-Botschaften«).
Feedback-Nehmen
• Wenn Sie selbst Feedback erhalten, hören Sie gut zu und unterbrechen Sie nicht. • Fragen Sie anschließend nach, wenn Sie etwas nicht verstanden haben. • Nehmen Sie Feedback als Mitteilung der Wahrnehmung eines anderen; Sie müssen sich nicht erklären oder rechtfertigen. • Machen Sie Ihrem Gesprächspartner deutlich, dass das Feedback angekommen ist. • Überlegen Sie sich später in Ruhe und ehrlich, welche Schlussfolgerungen Sie für sich aus dem Feedback ziehen möchten.

(Aus: Carmen Kloft, Mit Jahresgesprächen werden die Entwicklungsziele der Schule und der Lehrkräfte aufeinander abgestimmt, 75.35)

7. Gesunde Schule

Gesunde Schule und Lehrergesundheit

Ob Lehrpersonen ihre Berufsbiografie gesund gestalten und ihre Gesundheit erhalten können, hängt von der Passung zwischen den Erwartungen und Ansprüchen, die an sie gestellt werden, und ihren Potenzialen ab. Die Bewältigungsmuster im Umgang mit den beruflichen Anforderungen und Belastungen wirken sich gesundheitsförderlich oder -schädlich aus. Liegt keine Passung vor, muss entweder die Leistungsfähigkeit den Anforderungen oder die Anforderungen müssen der Leistungsfähigkeit angepasst werden. In beiden Fällen geht es darum, dass Lehrpersonen nur dann ihre Gesundheit erhalten können, wenn sie die Anforderungen aussichtsreich und zufrieden stellend bewältigen können. Die Bewältigung der Anforderungen stärkt das Gefühl von Kompetenz und Selbstwirksamkeit. Der achtsame Umgang der Lehrpersonen mit sich selbst geht einher mit der Entwicklung der Fähigkeit, Motivation, Autonomie und Engagement im pädagogischen Handeln aufrechtzuerhalten und für ein gutes Schulklima und eine lern- und entwicklungsförderliche Beziehungsgestaltung zu sorgen (PH 104301).

Als Schulleitung für die eigene Gesundheit sorgen: Mit Stress umgehen

Dieser Umgang mit sich selbst ist auch für die Schulleitung wichtig: Nur wer gut mit sich selbst umgeht, kann auch mit anderen gut umgehen. Das gilt für die Bewältigung der umfangreichen Aufgaben im Schulleitungsalltag und es gilt ganz besonders für den Umgang mit Stresssituationen (PH 511402). Gerade hier kommt es darauf an, sich nicht selbst für die Schule aufzuopfern, sondern eine Selbstkompetenz zu entwickeln, um überzogenen Ansprüchen – sowohl aufgrund der eigenen inneren Antreiber wie als Ansprüche, die andere an die Schulleitung stellen – entgegenzuwirken. Nur dann, wenn Geben und Nehmen in einer guten Balance sind und die Energien, die die Schulleitung verausgabt, durch das Gefühl von Selbstwirksamkeit zurückfließen, kann die Schulleitung ihre Gesundheit erhalten und damit die Grundlage dafür sichern, dass sie ihre Aufgaben kompetent und effektiv wahrnimmt.

Selbstmanagement und Selbstcoaching

Zur Gesunderhaltung dient auch das Selbstmanagement als Gesamtheit der Fähigkeiten und Methoden, das eigene Handeln in allen Lebensbereichen zu steuern. Das Ziel des Selbstmanagements ist, mit den unterschiedlichen Anforderungen des Lebens klar zu kommen und mit sich, den eigenen Leistungen und der Lebensgestaltung zufrieden zu sein (PH 771102). Wichtig dafür ist vor allem auch ein sorgsamer Umgang mit Zeit. Mit Zeit souverän umgehen zu können, setzt eine Selbstreflexion der eigenen inneren Antreiber (Glaubenssätze) voraus, denn diese können zum Anlass für operative Hektik werden und verhindern, Ziele realistisch und erreichbar zu setzen, mit Gelassenheit und Geduld zu ertragen, dass man nicht alles beeinflussen kann, und sich auf das zu konzentrieren, was man beeinflussen kann. Voraussetzung für das Selbstmanagement sind Rollenklärung und Selbstreflexion. Dabei können Verfahren und Instrumente des Selbstcoaching hilfreich sein.

7.1 Gesundheitsförderung

Praxishilfe 104301: Aufgaben der Schulleitungen und Möglichkeiten des Gesundheitsmanagements

Aufgaben der Schulleitung und Möglichkeiten des Gesundheitsmanagements

Aufgaben der Schulleitung (Auswahl, nach Schulgesetz)	**Möglichkeiten der Schulleitung im Gesundheitsmanagement** (n. Hundeloh 2010)
Unterrichtsentwicklung	
– Unterstützung der Lehrkräfte und des sonstigen Schulpersonals bei der Schaffung guter Lernbedingungen – Durchführung regelmäßiger Unterrichtsbesuche – Beurteilung der Lehrkräfte bzgl. der Unterrichtsqualität	– Initiierung kollegialer Reflexion und Bereitstellung entsprechender Strukturen (Tandemarbeit, Triaden, professionelle Lerngemeinschaften, Qualitätszirkel) – Bereitstellung von Wissen über Unterricht und Gesundheit – Aufbau einer anerkennenden (unterrichtsbezogenen) Feedback- und Evaluationskultur – Mitwirkung bei der Entwicklung und Festlegung von Kriterien für guten und gesunden Unterricht – Schaffung von Voraussetzungen für eine systematische Fortbildung der Lehrkräfte in der gesundheitsbezogenen Unterrichtsentwicklung
Personalentwicklung	
– Entwicklung eines Personal- und Fortbildungskonzeptes – Beteiligung an Personalauswahlentscheidungen – Planung des Einsatzes von Lehrkräften – Durchführung regelmäßiger Personalgespräche/ -beurteilung	– Entwicklung und Umsetzung von Unterstützungsmaßnahmen für das Personal – Initiierung und Unterstützung von Maßnahmen zur Förderung der individuellen Gesundheit und Gesundheitskompetenz – Angemessener Personaleinsatz unter Berücksichtigung der individuellen Kompetenzen und Ressourcen – Erfassung der Belastungen und Ressourcen der Beschäftigten unter Berücksichtigung der Genderspezifik – Schaffung einer Balance von Aufgaben- und Mitarbeiterorientierung – Unterweisungen zur Arbeitssicherheit und zum Gesundheitsschutz bei der Arbeit
Organisationsentwicklung	
– Bewirtschaftung der Schule auf Basis der verfügbaren Haushaltsmittel – Aufsicht der Schulanlage, des Schulgebäudes sowie des Schulinventars – Qualitätsentwicklung und -sicherung – Entwicklung, Fortsetzung und Umsetzung des Schulprogramms – Arbeits- und Gesundheitsschutz – Förderung der Zusammenarbeit der Lehrkräfte und des sonstigen Schulpersonals – Vertretung der Schule nach außen	– Entwicklung und Implementierung von Maßnahmen im Sinne des Carings (z. B. Frühstück, Mittagessen, Erholungspausen für Lehrkräfte) – Schaffung und Erhalt gesundheitsförderlicher und bedürfnisgerechter Lehr-, Lern- und Arbeitsbedingungen – Durchführung der gesetzlich vorgeschriebenen Gefährdungsanalyse – Festlegung der Zuständigkeiten, Verantwortungen, Befugnisse sowie die Bestellung von Beauftragten – Institutionalisierung und Förderung der Kooperation und kollegialen Zusammenarbeit zwischen Schulleitung und Kollegium, den Kollegiumsmitgliedern, zwischen Lehrkräften und Eltern sowie Lehrkräften und Schülerinnen und Schülern

(Aus: Maja Dammann, Salutogene Führung – wie Schulleiter gesundheitsförderlich in ihrer Schule agieren können, 10.43, Quelle: DAK-Gesundheits- und Unfallkasse NRW (Hrsg.) (2012), Handbuch Lehrergesundheit – Impulse für die Entwicklung guter gesunder Schulen. Köln: Carl Link, S. 210)

7.2 Umgang mit Stress

Praxishilfe 511402: Übungen zum Ruhig-Werden

Eine Atemmeditation

- Setzen Sie sich aufrecht auf einen Stuhl und schließen Sie die Augen.
- Atmen Sie bewusst ein und aus und konzentrieren Sie sich dabei auf Ihren Atem. Versuchen Sie zu fühlen, wie die Luft in den Körper ein- und wieder ausströmt.
- Lassen Sie sich nicht von Gedanken, die Ihnen Ihr Verstand aufzwingen will, ablenken. Führen Sie Ihre Konzentration sanft immer wieder auf die Atmung zurück.
- Schon nach ein paar Minuten werden Sie merken, dass Sie ruhiger geworden sind.
- Öffnen Sie langsam die Augen.

Der Fingerpuls

- Setzen Sie sich aufrecht hin und schließen Sie die Augen.
- Führen Sie die Finger der rechten und der linken Hand so aneinander, dass sich alle fünf Fingerkuppen berühren.
- Verstärken Sie den Druck auf die Finger so lange, bis Sie Ihren Pulsschlag in den Fingerkuppen deutlich spüren.
- Atmen Sie bewusst langsam ein und aus, legen Sie einen besonderen Akzent auf das Ausatmen.
- Drei bis vier Minuten reichen aus, um ruhiger zu werden und die Pulsfrequenz zu verringern.
- Öffnen Sie langsam die Augen.

Bewusst entspannen

- Sie stellen oder setzen sich aufrecht hin, die Arme hängen locker am Körper herunter.
- Schließen Sie bitte die Augen und atmen Sie dreimal tief ein und aus.
- Atmen Sie tief ein, leicht wieder aus und halten Sie die Luft an. Dabei ballen Sie beide Fäuste kräftig. Diese Spannung halten Sie zehn Sekunden.
- Sie atmen kräftig aus und lösen die Spannung. Spüren Sie in die Hände und Arme hinein und registrieren Sie, wie sich Hände und Arme entspannen.
- Den nächsten Schritt gehen Sie bitte erst, wenn die Spannung aus Händen und Armen vollkommen verschwunden ist.
- Spannen Sie jetzt bitte die Beinmuskulatur an. Ebenfalls kräftig einatmen, leicht ausatmen, Atem anhalten und dabei die Beinmuskulatur anspannen. Zehn Sekunden halten, ausatmen und die Spannung lösen.
- Ebenso verfahren wir mit der Schulterpartie. Sie ziehen die Schultern kräftig nach oben und halten sie in dieser Position wiederum zehn Sekunden. Dann lassen Sie die Schultern locker nach unten fallen und atmen dabei kräftig aus.
- Zum Schluss spannen und entspannen Sie Ihr Gesicht. »Knautschen« Sie Ihr Gesicht und halten Sie diese Position etwa zehn Sekunden. Die Spannung lösen und ausatmen.

(Aus: Frank Döbler, Einfach mal abschalten – Entspannungstechniken für den Alltag, 51.14)

7.3 Selbstreflexion und Selbstmanagement

Praxishilfe 771102: Kraftquellen und Energieräuber im Alltag (Auszug)

Meine persönliche Energiebilanz

Anregung zur Reflexion und anschaulichen Darstellung Ihrer persönlichen Belastungen und Energiequellen

Wenn Sie sich darüber klar werden möchten, wo Ihre privaten und/oder schulischen Energieräuber hausen und aus welchen Quellen Sie Ihre Energie beziehen, kann Ihnen dieses Arbeitsblatt vielleicht helfen. Tragen Sie in einer stillen Stunde Ihre Energieräuber und Energiequellen in eine solche Tabelle ein. Diese Energiebilanz eignet sich auch zum Einstieg in die schulinterne Auseinandersetzung mit der Thematik »Lehrerbelastung – Lehrergesundheit«.

Energieräuber	**Wo hausen diese?**	**Energiequellen**	**Wo sprudeln sie?**

Leitfragen (s. Abb. 1):

- Wie verhalten sich Energieräuber und Energiequellen quantitativ und qualitativ zueinander?
- Aus welchen Lebensbereichen (Beruf, Familie, Freizeit, gesellschaftliche Verpflichtungen ...) kommen die Energieräuber (Belastungen) und woher kommen die positiven Energien?
- Erkennen Sie Schwerpunkte und Einseitigkeiten? Gibt es positive Energien aus der Schule?

Energieräuber – Belastungen:	**Positive Energien:**
1. In welchen Zusammenhängen stehen Ihre Belastungen: Fach- und Sachprobleme, Gesundheit, soziale Beziehungen, Arbeitsmenge, unzureichende Kompetenzen, Ziele, Erwartungen ...? 2. Wo können Sie selbst Belastungen verändern oder reduzieren? 3. Wo sind Sie auf die Veränderung von Bedingungen angewiesen? *Merke:* Man kann sich über alles ärgern – aber man ist dazu nicht verpflichtet!	1. Sind die positiven Energien eher erfolgs- und leistungsbetont (z. B. es gelingt etwas) oder erlebnisgefärbt (Musik, Landschaft, Kunst ...)? 2. Suchen Sie diese Energiequellen aktiv und bewusst geplant auf – oder sind es eher Ereignisse, die Ihnen von anderen geöffnet werden oder »zufällig passieren«? 3. Wie gestalten Sie Ihre Erholungsphasen? Wo sehen Sie Defizite? 4. Wo wollen/können Sie etwas verändern? Wer kann dabei helfen? Welche Hürden sind dafür zu überwinden? *Merke:* Es ist nie zu spät zu werden, was man sein könnte!

Abb. 1: Leitfragen

	Beruflicher Bereich	**Privater Bereich: Partnerschaft, Kinder, Freunde, Hobbys …**
Entstehung		
Auswirkung		

Abb. 2: Ströme von Belastungen

Verfolgen Sie einmal Ihre »Ströme« von Belastungen: in welchem Bereich entstehen sie, in welchem wirken sie sich aus (s. Abb. 2)?

Beispiel: Ein Lehrer ärgert sich in der ersten Stunde über bestimmte Schüler und ist auch noch in der Pause im Lehrerzimmer Kollegen gegenüber gereizt (gestrichelter Pfeil). Wenn er nachmittags bei seiner Frau immer noch mit seinem schulischen Ärger kämpft, wird auch der private Bereich in Mitleidenschaft gezogen (durchgezogener Pfeil).

Bitte prüfen Sie nun auch den üblichen Weg, wo bei Ihnen Quellen für positive Energien sind und auf welche Rollenbezüge sie sich übertragen!

Energiebilanz-Waage

Zur Veranschaulichung Ihrer Energiebilanz können Sie die Belastungen und die Energiequellen in Form von Gewichten auf eine gezeichnete Waage legen: Wohin neigt sich die Waage: zu Belastungen oder zu Energiequellen? Welche Bereiche haben Übergewicht?

(Aus: Bernhard Sieland, Wer Qualität will, muss Lehrergesundheit fördern, 77.11)

X. Zentrale Befunde aus den Bildungsberichten

Bildungsberichte der deutschsprachigen Länder

Im Folgenden werden die aktuellen Bildungsberichte 2012 aus Deutschland und Österreich zusammengefasst und deren Ergebnisse anhand einer exemplarischen Auswahl dargestellt. Aus der Schweiz liegen für das Jahr 2012 keine aktuellen Befunde vor, der Bildungsbericht Schweiz 2010 wurde im Jahrbuch Schulleitung 2012 bereits vorgestellt.

Unter www.schulleitung.de/jahrbuch-schulleitung bzw. www.bildungsmanagement.net/Jahrbuch-Schulleitung finden Sie wichtige Linksammlungen zu folgenden Themen:

- Bildungsberichte
- Ministerien und Kultusbehörden
- Bildungsserver
- Schulleitungsverbände

1. Bildungsbericht Deutschland 2012[1]

Autorengruppe Bildungsberichterstattung der Ständigen Konferenz der Kultusminister der Länder in der Bundesrepublik Deutschland und des Bundesministeriums für Bildung und Forschung (Hrsg.) (2012). Bildung in Deutschland 2012. Ein indikatorengestützter Bericht mit einer Analyse zur kulturellen Bildung im Lebenslauf. Bielefeld: W. Bertelsmann Verlag.

Mit dem Bildungsbericht 2012 legt eine unabhängige Gruppe von Wissenschaftlerinnen und Wissenschaftlern zum vierten Mal eine umfassende und empirisch fundierte Bestandsaufnahme des deutschen Bildungswesens vor. Zu der Autorengruppe gehören neben dem federführenden Deutschen Institut für Internationale Pädagogische Forschung (DIPF) das Deutsche Jugendinstitut (DJI), die Hochschul-Informations-System GmbH (HIS), das Soziologische Forschungsinstitut an der Universität Göttingen (SOFI) sowie die Statistischen Ämter des Bundes und der Länder (Destatis und StLÄ) an. Die Erarbeitung des Berichts »Bildung in Deutschland 2012« wurde von der Ständigen Konferenz der Kultusminister der Länder in der Bundesrepublik Deutschland (KMK) und dem Bundesministerium für Bildung und Forschung (BMBF) gefördert.

1 Quelle aller Zusammenfassungen und Abbildungen der Seiten 351–375:
Autorengruppe Bildungsberichterstattung der Ständigen Konferenz der Kultusminister der Länder in der Bundesrepublik Deutschland und des Bundesministeriums für Bildung und Forschung (Hrsg.) (2012). Bildung in Deutschland 2012. Ein indikatorengestützter Bericht mit einer Analyse zur kulturellen Bildung im Lebenslauf. Bielefeld: W. Bertelsmann Verlag.
http://www.bildungsbericht.de/daten2012/bb_2012.pdf
http://www.bildungsbericht.de/daten2012/wichtige_ergebnisse_presse2012.pdf
http://www.bildungsbericht.de/daten2012/presseinformation_12.pdf

Die Bildungsberichte stellen den Entwicklungsstand, die Fortschritte und sich abzeichnende Probleme des deutschen Bildungswesens bereichsübergreifend dar – von der frühkindlichen Bildung über das allgemeinbildende Schulwesen, die berufliche Ausbildung und die Hochschulbildung bis zur Weiterbildung im Erwachsenenalter. So liefert die indikatorengestützte Analyse Anhaltspunkte für bildungspolitisches Handeln. In einem Schwerpunktkapitel betrachtet der Bericht 2012 die »kulturelle/musisch-ästhetische Bildung im Lebenslauf«.

Inhalte des Bildungsberichts 2012 sind:

- Bildung im Spannungsfeld veränderter Rahmenbedingungen
- Grundinformationen zu Bildung in Deutschland
- Frühkindliche Bildung, Betreuung und Erziehung
- Allgemeinbildende Schule und non-formale Lernwelten im Schulalter
- Berufliche Ausbildung
- Hochschule
- Weiterbildung und Lernen im Erwachsenenalter
- Kulturelle/musisch-ästhetische Bildung im Lebenslauf
- Wirkungen und Erträge von Bildung

1.1 Wandel der Familien- und Lebensformen[2]

Lebensformen

2010 lebt in Deutschland knapp die Hälfte der Bevölkerung – 51% in West- und 43% in Ostdeutschland – in Familien, also als Erwachsene mit ihren nicht volljährigen Kindern, in einem Haushalt. Dieser Anteil ist seit 2006, in Ostdeutschland in etwas stärkerem Maße als in Westdeutschland, um insgesamt 2,4 Prozentpunkte zurückgegangen – ein Effekt, der auch mit der Alterung der Bevölkerung zusammenhängt. Der Anteil der Ehepaare mit Kindern ist trotz eines Rückgangs um fast drei Prozentpunkte in den letzten vier Jahren weiterhin mit gut 38% die am weitesten verbreitete Lebensform insgesamt. Dazu trägt auch die Bevölkerung mit Migrationshintergrund bei, denn sie lebt zu etwas mehr als der Hälfte (56%) in dieser Lebensform – allerdings ist der Anteil auch hier in den letzten Jahren um drei Prozentpunkte zurückgegangen.

2 Dem Mikrozensus nach ist *Lebensform* der Oberbegriff. Als *Familien* werden alle Formen des Zusammenlebens mit Kindern bezeichnet. Familien sind Ehepaare, Lebensgemeinschaften und Alleinerziehende mit Kindern. Als weitere Lebensformen sind Ehepartner (ohne Kinder), Lebenspartner (ohne Kinder) und Alleinstehende aufgeführt. Eltern-Kind-Beziehungen, die über Haushaltsgrenzen hinweg bestehen, und Partnerschaften mit getrennter Haushaltsführung bleiben unberücksichtigt.

1.2 Bildungsbeteiligung

Struktur der Bildungsbeteiligung in Deutschland

Rund 16,6 Millionen Personen nehmen im (Schul-)Jahr 2010/11 an Bildungsangeboten in Kindertageseinrichtungen, allgemeinbildenden und beruflichen Bildungsgängen[3] sowie Hochschulen teil.

Wie sich die Anzahl der Bildungsteilnehmerinnen und -teilnehmer entwickelt, spielt eine wichtige Rolle für Kapazitätsplanungen und für die Verteilung der Mittel auf die Bildungsbereiche. Insgesamt nehmen seit 2007/08 demografiebedingt weniger Menschen Bildungsangebote wahr als 1995/96. Die Zahl der Bildungsteilnehmerinnen und -teilnehmer erreicht 2010/11 einen neuen Tiefstand.

Allerdings hat sich die Anzahl der Teilnehmerinnen und Teilnehmer in den einzelnen Bildungsbereichen aufgrund der demografischen Entwicklung und Veränderungen im Bildungsverhalten unterschiedlich entwickelt. Während im Vergleichszeitraum die Zahlen im Primarbereich und Sekundarbereich I aufgrund des Geburtenrückgangs zurückgehen, verzeichnet der Tertiärbereich aufgrund der geburtenstarken Jahrgänge in den 1990er Jahren in Westdeutschland und des geänderten Bildungsverhaltens steigende Teilnehmerzahlen. Auch die Anzahl der unter 3-Jährigen in Kindertageseinrichtungen hat in den letzten Jahren wegen der gestiegenen Nachfrage nach Betreuungsplätzen deutlich zugenommen. Regelungen zum Schuleintritt, zur Wehrpflicht und das Bildungsverhalten haben einen zusätzlichen Einfluss auf die Art der Bildungsbeteiligung der Altersgruppen. Die Ergebnisse der fortgeschriebenen Bildungsvorausberechnung zeigen den Einfluss der demografischen Entwicklung auf die Teilnehmerzahlen. Demnach wird die Gesamtzahl der Bildungsteilnehmerinnen und -teilnehmer bis 2025 voraussichtlich um 12 Prozent abnehmen. Während die Nachfrage nach Betreuungsplätzen für unter 3-Jährige sowie nach Studienplätzen steigt, wird die Zahl der Schülerinnen und Schüler demografiebedingt weiter zurückgehen.

Bildungsbeteiligung im internationalen Vergleich

Deutschland weist im internationalen Vergleich sowohl bei den 15- bis unter 20-Jährigen als auch bei den 20- bis unter 25-Jährigen hohe Bildungsbeteiligungsquoten auf. Die hohe Bildungsbeteiligung bei den 15- bis unter 20-Jährigen ist in Deutschland auch mit auf das duale Berufsbildungssystem zurückzuführen. Die Teilnahmequoten der 20- bis unter 25-Jährigen werden im Wesentlichen durch die relative Bedeutung der Hochschulausbildung bestimmt, die in Deutschland im Vergleich zu anderen Staaten vielfach später abgeschlossen wird. Während sich die Quoten für Männer und Frauen in Deutsch-

3 Zu den allgemeinbildenden Bildungsgängen zählen allgemeinbildende Schularten sowie berufliche Schularten, an denen primär allgemeine Schulabschlüsse erworben werden.

land und z. B. den Niederlanden kaum unterscheiden, nehmen Frauen in den meisten Vergleichsstaaten deutlich häufiger Bildungsangebote wahr als Männer.

Abb. B4-2: Anteil der frühzeitigen Schulabgängerinnen und -abgänger in ausgewählten Staaten 2010 nach Geschlecht (in %)

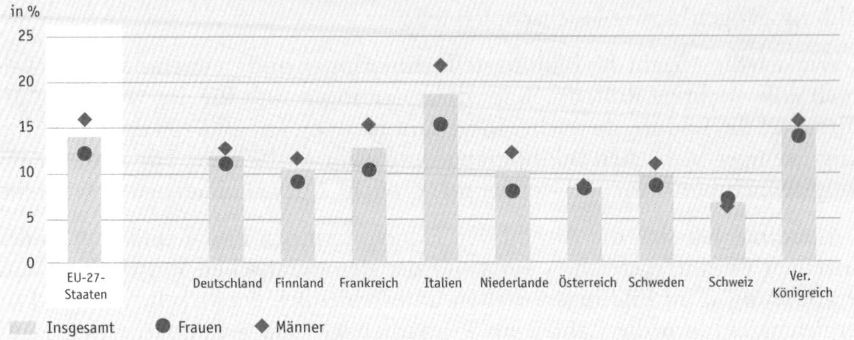

Quelle: Eurostat-Homepage, Europäische Arbeitskräfteerhebung → *Tab. B4-7web*

Hohe Bildungsbeteiligungsquoten gehen tendenziell mit einem niedrigen Anteil an frühzeitigen Schulabgängerinnen und -abgängern[4] einher. Diese Personen gelten als potenzielle Risikogruppe im Hinblick auf ihre Chancen am Arbeitsmarkt und ihre gesellschaftliche Teilhabe, weshalb die EU im Rahmen der Europa 2020-Strategie[5] unter anderem die Reduktion des Anteils der frühzeitigen Schulabgänger auf 10% als Ziel definiert hat. Der Anteil beläuft sich in Deutschland 2010 auf 12 Prozent (Abb. B4–2). Damit liegt der Anteil zwar unter dem EU-Mittelwert (14%), jedoch immer noch über der Zielmarke von 10 Prozent, die bis 2020 erreicht werden soll. Während Personen ohne Migrationshintergrund in Deutschland die europäische Zielmarke mit 10 Prozent bereits erfüllen, sind 30 Prozent der Personen mit Migrationshintergrund frühzeitige Schulabgängerinnen und -abgänger.

4 In der Europäischen Union bezeichnet man als frühzeitige Schulabgängerinnen und -abgänger alle Personen im Alter von 18 bis unter 25 Jahren, die nicht über einen Abschluss des Sekundarbereichs II verfügen und derzeit nicht an Aus- und Weiterbildungen teilnehmen. Der Zielwert wurde neben anderen bildungsrelevanten Kernzielen zur Erhöhung des Bildungsstandes im Rahmen der »Europa 2020-Strategie für Beschäftigung und intelligentes, nachhaltiges und integratives Wachstum« definiert.

5 Die Europa 2020-Strategie ist eine Strategie der Europäischen Kommission, um den Herausforderungen der Zukunft zu begegnen. Sie soll der EU und den Mitgliedsstaaten helfen, ein hohes Maß an Beschäftigung, Produktivität und sozialem Zusammenhalt zu erreichen. Die Union definiert dafür Ziele in den fünf Bereichen Beschäftigung, Innovation, Bildung, soziale Integration und Klima/Energie, die bis 2020 verwirklicht werden sollen. Jeder Mitgliedsstaat hat für jeden dieser Bereiche seine eigenen nationalen Ziele festgelegt. Ferner wird diese Strategie durch konkrete Maßnahmen auf Ebene der EU und der Mitgliedstaaten untermauert.

1.3 Bildung in der Familie

Bildungsaktivitäten in der Familie

Wie die gemeinsame Zeit in der Familie gestaltet wird und welche Praktiken dabei in der Familie zum Tragen kommen, kann als Ausdruck der elterlichen Bildungsorientierung gesehen werden. Besonders relevant sind hier etwa Bildungsaktivitäten[6] wie Geschichten vorlesen, Bücher ansehen, singen und musizieren. Insgesamt ist in dieser Hinsicht in den Familien eine starke Bildungsorientierung zu beobachten. 46 Prozent der Eltern üben nach eigenen Angaben häufig bildungsnahe Aktivitäten mit ihren Kindern aus. Nur 8 Prozent der Eltern geben an, dies selten zu tun; dabei sind kaum Unterschiede nach dem Alter der Kinder zu beobachten. Während 50 Prozent der Eltern von Mädchen mit diesen sehr häufig bildungsförderliche Aktivitäten ausüben, tun dies etwa 42 Prozent der Eltern von Jungen. Dies könnte ein Hinweis auf eine frühe geschlechtsspezifische Akzentsetzung der Eltern im Umgang mit ihren Kindern sein.

Die Bildungsorientierung in der Familie steigt mit dem Bildungsgrad der Eltern. Auffällig ist, dass sich die elterliche Erwerbssituation dabei nicht negativ auf das Ausmaß bildungsförderlicher Aktivitäten in der Familie auswirkt. Vor allem erwerbstätige Eltern nehmen sich nach eigenen Angaben mehr Zeit für die Förderung ihrer Kinder. Der Anteil der Eltern, die mit ihren Kindern selten bildungsrelevante Tätigkeiten durchführen, ist in Familien mit Migrationshintergrund der 1. und 2. Generation etwas höher. In der 3. Generation hingegen lassen sich keine Unterschiede mehr zu Familien ohne Migrationshintergrund feststellen.

Lesesozialisation in der Familie

Einen besonderen Stellenwert für den späteren Schulerfolg hat die Herausbildung sprachlicher Fähigkeiten und Vorläuferfähigkeiten für den Schriftspracherwerb (early literacy), zu denen etwa die phonologische Bewusstheit gehört. Durch Aktivitäten wie vorlesen, Wortspiele spielen und Geschichten erzählen kann die Familie bereits in den ersten Lebensjahren die Entwicklung der Lesekompetenz unterstützen. Gleichzeitig wird auch die spätere Lesemotivation des Kindes wesentlich geprägt, wie sich auch in den PISA- und IGLU-Studien wiederholt gezeigt hat. 57 Prozent der Eltern führen nach eigenen Angaben häufig leseförderliche Aktivitäten[7] mit ihren Kindern durch. Dabei werden 62 Prozent der Mädchen und 51 Prozent der Jungen von ihren Eltern gefördert, was

6 Folgende Einzelaktivitäten, die laut Angaben der Eltern mit dem Kind durchgeführt werden, wurden zu einem Index bildungsnaher Tätigkeiten zusammengefasst: (1) Malen/Basteln, (2) Geschichten vorlesen/erzählen, (3) Bilderbücher anschauen, (4) zusammen musizieren, (5) zusammen Lieder singen, (6) kulturelle Aktivitäten (Theater-/Museumsbesuche).

7 Die Eltern von Viertklässlerinnen und Viertklässlern wurden gefragt, wie häufig sie mit ihrem Kind vor der Einschulung verschiedene Aktivitäten ausgeübt haben. Folgende Einzelaktivitäten wurden zu einem Index leseförderlicher Tätigkeiten zusammengefasst: (1) Bücher vorlesen, (2) Geschichten erzählen, (3) Lieder singen, (4) mit ABC-Spielzeug spielen, (5) Wortspiele spielen, (6) laut Schilder und Beschriftungen vorlesen.

auch beim Lesen auf geschlechtsspezifische Unterschiede im Erziehungsverhalten hinweist. Dies erscheint vor allem im Hinblick auf die bei Jungen und Mädchen unterschiedliche Lesekompetenz am Ende der Grundschulzeit interessant.

Die Leseorientierung in der Familie wird durch den Bildungsstand der Eltern geprägt. Sie steht ebenfalls in einem Zusammenhang mit der Anzahl der Bücher im Elternhaus, die als Ausdruck der kulturellen Orientierung in der Familie gesehen werden kann. Leseförderung in der Familie erfahren Kinder mit Migrationshintergrund etwas seltener: Wenn diese Kinder in deutscher Sprache gefördert werden, geschieht dies nur in 8 Prozent der Fälle selten, im Falle nicht-deutscher Sprachförderung beträgt der Anteil selten fördernder Eltern dagegen 20 Prozent. Somit kommen diejenigen Kinder, die im Elternhaus ohnehin weniger gefördert werden, dort zudem seltener mit der deutschen Sprache in Kontakt und erhalten weniger Unterstützung im Zweitspracherwerb. Dadurch sind sie im Hinblick auf ihre zukünftigen Bildungschancen doppelt benachteiligt. Zudem zeigt sich, dass Kinder, die mehr als drei Jahre eine Tageseinrichtung besucht haben, auch innerhalb der Familie häufiger gefördert wurden. Auch dies weist auf eine Verbindung zwischen der Nutzung frühkindlicher Bildungsangebote und elterlicher Bildungsorientierung hin.

Abb. C1-2: Kompetenzen der Viertklässlerinnen und Viertklässler im Lesen 2006 nach familialen leseförderlichen Aktivitäten* vor der Grundschulzeit und nach Dauer des Besuchs von Kindertageseinrichtungen (in Kompetenzpunkten)

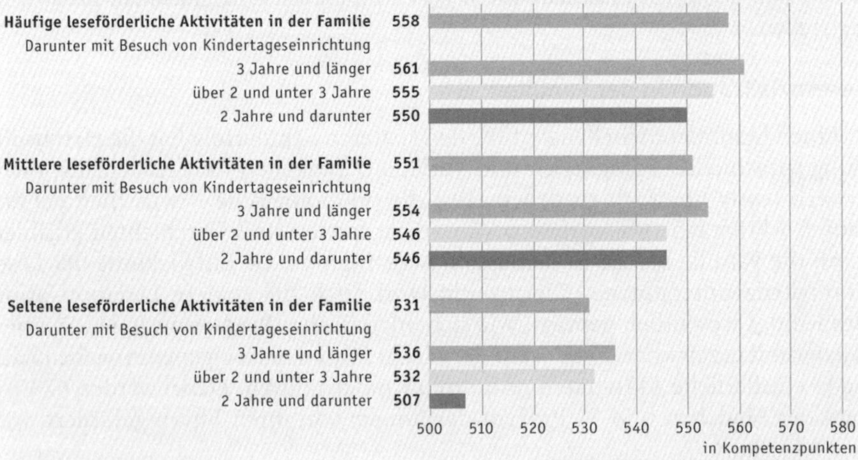

* *Die Eltern von Viertklässlerinnen und Viertklässlern wurden gefragt, wie häufig sie mit ihrem Kind vor der Einschulung verschiedene leseförderliche Aktivitäten ausgeübt haben.*

Quelle: IEA, IGLU/PIRLS 2006, eigene Berechnungen → ***Tab. C1-6web***

Betrachtet man die Lesekompetenzen im vierten Grundschuljahr in Verbindung mit der frühkindlichen Lesesozialisation in der Familie, so deutet sich an, dass Kinder, die innerhalb der Familie häufig gefördert werden, in diesem Alter eine signifikant höhere Lesekompetenz aufweisen als selten geförderte Kinder (Abb. C1–2). Möglicherweise setzt sich diese Förderung auch im Grundschulalter fort und verstärkt diesen Effekt. Dennoch sind die großen Kompetenzunterschiede zwischen Kindern, die von ihrer Familie häufig gefördert wurden und mindestens drei Jahre eine Tageseinrichtung besucht haben, und selten geförderten Kindern mit höchstens zweijähriger Teilnahme an frühkindlichen Betreuungsangeboten auffällig. Letztere besitzen am Ende der Grundschulzeit eine durchschnittlich um 54 Punkte geringere Lesekompetenz, was in etwa dem Lernrückstand eines Schuljahres entspricht. Vor allem bei den innerhalb der Familie selten geförderten Kindern weisen jene mit langjähriger Nutzung der Kindertagesbetreuung signifikant höhere Lesekompetenzen auf, was auf mögliche Wirkungen einer ergänzenden institutionellen frühkindlichen Bildung hinweist.

Im internationalen Vergleich der innerhalb der Familie geförderten Lese-Aktivitäten liegt Deutschland mit 57 Prozent im unteren Mittelfeld und hinter Ländern wie Schottland und England, wo über 83 Prozent der Eltern häufig leseorientierte Aktivitäten mit ihren Kindern vor der Einschulung durchführen. Inwieweit diese frühe Leseorientierung mit dem frühen Einschulungszeitpunkt zusammenhängt, der in diesen Ländern bei 5 Jahren liegt, muss offen bleiben. In Norwegen und Schweden, wo der Anteil häufig fördernder Eltern weniger als 50 Prozent beträgt, werden die Kinder dagegen erst mit 6 bzw. 7 Jahren eingeschult.

1.4 Übergang in die Schule

Einschulungen in die Förderschule

Bislang kaum beachtet wurde, dass mit der Einschulung eine erste Zuweisung auf Schularten verbunden ist. Kinder, bei denen ein sonderpädagogischer Förderbedarf diagnostiziert wird, können bereits zu Schulbeginn in eine Förderschule überwiesen werden. Mit Inkrafttreten der UN-Konvention über die Rechte von Menschen mit Behinderungen im Jahr 2009 wird verstärkt die Inklusion von Kindern mit Behinderungen in den Regelschulbetrieb gefordert. Deutschlandweit wurden 2010 3,4 Prozent der Kinder direkt in eine Förderschule eingeschult; darunter sind 0,6 Prozent Kinder mit dem Förderschwerpunkt geistige Entwicklung (Abb. C5–1). Wie groß jeweils die Anteile der Kinder mit anderen Förderschwerpunkten sind, lässt sich derzeit nicht bestimmen.

Abb. C5-1: Anteil der Einschulungen in die Förderschule 2003 und 2010 nach Ländern (in %)

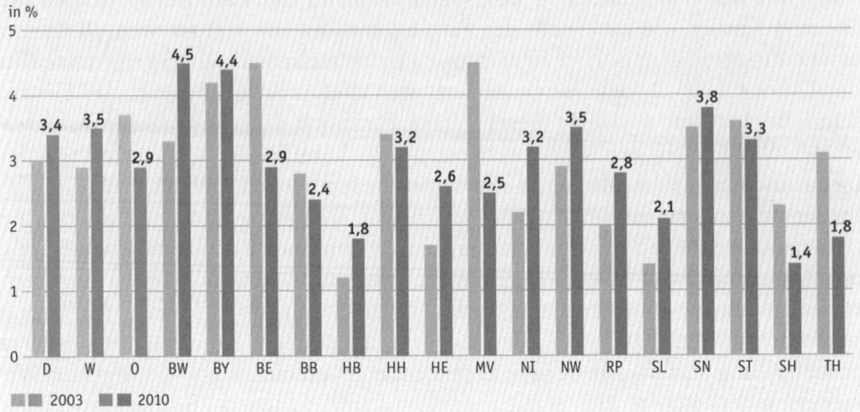

Quelle: Statistische Ämter des Bundes und der Länder, Schulstatistik *→ Tab. C5-5A*

4,5 Prozent der Jungen, aber nur 2,3 Prozent der Mädchen, beginnen ihre Schullaufbahn direkt in einer Förderschule. Dabei variiert die Zuweisungsquote je nach Land. Während in Bremen, Schleswig-Holstein und Thüringen weniger als 2 Prozent der Kinder in Schulen mit sonderpädagogischer Ausrichtung eingeschult werden, sind es in Baden-Württemberg und Bayern deutlich über 4 Prozent. Die unterschiedliche Praxis einer direkten Zuweisung von Kindern an eine Förderschule kann durch rechtliche Regelungen sowie unterschiedliche Kriterien und Verfahren für die Bestimmung eines entsprechenden Förderbedarfs verursacht sein.

Im Zeitverlauf zeigt sich, dass seit 2003 der Anteil von Einschulungen in Förderschulen zugenommen hat (Abb. C5–1). Wegen des hohen Anteils von Förderschülerinnen und -schülern, die diese Schule später ohne einen Abschluss verlassen, muss diese Entwicklung im Blick behalten werden. Erkennbar abgenommen hat der Anteil der Schulanfängerinnen und -anfänger, die in die Förderschule eingeschult werden, in Berlin, Mecklenburg-Vorpommern, Schleswig-Holstein und Thüringen. Diese Anteile scheinen sich zudem unabhängig von den veränderten Rahmenbedingungen zur Einschulung zu entwickeln. Eine häufigere Zuweisung zu Förderschulen in Ländern, in denen Kinder sehr früh eingeschult werden, ist nicht zu erkennen. Es bleibt abzuwarten, ob die Debatten um Inklusion einen Rückgang der Einschulungsquoten in die Förderschulen zur Folge haben.

1.5 Angebote und Übergänge im Schulwesen

Schulstrukturelle Entwicklungen im Sekundarbereich I

Noch im Schuljahr 2000/01 existierten in der Mehrzahl der Länder neben dem Gymnasium vier bis sechs weitere Schularten im Anschluss an die Grundschule. Die Schulbesuchsquoten im Sekundarbereich I im Jahr 2010/11 machen auf eine Reihe von Umstrukturierungen aufmerksam. Nachdem in den ostdeutschen Ländern bereits Anfang der 1990er Jahre (in Brandenburg 2005/06) Schularten mit mehreren Bildungsgängen entstanden, die sowohl zum Hauptschulabschluss als auch zum Mittleren Schulabschluss führen, haben im letzten Jahrzehnt auch Berlin, Bremen, Hamburg, Rheinland-Pfalz, das Saarland und Schleswig-Holstein die Zusammenlegung ihrer bisherigen Haupt- und Realschulen (teilweise auch der Integrierten Gesamtschulen) in einer Schulart mit mehreren Bildungsgängen eingeleitet. Inzwischen wird der pädagogische und organisatorische Verbund von Haupt- und Realschulbildungsgang an einem Schulstandort auch in Baden-Württemberg, Bayern, Hessen, Niedersachsen und Nordrhein-Westfalen ermöglicht. Die Tendenz zur Reduktion der schulstrukturellen Mehrgliedrigkeit wird neben bildungspolitischen Zielen, der Finanzlage und dem Wahlverhalten der Eltern auch durch den demografisch bedingten Schülerzahlenrückgang beeinflusst. Vor allem in ländlich geprägten Kommunen konnten in den vergangenen Jahren vielerorts Schulstandorte wegen der Unterschreitung der Mindestzügigkeit bzw. -schülerzahl nicht aufrechterhalten werden.

Viele der in jüngerer Zeit eingeführten Schularten[8] bieten neben dem Haupt- und Realschulbildungsgang auch den Gymnasialzweig an und können eine gymnasiale Oberstufe einrichten. In der Mehrzahl der Länder setzt sich damit der Trend zu einem »Zwei-Säulen-Modell« fort, bei dem neben dem Gymnasium nur noch eine Schulart mit mehreren Bildungsgängen bzw. Integrierte Gesamtschulen steht.

Die Auswirkungen dieser Strukturreformen auf das Schulwahlverhalten der Kinder und Eltern können noch nicht abgeschätzt werden. Bislang, so zeigt der Vergleich der Schulbesuchsquoten 2000/01 und 2010/11, verzeichnen vor allem die Gymnasien kontinuierliche Zuwächse. Betrachtet man allerdings die Aufteilung der Schülerströme nach der Grundschulzeit im Schuljahr 2010/11, so gibt es in einigen Ländern erstmals stagnierende oder leicht rückläufige Übergangsquoten zum Gymnasium. Vom Anstieg der Gymnasialbeteiligung in den letzten Jahren haben alle sozioökonomischen Statusgruppen profitiert, wie PISA-Daten verdeutlichen.

8 Integrierte Sekundarschule (Berlin), Oberschule (Brandenburg, Bremen und teilweise Niedersachsen), Stadtteilschule (Hamburg) sowie Gemeinschaftsschule (Saarland, Schleswig-Holstein, Thüringen und künftig Baden-Württemberg).

Im Zeitreihenvergleich der Schulartverteilung von 15-Jährigen zwischen 2000 und 2009 haben sich die Haupt- und Realschulquoten aller Herkunftsgruppen zugunsten höherer Gymnasialquoten verringert. Dies bedeutet aber zugleich, dass nach wie vor große soziale Disparitäten in der Verteilung auf die Schularten bestehen: 61 Prozent der 15-Jährigen aus Elternhäusern mit hohem, aber nur 16 Prozent aus solchen mit niedrigem sozioökonomischen Status besuchten 2009 das Gymnasium, während es sich beim Besuch der Hauptschule umgekehrt verhält (5 gegenüber 27%).

1.6 Zeitaufwand für Schule

Dauer der Schullaufbahn

Wie lange Schülerinnen und Schüler die Schule besuchen, hängt davon ab, welche Bildungsgänge sie besuchen, welche Verzögerungen z. B. durch Wiederholungen entstehen und ob Jugendliche zum Nachholen eines Abschlusses länger im Schulsystem verbleiben. Ermittelt man auf der Grundlage der Bildungsbeteiligungsquoten die durchschnittliche Zahl der Schulbesuchsjahre[9], so hat sich diese für die Geburtskohorten 1950 bis 1970 kontinuierlich erhöht (Abb. D2–1). Die 1950 Geborenen besuchten durchschnittlich 9 Jahre allgemeinbildende Schulen. Durch die Verlängerung der Pflichtschulzeit und steigende Übergangsquoten in längere Bildungsgänge, die zum Mittleren Schulabschluss bzw. zur Hochschulreife führen, verlängerte sich die allgemeinbildende Schuldauer für die nachfolgenden Geburtskohorten. Sie lag für den Geburtsjahrgang 1960 bereits bei 10 Jahren und stieg im Geburtsjahrgang 1970 weiter auf 11 Jahre. Für die 1980 Geborenen dauerte die Schulzeit ebenso lange. Die jüngste Kohorte, für die rückblickend anhand des Mikrozensus die Dauer der Schulzeit auch nach Geschlecht und Ausländerstatus ermittelt werden kann, ist die des Geburtenjahrgangs 1985 (Abb. D2–1). Hier zeigt sich, dass Schülerinnen länger allgemeinbildende Schulen besuchen als ihre männlichen Mitschüler. Ausschlaggebend ist vor allem die höhere Gymnasialbeteiligung der Mädchen.

9 Für die durchschnittliche Zahl der Schulbesuchsjahre werden die relativen Schulbesuchsquoten einer Geburtskohorte im Zeitverlauf (je Altersjahr) ermittelt, aufsummiert und durch 100 dividiert.

Abb. D2-1: Durchschnittliche Anzahl der Schulbesuchsjahre für die Geburtsjahrgänge 1950, 1960, 1970, 1980 sowie 1985 nach Ausländerstatus und Geschlecht (in Jahren)*

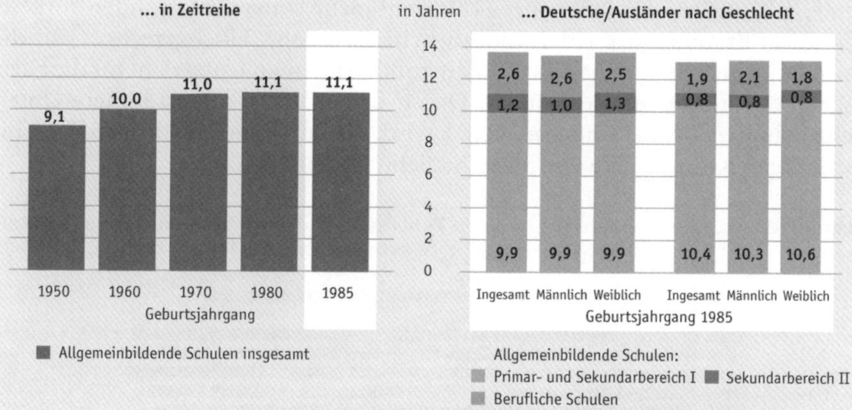

* *Die zugrunde liegenden Basisdaten der altersspezifischen Bildungsbeteiligungsquoten umfassen bis 1991 nur Westdeutschland und ab 1992 das gesamte Bundesgebiet.*

Quelle: Köhler, H. (1990), Neue Entwicklungen des relativen Schul- und Hochschulbesuches; Köhler, H. (1978), Der relative Schul- und Hochschulbesuch in der Bundesrepublik Deutschland 1952 bis 1975; Statistische Ämter des Bundes und der Länder, Bildungsstand der Bevölkerung 2004 bis 2009, Bildung im Zahlenspiegel 1982 bis 2004 sowie Mikrozensus 1991 bis 2010, eigene Berechnungen

→ Tab. D2-1A, Tab. D2-6web

Vergleicht man die Schulbesuchsdauer nach Nationalität (Abb. D2–1), dann besuchen ausländische Schülerinnen und Schüler mit 13,2 Jahren durchschnittlich nicht so lange allgemeinbildende und berufliche Schulen wie Deutsche (13,7 Jahre). Ein größerer Anteil dieser Schulzeit entfällt aber bei den Ausländerinnen und Ausländern auf Schulen des Sekundarbereichs I. Sie verbleiben aufgrund von Verzögerungen (z. B. Klassenwiederholungen) mit durchschnittlich 10,4 Jahren ein halbes Jahr länger in den Jahrgangsstufen 1 bis 10 als Deutsche. Trotz des längeren Besuchs allgemeinbildender Schulen erreichen Ausländerinnen und Ausländer niedriger qualifizierende Abschlüsse. Diese werden zunehmend an beruflichen Schulen nachgeholt, wodurch sich die für Schulbildung aufgewendete Zeit nochmals verlängern kann. Weitere Verzögerungen der Dauer der Bildungszeit ergeben sich durch Zeiten, die Jugendliche im Übergangssystem ohne formale Weiterqualifizierung verbringen.

Unterrichtszeit nach Ländern und Staaten

Die während der Schullaufbahn aufgewendete Zeit wird, neben der Anzahl der Schulbesuchsjahre, maßgeblich vom Unterrichtsvolumen je Schuljahr bestimmt. Um eine länderübergreifend einheitliche Grundlage für einen Vergleich zu erhalten, werden nachfolgend die für alle Schülerinnen und Schüler obligatorischen Jahrgangsstufen 1 bis 9 in einer Unterscheidung nach abschlussbezogenen Bildungsgängen gegenübergestellt. Die in den aktuellen Stundentafeln sichtbar werdenden Differenzen zwischen den Ländern sind nicht unerheblich: In den Jahrgangsstufen 1 bis 4 etwa sind in Bayern mit 104 Mindestwochenstunden[10], d. h. 26 Stunden je Woche, 14 Prozent mehr Unterrichtsstunden vorgesehen als in Brandenburg (91 Mindestwochenstunden). Hochgerechnet auf die Grundschulzeit entspricht dies 371 Zeitstunden mehr an Unterricht für die bayerischen Schülerinnen und Schüler. Durch das in Brandenburg höhere Unterrichtsvolumen im Sekundarbereich I wird dieser Unterschied allerdings bis zur Jahrgangsstufe 9 teilweise ausgeglichen.

Abb. D2-2: Vorgesehene Unterrichtszeit für 7- bis unter 15-jährige Schülerinnen und Schüler an öffentlichen Schulen 2009 nach ausgewählten Staaten (in Zeitstunden)

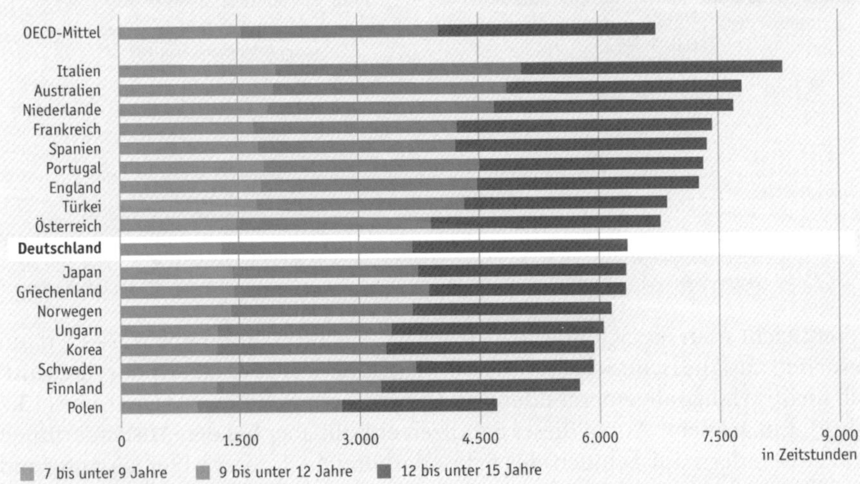

Quelle: OECD (2011), Bildung auf einen Blick, eigene Berechnungen **→ Tab. D2-7web**

Bemerkenswert ist im Vergleich der Stundentafeln 2002/03 und 2011/12, dass mit Ausnahme der Hamburger Grundschulen durchgängig Erhöhungen der Mindestwochenstunden in allen Ländern und Bildungsgängen festzustellen sind. Besonders das gymnasiale Unterrichtsvolumen wurde im Sekundarbereich I teilweise erheblich gesteigert. Hier wirkt sich maßgeblich die verkürzte gymnasiale Schulzeit aus (G8), denn nach einer KMK-Vereinbarung ist weiterhin ein Gesamtstundenvolumen von 265 Mindestwochenstunden bis zum Erwerb des Abiturs nachzuweisen. Betrachtet man den Umfang der vorgesehenen Unterrichtszeit im internationalen Vergleich, so ist in Deutschland für die 7- bis unter 9-Jährigen mit 1.286 Zeitstunden, d. h. 642 Stunden je Schuljahr und 17 Stunden je Woche, weniger Unterricht vorgesehen als in vielen anderen Staaten (Abb.

10 Als Mindestwochenstunden wird in den Schulgesetzen der Länder die Zahl der wöchentlich vorgesehenen Unterrichtsstunden je Jahrgangsstufe festgelegt.

D2–2). Für die Altersgruppen 9 bis unter 12 sowie 12 bis unter 15 Jahre liegt das Unterrichtspensum nahe am OECD-Mittel. Insgesamt summiert sich in Deutschland die für 7- bis unter 15-jährige Schülerinnen und Schüler vorgesehene Zahl der Unterrichtsstunden auf insgesamt 6.362 Zeitstunden, im OECD-Durchschnitt sind es 6.734 Stunden. Die Spannweite der offiziellen Vorgaben reicht im Staatenvergleich von 4.713 Stunden in Polen bis zu 8.316 Stunden in Italien. Doch variiert auch die Dauer der Schulpflicht zwischen den Staaten.

1.7 Ganztägige Bildung und Betreuung im Schulalter

Quantitativer Ausbau der Schulen mit Ganztagsbetrieb

Der in den vorangegangenen Berichten aufgezeigte Auf- und Ausbau von Ganztagsschulen hält weiter an. Insgesamt stieg die Zahl der Verwaltungseinheiten mit Ganztagsbetrieb[11] bereits zwischen 2002 und 2008 von 4.951 auf 11.825 an und erhöhte sich bis 2010 nochmals auf 14.474. Inzwischen beläuft sich somit der Ganztagsanteil an allen schulischen Verwaltungseinheiten auf insgesamt 51 Prozent (Abb. D3–2).

In allen Schularten sind seit 2002 stetige Zuwächse zu beobachten (Abb. D3–1), wenngleich sie für die Grundschule und das Gymnasium besonders deutlich ausfallen. Dennoch liegt mit 44 Prozent aller Grundschulen und 49 Prozent aller Gymnasien der Schulanteil mit Ganztagsbetrieb weiterhin unter dem entsprechenden Wert der Integrierten Gesamtschulen (77%) und der Förderschulen (62%), die bereits vor den jüngeren Reformanstrengungen einen hohen Anteil an Ganztagsschulen aufwiesen. Bemerkenswert ist, dass auch die Schularten mit mehreren Bildungsgängen im Jahr 2010 zu 71 Prozent Ganztagsangebote machen, nachdem es 2002 erst knapp 20 Prozent waren.

11 Ganztagsschulen stellen laut KMK-Definition an mindestens drei Tagen in der Woche ein mindestens sieben Zeitstunden umfassendes Angebot zur Verfügung, bei welchem Unterricht und außerunterrichtliche Angebote in einem konzeptionellen Zusammenhang stehen und ein Mittagessen bereitgestellt wird.

Abb. D3-1: Ganztagsschulen im Primar- und Sekundarbereich I 2002 und 2010 nach Schularten und Organisationsmodell

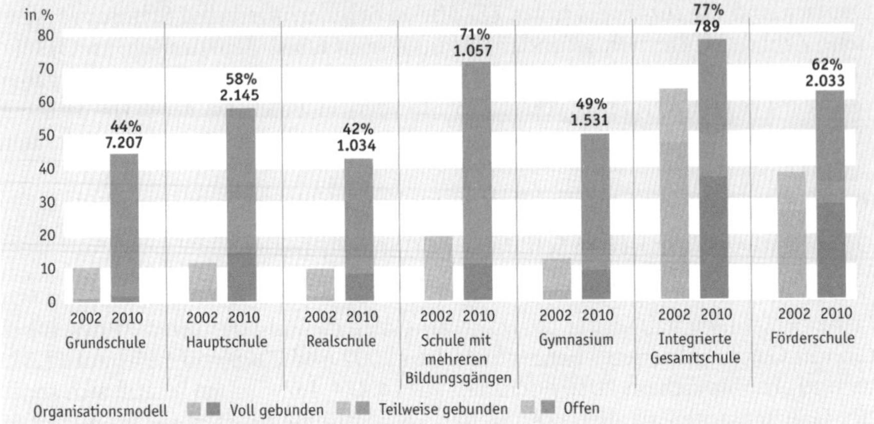

Quelle: Sekretariat der KMK (2008 und 2012), Allgemeinbildende Schulen in Ganztagsform in den Ländern in der Bundesrepublik

→ Tab. D3-1A

Der Großteil der Schulen arbeitet in der offenen Form, bei welcher die Kinder freiwillig an den Angeboten teilnehmen können. Teilweise oder voll gebundener Ganztagsbetrieb, bei dem die Angebote für einen Teil oder die gesamte Schülerschaft verbindlich sind, wurde vor allem an Hauptschulen, Schularten mit mehreren Bildungsgängen, Integrierten Gesamtschulen und Förderschulen eingerichtet.

Ganztagsangebote und -beteiligung in den Ländern

Im Ländervergleich streuen die Anteile der Ganztagsschulen trotz durchgängig deutlichen Anstiegen nach wie vor erheblich um den Bundesdurchschnitt von 51 Prozent aller Schulen (Abb. D3–2). Stellt man den Ausbaustand der Ganztagsschule dem Anteil der Schülerinnen und Schüler im Ganztagsbetrieb gegenüber, fällt die Beteiligung an den Ganztagsangeboten mit 28 Prozent deutlich niedriger aus als der Ganztagsschulanteil. Ausschlaggebend ist zum einen, dass der Ausbau sukzessive bzw. stufenweise erfolgt, d. h. teilweise an den Schulen zunächst nur einzelne Ganztagsklassen oder -züge entstehen. Zum anderen unterscheiden sich die Ganztagsschulen in ihrem Organisationsmodell (Abb. D3–1).

Soziale Herkunft der Schülerinnen und Schüler in Ganztagsschulen

Im Zusammenhang mit dem Ausbau der Ganztagsschule wird häufig diskutiert, ob Kinder aus sozial schwachen Elternhäusern stärker davon profitieren als jene aus sozial privilegierten. Repräsentative Daten zu Ganztagsschulen lieferte zuletzt die PISA-Studie 2009, anhand derer allerdings lediglich für 15-Jährige die Verteilung nach sozialer Herkunft betrachtet werden kann. Für diese Altersgruppe fallen die Beteiligungsunterschiede eher gering aus. Jugendliche mit hohem sozioökonomischen Status besuchen mit insgesamt 68 Prozent zwar etwas häufiger Schulen mit Ganztagsangeboten als jene mit mittlerem (65%) und niedrigem Status (62%). Von den Schulen mit verbindlichem Ganztagsangebot (für einen Teil oder die gesamte Schülerschaft) werden jedoch tendenziell gerade Kinder aus sozial schwachen Familien erreicht: Aus Elternhäusern mit niedrigem sozioökonomischen Status besuchen 19 bzw. 4 Prozent der 15-Jährigen teilweise bzw. voll gebundene Ganztagsschulen, während es bei denjenigen mit hohem Status nur 14 bzw. 2 Prozent sind. Dies dürfte mit der schulartspezifischen Verteilung der verbindlichen Ganztagsangebote zusammenhängen (Abb. D3–1). Ein größerer Anteil der Jugendlichen mit niedrigem Sozialstatus besucht Haupt-, Gesamt- oder Förderschulen, die unter allen Schularten wiederum am häufigsten im teilweise oder voll gebundenen Ganztagsmodell arbeiten.

Abb. D3-2: Ganztagsschulen* im Primarbereich und Sekundarbereich I und Schülerinnen und Schüler im Ganztagsbetrieb 2002 und 2010 nach Ländern (in %)**

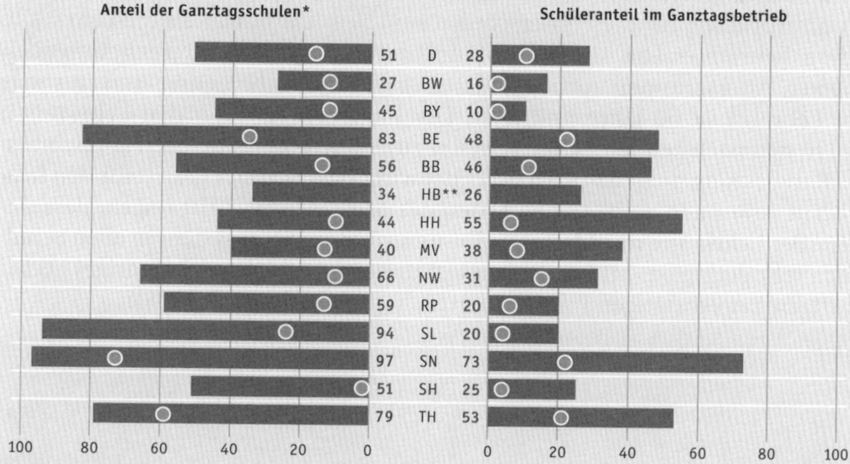

* *Ganztagsschulen als schulische Verwaltungseinheiten*

** *In Bremen (bis 2008), Hessen, Niedersachsen und Sachsen-Anhalt liegen keine Angaben über Ganztagsschulen in freier Trägerschaft vor, so dass ein Gesamtanteil an allen Schulen bzw. Schülern nicht sinnvoll ist.*

Quelle: Sekretariat der KMK (2008 und 2012), Allgemeinbildende Schulen in Ganztagsform in den Ländern in der Bundesrepublik

→ *Tab. D3-3web*

1.8 Pädagogisches Personal im Schulwesen

Lehrkräfte nach Alter, Geschlecht, Beschäftigungsumfang und Migrationshintergrund

Die hauptberuflichen Lehrkräfte[12] setzen sich aus voll- und teilzeitbeschäftigten Lehrkräften zusammen. In Deutschland hat sich zwischen 2002 und 2010 ihre Zahl um knapp 5.000 auf 784.797 erhöht. Damit verbunden ist ein Anstieg der teilzeitbeschäftigten Lehrkräfte. Ihr Anteil an den hauptberuflichen Lehrkräften ist zwar von 37,4 Prozent (2002) auf 39,1 Prozent (2010) angestiegen, lag zwischenzeitlich 2006 aber mit 40,4 Prozent schon über dem Anteil von 2010. Dies deutet auf eine Stagnation des Anteils teilzeitbeschäftigter Lehrkräfte auf hohem Niveau hin. Zu den hauptberuflichen Lehrkräften kommen noch über 120.000 Lehrkräfte hinzu, die stundenweise[13] an den Schulen unterrichten.

Deutschland weist neben Italien im internationalen Vergleich sowohl im Primar- als auch im Sekundarbereich I den mit Abstand größten Anteil an Lehrkräften im Alter über 50 Jahren und zugleich den geringsten Anteil an Lehrkräften unter 30 Jahren auf. Diese Situation ist jedoch bezogen auf Deutschland nach Lehramt und Geschlecht zu differenzieren (Abb. D4–1). Lehrkräfte mit einer Lehramtsprüfung für die Förderschulen sind deutlich jünger als die Lehrkräfte anderer Lehrämter. Der Anteil der Männer unter den Lehrkräften geht unter den jüngeren Altersgruppen zurück. Jeder sechste männliche Lehrer und nur jede elfte Lehrerin ist 60 Jahre und älter. Der Frauenanteil unter den Lehrkräften wird in den nächsten Jahrzehnten weiter zunehmen, wenn der sich abzeichnenden Entwicklung nicht dadurch begegnet wird, dass Männer gezielt für den Lehrerberuf gewonnen werden. Die Daten des Mikrozensus 2010 zeigen, dass der Anteil der Lehrkräfte mit Migrationshintergrund im Schulsystem in allen Schulstufen sehr gering ist. Mit 6,1 Prozent ist dieser Anteil sehr viel niedriger als bei sonstigen Erwerbstätigen mit (Fach-)Hochschulabschluss (15,0%).

12 Hauptberufliche Lehrkräfte können vollzeit- oder teilzeitbeschäftigt sein. Vollzeitbeschäftigte Lehrkräfte sind Personen, die mit voller Regelpflichtstundenzahl (Pflichtstunden = Unterrichtsstunden + Abminderungsstunden) tätig sind. Teilzeitbeschäftigte Lehrkräfte sind Personen, deren individuelle Pflichtstundenzahl aufgrund länderspezifischer Regelungen bis zu 50% der Regelpflichtstunden ermäßigt worden ist.

13 Stundenweise beschäftigte Lehrkräfte sind mit weniger als 50% der Regelpflichtstunden einer vollzeitbeschäftigten Lehrkraft tätig. Lehramtsanwärter/Referendare werden – soweit sie selbstständig Unterricht erteilen – den stundenweise Beschäftigten zugeordnet, auch wenn sie mit mehr als 50% der Regelpflichstundenzahl unterrichten.

Abb. D4-1: Lehrkräfte in allgemeinbildenden und beruflichen Schulen 2010/11 nach abgelegter Lehramtsprüfung, Altersgruppen und Schulart bzw. nach Geschlecht (in %)

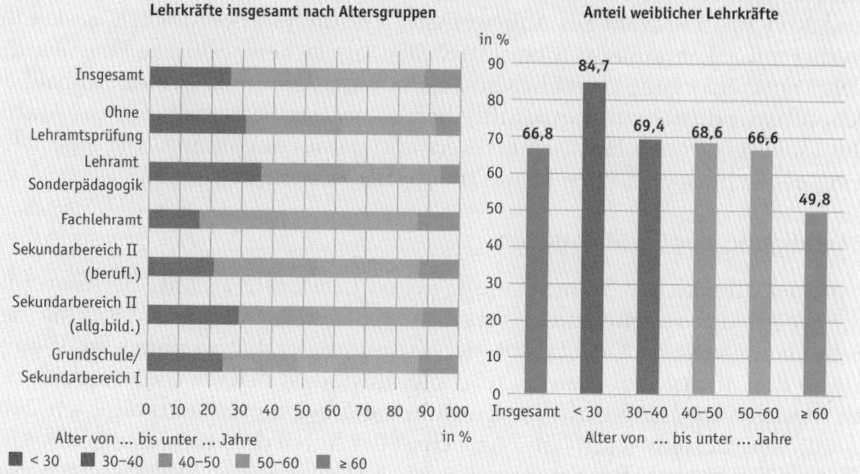

Quelle: Statistische Ämter des Bundes und der Länder, Schulstatistik 2008/09, eigene Berechnungen → *Tab. D4-3A*

Lehrereinstellungen

Durch den hohen Anteil an Lehrkräften über 50 Jahre (48%) ist auch der aktuelle und sich abzeichnende personelle Ersatzbedarf für das Schulwesen relativ hoch. Entsprechend haben die Neueinstellungen von Lehrkräften in den letzten Jahren wieder zugenommen. Im Schnitt der letzten drei Jahre waren es durchschnittlich jährlich etwa 30.000 und damit etwa 5.000 mehr als in der vorausgegangenen Drei-Jahres-Periode. Das hohe Niveau der Einstellungen in den Schuldienst wird daran deutlich, dass 2011 4,4 Prozent des Lehrerbestands (Vollzeitlehrer-Einheiten) ersetzt wurden. Mit der Erhöhung der Zahl der eingestellten Bewerberinnen und Bewerber in den öffentlichen Schuldienst ist auch ein Anstieg der Zahl der Seiteneinsteiger verbunden. Mit einem Anteil von 5 bis 6 Prozent sind Seiteneinsteiger unter den eingestellten Bewerbern nur eine kleine Gruppe. Als Seiteneinsteiger werden nach der Definition der KMK aber nur Lehrkräfte ohne 2. Lehramtsprüfung bezeichnet.

Eingestellte Bewerber, die nach einem nicht lehramtsbezogenen Hochschulexamen den Schuldienst anstreben und in den meisten Ländern zunächst den Vorbereitungsdienst absolvieren müssen, erscheinen in der KMK-Statistik nicht als Seiteneinsteiger, obwohl deren Zahl als nicht unbedeutend angenommen werden kann. In Zukunft wird es darauf ankommen, über entsprechende Nachqualifizierungen der Bewerber ohne universitäres Lehramtsstudium darauf hinzuwirken, dass die Reformansätze der Lehrerbildung für die Reform der Schule umfassend wirksam werden. Im letzten Jahrzehnt gab es eine deutlich höhere Zahl eingestellter Bewerberinnen und Bewerber als Neuabsolventen des Vorbereitungsdienstes. Die eingestellten Bewerber rekrutierten sich zwischen 2001 und 2011 zu 15 Prozent aus Altbewerbern. Dadurch war es möglich, gezielt Bewerber mit 2. Lehramtsprüfung einzustellen, um fächerspezifische Engpässe der Lehrkräfteversorgung zu schließen. Da das Reservoir an Altbewerbern bald erschöpft sein dürfte, wird es künftig bereits bei der Bereitstellung von Ausbildungsplätzen an den Hochschulen verstärkt darauf ankommen, die Sicherstellung des fächerspezifischen Lehrkräftebedarfs zu berücksichtigen.

Beendigung der Berufstätigkeit

In der öffentlichen Wahrnehmung gelten Lehrkräfte als eine Berufsgruppe, die wegen der zunehmenden beruflichen Belastung verstärkt vorzeitig den Schuldienst verlässt. Die Statistik der Versorgungsempfängerinnen und -empfänger des öffentlichen Dienstes zeigt allerdings, dass sich die Dienstunfähigkeit als Ursache für den Eintritt in den Ruhestand beamteter Lehrkräfte seit 2002 deutlich zurückentwickelt hat. Zugleich ist der Anteil der beamteten Lehrkräfte, die bei Erreichen der Regelaltersgrenze von 65 Jahren in den Ruhestand wechselten, auf über 35 Prozent gestiegen. Seit 2007 ist das Erreichen der Regelaltersgrenze der häufigste Ruhestandsgrund. Dadurch gehören die Lehrkräfte zur Gruppe von Beamten, die mit einem vergleichsweise hohen Durchschnittsalter in den Ruhestand wechseln; in den letzten Jahren weisen sie sogar das höchste Durchschnittsalter aller Beamtengruppen bei Ruhestandsbeginn auf.

Das Durchschnittsalter der Lehrkräfte bei Beginn des Ruhestands ist zwischen 1997 und 2010 um 1,3 Jahre angestiegen. Zwischen Frauen mit 63,7 und Männern mit 64,1 Jahren (2010) unterscheidet es sich nur unwesentlich. Anders ist die Situation bei Beginn einer Dienstunfähigkeit. Auch hier ist das Durchschnittsalter – sogar um 1,8 Jahre – angestiegen, zugleich werden Frauen durchschnittlich fast zwei Jahre früher dienstunfähig als ihre männlichen Kollegen (2010 mit 57,6 bzw. 59,5 Jahren).

Die Befunde zeigen eine hohe Abhängigkeit des Ruhestandsbeginns von gesetzlichen Ruhestandsregelungen, der privaten Lebenssituation und der Art des Arbeitsverhältnisses. Lehrkräfte unterscheiden sich in ihrem Verhalten bei Beendigung der Berufstätigkeit nur in Details von anderen Akademikern. Nicht erfasst wird, in welchem Umfang in den letzten Berufsjahren vor dem Ruhestand der Beschäftigungsumfang von Lehrkräften reduziert wird, um sich noch den beruflichen Anforderungen gewachsen zu fühlen.

1.9 Aktivitäten in außerschulischen Lernorten

Unterstützung der Familie beim schulischen Lernen

Während alltägliches bildungsorientiertes Verhalten in der Familie zur Entwicklung kindlicher Kompetenzen im Kleinkindalter beiträgt, was eine wichtige Basis auch zur Bewältigung schulischer Anforderungen darstellt, äußert sich die Unterstützung der Familie im Schulalter etwa durch Hilfen bei den Hausaufgaben und beim Lernen für die Schule. Etwa 45 Prozent der 13- bis unter 18-jährigen Schülerinnen und Schüler werden nach eigenen Angaben sehr häufig oder häufig durch die Eltern bei den Hausaufgaben unterstützt (Abb. D5–1). Ein Fünftel der Schülerinnen und Schüler nutzt zudem außerschulischen Nachhilfeunterricht, sodass auch außerhalb der Schule ein zusätzlicher Lernaufwand entsteht. Während im Alter von 13 bis unter 16 Jahren etwa die Hälfte der Eltern mit ihren Kindern für die Schule lernt, sind es im Alter von 16 bis unter 18 Jahren noch mehr als ein Drittel. Zudem ist kein Einfluss der Erwerbstätigkeit der Mutter, des elterlichen Bildungsstands oder des Migrationshintergrunds[14] auf die Häufigkeit der Lernunterstützung durch die Familie ersichtlich.

Betrachtet man die besuchte Schulart, so wird deutlich, dass Jugendliche, die eine Hauptschule besuchen, am häufigsten Hilfe aus der Familie bekommen. Gleichzeitig erhalten aber 26 Prozent der Realschülerinnen und -schüler, 21 Prozent der Gymnasiastinnen und Gymnasiasten und nur etwa 14 Prozent der Hauptschülerinnen und -schüler gezielte außerschulische Nachhilfe. Dies kann darauf hindeuten, dass Familien erhöhten Leistungsanforderungen an Gymnasien eher durch organisierte Nachhilfe als durch verstärktes Lernen in der Familie begegnen; dies kann aber auch durch elterliche Erwerbstätigkeit bedingt sein; und nicht zuletzt kann auch aus Kostengründen bei Hauptschülerinnen und -schülern verstärkt auf Unterstützung innerhalb der Familie zurückgegriffen werden.

14 Der Migrationshintergrund wird hier aufgrund der Datenlage abweichend von der Definition im Glossar gefasst. Er umfasst Kinder mit zugewanderten Großeltern (3. Generation), zugewanderten (einzelnen) Elternteilen (2. Generation) und selbst zugewanderte Kinder (1. Generation).

Abb. D5-1: Familiale Unterstützung beim schulischen Lernen für 13- bis unter 18-jährige Schülerinnen und Schüler 2009 nach Merkmalen des persönlichen Hintergrunds (in %)

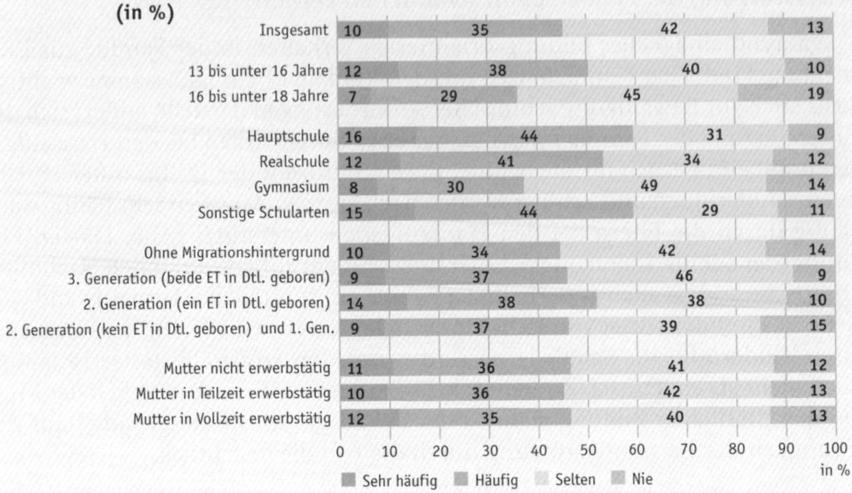

Quelle: DJI, AID:A 2009

→ Tab. D5-1A

Freiwilliges Engagement in und außerhalb der Schule

Besondere Lernmöglichkeiten für Jugendliche eröffnen sich im Rahmen eines freiwilligen Engagements, in dem sie aus freien Stücken Verantwortung für bestimmte Aufgaben und Ämter in einem schulischen und nichtschulischen Umfeld übernehmen. Einen wichtigen Ort für Partizipation und Mitbestimmung stellt die Schule dar. Diese Möglichkeiten beziehen sich sowohl auf den Unterricht als auch auf zusätzliche Angebote, wie sie etwa an Ganztagsschulen verbreitet sind. Hier können sich Schülerinnen und Schüler in bestimmten Funktionen an Entscheidungsprozessen beteiligen und durch die Übernahme von Aufgaben lernen, verantwortlich zu handeln. 80 Prozent der 13- bis unter 22-jährigen Schülerinnen und Schüler haben nach eigenen Angaben schon einmal eine freiwillige Aufgabe in der Schule übernommen. Dazu können zeitintensive oder auch kleinere Aufgaben gehören, sei es als Klassensprecher, als Tutor oder Pate, als Streitschlichter oder in der Mitarbeit bei der Schülerzeitung. Darüber hinaus kann ein freiwilliges Engagement in einem außerschulischen Umfeld, z. B. in Vereinen und anderen Organisationen, weitere bildungsrelevante Erfahrungsräume für Kinder und Jugendliche öffnen. Rund 29 Prozent der 13- bis unter 16-Jährigen übernehmen in einem Verein oder einer Gruppe freiwillig eine Aufgabe, während dies bei den 16- bis unter 22-Jährigen für 26 Prozent gilt (Abb. D5–2). Während aus vielen Studien bekannt ist, dass es mit steigendem Alter einen deutlichen Rückgang der Teilnahme in Vereinen und Verbänden gibt, spiegelt sich dies nicht beim freiwilligen Engagement wieder. Dies deutet darauf hin, dass die frühe Übernahme von definierten Aufgaben und Funktionen nicht so leicht aufgegeben wird wie eine bloße Aktivität, die weitaus weniger mit individueller Verantwortlichkeit verbunden ist. Der Großteil des freiwilligen Engagements findet in Sportvereinen statt. 16 Prozent der 13- bis unter 16-Jährigen und 12 Prozent der 16- bis unter 22-Jährigen üben dort eine freiwillige Tätigkeit aus, etwa als Jugendsprecher, Trainer oder Wettkampfhelfer.

Abb. D5-2: Freiwilliges Engagement der 13- bis unter 22-Jährigen 2009 nach Art der Organisation und Altersgruppen (in %)

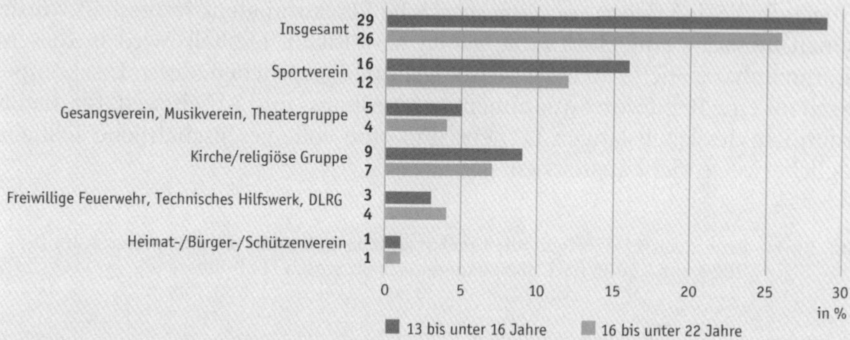

Quelle: DJI, AID:A 2009

→ *Tab. D5-6web*

1.10 Kognitive Kompetenzen

Kompetenzentwicklung in Deutschland von 2000 bis 2009

Im Mittel zeigt sich in PISA 2009 gegenüber PISA 2000 eine Verbesserung in allen untersuchten Kompetenzbereichen: Im Lesen liegen die Ergebnisse für Deutschland im OECD-Mittel, in Mathematik und den Naturwissenschaften darüber. Der Kompetenzunterschied zur Spitzengruppe der OECD-Staaten, die von Finnland und Korea gebildet wird, ist weiterhin groß und entspricht in allen Bereichen etwa dem Kompetenzzuwachs eines Schuljahres. Nach der Erhebung im Jahr 2000 wurde in PISA 2009 erstmals wieder die Lesekompetenz vertieft untersucht.

In der Lesekompetenz unterscheidet PISA 2009 insgesamt sieben Kompetenzstufen[15] zur inhaltlichen Charakterisierung von Fähigkeiten, wobei auf der einen

15 Die Konzeption der PISA-Studie wie auch der Prüfung von Bildungsstandards ermöglicht es, die Kompetenzen von Schülerinnen und Schülern inhaltlich näher zu beschreiben und mithilfe von Kompetenzstufen auf einer Fähigkeitsskala zu ordnen. Schülerinnen und Schüler, deren Kompetenzen auf höheren Kompetenzstufen verortet sind, vermögen erwartungsgemäß komplexere Aufgaben zu lösen als Schülerinnen und Schüler auf niedrigeren Kompetenzstufen. Inwieweit der Lesekompetenztest von PISA und der Deutsch-Lesetest zur Überprüfung der Bildungsstandards gleiche oder wenigstens vergleichbare Kompetenzen messen und ob die Kompetenzstufenmodelle aufeinander abbildbar sind, ist gegenwärtig noch Gegenstand wissenschaftlicher Untersuchung. Deshalb ist ein Vergleich der Ländergebnisse zwischen 2000 und 2009 nicht möglich.

Seite kompetenzschwache, auf der anderen Seite kompetenzstarke Leserinnen und Leser von besonderem Interesse sind. Die Verteilung der Jugendlichen auf die Kompetenzstufen in den Jahren 2000 und 2009 verdeutlicht, dass der Zuwachs in der mittleren Lesekompetenz in Deutschland vor allem auf die verbesserten Ergebnisse am unteren Ende des Leistungsspektrums zurückzuführen ist. Auf den höheren Kompetenzstufen finden sich dagegen keine statistisch signifikanten Veränderungen.

Kompetenzschwache und kompetenzstarke Leserinnen und Leser

Jugendliche, bei denen nur eine schwache Lesekompetenz festgestellt wurde, können nur sehr einfache Leseaufgaben bewältigen. Deshalb wird in diesem Zusammenhang auch von einer »Risikogruppe« gesprochen, deren Lesekompetenzen für eine Reihe von Situationen in der Alltags- und Arbeitswelt, für die Erfordernisse des lebenslangen Lernens und eine volle gesellschaftliche Teilhabe möglicherweise nicht ausreichen.

Abb. D6-1: Anteil von 15-Jährigen mit Lesekompetenz unterhalb von Kompetenzstufe II 2000 und 2009* nach sozioökonomischem Status (EGP-Klasse M)

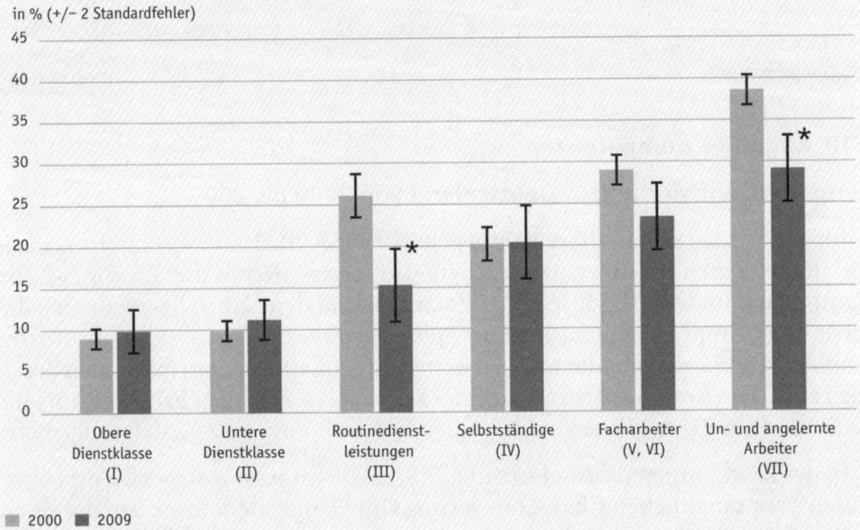

** Statistisch signifikante Verringerung (p < 0,05)*
Quelle: PISA-Konsortium Deutschland (2010), PISA 2009, eigene Darstellung

→ Tab. D6-2A

Betrachtet man die 15-jährigen Schülerinnen und Schüler in Deutschland, so weisen im Jahr 2009 19 Prozent von ihnen sehr schwach ausgeprägte Lesekompetenzen auf; dies liegt im Durchschnitt der OECD-Staaten. Der Anteil leseschwacher Jugendlicher lag in PISA 2000 noch bei fast 23 Prozent, er hat sich also deutlich verringert (Abb. D6–1)[16]. Auffallend ist, dass weiterhin Jungen gegenüber Mädchen stark überrepräsentiert sind: Unter den schwachen Lesern sind etwa zwei Drittel Jungen. Dieses Ergebnis verweist darauf, dass ein nicht unbedeutender Anteil von Jugendlichen mit einem Schulabschluss noch zu der Gruppe leseschwacher Jugendlicher gehört, weil 2010 nur 6,5 Prozent der Jugendlichen keinen Schulabschluss erreichten.

Im Mittel haben sich die Kompetenzen der Jugendlichen mit Migrationshintergrund gegenüber PISA 2000 verbessert. Allerdings sind Jugendliche mit Migrationshintergrund in der Gruppe leseschwacher Jugendlicher immer noch mehr als doppelt so häufig anzutreffen wie Jugendliche ohne Migrationshintergrund[17] (Jugendliche der ersten Generation: fast 35%; der zweiten Generation: knapp 30%; ohne Migrationshintergrund: 14%).

Ein ähnliches Bild zeigt sich beim Blick auf den sozioökonomischen Status der Schülerinnen und Schüler (Abb. D6–1). Von 2000 bis 2009 ist der Anteil der schwachen Leserinnen und Leser insbesondere bei Jugendlichen mit niedrigem sozioökonomischen Status zurückgegangen. Deutliche Verbesserungen zeigen sich für diejenigen, deren Eltern Arbeiterberufe oder Routinedienstleistungen ausüben. Auch hat sich die Spanne der Kompetenzen zwischen der untersten und der obersten sozialen Gruppe im Mittel klar verringert. Dies ist als positive Entwicklung zu werten.

Allerdings weisen 2009 noch immer dreimal so viele Jugendliche, deren Eltern un- und angelernte Arbeiterinnen und Arbeiter sind, schwache Lesekompetenzen auf wie Jugendliche mit Eltern der oberen Dienstklasse. Kompetenzstarke Leserinnen und Leser zeigen ein volles und detailliertes Verständnis eines oder mehrerer Texte. Derartige Lesekompetenzen weisen in Deutschland 8 Prozent der untersuchten Jugendlichen auf. Dies entspricht auch dem OECD-Durchschnitt. Der Anteil kompetenzstarker Jugendlicher ist seit 2000 unverändert. Beim Leseverständnis ist der Unterschied zwischen den Geschlechtern am oberen Ende der Leistungsverteilung noch ausgeprägter als am unteren: Während

16 Nach Erikson/Goldthorpe/Portocarero bringen ähnliche Berufe, Einkommensverhältnisse und berufliche Stellungen klassentypische Lebenschancen und -risiken mit sich. Sie unterscheiden:
Obere Dienstklasse (I): z. B. freie akademische Berufe, führende Angestellte, höhere Beamte
Untere Dienstklasse (II): z. B. mittleres Management, technische Angestellte mit nicht-manueller Tätigkeit
Routinedienstleistungen (III): z. B. Büro- und Verwaltungsberufe mit Routinetätigkeiten
Selbstständige (IV): Selbstständige aus manuellen Berufen mit wenigen/ohne Mitarbeiterinnen und Mitarbeitern, Freiberufler, sofern sie keinen hochqualifizierten Beruf ausüben
Facharbeiter (V, VI): z. B. untere technische Berufe wie Vorarbeiterinnen/Vorarbeiter
Un- und angelernte Arbeiter (VII): z. B. un- und angelernte Berufe aus dem manuellen Bereich
(vgl. Baumert, J./Schümer G. (2002), Familiäre Lebensverhältnisse, Bildungsbeteiligung und Kompetenzerwerb im nationalen Vergleich. In: Deutsches PISA-Konsortium (Hrsg.), PISA 2000 – Die Länder der Bundesrepublik Deutschland im Vergleich. – Opladen, S. 339).

17 Abweichend von der Definition im Glossar wird hier auf der Grundlage von PISA eine Person mit Migrationshintergrund definiert als eine Person, die selbst oder deren Eltern im Ausland geboren sind.

11 Prozent der Schülerinnen kompetenzstarke Leserinnen sind, sind es nur 4 Prozent der Schüler.

Ergebnisse der ersten Überprüfung des Erreichens der Bildungsstandards für den Mittleren Schulabschluss in Deutsch und der ersten Fremdsprache Englisch

Zur Beschreibung der sprachlichen Kompetenzen in den Ländern wurden 2009 erstmals die Bildungsstandards für den Mittleren Schulabschluss[18] in Deutsch und der ersten Fremdsprache geprüft. Neben dem Leseverstehen wurde in allen Ländern auch das Hörverstehen in Deutsch und Englisch sowie die deutsche Orthografie untersucht. Betrachtet man die Kompetenzmittelwerte für die Gesamtpopulation (ohne Förderschulen), so werden in allen Ländern im Deutschen (Lesen, Hören, Orthografie) in der 9. Jahrgangsstufe die Regelstandards[19] erreicht, im Englischen (Leseverstehen, Hörverstehen) die Mindeststandards. Die Ergebnisse zwischen den Ländern unterscheiden sich dabei deutlich. Die über die Länder hinweg gleichmäßigsten Leistungen werden in der Lesekompetenz Deutsch erzielt. Hier entspricht die Spannbreite zwischen den Ländern mit der höchsten (Bayern) und der niedrigsten mittleren Kompetenz (Bremen) etwa dem Kompetenzzuwachs eines Schuljahres. Im Leseverstehen Englisch und dem Hörverstehen Englisch betragen die Spannbreiten hingegen anderthalb bzw. fast zwei Schuljahre. Im Vergleich der Länder zeigt Bayern durchgängig überdurchschnittliche Leistungen; unter dem Durchschnittswert für Deutschland liegen dagegen stets die Stadtstaaten und Brandenburg (Abb. D6–3). Auffallend ist auch, dass in den östlichen Flächenländern die Leistungen im Deutschen im

18 Die KMK hat in den Jahren 2003 und 2004 für Kernfächer einen verbindlichen Kanon von Bildungsstandards für die Grundschule und das Ende des Sekundarbereichs I beschlossen. In den Jahren 2008 und 2009 wurde erstmals das Erreichen der Bildungsstandards für den Mittleren Schulabschluss in Deutsch und der ersten Fremdsprache (Englisch bzw. Französisch) in den Bereichen Leseverstehen, Hörverstehen, sowie in Deutsch zusätzlich Orthografie geprüft, die den Grundstein für künftige innerdeutsche Betrachtungen über die Zeit darstellen sollen. Der Ländervergleich wurde im Jahr 2009 in der 9. Jahrgangsstufe an öffentlichen Schulen, ohne Sonder- und Förderschulen, durchgeführt (Gesamtpopulation). Die Ergebnisse liegen für die Gesamtpopulation auf Mittelwertsebene vor und werden an dieser Stelle berichtet. Dabei sind die Kompetenzen in den untersuchten Fächern so skaliert, dass für Deutschland gesamt ein Mittelwert von 500 Kompetenzpunkten und eine Standardabweichung von 100 Kompetenzpunkten erreicht werden. Für den Bereich Deutsch-Leseverstehen wird davon abweichend ein Mittelwert von 496 Punkten und eine Standardabweichung von 92 Punkten festgelegt. Die Ergebnisse zur Erreichung der Bildungsstandards liegen für denjenigen Teil der Schülerinnen und Schüler der 9. Jahrgangsstufe vor, die (a) einen Bildungsgang an einer öffentlichen Schule besuchen, der zu einem Mittleren Schulabschluss oder Gymnasialabschluss führt, den sie (b) nach Einschätzung ihrer Lehrkräfte auch erreichen werden. Die Anteile der Schülerinnen und Schüler, für die diese Einschätzung gilt, unterscheiden sich in den Ländern deutlich.

19 »Mindeststandards beziehen sich auf ein definiertes Minimum an Kompetenzen, das alle Schülerinnen und Schüler bis zu einem bestimmten Bildungsabschnitt erreicht haben sollten. Dieses unterschreitet die in den Heften der KMK festgelegten Kompetenzerwartungen, beschreibt aber weiterhin ein Bildungsminimum am Ende des Sekundarbereichs I, von dem angenommen werden kann, dass Schülerinnen und Schüler, die auf diesem Niveau liegen, sich bei entsprechender Unterstützung erfolgreich in die berufliche Erstausbildung integrieren werden. Regelstandards beziehen sich auf Kompetenzen, die im Durchschnitt von den Schülerinnen und Schülern bis zu einem bestimmten Bildungsabschnitt erreicht werden sollen und im Einklang mit den entsprechenden Veröffentlichungen der KMK stehen« (vgl. Köller, D. (2010), Politische und inhaltliche Rahmenbedingungen bei der Setzung von Kompetenzstufen, S. 36).

Ländervergleich deutlich besser sind als im Englischen. Dies gilt besonders für das Hörverstehen, in Brandenburg und Sachsen auch für das Leseverstehen.

Abb. D6-3: Kompetenzen in Deutsch (Lesen, Hören) und erster Fremdsprache Englisch (Leseverstehen, Hörverstehen) in der neunten Jahrgangsstufe 2009 nach Ländern*

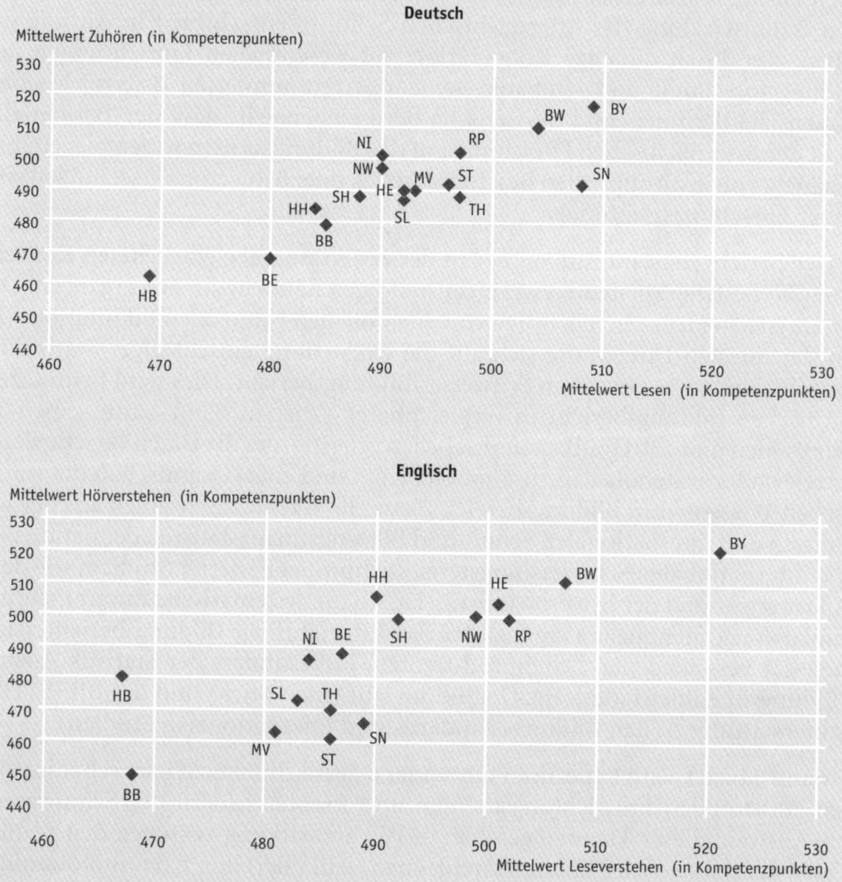

* *Die Normierung orientiert sich im Fach Deutsch an den Regelstandards und in der ersten Fremdsprache Englisch an den Minimalstandards*

Quelle: IQB, Überprüfung der nationalen Bildungsstandards in den Fächern Deutsch und der ersten Fremdsprache Englisch (Sekundarbereich I) 2009, eigene Darstellung

→ Tab. D6-6web, Tab. D6-7web

2. Der Nationale Bildungsbericht Österreich 2012

Barbara Herzog-Punzenberger & Michael Bruneforth

Der Nationale Bildungsbericht 2012 für Österreich setzt die 2009 begonnene Reihe der im Dreijahres-Rhythmus erscheinenden Bildungsberichte in Österreich fort. Er wurde erneut beim Bundesinstitut für Bildungsforschung, Innovation & Entwicklung des österreichischen Schulwesens (BIFIE) in Auftrag gegeben, das durch die enge Kooperation mit wesentlichen Einrichtungen der Bildungsforschung und -statistik sowie mit renommierten österreichischen Wissenschaftlerinnen und Wissenschaftlern sicherstellt, dass der Bericht die Sicht der österreichischen Forschung auf das Bildungssystem widerspiegelt, unabhängig von institutionellen Beschränkungen oder Schwerpunktsetzungen einzelner Forschungsrichtungen.

Der Bericht folgt im Aufbau der in der ersten Ausgabe erarbeiteten Konzeption und besteht erneut aus zwei eigenständigen Bänden, die sich ergänzen. Damit unterscheidet er sich deutlich von den üblichen Nationalen Bildungsberichten der meisten Länder, die sich auf die Darstellung einschlägiger Statistiken konzentrieren, wie etwa dem Schweizer Bildungsbericht. Dies wird beim österreichischen Bildungsbericht in vergleichbarer Weise in Band 1 mit seinen 85 Kennzahlen und 150 Grafiken und Tabellen geleistet, der die Daten verschiedenster relevanter Datenquellen zusammen bringt und eine Gesamtschau des statistischen Wissens zum Bildungsbereich bietet. Er vereint Kennzahlen aus der nationalen und internationalen Schul- und Bildungsfinanzstatistik, der nationalen und internationalen Schulleistungstests, stichprobenbasierter Studien, wie dem Mikrozensus und der Erwerbsstatistik. Durch die systematische Zusammenführung dieser Datenquellen ergänzt der Band die jährliche Bildungsberichterstattung der verschiedenen Datenproduzenten, insbesondere der Statistik Austria (Bildung in Zahlen), der OECD (Bildung auf einen Blick) und des BIFIEs (Berichterstattung zu den Bildungsstandards und internationalen Studien).

Band 2 bietet zehn Expertisen führender österreichischer Wissenschaftler/-innen zu zentralen Entwicklungsthemen und Problemfeldern des Schulwesens. Die Auswahl dieser Themen geschah in Wechselwirkung zwischen den Bedürfnissen der politischen Akteure/Akteurinnen, artikuliert durch das Bundesministerium für Unterricht, Kunst und Kultur (BMUKK) und der Bewertung durch Expertinnen und Experten. Für jedes Thema wurden Wissenschaftlergruppen zur Bearbeitung gewonnen. Beide Bände, eine Kurzfassung und auch vertiefendes Material stehen zum kostenlosen Herunterladen auf der BIFIE-Homepage unter www.bifie.at/nbb zur Verfügung. In der Folge soll ein Überblick über Inhalte des Band 1, die insbesondere Lehrkräfte betreffen, gegeben werden und die unterschiedlichen Themenstellungen des Band 2 mit einigen wenigen Schwerpunktsetzungen kurz skizziert werden.

2.1 Statistischer Überblick zu den Lehrkräften aus Band 1

Von den in Band 1 veröffentlichten 24 Indikatoren mit den insgesamt 85 Kennzahlen beschäftigen sich sechs Indikatoren mit Aspekten der Lehrkräfte. Die wesentlichen Ergebnisse sollen hier kurz zusammengefasst werden.

Lehrer-Schüler-Verhältnis

In Österreich haben sich in den letzten Jahrzehnten die Betreuungsrelationen erheblich verbessert und sind nun unter den günstigsten in der EU und OECD. Die Zahl der Klassen hat sich trotz rückläufiger Schülerzahlen seit 1980 kaum verändert, die Zahl der Lehrpersonen erfuhr ein starkes Wachstum bis zu Beginn des letzten Jahrzehnts. Entsprechend kommen daher auf eine Lehrperson im Schnitt immer weniger Schüler/-innen (Primar- & Sekundarstufe: 1980/81: 14; 2010/11: 9). In Österreich sind somit im Primarbereich die Klassengrößen und das Lehrer-Schüler-Verhältnis im OECD-Vergleich unterdurchschnittlich. Kleinere Klassen gibt es lediglich in Luxemburg, Griechenland, Estland und in der Slowakei. Auch im unteren Sekundarbereich unterrichten in Österreich relativ viele Lehrpersonen und auch die Klassen sind kleiner als im OECD-Durchschnitt: auf eine Lehrkraft kommen durchschnittlich 12,2 Schüler/-innen (OECD: 15,9) und in einer Klasse sitzen 22 Kinder (OECD: 23,4). Die relativ hohe Zahl an Lehrkräften in Österreich ist erforderlich, weil die Netto-Unterrichtszeit trotz einer relativ hohen statutarischen Lehrerarbeitszeit stark unterdurchschnittlich ist (B1, B5).

Lehrkräfte nach Alter und Geschlecht

Das Bildungssystem und die Lehrerausbildung stehen bei der Versorgung der Schulen mit qualifizierten Lehrer/-innen vor großen Herausforderungen durch eine Überalterung des Lehrpersonals und unausgewogene Geschlechterverteilung. Aufgrund der Überalterung des Lehrpersonals wird eine Pensionierungswelle für die kommenden Jahre prognostiziert. Im Jahr 2010/11 waren rund 43 Prozent des aktiven Lehrpersonals über 50 Jahre alt. Aufgrund des zu erwartenden starken Anstiegs bei der Zahl der Pensionierungen werden bis zum Jahr 2020 ca. 36.500 Lehrer/-innen in den Ruhestand gehen, das entspricht etwa einem Drittel der aktiven Lehrerschaft, die größtenteils ersetzt und neu ausgebildet werden muss (B4).

Der Lehrberuf entwickelt sich mehr und mehr zu einer überwiegend weiblichen Domäne. Im allgemeinbildenden Schulwesen, wo rund 60 Prozent des gesamten Lehrpersonals beschäftigt sind, kommen auf einen beschäftigten Mann drei Frauen. Am stärksten ausgeprägt ist der Geschlechterunterschied bei den

Volksschulen, wo über 90 Prozent des Lehrpersonals weiblich ist. Der Karriereweg führt bei den Frauen allerdings seltener in eine Leitungsfunktion als bei den Männern. Nur rund 4 Prozent der Lehrerinnen, aber 9 Prozent der Lehrer besetzen einen Schulleiterposten (B4).

Fort- und Weiterbildung von Lehrkräften

Fortbildung von Lehrkräften ist eine Qualitätssäule im Bildungswesen. Da die Phase der Berufstätigkeit vergleichsweise zur Erstausbildungsdauer viel länger andauert und die Schule gesellschaftliche Veränderungen mittragen können soll, ist eine praxisorientierte Fort- und Weiterbildung für Lehrkräfte von Bedeutung. Österreich gehört mit 97 Prozent Teilnahmerate an Fortbildungen (in 18 Monaten) zu jenen Ländern mit den höchsten Fortbildungsraten. Die Dauer der genutzten Fortbildungen in Tagen ist jedoch in Österreich unterdurchschnittlich. Die meisten Lehrer/-innen nehmen zwar an Fortbildungen teil, dies jedoch nicht sehr intensiv: in 18 Monaten durchschnittlich nur 11 Tage. Nahezu die Hälfte der Lehrer/-innen in Österreich gibt allerdings an, einen höheren Fortbildungsbedarf zu haben. Besorgniserregend ist, dass es ein erhebliches Problem der Anpassung des Angebots der Fortbildung an die Bedürfnisse der Lehrer/-innen gibt. Fast zwei Drittel der Lehrer/-innen gaben als Hinderungsgrund für weitere Fortbildung an, kein passendes Fortbildungsangebot vorgefunden zu haben (B4).

Pädagogisch unterstützendes Personal

Die pädagogische Praxis an Schulen fordert von Lehrkräften Kompetenzen, die zum Teil in das Berufsbild anderer Berufsgruppen fallen (z. B. Beratungslehrer/-innen, Logopäden/Logopädinnen etc.). Pädagogisch unterstützendes Personal ist für Lehrkräfte von Bedeutung, da sie sich durch das Vorhandensein dieser Ressourcen auf ihr »Kerngeschäft«, nämlich das Unterrichten konzentrieren können. In Österreich kommen im Schnitt allerdings 29 Lehrer/-innen auf eine pädagogisch unterstützende Kraft, das bedeutet damit im OECD-/EU-Vergleich das schlechteste Verhältnis. Legt man die Betreuungsverhältnisse auf Schüler/-innen um, so kommt auf österreichische Schüler/-innen eine pädagogische Unterstützungskraft (1:263), international das drittgrößte Betreuungsverhältnis.

Nicht überraschend wird daher mehrheitlich angegeben, dass die erhaltene Unterstützung nicht ausreicht, um den Bedarf zu decken. Für alle Kategorien mit einer Ausnahme von Unterstützungspersonal gilt, dass für mehr als 50 Prozent der Schüler/-innen die Versorgung als nicht ausreichend bewertet wird. Auch die Schulleiter/-innen der Sekundarstufe I, der Hauptschulen und AHS melden häufig Bedarf an pädagogisch unterstützendem Personal. Die AHS erhalten nur minimale Unterstützung, mit Ausnahme der Zusammenarbeit mit

Schulpsychologinnen und Schulpsychologen. Allerdings melden viele AHS, dass kein Bedarf besteht. Hauptschulen sind insgesamt besser versorgt, sehen allerdings auch größeren Bedarf für zusätzliche Unterstützung als andere Schultypen (B5).

2.2 Kurzbeschreibung der Kapitel, Band 2

Kompetenzen der Schülerinnen und Schüler

In den ersten beiden Kapiteln des zweiten Bandes geht es um die Kompetenzen der Schüler/-innen im Bereich Lesen und um die sogenannten überfachlichen Kompetenzen. Im Fokus des ersten Kapitels von Alfred Schabmann, Karin Landerl, Michael Bruneforth und Barbara Maria Schmidt steht mit dem Lesen eine elementare Kulturtechnik. Sie ist für alle inhaltlichen Bildungsbereiche relevant und kann somit durchaus auch zu den überfachlichen Kompetenzen gezählt werden, nicht zuletzt weil Lesen in Österreich auch als eines von dreizehn Unterrichtsprinzipien verankert ist. Die Verfasser/-innen analysieren, ausgehend von einer Zusammenstellung der Erkenntnisse der Grundlagenforschung zum Lesenlernen, die Ist-Situation in Österreich und leiten aus den sichtbaren Defiziten eine Reihe von konkreten Maßnahmen ab.

Die unbefriedigende Situation wurde insbesondere in den internationalen Vergleichsstudien PIRLS und PISA sichtbar. Die 9- bis 10-jährigen österreichischen Schüler/-innen lagen bei PIRLS 2006, also am Ende der Grundschulzeit (4. Schulstufe), nur im Mittelfeld der teilnehmenden Staaten. Zum Ende der Sekundarstufe II fällt Österreich weiter zurück, die 15-/16-Jährigen belegten bei PISA 2009 unter den 25 (an beiden Studien) teilnehmenden OECD-Staaten nur den 22. Platz. Die unterdurchschnittliche Leistung ist insbesondere durch einen hohen Anteil (27%) an Risikoschülern zu erklären. Interpretiert man den Vergleich von PIRLS und PISA vereinfacht als synthetischen Längsschnitt, so zeigt sich, dass die schwächsten Leser/-innen vom Ende der Volksschule bis zum Ende der Sekundarstufe I um mehr als ein Jahr des typischen Lernzuwachses weiter zurückfallen. Umgekehrt fällt auch die Gruppe der stärksten Leser/-innen im internationalen Vergleich ab. Neben der Frage, ob das selektive Schulsystem Nachteile für schwache Schüler/-innen mit sich bringt, muss auch hinterfragt werden, ob die talentiertesten Schüler/-innen in diesem System ihre Leistung voll entfalten können.

Bildungsferne soziale Herkunft und nicht-deutsche Alltagssprache sind eindeutige Risikofaktoren für schwache Leseleistungen. Eine genauere Analyse der PIRLS-Befunde zeigt, dass 43 Prozent der leseschwachen Schüler/-innen deutscher Alltagssprache aus bildungsfernen Haushalten sind, 25 Prozent sind Schüler/-innen nicht-deutscher Alltagssprache aus bildungsfernen Haushalten aber immerhin ein gleich großer Anteil sind Kinder mit deutscher Alltagssprache aus Haushalten mit mindestens einem Elternteil mit Matura.

Als eine Ursache für die mangelhafte Ausbildung der Lesekompetenzen der Schüler/-innen wird die Lehreraus- und -weiterbildung gesehen. An den Pädagogischen Hochschulen ist die Vermittlung der notwendigen Kompetenzen derzeit sehr uneinheitlich geregelt. Kurse zu Lesedidaktik und kognitiver Lesepsychologie sind nicht verpflichtend vorgeschrieben und werden kaum angeboten. Demgemäß muss hinterfragt werden, ob ausreichendes Grundlagenwissen über die komplexen Prozesse der Leseentwicklung bei österreichischen Lehrerinnen und Lehrern, insbesondere in der Grundschule, vorhanden ist.

Die Autorinnen und Autoren stellen fest, dass Lehrer/-innen häufig nicht über ausreichende diagnostische Kompetenzen verfügen, um Leseschwierigkeiten sicher und möglichst frühzeitig identifizieren zu können. In der Umsetzung von Maßnahmen zur individuellen Förderung im basalen Lesen (Worterkennung) zeigt sich eine große Heterogenität. Dies ist erstaunlich, zumal in der Literatur bestimmte aussichtsreiche – und umgekehrt problematische – didaktische Methoden bereits seit längerem bekannt sind. Insgesamt wird in Österreich relativ wenig Unterrichtszeit für das Lesen verwendet. Die explizite und strukturierte Förderung des Leseverständnisses wird im Unterricht ebenfalls nicht in ausreichendem Maße umgesetzt. Eine verstärkte Professionalisierung der Lehrkräfte in allen Fächern wäre angezeigt. Der Sprachförderung zur Vorbereitung auf den Erstleseunterricht und auch später im Rahmen des Leseunterrichts kommt angesichts des steigenden Anteils von Kindern mit nicht-deutscher Alltagssprache eine zunehmende Bedeutung zu. Gleichzeitig ist sie auch bei einem nicht unbeträchtlichen Teil der Kinder mit deutscher Muttersprache angezeigt. Allerdings existieren kaum evidenzbasierte Programme mit einem klaren Wirkmodell. Hier liegt ein eindeutiges Forschungsdesiderat vor. Für die Zukunft müssen entsprechende Programme sowie Testverfahren entwickelt (und gegebenenfalls für die Gruppe der Kinder mit Deutsch als Zweitsprache normiert) werden. Diese sind zu evaluieren und verstärkt zu implementieren. Insgesamt werden gut gemeinte Maßnahmen zur Leseförderung im allgemeinen Unterricht und spezifisch bei Leseschwierigkeiten oft nicht ausreichend evaluiert.

Die Entwicklung einer Kultur regelmäßiger Evaluationen kann ebenfalls eine zunehmende Professionalisierung der Lehrkräfte induzieren. Von zentraler Bedeutung sind hier qualitätssichernde Maßnahmen im Bereich der inner- und außerschulischen Förderung bei Lese-/Rechtschreibschwäche (Legasthenie). Es liegt bereits jetzt ein (kontinuierlich zu erweiternder) umfangreicher Kanon an wissenschaftlich evaluierten Fördermethoden und -ansätzen vor, welchem gegenüber nicht evidenzbasierten Methoden der Vorzug gegeben werden soll. Der geeignete und angeleitete Einsatz allgemeiner Programme zur Leseanregung (Family Literacy, Lesepaten- oder -partnerschaften) kann insbesondere die Situation von Schülern aus bildungsfernen Familien verbessern.

Inhaltlichen Bildungszielen widmet sich auch der zweite Beitrag von Ferdinand Eder und Franz Hofmann. Sie knüpfen an dem breiten Bildungsverständnis der österreichischen Bundesverfassung (BVG; Artikel 14 (5a)) an, das inhaltlich umfassende und anspruchsvolle Anforderungen, allgemeine Bildungsziele, definiert, bei denen zwischen Grundwerten (z. B. Humanität, Demokratie, Gerechtigkeit), individuellen Bildungszielen (hohes Bildungsniveau, bestmögliche geistige, seelische und körperliche Entwicklung) und daraus resultierenden Haltungen und Einstellungen (z. B. Selbstbewusstsein, Leistungsorientierung, Kreativität, Bereitschaft zur Verantwortungsübernahme, selbstständiges Urteil und soziales Verständnis, Entwicklung zum mündigen Bürger) unterschieden wird. Entwickelt wird ein allgemeines Klassifikationsschema, behandelt werden seine Operationalisierung und soweit verfügbar empirische Befunde, inwiefern derzeit überfachliche Kompetenzen erworben werden. In Österreich erfolgt derzeit die Behandlung überfachlicher Kompetenzen im Unterricht weitgehend unverbindlich und ist nicht in das System der Leistungsfeststellung einbezogen, was bedeutet, dass auch keinerlei Rechenschaftspflicht auf Schulebene besteht. Daher fehlen auch die Anreize, dass sich Schulen hier besonders engagieren (mit Ausnahme ausgelobter Gütesiegel oder Qualitätszertifikate). Entgegen den schulgesetzlichen Vorgaben stehen die Fachziele im Unterricht an österreichischen Schulen eindeutig im Vordergrund; überfachliche Kompetenzen werden nach wie vor als »Additum« gesehen, dessen Umsetzung im Vergleich zum fachlichen Lernen geringe Bedeutung zugemessen wird.

Es wird anhand einer Analyse des (meist spärlichen) empirischen Datenmaterials gezeigt, dass überfachliche Kompetenzen, zu denen eine unterstützende Infrastruktur angeboten wird (z. B. ökologische Kompetenz), in besserer Qualität und mit vergleichsweise besseren Effekten umgesetzt werden als solche, bei denen solche Unterstützungsangebote (mit didaktischen Materialien, externen Institutionen etc.) nicht existieren. Generell würden, so die Autoren, überfachliche Kompetenzen dann eine wirkungsvollere Rolle im Unterricht spielen, wenn bildungspolitisch statt des »additiven« das »integrative« Modell forciert würde, gekoppelt mit einer Rechenschaftspflicht und einer gestaffelten Verantwortlichkeit am Standort (Direktion, mittleres Management einer Schule). Zu klären wäre, welche Konsequenzen mit einem stärkeren Einbezug der überfachlichen Kompetenzen in die schulische Leistungsbeurteilung verbunden sind, wie das jeweilige Niveau in einem Monitoring-System überprüft werden kann, und welche Möglichkeiten einzelne Lehrpersonen haben, die überfachlichen Kompetenzen ihrer Schüler/-innen formativ zu evaluieren, um Entwicklungsverläufe positiv beeinflussen zu können.

Mit einer Konzentration auf basale Kompetenzen, der Erarbeitung von Prozessstandards für einschlägige Lernsituationen, sowie einer klaren Verantwortungsstruktur am einzelnen Standort sehen die Autoren zumindest mittelfristig eine Möglichkeit, die Verbesserung des Niveaus in Gang zu bringen.

Kompetenzen der Lehrer/-innen und Schulleiter/-innen

In den folgenden beiden Kapiteln stehen die Kompetenzen der Lehrer/-innen bzw. Schulleiter/-innen im Zentrum. In den vergangenen Jahren und insbesondere durch die erste Überprüfung der Bildungsstandards im Jahr 2012 wurde zunehmend der kompetenzorientierte Unterricht der Lehrer/-innen bzw. die ergebnisorientierte Schulleitung zum Thema gemacht. Der Frage, wie es um diese in Österreich bestellt ist, gehen Barbara Schober, Julia Klug, Monika Finsterwald, Petra Wagner und Christiane Spiel nach. Sie stellen fest, dass für eine solche Neuorientierung in der österreichischen Schule die konsequente Umsetzung von Ergebnisverantwortlichkeit, eine evaluative Grundhaltung, Offenheit für Veränderungen sowie unterstützende organisationale Rahmenbedingungen notwendig wären. Auf der Ebene einzelner Personen (Lehrkräfte wie Schulleiter/-innen) identifizieren sie die folgenden Kompetenzen als erforderlich:

1) (Lern-)Ziele definieren,
2) gezielte Maßnahmen der Zielerreichung setzen,
3) Messen und überprüfen, ob und wie weit die Zielerreichung erfolgt ist,
4) Maßnahmen als Konsequenzen daraus ableiten,
5) interne Evaluationen (d. h. Wirksamkeitsanalysen) einleiten und durchführen,
6) mit Ergebnissen externer Evaluationen umgehen und diese verwerten können.

Inwiefern diese Kompetenzen in der derzeitigen Aus- und Weiterbildung für Lehrer/-innen und der Schulleiter/-innenfortbildung vermittelt werden, war Gegenstand einer eigenen Erhebung durch die Autorinnen. Das Ergebnis ihrer Analyse zeigt, dass in der Ausbildung zukünftiger Pädagoginnen und Pädagogen in Österreich klarer Handlungsbedarf besteht. Umfangreicher ist das Angebot mit Blick auf einzelne Teilkompetenzen in der Fort- und Weiterbildung. Es fällt jedoch die hohe Heterogenität in der Quantität der Angebote zwischen den Institutionen auf. In der Ausbildung der Lehrkräfte werden mehrheitlich Maßnahmen zur Schulentwicklung thematisiert, die Umsetzung der Bildungsstandards, Monitoring und Reflexion sowie der Umgang mit Studienergebnissen haben trotz ihrer hohen Relevanz nur geringen Stellenwert. Die Fort- und Weiterbildung wiederum konzentriert sich auf die Umsetzung von Reformen, im Speziellen der Bildungsstandards. Auch die Angebote für Schulleiter/-innen sind in Abhängigkeit von der jeweiligen Institution quantitativ sehr unterschiedlich und vom Umfang her sicher noch nicht ausreichend, um eine Umsetzung von ergebnisorientierter Qualitätsentwicklung gezielt zu initiieren.

Ein Mangel an passendem Fortbildungsangebot kann auch mit dem Thema des nächsten Kapitels in Zusammenhang gebracht werden, nämlich der Entwicklung und Institutionalisierung der Fachdidaktiken in Österreich. Die Forschungsgruppe um Konrad Krainer führte für diesen Beitrag eine eigene empirische Erhebung an allen österreichischen Pädagogischen Hochschulen und Universitätsinstituten, an denen Lehrer/-innen aus- und weitergebildet werden, durch. Der Befund ist, dass die hiesige Fachdidaktik im Gegensatz zur internationalen Situation noch immer ein in vielen Bereichen unterentwickeltes und wenig vernetztes Forschungs- und Praxisfeld ist. Dies gilt insbesondere für die Grundschuldidaktik mit einem eklatanten Defizit in der Forschung. Die Autorinnen und Autoren präsentieren ausgewählten Fachdidaktiken und analysieren ihre Geschichte und Rolle zur Qualitätsentwicklung des Unterrichts in Deutsch, Mathematik, Naturwissenschaften, Wirtschaftspädagogik und politischer Bildung in Österreich. Abschließend stellen sie fest, dass die internationalen Studien wie TIMSS, PISA und PIRLS positive Impulse ausgelöst haben, wenngleich eine nachhaltige Entwicklung nur durch geeignete Anstrengungen der beiden zuständigen Ministerien für Unterricht und Forschung gesichert werden kann.

Chancengerechtigkeit und Mehrsprachigkeit

Das fünfte und sechste Kapitel stehen in engem Zusammenhang, da es um das Themenfeld der Chancengerechtigkeit geht. Während sich Michael Bruneforth, Christoph Weber und Johann Bacher mit der Verwirklichung von Chancengleichheit und Teilhabegerechtigkeit auseinandersetzen, konzentrieren sich Barbara Herzog-Punzenberger und Philipp Schnell auf die Situation der mehrsprachigen Schüler/-innen. Bruneforth, Weber und Bacher analysieren Bildungsungleichheiten entlang der Differenzachsen des sozioökonomischen Hintergrunds, des Migrationshintergrunds, des Geschlechts, der Familienform und des Wohnorts. Die Autoren stellen fest, dass das österreichische Schulsystem durch ein hohes Ausmaß an Chancenungleichheit gekennzeichnet ist. Dies lässt sich sowohl am Übergang von der Volksschule in die Sekundarstufe I als auch nach dieser feststellen. Es trifft sowohl auf die Leistungen (primäre Ungleichheitseffekte) zu als auch auf die Schulwahl (sekundäre Ungleichheitseffekte). Eine zentrale Rolle spielen in diesem Zusammenhang während der gesamten Schullaufbahn (Leistungen, Schulwahl) der sozio-ökonomische Status der Familie und die Bildung der Eltern. Am Ende der Grundschule liegen Kinder von Eltern, die maximal die Pflichtschule besucht haben, in ihrer Kompetenzentwicklung im Lesen schon mehr als ein Jahr hinter Mittelschichtkindern zurück (primärer Ungleichheitseffekt). Diese Kinder wechseln überdies noch bei gleichen Leistungen seltener in die Unterstufe einer höheren Schule (AHS) (sekundärer Ungleichheitseffekt). Dies setzt sich beim Übergang in die Sekundarstufe II fort, wobei der sekundäre Ungleichheitseffekt durch die berufsbildenden höheren Schulen (BHS) abgeschwächt, aber nicht vollständig kompensiert wird.

Weniger relevant sind der Migrationshintergrund, das Geschlecht und der Wohnort. Für den Migrationshintergrund zeigen sich zwar sowohl am Ende der Volksschule als auch beim Übergang in die Sekundarstufe II Leistungsdefizite, die wesentlich, aber nicht vollständig, durch sozio-ökonomische Unterschiede erklärt werden können. Die Leistungsunterschiede fallen am Ende der Sekundarstufe I stärker aus. Hinzu kommt, dass Kinder mit Migrationshintergrund bei gleichen Leistungen etwas häufiger in eine maturaführende Schule wechseln. Eine nach Herkunftsland differenzierende Analyse zeigt aber deutlich Unterschiede und ergibt Hinweise auf Benachteiligungen von türkischen Zuwanderern bzw. deren Kinder. Für das Geschlecht zeigen sich die bekannten Leistungsunterschiede, die sich in der Summe aufheben. Wie beim Migrationshintergrund fallen sie am Ende der Sekundarstufe I stärker aus als am Ende der Volksschule. Hinzu kommt ein starker sekundärer Effekt. Mädchen entscheiden sich bei gleichen Leistungen häufiger für eine maturaführende Schule als Burschen, was, ähnlich wie bei Kindern mit Migrationshintergrund, durch höhere Bildungsaspirationen erklärbar ist. Der Wohnort schließlich kommt beim Übergang in die AHS-Unterstufe zum Tragen. Da Gymnasien in ländlichen Gebieten fehlen, wechseln Kinder auf dem Land seltener in eine AHS-Unterstufe. Dieser Nachteil wird aber zu einem großen Teil durch die berufsbildende höhere Schule, die von der 9. bis zur 13. Schulstufe reicht und mit der Matura (Universitätszugangszertifikat) abschließt, abgeschwächt.

Bildungsarmut wird durch zwei Konzepte erfasst. Zum einen durch das Nichterreichen bestimmter Schulabschlüsse (Zertifikatsarmut), zum anderen durch das Verfehlen bestimmter Kompetenzschwellen (Kompetenzarmut). Als Indikator für die Zertifikatsarmut wird der frühe Schulabbruch betrachtet, d. h. dass kein über die Pflichtschule oder eine einjährige BMS hinausgehender Schulabschluss vorliegt oder ein Schulabschluss gänzlich fehlt. In Österreich gibt es jährlich knapp 7.000 Schüler/-innen, die die Schule direkt nach der Pflichtschule abbrechen, ein im europäischen Vergleich geringer Anteil an der Gesamtschülerzahl. Im Gegensatz dazu zeigt Österreich ein erschreckendes Ausmaß an Kompetenzarmut. Von den 99.000 15-Jährigen im Jahr 2009 gelten mehr als 37.000, jede/r Dritte, in mindestens einem Schulfach als kompetenzarm oder haben gar schon die Schule bzw. Ausbildung verlassen. Das Risiko der Kompetenzarmut hängt stark von der sozialen Herkunft ab. Kinder von Eltern, die nur einen Pflichtschulabschluss haben, haben ein nahezu 2-mal höheres Risiko kompetenzarm zu sein als Kinder, deren Eltern zumindest Matura haben. Bei Kombination mehrerer Belastungen der Herkunftsfamilie steigen die Risiken erheblich an. Allerdings kann eine Betrachtung der Risikoverhältnisse die Bildungsplanung in die Irre führen, wenn Gruppen zwar ein hohes Risiko zeigen, aber ihr Anteil an der Bevölkerung klein ist. Trotz hohem Risiko macht die Gruppe der Kinder mit Migrationshintergrund nur 34,5 Prozent der kompetenzarmen Volksschüler aus. Die Mehrheit der kompetenzarmen Schüler/-innen sind solche ohne Migrationshintergrund aus Familien mit Pflichtschulabschluss oder Lehre (52%).

Neben individuellen Merkmalen hat die soziale Klassenzusammensetzung einen signifikanten Einfluss auf das Leistungsniveau, die Schullaufbahn sowie auf Kompetenzarmut. Die soziale Klassenzusammensetzung wurde durch einen Sozialindex erfasst. Ein höherer Wert bedeutet, dass mehr Kinder aus unteren Bildungs- und Berufsgruppen, mit Migrationshintergrund und mit anderer Muttersprache die Klasse besuchen. Die Wahrscheinlichkeit beispielsweise, dass ein/e Schüler/-in nur mangelnde Kompetenzen entwickelt und damit der Gruppe der Risikoschüler/-innen angehört, steigt ceteris paribus mit dem Sozialindex. Den Schulen mit schwieriger Ausgangssituation gelingt es derzeit nicht, ihre Schüler/-innen ausreichend zu fördern.

Eine weitere Ungleichheitsachse betrifft die Sprache. Herzog-Punzenberger und Schnell analysieren in einem ersten Schritt die Rolle der Mehrsprachigkeit in der österreichischen Schule und Gesellschaft sowie im Unterricht. Die gesetzlichen Rahmenbedingungen zeigen sich oftmals als bei Weitem positiver als der gelebte Umgang mit der Sprachenvielfalt. Die Signale von politischer und medialer Seite sind äußerst widersprüchlich, die Forschungsergebnisse fallweise auch. Ausreichende Evaluation von Mehrsprachigkeitsdidaktik, durchgehende Sprachförderung und andere Zugänge, die eine ressourcenorientierte Haltung zum Phänomen der sprachlichen Diversität der Schüler/-innen, Schulklassen und Schulstandorte einnehmen, sind noch nicht vorhanden. Während in einer intergenerationalen Betrachtung die Aufwärtsmobilität hinsichtlich der Zertifikatszuwächse in allen Gruppen ein positives Bild zeichnet, zeigen sich bei den gemessenen Kompetenzen keine Verbesserungen über die vergangenen zehn Jahre. Die Unterschiede zwischen den Sprachgruppen sind zum Teil sehr groß (bis zu 100 Punkten in den PISA-Domänen) und können zu einem Drittel oder der Hälfte mit der unterschiedlichen sozio-ökonomischen Zusammensetzung erklärt werden. In der Sekundarstufe II sind gerade innerhalb der berufsbildenden Schulformen erstaunlich große Unterschiede in den Anteilen mehrsprachiger Schüler/-innen zu bemerken. So weisen humanberufliche höhere Schulen (Tourismus, Kindergartenpädagogik, Sozialberufe) 3–4 Prozent an mehrsprachigen Schülern auf, während sich in kaufmännisch orientierten höheren Schulen mit 24 Prozent ein sechsmal so hoher Anteil findet.

Schulorganisation und Schulformen

Die beiden nachfolgenden Beiträge haben bestimmte Schulformen im Blick, die jeweils ihren Beitrag zur simultanen Erreichung mehrerer Bildungsziele leisten können. Gabriele Hörl, Konrad Dämon, Ulrike Popp, Johann Bacher und Norbert Lachmayr beschreiben unterschiedliche Organisationsformen ganztägiger Bildung in Österreich und die damit verbundenen pädagogischen, bildungs- und sozialpolitischen Erwartungen. Auf der Grundlage einer Befragung von Schulleiterinnen und Schulleitern wird die aktuelle Situation in Österreich analysiert. Die berufliche Bildung wiederum hat in Österreich eine lange Tradition. Lorenz Lassnigg hinterfragt, ob die berufliche Bildung die ihr zugeschriebenen Erwartungen noch erfüllt, wie z. B. die Bereitstellung alternativer Wege zum Erwerb eines Abschlusses der Sekundarstufe II, die Vermittlung beruflicher Kenntnisse für eine erfolgreiche Einmündung in den Arbeitsmarkt, die Reduktion sozialer Selektivität und regionaler Ungleichheit beim Zugang zu einer Matura. Es wird erörtert, was getan werden müsste, um aktuelle und zukünftige Anforderungen besser bewältigen zu können.

Steuerungsinstrumente und -ebenen

Bildungsstandards werden als ein wichtiges Instrument der in der Verfassung angesprochenen Qualitätssicherung und Qualitätsweiterentwicklung betrachtet. Mit ihnen setzt sich der vorletzte Beitrag von Herbert Altrichter und Anna Kanape-Willingshofer auseinander. Die Autoren gehen der Frage nach, welche Erwartungen in ausgewählten Ländern mit Bildungsstandards verbunden sind, ob sich diese erfüllt haben und welche Konsequenzen sich daraus für Österreich ergeben. Der abschließende Beitrag von Maria Gutknecht-Gmeiner setzt sich mit der Europäisierung der österreichischen Bildung und Bildungspolitik auseinander. Hier werden zwei Ebenen betrachtet: erstens die Europäisierung von unten auf der Ebene der Schüler/-innen, Lehrer/-innen und Schulleiter/-innen, die an europäischen Bildungsprogrammen teilnehmen, und zweitens die Europäisierung von oben. Diese findet im Bereich der Schulpolitik in der Offenen Methode der Koordinierung statt und ist somit in Form von Soft-Governance-Prozessen strukturiert.

2.3 Schlussbemerkung

Gleichzeitig mit der Veröffentlichung des zweiten Nationalen Bildungsberichts Österreich im Dezember 2012 werden auch erstmals die Ergebnisse der jährlichen Bildungsstandardsüberprüfung veröffentlicht. Bis zum nächsten Bildungsbericht im Jahr 2015 werden umwälzende Neuerungen im österreichischen Schulwesen stattfinden. Es bleibt abzuwarten, welche Effekte die erstmals auf standardisierten Messwerten vorgenommen anonymisierten Vergleiche zwischen Schülern, Lehrern, Schulstandorten und Bundesländern auf die österreichische Schule haben wird und welche Optionen die neugewonnen Daten für die Forschung öffnen werden. An Spannung sind diese Zeiten in der Entwicklung des österreichischen Schulwesens kaum zu überbieten!

Autorenverzeichnis Jahrbuch Schulleitung 2013

Sophie Baeriswyl
Fachhochschule Nordwestschweiz, Hochschule für Angewandte Psychologie

Adolf Bartz
Schulleiter des Couven Gymnasiums Aachen a. D.

Michael Bruneforth
Bundesinstitut für Bildungsforschung, Innovation und Entwicklung des österreichischen Schulwesens (BIFIE) in Salzburg

Maja Dammann
Referatsleiterin Personalentwicklung, Landesinstitut für Lehrerbildung und Schulentwicklung Hamburg

Dr. Frank Döbler
Personalberater/Psychoprophylaxe-Trainer/Mediator, Schulleiter an der Berufsfachschule für Altenpflege bei VMKB e.V., Leipzig

Cosima Dorsemagen
Fachhochschule Nordwestschweiz, Hochschule für Angewandte Psychologie

David Daniel Ebert
Leuphana Universität Lüneburg, KT Gesundheitstrainings Online; Philipps Universität Marburg, AG Klinische Psychologie und Psychotherapie

Marcus Eckert
Lehrer GHR und B.Sc. Psychologie, Leuphana Universität Lüneburg

Prof. Dr. Hannelore Faulstich-Wieland
Universität Hamburg, Fakultät für Erziehungswissenschaft, Psychologie und Bewegungswissenschaft

Marie-Joan Föh
Neue Schule Wolfsburg

Dr. Sabine Geist
Stellvertretende Schulleiterin, Laborschule Bielefeld

Prof. Dr. Uwe Hameyer
Lehrstuhl Schulpädagogik und Direktor am Institut für Pädagogik, Christian-Albrechts-Universität zu Kiel; Begründer von Hameyer|Systemberatung (seit 2012)

Dorothea Herrmann
Dipl.-Psychologin, Coach – Supervisorin (DGSv), Essen

Barbara Herzog-Punzenberger
Bundesinstitut für Bildungsforschung, Innovation und Entwicklung des österreichischen Schulwesens (BIFIE) in Salzburg

Prof. Dr. Andreas Hinz
Martin Luther-Universität Halle-Wittenberg, Philosophische Fakultät III – Erziehungswissenschaften

Prof. Dr. Stephan Gerhard Huber
Institut für Bildungsmanagement und Bildungsökonomie (IBB) an der Pädagogischen Hochschule Zentralschweiz, Zug

Dr. h. c. Heinz Hundeloh
Leiter des Bereichs »Bildungseinrichtungen« der Unfallkasse Nordrhein-Westfalen und der Deutschen Gesetzlichen Unfallversicherung (DGUV)

Prof. Dr. Gerald Hüther
Leiter der Zentralstelle für Neurobiologische Präventionsforschung, Universität Göttingen und Mannheim/Heidelberg

Prof. Dr. Andreas Krause
Fachhochschule Nordwestschweiz, Hochschule für Angewandte Psychologie

Jens Krey
Wissenschaftlicher Mitarbeiter in der Förderungsgruppe von Prof. Dr. Huber, Pädagogische Hochschule Zentralschweiz, Zug

Regina Kühn-Ziegler
Referatsleitung Sonderpädagogik & Individuelle Förderung, Landesinstitut für Lehrerbildung und Schulentwicklung (LI), Hamburg

Dr. Helmut Lungershausen
Trainer, Coach und Berater von Schulleitungen, Binnen

Prof. em. Dr. Hilbert Meyer
Carl von Ossietzky Universität Oldenburg

Dr. Klaus Müller
Berufsbildende Schule des Landkreises Ahrweiler, Pädagogisches Landesinstitut Rheinland-Pfalz

Ulrich Mumm
Schulleiter des Gymnasiums ALLEE in Hamburg-Altona, i. R.

Prof. em. Dr. Hans-Günter Rolff
Vorsitzender des Akademierates der Deutschen Akademie für Pädagogische Führungskräfte (DAPF) in Dortmund

Jörg Schett
Selbstständiger Berater und Coach, ehemals Dozent an der Pädagogischen Hochschule Zürich

Prof. em. Dr. Bernhard Sieland
Leuphana Universität Lüneburg

Volker Speicher
Berufsbildende Schule des Landkreises Ahrweiler

Dr. Anton Strittmatter
Freiberuflicher Berater von Schulen und Schulleitungen, Biel/Bienne

Christoph Walther
Schulleiter, IGS Linden, Hannover

Stichwortverzeichnis